SUEÑO. IMPROVISACION. TEATRO

Ensayos sobre la praxis teatral

Gustavo Geirola

SUEÑO. IMPROVISACION. TEATRO

Ensayos sobre la praxis teatral

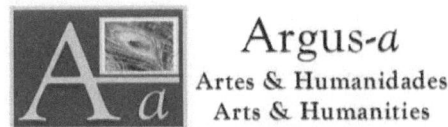
Argus-a
Artes & Humanidades
Arts & Humanities

Buenos Aires, Argentina - Los Ángeles, USA
2019

SUEÑO. IMPROVISACION. TEATRO.
Ensayos sobre la praxis teatral

ISBN 978-1-944508-20-3

Ilustración de tapa: Foto gentileza de JR Korpa en Unsplash

Diseño de tapa: Argus-*a*.

© 2019 Gustavo Geirola

All rights reserved. This book or any portion thereof may not be reproduced or used in any manner whatsoever without the express written permission of the publisher except for the use of brief quotations in a book review or scholarly journal.

Editorial Argus-*a*
16944 Colchester Way,
Hacienda Heights, California 91745
U.S.A.

Calle 77 No. 1976 – Dto. C
1650 San Martín – Buenos Aires
ARGENTINA
argus.a.org@gmail.com

INDICE

Prólogo	*i-iv*
Primera parte	1

Sueño y praxis teatral (primera parte).
Enrique Buenaventura y Sigmund Freud 3
   Introducción 3
   Enrique Buenaventura y su aproximación a Freud 4
   1. Sueño y texto 4
   2. Autor y sujeto 5
   3. Michel Foucault: función-autor, nombre propio y discursividad 6
   4. Asociación libre e improvisación 9
   5. Improvisación: ni expresividad ni ilustración 10
   6. Improvisación: algunas cuestiones técnicas 12
   7. Elaboración onírica y puesta en escena: condensación y desplazamiento 16
   8. Ideología vs. asociación libre: verdad y deseo 19

Sueño y praxis teatral (segunda parte) 23
   Introducción 23
   'Retorno a' y 'reactualización' 24
   Contextos de producción teatral: ayer y hoy 26
   Praxis teatral actual: del no-saber y de la autoridad 28
   El sueño, el deseo y los fenómenos 'fallidos' 33
   Posición y tarea del coordinador 34
   Psicoanálisis, ciencia y praxis teatral: delimitación del campo investigativo 39
   Sueño y escena 40
   Sueño, escena y memoria 57
   Memoria, conciencia e inconsciente 61
   Memoria: La pizarra mágica 62
   Improvisación: percepción y memoria 66
   Sueño de adultos y escena 71
   Sueño/escena: energía/deseo 73
   Experiencia, percepción y memoria 79
   La conciencia acorralada y el preconsciente como teatro 81
   Censura e improvisación: el peligro de la coherencia 86
   Clasificación freudiana de los sueños: tipos de espectáculos .. 88
   Sueño, mito, improvisación 93
   Un ejemplo paradigmático: Las "ruinas circulares" de Daniel Veronese 97

De la transferencia, de la posición del director y del fin del ensayo — 105
- *Introducción* — 105
- *Transferencia e intersubjetividad* — 108
- *Transferencia y compulsión a la repetición* — 111
- *Amor de transferencia* — 113
- *Transferencia y ensayo teatral* — 116
- *Transferencia, ágalma y sujeto supuesto saber* — 118
- *Fin del análisis/ensayo y rol del analista/director* — 121
- *Travesía del fantasma y ensayo teatral* — 127
- *La cuestión del pase* — 133

Segunda parte — 137

Aproximación lacaniana a la teatralidad del teatro: desde la fase del espejo al modelo óptico. Notas para interrogar nuestras ideas cotidianas sobre el teatro y el realismo — 139
- *La escena de la angustia* — 140
- *La teatralidad del teatro* — 141
- *Lacan y la escena* — 143
- *El estadio del espejo en Lacan* — 145
- *Teatralidad del teatro, protocolos teatrales y fase del espejo* — 148
- *La teatralidad del teatro y la ilusión teatral: la sensación de realidad y el realismo* — 153
- *Identificación y agresividad: yo ideal e Ideal del yo* — 155
- *La cuestión del realismo* — 160

Praxis teatral: Hacia un teatro de emancipación — 165
- *Teoría y práctica en la academia* — 167
- *Investigación, cientificidad y creatividad* — 171
- *La praxis teatral vs. los estudios teatrales* — 177
- *Praxis teatral: algunas conceptualizaciones* — 181
- *Objetivos: Academia vs. praxis teatral* — 197

Aproximación psicoanalítica al ensayo teatral: algunas notas preliminares al concepto de «transferencia» — 203
- *NOTA 1: Transferencia y autonomía de la actuación* — 207
- *NOTA 2: Improvisación, acting out y pasaje al acto* — 209
- *NOTA 3: Ensayo teatral, resistencia y tropiezos de la improvisación* — 210
- *NOTA 4: Los teatristas, la teoría y la investigación teatral* — 214

NOTA 5: *El psicoanálisis y la dramaturgia de actor*   215
NOTA 6: *Transferencia, ficción, repetición y goce*   218
NOTA 7: *El ágalma y el deseo del director:*
la metáfora del amor   219
NOTA 8: *El amor y el amor de transferencia*   224
NOTA 9: *El "actuar bien" y el "bien" de la ciudad*   226
NOTA 10: *El que actúa es el director*   228
NOTA 11: *El trabajo con lo reprimido y el fantasma:*
paso, pasaje, pase   231
NOTA 12: *El ensayo teatral: desnudez e intimidad*   232
NOTA 13: *De los fantasmas y del ideal*   234

Pedagogía y deseo: Praxis teatral y creatividad en español en Estados Unidos   237
    Pedagogía y deseo: ¿pedagogía del deseo o deseo de pedagogía?   237
    Transferencia y sujeto supuesto saber   242
    Pedagogía vs. praxis teatral   250
    Praxis teatral: lo experimental imprescindible   256
    Praxis teatral: de los discursos y los pactos   260
    A manera de cierre   270

La praxis teatral y lo político: La demanda, el teatrista, el público   273
    Introducción   273
    Acto: izquierda lacaniana y política lacaniana   277
    Teatro, público, demanda   280
    Estudios teatrales vs. praxis teatral: masa vs. pueblo   286
    Acto y sujeto versus subjetividad y experiencia   292
    El saber-hacer del teatrista   299
    A manera de conclusión temporaria   303

Adenda   309

Bibliografía   315

Agradecimientos   315

No dibujo. Empiezo haciendo todo tipo de manchas. Espero lo que llamo "el accidente": la mancha desde la cual saldrá el cuadro. La mancha es el accidente. Pero si uno se para en el accidente, si uno cree que comprende el accidente, hará una vez más ilustración, pues la mancha se parece siempre a algo. No se puede comprender el accidente. Si se pudiera comprenderlo, se comprendería también el modo en que se va a actuar. Ahora bien, este modo en que se va a actuar, es lo imprevisto, no se lo puede comprender jamás. It's basically the technical imagination: "la imaginación técnica". Durante mucho tiempo, he buscado un nombre para esta forma imprevisible, con la que se va a actuar. Sólo he encontrado estas palabras: imaginación técnica.

[...] *¿Qué es el peligro?*

La sistematización. Y la creencia en la importancia del tema. El tema no tiene ninguna importancia. [...] No se sabe nunca con la imaginación técnica, ésta puede dormir y un buen día despertarse. Lo principal es que esté allí.

Francis Bacon[1]

---

[1] "Marguerite Duras entrevista a Francis Bacon". Biblioteca Ignoria. https://bibliotecaignoria.blogspot.com/2010/08/marguerite-duras-entrevista-francis.html

PROLOGO

Este libro es el producto de más de treinta años de trabajo y reflexión sobre el teatro y muy particularmente sobre *mi* experiencia teatral como director. Desde el momento en que tuve que afrontar escribir mi tesis doctoral, allá por 1993, comencé a pergeñar ese campo disciplinario que, con el tiempo, designaría como 'praxis teatral', para deslindarlo de los estudios teatrales y la filosofía del teatro, tal como se ejercen en la academia. La praxis teatral compete a aquellos aspectos que asaltan y preocupan (cuando no obstaculizan) al teatrista durante el ensayo teatral, fuera de las cuestiones de análisis de texto, sea dramático o espectacular. De ahí el término 'praxis', no entendido como práctica (opuesto a teoría), en la que sin duda trabajan los teatristas desde tiempos inmemoriales. Las múltiples entrevistas que he realizado a directores latinoamericanos en las tres Américas testimonian de esa práctica, basada en la experiencia, pero a la vez dejan ver la falta de praxis, concebida ésta como un trabajo capaz de despejar las tinieblas que configuran la base de muchas creencias y afiliaciones a nociones no profundizadas. Y no se trata de producción de teoría, sino de abrir las compuertas a nuevas preguntas que, con suerte, rematen en potenciar la creatividad. Es precisamente en función de la creatividad del teatrista que he reflexionado sobre la praxis teatral.

¿Cómo leer este libro? De alguna manera, no deja de tener sus resonancias cortazarianas: este libro es mi *Rayuela*. El lector puede leerlo en el orden que le parezca. Cada ensayo remite a los demás. Hay, por lo tanto, algunas insistencias y reiteraciones que, de alguna manera, hacen de hilos conductores de los problemas discutidos en cada caso en función de la totalidad. La primera parte del libro incluye ensayos de escritura reciente. A diferencia de los de la segunda parte, ya publicados en otros medios y en parte retocados para esta edición, los ensayos que abren el volumen tienen un estilo más ameno, seguramente en virtud de haber llegado, después de tantos intentos de escritura y enseñanza, de tantos congresos y talleres, a cierta capacidad de trasmisión para lectores no demasiado familiarizados con el psicoanálisis. El perfil del lector al que va dirigido este libro es el teatrista; no obstante, cualquier persona interesada en el teatro y hasta en el psicoanálisis puede encontrar en él materiales para interrogarse sobre la praxis teatral.

Los ensayos agrupados en la segunda parte, en cambio, publicados algunos con anterioridad pueden presentar al lector ciertas dificultades, allanadas (eso espero) si se leen primero los ensayos de la primera parte. En todo caso, se puede hacer una lectura siempre recursiva, de un ensayo al otro y despejar algunos conceptos con mayor precisión. Los ensayos de la segunda parte fueron seleccionados entre muchos ya publicados o por publicar. Creo conveniente dar detalles de estas publicaciones que, obviamente, he retocado pero no demasiado para esta publicación:

- "Aproximación lacaniana a la teatralidad del teatro: desde la fase del espejo al modelo óptico. Notas para interrogar nuestras ideas cotidianas sobre el teatro y el realismo" es la reelaboración abreviada y expandida de cuestiones mucho más desarrolladas en mi disertación doctoral, publicada en el 2000 por la Editorial Gestos, de la Universidad de California, Irvine y reeditada en el 2018 por Argus-*a* Artes y Humanidades/Arts & Humanities. "Aproximación" fue publicado en el libro *En torno a la convención y la novedad*, compilado por Osvaldo Pellettieri, en Buenos Aires: Galerna/Fundación Roberto Arlt, 2009. 33-52.
- "Praxis teatral: Hacia un teatro de emancipación", es la versión escrita y ampliada de una presentación Power Point realizada para el VI Coloquio Internacional sobre Artes Escénicas, organizado por la Facultad de Teatro y el Centro de Estudios, Creación y documentación de las Artes y la Maestría en Artes Escénicas, Universidad Veracruzana, Xalapa, México, que tuvo lugar entre el 4 y el 8 de septiembre 2018. Será incluido en una publicación de las Actas de ese encuentro.
- "Aproximación psicoanalítica al ensayo teatral: algunas notas preliminares al concepto de 'transferencia'" constituye mi acercamiento inicial al concepto de transferencia en relación a mi tarea como teatrista. Se trata de mi temprana incursión en el psicoanálisis sobre este concepto fundamental. El artículo detalla una serie de preguntas que orientaron mi investigación posterior. Fue publicado en *Aisthesis* Revista Chilena de Investigaciones Estéticas 46 (2009): 252-269. Lo he incluido porque amplía algunos argumentos tratados en la primera parte de este libro.
- "Pedagogía y deseo: Praxis teatral y creatividad en español en los Estados Unidos" detalla la forma en la que trabajo en mi *Workshop in Latin American Performance Experience*, curso que dicto todos los se-

- mestres de primavera en Whittier College. Fue primero una presentación realizada durante el Simposio "Artes y producción de conocimiento en América", que integró el 56° Congreso Internacional de Americanistas; durante una serie de mesas de trabajo organizadas por Karina Mauro bajo el título "Universalidad y particularismo en las Américas", estas sesiones tuvieron lugar en Salamanca, España, entre el 15 y el 20 de julio de 2018. La versión escrita se ha publicado recientemente en el libro compilado por Karina Mauro con el título *Artes y producción de conocimiento. Experiencias de integración de las artes en la universidad* (Buenos Aires/Los Angeles: Argus-*a* Artes y Humanidades/Artes and Humanities, 2018, págs. 77-110).

- "La praxis teatral y lo político: la demanda, el teatrista, el público" es un artículo escrito en el 2018 y publicado recientemente en la Revista telondefondo No. 29 (julio 2019).

Me resulta importante advertir al lector que mi relación con el psicoanálisis freudiano y lacaniano, cuya frecuentación se remonta a la década de 1970, ha sido siempre la de un autodidacta, un lego. No soy psicoanalista (ni lo quise ser), carezco de esa dimensión técnica más acotada, la de un analista, que surge de su trabajo con los analizantes. No he leído ni a Freud ni a Lacan bajo las consignas de normalidad vs. patología, ni tampoco desde la cuestión terapéutica. Mi acercamiento al psicoanálisis estuvo siempre ligado a la potencia de un saber cuya relación con el arte (literatura, drama, cine, pintura) es decisiva. Nunca se me ocurrió imaginar el tratamiento analítico de mis teatristas durante mis trabajos en la praxis teatral. Si en los ensayos incluidos en este libro hay algunos 'desajustes', incluso 'errores' desde la perspectiva de un psicoanalista, eso no me ha impedido asumir el riesgo de publicarlos. Es posible, creo, que cierta dureza en el estilo, con abundantes citas y en algún momento cierto nivel críptico (en la tradición lacaniana), se explique por este largo proceso de lectura de textos psicoanalíticos en los que escribir era simultáneo con el aprender.

Me parece que el libro da un panorama, siempre provisorio y pasible de revisiones y hasta reversiones, de aquello que tiene la posibilidad de configurar una disciplina no basada en el aplicacionismo de la teoría, como opuesta a la experiencia de una práctica. Por el contrario, lo fundamental aquí para el lector es saber que cada una de las cuestiones discutidas ha surgido de situaciones muy precisas ligadas a la consistencia de cada espectáculo, y no al revés. Mi preocupación fue siempre incentivar la creatividad. La limitación de estos ensayos, por lo tanto, es obvia: la mayoría de ellos surge de mi praxis, la cual no es ni única ni generalizable. He tenido en mente, sin dudas, la experiencia de otros teatristas, pero no he trabajado puntualmente sobre ella. Cada teatrista que lea este libro deberá ajustar, como cada analista hace con la bibliografía de su disciplina, lo aquí escrito a su praxis teatral y, con suerte, si es capaz de escribir y cuestionar lo aquí sostenido, podremos en el futuro contar con una disciplina más enriquecida, habida cuenta de la cantidad de temas que todavía queda por desarrollar a partir de esta conversación entre teatristas y psicoanálisis.

Los Angeles, julio 2019

PRIMERA PARTE

Sueño y praxis teatral. (Primera parte)
Enrique Buenaventura y Sigmund Freud

> Con su propio cuerpo el sujeto emite una palabra que, como tal, es palabra de verdad, una palabra que él ni siquiera sabe que emite como significante. Porque siempre dice más de lo que quiere decir, siempre dice más de lo que sabe que dice.
>
> Jacques Lacan, *Seminario 1*, 387

Introducción

Me propongo en este ensayo profundizar algunas cuestiones ligadas a la relación entre el sueño y su interpretación, tal como Freud la estableció en su libro fundamental, *La interpretación de los sueños* (1900), y cuestiones diversas ligadas a la praxis teatral, cuyo antecedente se encuentra en "La elaboración de los sueños y la improvisación teatral", una charla de Enrique Buenaventura a sus actores.

Mi investigación de muchos años construyendo puentes entre el psicoanálisis freudo-lacaniano y la praxis teatral se originó y se sigue orientando por mi trabajo como teatrista, enfrentando las complejidades del ensayo y el montaje —lo cual diferencia a la praxis teatral de los estudios teatrales, estos últimos más orientados al análisis e intepretación de textos dramáticos y espectaculares. Por esa vía, me he visto en la necesidad de desconstruir el discurso cotidiano de otros colegas teatristas, en los que se presiente el depósito de múltiples experiencias valiosas, pero que no llegan a superar cierto nivel nocional, con las imprecisiones que esto usualmente conlleva. La praxis teatral, sin llegar al grado de logicización con que Lacan abordó el psicoanálisis, no obstante (me) ha permitido durante estos años despejar algunos enredos que obstaculizaban la creatividad; esta confusión me llevó a buscar una conceptualización más sistematizada capaz no sólo de dar cuenta de lo que se hace en un ensayo teatral sino, y sobre todo, de promover la creatividad.

Como ya lo planteaba Enrique Buenaventura por los años 70 en su charla –la cual nos introducirá en el tema para poder luego, en una segunda etapa, darle continuidad—, esta conceptualización solo despeja el campo para facilitar la creatividad, pero no es garantía de ella. Si "el sueño—tal como lo plantea Buenaventura—es nuestro maestro negativo" (65), entonces se entiende que:

> Así como usamos diariamente esos mecanismos, tanto despiertos como en sueños diurnos y nocturnos, así mismo [sic] los usamos para crear sin tener clara conciencia de ellos. Es apenas lógico que si tratamos de conocerlos mejor evitaremos una serie de tanteos. Pero no es una fórmula para crear, no nos resuelve, ni mucho menos, los tanteos fundamentales de la labor creadora. (Buenaventura 65)

Similarmente, podemos decir que la técnica psicoanalítica o las fórmulas del álgebra y topología lacanianas no garantizan la 'buena' dirección de un análisis, pero sí evitan los 'tanteos' y orientan la tarea del analista sutilizando su aproximación al discurso del analizante y a su propio rol como analista en ese proceso. Ni religión ni ciencia, tanto el psicoanálisis como la praxis teatral coinciden en ser un *arte* (*tejné*), un saber-hacer con el lenguaje, no solo verbal. Podemos resumir esto diciendo que, al menos en arte y a diferencia de la ciencia, los conceptos y fórmulas tanto en psicoanálisis como en la praxis teatral no se instalan en la dimensión de la aplicabilidad, esto es, en un contexto de demostración y justificación, típicos de la epistemología usual que regula la ciencia. Además, ambas disciplinas no apuntan a lo universal sino a lo singular, al caso por caso. Muy por el contrario a lo que ocurre en la ciencia, al menos en la praxis teatral, concebimos esos conceptos y fórmulas en un contexto de descubrimiento a partir del cual los discernimientos de sutiles matices conceptuales disparan el saber-hacer del teatrista hacia nuevos horizontes de interrogación de lo real.

Enrique Buenaventura y su aproximación a Freud

1.- Sueño y texto

La relación entre praxis teatral y psicoanálisis no es novedosa y mi tarea de estos años ha sido, en cierto modo, una prolongación de lo que ya Enrique Buenaventura, el maestro colombiano y padre, junto a Santiago García, del Nuevo Teatro Latinoamericano, iniciara por la década del 70. Menciono a Buenaventura por su puntual lectura de Freud y porque pertenece a nuestra región latinoamericana, aunque no fue el único interesado en correlacionar psicoanálisis y praxis teatral. En efecto, hubo otros maestros que se acercaron al psicoanálisis, baste mencionar al primer Grotowski y Strasberg, para los que todavía (me) queda pendiente una relectura y revisión conceptual de sus acercamientos a Freud y el psicoanálisis. En este ensayo precisamente me propongo avanzar un poco más en esa aproximación iniciada por Buenaventura en la charla mencionada. En el maestro colombiano se nota una lectura muy acotada del famoso libro de Freud sobre los sueños, punto de partida de muchos conceptos psicoanalíticos que guiaron al maestro vienés en años posteriores.

Buenaventura va a situar su lectura del texto freudiano y su práctica artística en un marco de trabajo teatral en el que todavía, a pesar de la predominancia de la creación colectiva como disparadora de creatividad, no se había producido esa figura que hoy denominamos "teatrista", aquel o aquella capaces de cubrir todos los roles del proceso de producción de un espectáculo (autor, actor, director, diseñador, productor, etc.). Buenaventura, en un encuadre en el que todavía está vigente la distinción entre actor por un lado y director por otro, instala su lectura a partir de abordar el "contenido latente" de un texto *ya* escrito por un autor, asumido como "contenido manifiesto". Esta operación homologa texto dramático y sueño, de modo que "el texto [dramático opera] como punto de partida" (55). El contenido latente –al que se llegaría por medio de las improvisaciones— es "más abundante que el texto [dramático] y [su] tiempo es sincrónico" (55).

2.- *Autor y sujeto*

Una primera reflexión que debemos hacer a partir de este gesto inicial es teóricamente relevante: ese texto dramático puede ser de otro autor (Buenaventura da ejemplos de Shakespeare, Sófocles, Cervantes), o del mismo Buenaventura, a la manera en que Freud recurre a sus propios sueños: por ejemplo, el maestro colombiano nos dice que *La orgía* se motivó en "un recuerdo de infancia" (60). Sueño, memoria e infancia constituyen, como bien se sabe, las bases del psicoanálisis. No debe escapársenos aquí el hecho de que estamos ante una cuestión crucial, como es el estatus del sujeto del texto dramático en tanto diferente de lo que comúnmente denominamos "autor".

Si el sujeto, tal como lo plantea el psicoanálisis, es siempre inconsciente, si somos hablados por el Otro, entonces las preguntas no se hacen esperar: ¿hasta qué punto el 'autor' escribe ese texto? O, en todo caso,

¿quién o qué es el autor? ¿El yo consciente o el sujeto inconsciente? ¿Qué tanto sabe el 'autor' de su propio texto? Buenaventura, advertido por esta diferencia teórica, no duda en someter su texto de *La orgía* a la improvisación de sus actores como si él mismo no pudiera abarcar la significación de la pieza en su contenido latente; ese texto es, pues, de otro y del Otro. Sucede, así, como en el famoso cuento de Borges titulado "Borges y yo" (1960), en el cual se problematiza esta cuestión en tanto está el Borges que vive y el Borges que escribe, con sutiles dilemas de propiedad del sentido y propiedad de la escritura. Lo que queda claro es que no podemos confundir ya más al sujeto con el individuo (dramaturgo): el que escribe (el autor) es siempre el otro/Otro, esto es, el sujeto, no necesariamente el individuo y menos la persona. Lacan lo dice con todas las letras: "el sujeto, como sujeto, no es indentificable con el individuo" (*Seminario 4* 183).[2] Demás está agregar aquí estas dos conclusiones: primero, que el 'autor' en sentido tradicional tiene un saber muy parcial de su obra, de modo que, segundo, poco vale interrogarlo para el montaje a fin de conocer la famosa "intención del autor".

3.- *Michel Foucault: función-autor, nombre propio y discursividad*

Es ya famosa la presentación de Michel Foucault al Collège de France titulada *¿Qué es un autor?* Allí se enumeran varios aspectos que problematizan la cuestión del autor. Aunque Foucault no apela al mismo concepto de sujeto elaborado por Lacan –presente en aquella presentación— en tanto sujeto del inconsciente, no obstante, nos abre el espectro crítico para dilucidar algunas cuestiones relevantes para la praxis teatral. La presentación de Foucault ataca la relación entre individuo escritor y autor. En principio –algo que Lacan debe haber escuchado muy bien por cuanto volverá sobre este aspecto en sus últimos seminarios al trabajar la figura o, mejor el nombre propio de James Joyce— Foucault separa el nombre propio de una persona, su nombre civil, del nombre de autor. Nos dice que "es ahí [respecto del nombre propio] donde aparecen las dificultades particulares

---

[2] El término 'sujeto' es usado, no obstante, para referirse al individuo en la bibliografía psicoanalítica, incluso en Lacan, por razones de comodidad expositiva. Solo hay que recordar que, conceptualmente, 'sujeto' en psicoanálisis refiere siempre al 'sujeto dividido", esto es, al sujeto del inconsciente. En este libro, cuando ha sido posible, hemos tratado de evitar el uso de este vocablo en sentido general, apelando a 'individuo' o 'ciudadano' para no confundirlo con el sujeto dividido.

del nombre de autor—, el vínculo del nombre propio con el individuo nombrado y el vínculo del nombre de autor con lo que nombra no son isomorfos y no funcionan de la misma manera (13). Una vez más, una década anterior a la presentación de Foucault, Borges nos había advertido que el que escribe no es el que vive y habla. En efecto, "El nombre de autor no es pues exactamente un nombre propio como los otros" (Foucault 14), por cuanto remite a una obra y un corpus discursivo que lo define como autor:

> Se llega así, finalmente, a la idea de que el nombre de autor no va, como el nombre propio, del interior del discurso al individuo real y exterior que lo ha producido, sino que corre, en algún modo, en el límite de los textos, que los recorta, que sigue sus aristas, que manifiesta su modo de ser o, por lo menos, lo caracteriza. Manifiesta el acontecimiento de un cierto conjunto de discursos, y se refiere al estatuto de este discurso en el interior de una sociedad y en el interior de una cultura. El nombre de autor no está situado en el estado civil de los hombres, tampoco está situado en la ficción de la obra, está situado en la ruptura que instaura un cierto grupo de discursos y su modo de ser singular. (15)

Foucault nos invita a considerar la "función-autor" como "característica del modo de existencia, de circulación y de funcionamiento de ciertos discursos en el interior de una sociedad" (16) en tanto dicha función es una atribución social a un nombre como "resultado de una operación compleja que construye un cierto ente de razón que se llama el autor" (18). Foucault sintetiza la primera parte de su presentación en estos términos:

> la función autor está vinculada al sistema jurídico e institucional que rodea, determina y articula el universo de los discursos; no se ejerce uniformemente y del mismo modo sobre todos los discursos, en todas las épocas y en todas las formas de civilización; no se define por la atribución espontánea de un discurso a su productor, sino por una serie de operaciones específicas y complejas; no remite pura y simplemente a un individuo real, puede dar lugar simultáneamente a varios ego, a varias posiciones-sujeto que clases diferentes de individuos pueden ocupar. (22-23)

Foucault aclara, además, que la función-autor no se refiere solo a libros, sino a fundadores "de una teoría, de una tradición, de una disciplina en el interior de la cual otros libros y otros autores podrán ocupar a su vez un lugar—. En una palabra, diría que estos autores se encuentran en una posición «transdiscursiva» (23). De modo que podemos incorporar la puesta en escena a este marco teórico, a sabiendas de que muchas de ellas han sido determinantes de cambio de paradigma teatral.[3]

Llegamos así al punto culminante de la presentación, cuando Foucault, en referencia a Freud y Marx, nos habla de aquellos "autores" que son "«fundadores de discursividad» [esto es] autores [que] tienen esta particularidad de que no son solamente autores de sus obras, de sus libros. Han producido algo de más: la posibilidad y la regla de formación de otros textos (24). Freud y Marx "establecieron una posibilidad indefinida de discursos" (24). Podríamos preguntarnos quiénes o qué nombre de autores podrían ser fundadores de discursividad teatral e, incluso fundadores de 'teatralidad". Esto merecería un largo debate, pero se nos ocurre pensar en Brecht, en Artaud, en Grotowski, sin olvidar a Enrique Buenaventura, Augusto Boal, Santiago García y hasta más recientemente Eduardo Pavlvlovsky.

Foucault concluye su charla afirmando que "el autor no es una fuente indefinida de significaciones que se colmarían en la obra, el autor no precede a las obras" (33 nota); pasándolo a nuestro vocabulario psicoanalítico, esto se traduciría afirmando que el autor es el Otro, que hace hablar al escritor o escribiente, un entramado discursivo históricamente determinado que está *antes* del individuo que escribe, lo precede y, en consecuencia, precede a su obra. Por lo tanto, "[e]l autor es, además de un efecto de su obra, la figura ideológica mediante la que se conjura la proliferación del sentido" (33 nota). Las consecuencias de esta aproximación foucaultiana a la praxis teatral esperan todavía ser investigadas y formuladas.

---

[3] Los estudios teatrales siguen todavía capturados por el 'autor' en sentido tradicional. Si se piensa, siguiendo a Foucault, al autor como sujeto fundador de una discursividad, tendríamos que empezar a pensar en una historia del teatro que no sea el catálogo de autores y obras, sino en una historia de la escritura dramática y escénica, con sus propias periodizaciones y variables. Barthes también nos habló en algún momento sobre la diferencia entre una historia de la literatura y una historia de la escritura. Se puede, obviamente, enlazar esta idea de autor en Foucault con el sujeto del inconsciente en tanto "transindividual", según lo propuso Lacan para cancelar la idea de un inconsciente "colectivo".

4.- Asociación libre e improvisación

El objetivo de Buenaventura es aprovechar la asociación libre, una de las grandes estrategias freudianas, para desplegar una improvisación capaz de proliferar en múltiples escenas que, incluso sin conexión con el texto de base, sea capaz de develar el hilo secreto que existe entre el contenido manifiesto y el contenido latente del texto dramático en cuestión. La asociación libre (que no lo es tanto) permite sin embargo liberar al sujeto, desatarlo de "las amarras de la palabra" (Lacan, *Semanario 1*, 268), esto es, de las imposiciones de coherencia, de no contradicción, etc. Como veremos más adelante, nuestra lectura de *La interpretación de los sueños* va a tener que ir un poco más allá, en la medida en que en la praxis teatral contemporánea ya no partimos ni nos centramos en un texto dramático previo (escrito por un agente externo al elenco) disparador del montaje. Hoy tampoco los réditos creativos emergentes de la improvisación pueden ser adjudicados al actor o al director o artistas de la escena, como instancias separadas. En nuestro caso, y como viene siendo nuestra práctica más signada por la figura del teatrista, la idea es aprovechar el psicoanálisis para promover la creatividad desde cero, es decir, desde ningún texto o idea previa, en la convicción de que la idea mata el teatro, particularmente cuando se trata de una idea doctrinaria o dogmática, como por ejemplo el querer hacer un espectáculo partiendo de abordar la violencia doméstica o los feminicidios. Si, como lo vio Buenaventura, se busca establecer un lazo crítico con el público en un momento dado, es necesario partir del no-saber y concluir con un espectáculo que conserve sus zonas enigmáticas para promover la aproximación crítica del público.

En efecto, Buenaventura, aunque no cita a Lacan,[4] tiene claro dos cuestiones fundamentales de la praxis teatral: la primera, que un artista del teatro, cualquiera sea su rol como teatrista, tiene un compromiso con la subjetividad de su época;[5] segundo, que el descubrimiento freudiano del inconsciente (a diferencia de los "inconscientes" previos de los filósofos)

---

[4] Es posible que Buenaventura conociera ya la reconceptualización lacaniana de condensación y desplazamiento como metáfora y metonimia, respectivamente, o bien la hubiera tomado, como Lacan, de Roman Jacobson.

[5] En aquellos años primaba la idea del "compromiso" político del artista, basado en su afiliación a una ideología. La cuestión del compromiso y de lo político se ha complejizado mucho más hoy día.

responde a una lógica ("está estructurado como un lenguaje") y supone el trabajo de dos conceptos freudianos: censura y represión.

5.- Improvisación: ni expresividad ni ilustración

Siguiendo a Freud, Buenaventura señala la "disparidad" entre contenido manifiesto y contenido latente, siendo este último mucho más rico en ideas y, obviamente, el que hay que poner en términos de conciencia, recorriendo retroactivamente el camino realizado por lo que Freud denominó la "elaboración onírica". El maestro colombiano también sabe que el sueño satisface deseos (no sabidos por el yo) y que no se trabaja sobre el sueño, sino sobre el relato que el sujeto hace de él, usualmente en forma fragmentaria. "El sujeto se relata", dice Lacan en *Seminario 2* (382) y en el *Seminario 3* da una vuelta de tuerca al afirmar que, ya desde antes de Freud, "[s]e había podido percibir que el sueño tenía un sentido, que podía leerse algo en él, pero jamás que el sueño habla" (21).

En los niños, ese deseo es fácilmente detectable: Freud denominó a esos sueños infantiles de simples o primarios, para oponerlos a los de los adultos, más crípticos, en función de la mayor incidencia de la represión. Entre estos sueños adultos, se ubican los sueños de angustia y los de autocastigo. Un texto dramático resulta, en consecuencia, equiparable al relato que el "autor" hace de un sueño; Buenaventura lo equipara al contenido manifiesto: "el texto literario de la obra corresponde al contenido manifiesto del sueño" (55), lo cual deja al autor —como ya vimos— limitado en cuanto al saber sobre su propio texto. En dicho relato, como en la vida diaria, muchos detalles no atraen la atención del yo [*moi*, en Lacan], aunque sin embargo constituyen, al momento del análisis, las puertas de ingreso a las ideas latentes, reprimidas, más importantes, a veces contradictorias entre sí, ya que el inconsciente no conoce el principio de no contradicción. Buenaventura denomina "escorias" (56) a estos detalles, no para subrayar el carácter de "cosa vil y de ninguna estimación", sino para enfatizar otros dos sentidos dados por el Diccionario de la RAE, a saber, el de "sustancia vítrea que sobrenada en el crisol de los hornos de fundir metales, y procede de la parte *menos pura* de éstos unidas con las gangas y fundentes", y como "materia que, al ser martillada, *suelta* el hierro candente" (el subrayado es mío).

Trabajando sobre estas "escorias" se puede reconstruir "los hilos que conducen del [contenido] latente al manifiesto" (Buenaventura 55) y, una vez acumuladas, sin orden, pueden mediante el *método* interpretativo, "recorrer el camino contrario al que recorrió la elaboración del sueño, es decir, ir del contenido manifiesto al contenido latente" (Buenaventura 56). Una vez más, estas "escorias" no apuntan a la narrativa de la obra, a sus situaciones y conflictos, sino a detalles aparentemente sin importancia. Que el resultado de las improvisaciones contradiga el texto dramático no debe sorprender; por el contrario, al "contradecir las ideas del texto, [las ponen] en tela de juicio, sin negarlas" (57). Lo fundamental aquí, a diferencia de otras aproximaciones al montaje, es evitar la ideología "expresiva" consistente en buscar gestos, vestuario, acciones que *ilustren* el texto dramático, sin profundizar en sus pensamientos latentes. La improvisación, a partir de la asociación libre psicoanalítica, no debe atenerse a ilustrar el supuesto sentido de la escena del texto dramático, sino atenerse al lenguaje, es decir, a aquellos elementos lingüísticos del texto (palabras inesperadas, adjetivaciones sorpresivas, metáforas, similitudes, esto eso, atender el aspecto retórico).

Cuando Buenaventura, siguiendo a Freud, invita a sus actores a que "no haya crítica" (56), intenta limitar o anular en lo posible el carácter censor de la conciencia, tal vez al punto —como ocurre en mi propia praxis teatral— de dejar emerger lo políticamente incorrecto.[6] Para el maestro de Cali, lo fundamental es evitar convertir "a la improvisación en pantomima ilustrativa del texto literario" (56), una vez más, en la convicción de que toda ilustración teatral de una idea —como lo vio también Walter Benjamin a propósito del teatro de izquierda (*Selected Writings* 40)— mata el teatro, cancela la creatividad cuya potencia reside en lo inconsciente, usualmente aquello que nos es tan difícil de admitir y que, por dicha razón, reprimimos. Esos deseos reprimidos, a su vez, tienen una conexión directa con el goce, lo real (no la realidad) y la pulsión de muerte, tal como Lacan los conceptualizó y, por ello, es lo que usualmente evitamos saber. Sin embargo, como veremos, el arte no tiene otra función más que la de dirigirse a dicho real

---

[6] ¿Qué entiendo por políticamente incorrecto? Sigo en esto al Eduardo Pavlovsky de *Potestad*, es decir, a tener la capacidad de asumir ese algo siniestro en el propio cuerpo, tal como meterse en la piel de un torturador y secuestrador de niños nacidos de madres capturadas ilegalmente durante la dictadura, que a la vez se presenta como un 'buen' padre. Me resulta fundamental en mi Workshop no mantener el horror afuera, proyectado sobre algún personaje, sino explorarlo en la dimensión del propio cuerpo.

(lo que sufre y no tiene palabra para significantizarse), si quiere ser realmente transformativo.

6.- Improvisación: algunas cuestiones técnicas

Durante las improvisaciones –nos dice el maestro de Cali—, a los actores "[n]o hay que pararlos, sino dejar que agoten todas las asociaciones libres" (56) de las que son capaces. Apunta así al rol del director, no elaborado por Buenaventura en su ensayo más allá de este señalamiento. Obviamente, se refiere a mantenerse en silencio, observante y, por lo que dice a continuación, evitar "comprender" rápidamente, como aconsejaba Lacan,[7] esto es, suspender en lo posible la intervención de la conciencia, siempre lista y apresurada cuando se trata de dar *coherencia* 'lógica' (incluso la del sentido común), de construir un sentido y, lo que es peor, siempre fanatizada por aportar *totalidades*. Escribe Buenaventura: "El trabajo reflexivo del director y de los actores no debe consistir en escoger las mejores imágenes, gestos o escenas, sino en distinguir el hilo conductor que una todas las asociaciones libres" (56). Esta tarea está marcada por el carácter "transindividual" del inconsciente (contrario al tan popularizado 'inconsciente colectivo') y por la conceptuación de la castración, esa falta que, como el mismo Freud reconoció, no puede ser totalmente suturada: siempre hay un "ombligo del sueño" que permanece enigmático y potencialmente productivo para nuevas interpretaciones del mismo texto.

Lacan adjetiva al inconsciente de "transindividual" para marcar ese Otro que no es universal ni atemporal; por el contrario, el inconsciente es lo que caracteriza singularmente a una comunidad en un momento histórico preciso, es decir, el inconsciente es "parroquial", tal como lo demuestra el chiste, que solo produce la risa en aquellos que participan de la misma parroquia (*Seminario 5* 122). Insiste el maestro de Cali que es precisamente al

---

[7] Ya desde el *Seminario 1*, Lacan advertía a los analistas no apresurarse en comprender y enfocarse justamente en lo que no se comprende, aquello que no parece hacer sentido inmediatamente. También aclara que "[n]o es lo mismo interpretar que imaginar comprender" (*Seminario 1*, 120). En el *Seminario 3* insiste sobre el tema ya que, para esos años, había una lectura existencialista del psicoanálisis que Lacan cuestionaba: "Comiencen por creer que no comprenden. Partan de la idea del malentendido fundamental" (35). También insiste en ello en el *Seminario 5* (32).

momento del montaje cuando el elenco va a hacer converger el trabajo reflexivo del director y el producto del trabajo actoral; ése es el momento de estar preocupado por reunir las "totalidades" resultantes de las improvisaciones "para formar la totalidad de la obra" (61), sin que el equipo descuide "analizar las implicaciones de esos resultados de acuerdo con la relación que busca establecer entre la pieza y el público" (61), relación temporal y espacialmente coyuntural y singular. Esta demanda de "totalidad" del maestro no deja de ser contradictoria con la aproximación psicoanalítica; sin duda, está signada por la concepción brechtiana del teatro y por garantizar un producto políticamente correcto desde la izquierda política en aquellos momentos de lucha de la década del setenta. En la actualidad, la praxis teatral ya no sostiene este postulado de totalidad.

La dimensión de la falta es aquí relevante en la medida en que previene de intentar construir textos (dramáticos o espectaculares) cerrados, lo cual, obviamente, constituye una ilusión más de la conciencia. Pero, además, va a tener un rol fundamental en la relación escena-público. A propósito de la condensación, Buenaventura nos advierte que "ni nosotros [los teatristas] ni el público agotamos todas las implicaciones de la condensación" (58), como tampoco todas las instancias significativas del texto, ya que siendo el inconsciente transindividual, siempre habrá 'otras' improvisaciones –realizadas en otros contextos culturales y en otras épocas— que develen otros contenidos latentes del mismo texto dramático. Resulta inevitable volver a mencionar aquí a Eduardo Pavlovsky. A diferencia del criterio de paternidad sobre el sentido de sus obras ejercido por algunos de sus contemporáneos (a veces tan celosamente custodiado durante los ensayos y no sin imponer restricciones al director), Pavlovsky apostó a tres cosas que van muy ligadas: primero, que el texto que lleva su firma es producto de un trabajo de grupo y por lo tanto no hay una autoría en sentido tradicional, concebida como paternidad; en segundo lugar, que el texto y el sentido no están cerrados, sino que se ofrecen generosamente a la interpretación de cualquier otro teatrista que quiera montarlo; y finalmente, en tercer lugar, que todo texto se resignifica a partir de la conyuntura histórica y política en la que es puesto en escena.[8]

Posteriormente a las improvisaciones, Buenaventura procede a cotejarlas con el contenido manifiesto del texto dramático y el 'conjetural' contenido latente despejado por dichas improvisaciones, asumiendo las contradicciones que pudieran emerger. La contradicción, tal como Buenaventura la lee en Freud, se instala usualmente entre los deseos develados, por una parte, por el sueño —como también lo encontramos en los mitos, los ritos y las leyendas (Buenaventura 58)— y la interpretación resultante, y por otra parte la 'conducta' consciente de nuestra realidad; para decirlo más suscintamente, se enfatiza aquí la no coincidencia entre lo real y la realidad.

No le escapa tampoco al maestro colombiano las dos estrategias técnicas del psicoanálisis: del lado de los actores (como ya hemos mencionado), la asociación libre; y del lado del director o quien asume el rol de analista, la atención flotante. En un breve ensayo de 1912, titulado "Consejos al médico sobre el tratamiento psicoanalítico", Freud se pregunta cómo puede el analista recordar tantos datos cuando atiende varios pacientes al día. Obviamente, se puede tomar notas, pero en última instancia, Freud se decide por la técnica más simple:

> Desautoriza todo recurso auxiliar, aun el tomar apuntes, según luego veremos, y consiste meramente en no querer fijarse [*merken*] en nada en particular y en prestar a todo cuanto uno escucha la misma «atención parejamente flotante». (XII, 111)

Y luego insiste: "«Uno debe escuchar y no hacer caso de si se fija en algo» (XII, 112). La idea que subyace a estos consejos es impedir en lo posible la intervención del inconsciente del analista en la selección del material provisto por el analizante: de no suspender su propio inconsciente a nivel de la escucha, "introduciría en el análisis un nuevo tipo de selección y desfiguración mucho más dañinas que las provocadas por una tensión de su atención conciente" (XII, 115). Obviamente, Freud inmediatamente nos

---

[8] En el momento en que escribo estas líneas se presenta en Buenos Aires la versión de Norman Briski de *Potestad*, en la cual el papel de padre 'bueno' y apropiador de niños está a cargo de una mujer, María Onetto, y la estética apela a elementos del teatro Noh.

dice que este postulado de atención flotante es la contratacara del que le hemos solicitado al analizante:

> Como se ve, el precepto de fijarse en todo por igual es el correspondiente necesario de lo que se exige al analizado, a saber: que refiera todo cuanto se le ocurra, sin crítica ni selección previas. (XII, 112)

La improvisación, a partir de la asociación libre –en realidad, no tan libre, como puntuó Lacan, por el hecho de que el sujeto es hablado por el Otro, de que la represión y la censura están activas—debe realizarse sin crítica, sin preocuparse por el sentido y menos aún por la correlación con el supuesto sentido del texto dramático. Tampoco debe limitarse la improvisación a las situaciones de dicho texto dramático, tal como es tradicional en los ensayos, sino que debe enfocarse en los detalles y partir de ellos. Lacan, tal como lo plantea en su *Seminario 11*, habla del carácter pulsativo del inconsciente: de pronto se abre e inmediatamente se escabulle, de modo que –como a la Ocasión a la que pintan calva—el teatrista debe escuchar esa 'sorpresa' y a partir de ese "desajuste" del discurso consciente (un lapsus o un olvido, por ejemplo),[9] no proseguir hasta recuperar la cadena que lo une a los pensamientos inconscientes.

Análisis significa, precisamente, dividir en partes y trabajar –como hizo Freud—sobre cada una en forma separada, "para llegar a una cadena de pensamiento, entre cuyos elementos reaparecen los componentes del sueño y que están correcta y significativamente enlazados a él" (Buenaventura 55), esto es, se apunta a descubrir ese hilo que pone en concatenación los diversos detalles del sueño y le otorgan sentido. "Muchos sucesos—escribe Buenaventura—que pueden aparentemente carecer de importancia tienen tanto valor como las ideas que nos parecen importantes y que existe una conexión profunda entre unas y otras" (60).

---

[9] "Nuestros actos fallidos son actos que triunfan, nuestras palabras que tropiezan son palabras que confiesan. Unos y otras revelan una verdad de atrás. En el interior de lo que se llama asociaciones libres, imágenes del sueño, síntomas, se manifiesta una palabra que trae la verdad. Si el descubrimiento de Freud tiene un sentido sólo puede ser éste: la verdad caza al error por el cuello de la equivocación" (Lacan, *Seminario 1* 386).

7.- Elaboración onírica y puesta en escena: condensación y desplazamiento

La elaboración onírica responde a leyes, que son las del lenguaje: en primer lugar, condensación y desplazamiento. La condensación ocurre cuando varias ideas latentes emergen en el contenido manifiesto de una manera comprimida, condensada en un elemento; varias ideas latentes admiten pocas imágenes en el contenido manifiesto o incluso un solo elemento las hace presentes. Freud lo plantea así:

> Para el trabajo del sueño existe una suerte de constreñimiento a componer en una unidad, en el sueño, todas las fuentes de estímulo onírico existentes. (IV, 195). (...) Lo primero que muestra al investigador la comparación entre contenido y pensamientos del sueño es que aquí se cumplió un vasto *trabajo de condensación*. El sueño [para nosotros, teatristas, el texto dramático base o incluso la escena improvisada] es escueto, pobre, lacónico, si se lo compara con la extensión y la riqueza de los pensamientos oníricos. (...) Así, la desproporción entre contenido y pensamientos oníricos lleva a inferir que en la formación del sueño se efectuó una amplia condensación del material psíquico. (...) La creación de personas de acumulación y de personas mixtas es uno de los principales recursos con que trabaja la condensación onírica. (IV, 287)

Hay, pues, mezcla, superposición o sustitución, de ahí que podamos asimilar la condensación a la metáfora. Por ejemplo, una forma de condensación "consiste en colocar a una persona en el lugar habitualmente ocupado por otra y hacerla protagonista de los actos de la otra, o en formar una persona compuesta por los rasgos tomados de otras. El análisis mostrará lo que tienen en común" (Buenaventura 59). A nivel teatral, Buenaventura propone, por ejemplo, hacer "que un actor haga varios personajes o que varios actores se condensen en un personaje" (59). Una vez más, la condensación no responde al principio de no contradicción, es decir, un elemento del contenido manifiesto puede representar ideas contradictorias, que es preciso explorar.

El desplazamiento aparece precisamente cuando la elaboración onírica ha realizado una transferencia de intensidad de un elemento a otro, de modo que ideas latentes que amenazan a la conciencia pueden estar representadas en el sueño por elementos de importancia insignificante, siendo que lo relevante queda apenas vislumbrado en los detalles o escorias. Freud nos dice:

> el proceso es como si se produjese un *desplazamiento* [*Verschiebung*, "descentramiento"]—digamos del acento psíquico—por la vía de aquellos eslabones intermedios, hasta que representaciones al comienzo cargadas con intensidad *débil*, tomando para sí la carga de otras representaciones investidas más intensamente desde el principio, alcanzan una fortaleza que las vuelve capaces de imponer su acceso a la conciencia. (IV, 193)

> en el trabajo onírico se exterioriza un poder psíquico que por una parte despoja de su intensidad a los elementos de alto valor psíquico, y por la otra procura a los de valor ínfimo nuevas valencias por *la vía de la sobredeterminación*, haciendo que estos alcancen el contenido onírico. Si esto se concede, en la formación de los sueños ocurre entonces *una transferencia y un desplazamiento de las intensidades psíquicas* de los elementos singulares, de lo cual deriva la diferencia de texto entre contenido y pensamiento oníricos. El proceso que con esto suponemos es lisa y llanamente la pieza esencial del trabajo onírico y merece el nombre de *desplazamiento onírico*. (IV, 313).

Por ello, Freud concluye que:

> *El desplazamiento y la condensación oníricos* son los dos maestros artesanos a cuya actividad podemos atribuir principalmente la configuración del sueño. (IV, 313)

Así, lo que aparece muy enfatizado en el contenido manifiesto no necesariamente es lo más importante; por el contrario, "un impreciso elemento poco identificado del sueño constituye, con frecuencia el más directo representante de la principal idea latente, cuanto más oscuro o confuso es un sueño, será más importante –en la elaboración—la presencia del factor desplazamiento" (Buenaventura 59). Aquí no hay sustitución de un significante por otro, sino del desplazamiento de intensidad de un significante a otro, por eso se establece como una cadena –incluso como 'una parte por el todo'— y entonces se articula como una metonimia. "El desplazamiento –agrega Buenaventura—no es una simple traslación de elementos de una situación a otra sino la traslación de intensidad síquica o carga emotiva de unos elementos a otros y de unas situaciones a otras" (60).

La condensación y el desplazamiento demuestran que el proceso de elaboración onírica supone en sí mismo ya un cierto nivel de interpretación, en el que hay pugna entre la conciencia, el inconsciente y el preconsciente. "La improvisación –dice Buenaventura parangonándola con el sueño—se auto-interpreta, trata de ordenar sus hallazgos comparándolos con ideas previas del improvisador a fin de constituir una totalidad" (61).

Tanto el director, como ya vimos, y ahora el improvisador, parecen ocupar, para el maestro colombiano, el lugar del analista, *posición no elaborada en su ensayo*, con lo cual queda pendiente para la praxis teatral un trabajo más profundo que incorpore la dinámica de la transferencia, tan importante en el psicoanálisis, la dimensión del sujeto supuesto saber y la del analista como desecho. Solo se nos dice que "los actores preparan sus improvisaciones sin que el director intervenga.[10] En esta etapa de la improvisación el director es espectador. Deberá limitarse a tomar nota de las improvisaciones sin intervenir" (Buenaventura 63). En esta cita hay algunos aspectos que conviene tener en cuenta: en primer lugar, un analizante no prepara su discurso con antelación a su sesión analítica, sino que lo articula frente al analista; lo mismo ocurre en un ensayo: los actores preparan sus improvisaciones sin intervención del director, pero con la presencia silenciosa de éste. La figura y presencia del analista es indispensable para que la asociación libre y la atención flotante permitan el análisis. Es interesante subrayar que Buenaventura le otorga al director el rol de espectador, cuya atención, flotante o no, lo lleva a tomar notas y solicitar nuevas improvisaciones sobre algún detalle. Los actores, a su vez, también pueden ocupar este rol de 'espectador' frente a improvisaciones realizadas por sus compañeros. Más allá de si la figura usual del espectador sea la adecuada para calificar la posición del

---

[10] El analista y, en nuestro campo el director o coordinador del grupo, "[n]o tiene que guiar al sujeto hacia un *Wissen*, un saber, sino hacia las vías de acceso a ese saber" (Lacan, *Seminario 1*, 404). Esto obviamente no solo es válido para el trabajo durante los ensayos, sino también para la enseñanza. Ver mi ensayo "Pedagogía y deseo: Praxis teatral y creatividad en español en Estados Unidos".

analista, lo crucial aquí es que el "espectador" ya no se confunde con el público; el espectador pareciera funcionar como una figura interna al proceso de montaje, aspecto que he podido ya deslindar en otros ensayos.[11]

Por eso, cuando Buenaventura agrega que "[l]os actores están encontrando las conexiones profundas entre el contenido latente de la pieza y el submundo de ellos (submundo que participa de lo consciente y lo inconsciente)" (63), deja claro que estamos ante una elaboración que involucra el inconsciente del analista (actores y director, en el caso de Buenaventura), es decir, los actores en este caso analizando e interpretando el contenido manifiesto de la obra y el director interpretando las improvisaciones. Y esa tarea de unos y otro está "situada allí, donde todos los niveles de la estructura social se relacionan. (Las relaciones individuo-comunidad)" (Buenaventura 62). Una vez más, estamos lejos del inconsciente colectivo, ahistórico y esencialista, para favorecer un inconsciente transindividual que involucra el deseo y goce del elenco y, por ende, del deseo y goce de su público. Como vemos, es tarea de la praxis teatral continuar con esta propuesta del maestro de Cali aproximándose a los desarrollos psicoanalíticos a partir de Freud hasta hoy.

8.- Ideología vs. asociación libre: verdad y deseo

Al final de su ensayo, Enrique Buenaventura afirma:

> La improvisación sirve para encontrar la verosimilitud del conflicto, es decir, la verosimilitud de lo real y no de lo aparente, la verosimilitud de la excepción, que no solo confirma la regla, sino que la pone en tela de juicio. (64)

Esta cita nos introduce en otros problemas cruciales de la praxis teatral. Sin duda, más influenciado por la teoría marxista de la ideología tan prominente en la década del 70, los términos "real" y "aparente" (no equiparables al contenido latente y al contenido manifiesto, respectivamente, como alguna vez se intentó correlacionar) tratan de desbrozar las *causas* de

---

[11] Ver mis tres ensayos sobre la puesta en escena y las estructuras espectatoriales publicados en la *Revista Telondefondo* (2012 y 2013).

los procesos sociales, opacados y manipulados por la ideología. Si Buenaventura recurre al psicoanálisis, es porque en él también "el sujeto es guiado hacia la indagación de las causas sociales de su conflicto personal" (Buenaventura 65). Ambos términos corresponden a la división marxista entre infra y superestructura, respectivamente. La idea, pues, para el Teatro Experimental de Cali (como para otros grupos de ese entonces) era producir espectáculos a partir del develamiento de las causas de explotación social tal como operan a nivel de la infraestructura económica, deformada por la ideología a nivel de la superestructura jurídica y cultural.

Sin embargo, hoy podemos re-elaborar esta cuestión de la verosimilitud a través del vocabulario psicoanalítico. A partir de Lacan se va a distinguir entre la verdad, el semblante de la verdad, y la causa del deseo, este último nominado 'objeto *a*'. Buenaventura, además, ha sabido ver con lucidez –tal como lo plantea en la cita— la cuestión de la ley en su doble cara: por un lado, permite y autoriza, a costa de mortificar al sujeto con el lenguaje y la norma vía la familia, la escuela, etc.; por el otro, prohíbe la satisfacción de ciertas pulsiones, abriendo de ese modo un espacio para la transgresión. Al prohibir, deja un área de excepción (siempre singular para cada sujeto), que dará paso al deseo como falta. Esa falta que causa el deseo y lo dispara es el objeto *a*, como un goce y como un real no permitido por la ley. Así, la excepción –relativa al goce— confirma la regla. El objetivo del arte es justamente apuntar a las causas del malestar en la cultura, esto es, al goce que captura al sujeto, que lo aliena al goce de la ley, goce del Otro, pero no el suyo propio. No olvidemos que para Lacan "el hombre, es el sujeto capturado y torturado por el lenguaje" (*Seminario 3* 350) o, como dirá más tarde Jacques-Alain Miller, mortificado por el significante. El psicoanálisis apunta así, como debería hacerlo la improvisación y la praxis teatral, a separar al sujeto de ese goce del Otro a fin de promover una destitución subjetiva que le permita ejercer su discernimiento en cuanto a su deseo y su goce.[12] El análisis procede sacando al sujeto de su zona de confort, atravesada de sufrimiento, para abrirle la posibilidad de abordar su propio goce a veces no menos doloroso que el síntoma. Se abre así una zona y una temporalidad inciertas de riesgo, en el que se procede a afrontar el propio goce (que Lacan denominó 'sinthome'), como base –en el caso del arte y del

---

[12] Para la cuestión de alienación/separación ver el capítulo XVI "El sujeto y el otro: la alineación", en el *Seminario 11* de Lacan.

teatro— para iniciar un proceso de cambio social. Es ésta la dimensión ética y política del psicoanálisis.[13]

Es por eso que, si '[l]a primordial función del sueño es conservar el sueño [Freud diría 'conservar el dormir'], mantener dormido al sujeto" (Buenaventura 64), mediante la satisfacción sustituta de deseos inconscientes, aun cuando apele a "[l]os mecanismos que disfrazan las ideas reprimidas" (64), el arte, el teatro en particular, como un "maestro negativo", ya no estaría al servicio de "no despertar la conciencia", sino precisamente se orienta a despertarla, enfrentando al sujeto (teatristas y público) a las causas de aquello que lo aqueja, esto es, a los pensamientos inconscientes que ha reprimido y que lo tienen capturado en el síntoma. Desde la perspectiva marxista, se trataría de mostrar las causas a nivel del aparato productivo que sostienen la explotación y que han sido veladas por medio de la ideología. "El trabajo artístico –escribe Buenaventura— [...] busca descubrir todo lo reprimido, no para expresarlo libremente, sino para mostrar las causas concretas de la represión, eliminando la culpabilidad y el pecado" (64).

Dejando de lado por ahora la referencia a la culpa y el pecado, comentemos solamente dos aspectos que hoy, a partir de los conceptos lacanianos, vamos a tener que reconsiderar para la praxis teatral actual: más que "verosimilitud" de lo real (que supone cierta adhesión por medio de la creencia) y que parece más ligado a lo que Lacan denominará "la realidad", el arte actual, ya sea por la inminencia del cuerpo y la cuestión del goce en la sociedad neoliberal, va a plantearse realizar espectáculos como un semblante de verdad, en tanto aproximación a lo real, concebido como aquello que causa el malestar pero que aún no tiene (ni va a tener) significante que lo diga *totalmente*. Esta falta que abre a lo incompleto, es la que, tanto en el proceso de montaje del espectáculo como en el de la lectura del público, permite, en términos del maestro de Cali, la acción y la crítica: "la crítica no es una actitud sino la acción" (65), esto es, acción transformadora.

---

[13] Hay trabajos muy puntuales producidos en los últimos años sobre la dimensión política del psicoanálisis, particularmente a partir de la conceptualización lacaniana. Baste nombrar los trabajos de Jorge Alemán, Ernesto Laclau, Nora Merlin, Néstor Brauntein, Jacques-Alain Miller, entre otros. En todos estos autores hay una aproximación al malestar en la cultura del capitalismo en su etapa neoliberal y global.

Sueño y praxis teatral (Segunda parte)

Introducción

Al revisar y comentar la charla de Enrique Buenaventura a los actores del Teatro Experimental de Cali, hemos puntualizado algunos aspectos que hoy siguen interrogándonos y disparando nuestra imaginación teórica a fin de abrir nuestra perspectiva hacia desarrollos todavía más productivos para la praxis teatral.

Lo que sorprende es observar cómo los teatristas posteriores, desde la década del 80, se desinteresaron de profundizar en los potenciales de creatividad que siempre ocurren cuando se sostiene una conversación interdisciplinaria. No es éste el lugar donde interrogarse sobre los determinantes de ese desinterés. Acaso los fracasos de la izquierda política, los avances del feminismo, la emergencia de discursos tales como la teoría *queer*, el performance art, los estudios de subalternidad y los postcoloniales, cierto escepticismo político debido a lo que ha dado en llamarse "la caída de las ideologías", los derechos humanos tan afectados por las dictaduras en la región latinoamericana, etc., han contribuido, sin duda, a diseñar una agenda de urgencias y temas impostergables para la cultura en general y el teatro en particular. Seguramente, este panorama dispersó y orientó a los teatristas hacia la producción de espectáculos coyunturales sin mayor preocupación por fundamentar (y menos aún escribir) su praxis y las transformaciones inherentes.

Enrique Buenaventura da los primeros pasos en cuanto a incentivar la creatividad a partir de su lectura e implementación de aspectos por demás productivos entre el psicoanálisis y la praxis teatral. Hizo una lectura puntual de la famosa obra de Freud y analogó sueño e improvisación teatral de una manera creativa. Sin embargo, algunos aspectos todavía están pendientes de traslación desde el psicoanálisis a nuestra praxis teatral: fundamentalmente el rol y posición del analista/director, y la cuestión de la transferencia. Afirmar, como hacen algunos críticos o teatristas, que la figura del director está hoy en crisis es no decir realmente nada. No hay crisis, hay un cambio que involucra múltiples factores culturales, teatrales en particular y todos ellos de dimensión ética y política. Estos aspectos fueron muy trabajados por Lacan y el impacto de su enseñanza se registró un poco más tarde, posterior a la charla de Buenaventura. Por eso nos toca a nosotros retomar el trabajo del maestro de Cali y avanzar en lo que él inició.

'Retorno a" y 'reactualización'

Ahora vamos a sumergirnos en *La interpretación de los sueños*, en la convicción de que, con esa base ya provista por Buenaventura, todavía podemos discernir nuevas cuestiones para ampliar la dimensión discursiva de la praxis teatral. Obviamente, como ya hemos planteado, los aportes de Lacan serán relevantes en esta re-lectura de Freud. Lacan, como se sabe y como Foucault lo planteó ya en su charla en el Collège de France ante Lacan mismo, inició lo que se conoce como el "retorno a", es decir, el retorno a Freud como un autor fundador de discursividad. "[P]ara que haya retorno —sostiene Foucault— es preciso, primero, que haya habido olvido, no un olvido accidental, no un ocultamiento debido a alguna incomprensión, sino olvido esencial y constitutivo" (28). Y agrega:

> el retorno al texto no es un suplemento histórico que se añadiría a la discursividad misma y la doblaría con un ornamento que, después de todo, no es esencial; es un trabajo efectivo y necesario de transformación de la discursividad misma. (29)

De modo que "siempre [se] puede modificar, no el conocimiento histórico del psicoanálisis, sino su campo teórico (30).

Como puede verse, el "retorno a" no es lo que hizo Buenaventura ni tampoco aquello que intentamos realizar aquí. Como teatristas, no nos incumbe realizar un "retorno a" ni a Freud ni a Lacan; nuestra empresa se define mejor por lo que Foucault denomina "reactualización", entendiendo por tal "la reinserción de un discurso en un dominio de generalización, de aplicación o de transformación que es nuevo para él" (28). Es desde este encuadre, fuera de la filosofía del teatro y su ontología, más allá de los estudios teatrales, que abordamos la praxis teatral como un campo disciplinario enfocado en el saber-hacer del teatrista durante los ensayos y el montaje del espectáculo, un campo sobre el cual analogar algunos conceptos fundamentales del psicoanálisis. Esta tarea no supone el tratamiento psicoanalítico, de índole terapéutica, clínica y personalizada, de los integrantes del elenco, lo que tampoco se le ocurrió —tal como hemos visto— al maestro Buenaventura. Tampoco se focaliza en el análisis psicoanalítico de los personajes o de las situaciones dramáticas, sea en los textos dramáticos o espectaculares. Es decir, la praxis teatral recurre al psicoanálisis para ir más allá de la crítica de textos, tal como es realizada por los discursos de moda en la academia y, además, evita todo tipo de aplicacionismo de discursos varios al saber-hacer del teatrista (en el sentido de los contextos epistemológicos de demostración y justificación típicos de la ciencia). Los conceptos elaborados por el psicoanálisis *no se aplican*, sino que orientan e interrogan a cada momento la praxis, incluida la técnica, en procura de abordar el inconsciente, lo Real y los modos de goce de una comunidad en un período histórico determinado. El psicoanálisis como praxis no parte de los conceptos para constatar una tesis o una verdad. De forma similar, concebimos el trabajo conceptual de la praxis teatral como *disparador de creatividad*, sin garantías artísticas ni veleidades de demostración. Freud nos advierte que el sueño "no es creador", a pesar de los niveles increíbles de figurabilidad y elaboración, puesto que "no despliega una fantasía que le sea propia, no juzga, no infiere, y en general no rinde otra cosa que condensar el material, desplazarlo y refundirlo en forma sensorialmente intuible, a lo cual todavía se agrega esa última e inconstante piecita que es la elaboración interpretadora" (V, 649).

En este sentido, el psicoanalista Luis Vicente Miguelez ha retomado un tema bastante discutido en el psicoanálisis: es aquel que se refiere a si el método analítico, consistente entre un diálogo entre analizante y analista, puede ser extendido a la investigación sobre fenómenos culturales. Sin duda, Freud lo inició con sus lecturas de Edipo y Hamlet, sobre La Gradiva, sobre el Moisés, entre otros. Miguelez, tal como lo planteamos más arriba, subraya la diferencia entre la aproximación analítica y la científica, a la vez que defiende la tesis de una comunicación inconsciente a inconsciente entre una obra de arte o un evento cultural y el investigador. Al enfrentarlos como formación del inconsciente, la tarea que se impone es la de interpretarlos, poniendo en juego la subjetividad de la cual la obra emerge con la del analista. Y aunque podría plantearse —como se ha hecho en el pasado— que la diferencia entre analizante y obra es que el primero "habla", lo cierto es que toda obra o fenómeno cultural también lo hace. En tal caso, lo que no ocurre, a diferencia del diálogo con un analizante, es que la obra, en sí, no puede asociar libremente, pero eso no invalida que se pueda conversar con ellos: "Se trata menos de conferenciar sobre ellos que de permitir que lo silenciado en ellos se pueda escuchar" (Miguelez). El sueño habla. Y respecto a la objetividad (muchas veces ilusoria) procurada por la investigación científica, Miguelez afirma:

lo que el psicoanálisis tributa a la investigación es algo distinto a lo conocido como método científico, donde lo que se procura es garantizar la objetividad de lo descubierto. Lo que el método psicoanalítico plantea es una aproximación a la cuestión de manera diferente. La introducción de la dimensión de lo inconsciente en el trabajo investigativo sobre acontecimientos culturales aporta un elemento sustancial que es solidario con la formación de los mismos. El descubrimiento tiene carácter de insight, de iluminación nueva sobre viejas cuestiones. Más que descubrir, de lo que se trata es de producir nuevas interpretaciones que tienen su punto de partida en la recuperación de lo reprimido o de lo excluido de los hechos culturales.

Una vez más, nuestro propósito para esta segunda parte es retomar lo ya investigado por Enrique Buenaventura, darle continuidad a su trabajo y dilucidar cuestiones que, como vimos, quedaron sin conceptualizar en los 70. Hoy contamos con un enorme corpus de seminarios, charlas, conferencias de destacados psicoanalistas, sobre todo a partir y alrededor de los aportes de Jacques Lacan. El impacto del psicoanálisis hoy se constata en múltiples disciplinas: ha intervenido e interviene en debates sobre el género sexual, sobre aspectos jurídicos y, sobre todo, sobre cuestiones políticas no sólo ligadas a la cultura en general sino a la lucha de sectores diversos y marginados, y más recientemente ha comenzado a replantearse la crítica de las democracias formales en esta etapa de capitalismo global neoliberal. Es desde ese corpus que me propongo comentar algunos pasajes de *La interpretación de los sueños*, desde los intereses de nuestra praxis teatral. Mi proyecto es saltar del texto freudiano a una dimensión especulativa y conjetural para la praxis teatral.

Contextos de producción teatral: ayer y hoy

La diferencia con el encuadre en el que trabajó Buenaventura debe ser explicitada: en efecto, en primer lugar, si para el maestro del TEC, el trabajo teatral se instalaba (al menos como lo muestra su ensayo sobre el sueño y la improvisación) con una separación entre dramaturgo y texto dramático (propio o ajeno), actores y director, en tanto instancias diferenciadas, la praxis teatral actual, como viene desarrollándose en América Latina, es realizada por el *teatrista*, aquel o aquella que asume todos o casi todos los roles de proceso. Ya no se trata específicamente de creación colectiva en el sentido en que se la practicaba en el TEC o La Candelaria; la praxis teatral actual tiene una dinámica mucho más participativa, democrática y horizontalizada y, sobre todo, no parte necesariamente del saber —sea una ideología o un texto dramático de base—,[14] sino del no-saber.[15] Lo importante es que el teatrista escribe sobre la escena —escritura escénica—, a partir de su saber escénico, a diferencia de los autores del pasado, más instalados en el campo literario.

En segundo lugar, tal como trabajo en mi Workshop in Latin American Performance Experience en Whittier College cada semestre de primavera y como lo hacen muchos teatristas actuales, vamos a partir ya no de improvisaciones sobre un texto dramático dado, sino de un encuadre en el que *no hay texto* y en el que un miembro del grupo asume la figura de coordinador general, no siempre asimilable a la práctica tradicional del director. La relación entre este coordinador y la posición del analista es algo que deberemos puntualizar. Soy consciente de que hoy, al menos en Argentina y

---

[14] Usualmente, se opone en psicoanálisis el *saber* al *conocimiento*. Esto genera algunos problemas en las traducciones al inglés, donde ambos términos se traducen por "knowledge". Como Lacan lo plantea, '[e]l conocimiento humano [pertenece] a la esfera de la conciencia" (*Seminario 2*, 266), por lo tanto al yo, a la ciencia, a la relación imaginaria. De modo que tanto el yo como la ciencia pueden verse siempre rebasados por el inconsciente, por el *Eso* habla.

[15] En psicoanálisis se habla del "saber no sabido" para referirse al inconsciente. Este "saber no sabido" suele aparecer en la dimensión de la sorpresa, un tropiezo, una equivocación, una falla, una fisura que rebasa al yo, al individuo. *Eso* habla, el individuo es hablado; Freud nos ofrece un símil para entender lo que ocurre en los casos de sueños oscuros: "se produce —nos dice— *como si* una persona, que es dependiente de una segunda, tuviera que exteriorizar algo, oír lo cual tiene que resultarle desagradable a esta última" (V, 659). En fin, lo que importa es que de repente *Eso* irrumpe, más allá de los controles del yo, como una hiancia en la que el sujeto emerge como un vacío, una vacilación, "se capta en algún punto inesperado" (*Seminario 11*, 35); por eso Lacan califica al inconsciente de pulsativo en el *Seminario 11* (51). El inconsciente se abre e inmediatamente se cierra, como cuando uno se equivoca de palabra, cuando emerge un significante no esperado. El inconsciente sabe, por eso *habla*; el yo, en cambio, en su desconocimiento, *es hablado*. Lo que hay que tener en cuenta aquí es una diferencia entre ese saber no sabido y la verdad. La verdad corresponde al deseo y por eso está usualmente velada; se habla del "semblante de la verdad". El saber no sabido corresponde a lo Real, que no puede ser completamente velado, escondido, de ahí que Lacan nos recuerde que la verdad "[e]s la que está escondida", ya que "sólo en la dimensión de la verdad puede haber algo escondido" (*Seminario 2*, 302).

sobre todo a partir de Eduardo Pavlovsky y Ricardo Bartís, se ha instalado una práctica en la que alguien somete a consideración de su grupo –a veces estable— un "coágulo" (palabra cortazariana retomada por Pavlovsky), sea una palabra, una frase, un malestar de tipo enigmático que lo asalta y que, en principio, no hace sentido. Compartido con su grupo de trabajo teatral, todos se ponen a explorar –mediante improvisaciones— el impacto de ese coágulo (una especie de condensación onírica usualmente insignificante, "escoria", en términos de Buenaventura). Alguien toma notas y sobre ellas se van multiplicando los borradores hasta conformar un texto sobre el que se acuerda la presentación pública; este texto, como lo planteaba el mismo Pavlovsky, no es percibido como una "versión final", en la medida en que sigue abierto y es modificable a partir de las funciones y la exhibición pública e, incluso, transformable al pasar a otros grupos o colectivos. En otros casos, más generalizados y, tal vez, menos riesgosos, particularmente en el caso de las dramaturgas que notoriamente comenzaron a producir y dirigir desde los 90,[16] se asiste al ensayo con un texto más o menos conformado, el cual va a modificarse a partir del trabajo actoral o de los creativos involucrados para escenografía, vestuario, iluminación, etc. El grado de transformación del texto es impredecible. Como vemos, en estos casos se trata de un encuadre a mitad de camino entre lo que se hacía tradicionalmente y la práctica más radicalizada de Pavlovsky y Bartís. Hasta cierto punto hay un texto previo, aunque ya no con la autoridad con la que solía "respetarse" el texto de un autor sacralizado. La escritura 'escénica' asume una dinámica novedosa frente a la escritura dramático-literaria.

Praxis teatral actual: del no-saber y de la autoridad

En lo que sigue voy a referirme más puntualmente a mi praxis teatral, tal como la realizo desde hace años en un curso semestral en mi universidad bajo el título de *Workshop in Latin American Performance Experience*.[17] Sucintamente, el proceso parte de un entrenamiento corporal a partir del cual, con ejercicios ya diseñados durante varios de años de experimentación,

---

[16] Ver las entrevistas en *Arte y oficio del director teatral*, pero sobre todo en *¡Todo a pulmón! Entrevistas a diez teatristas argentinos*.

[17] Ver un detalle más pormenorizado de mi praxis teatral en el Workshop, en el ensayo 'Pedagogía y deseo: Praxis teatral y creatividad en español en Estados Unidos", incluido en este volumen.

se instala la asociación libre. Freud describe puntualmente los requerimientos básicos de dicho procedimiento, al que califica de "regla técnica fundamental", la cual vino a sustituir el método catártico basado en la hipnosis, con la correspondiente sumisión del analizante a la autoridad y poder del hipnotizador, esto es, similar a la que, en nuestro campo teatral, suele darse entre el actor y un maestro/director:

> El tratamiento se inicia exhortando al paciente a que se ponga en la situación de un atento y desapasionado observador de sí mismo, a que espigue únicamente en la superficie de su conciencia y se obligue, por una parte, a la sinceridad más total, y por la otra a no excluir de la comunicación ocurrencia alguna, por más que: 1) la sienta asaz desagradable, 2) no pueda menos que juzgarla disparatada, 3) la considere demasiado nimia, o 4) piense que no viene al caso respecto de lo que se busca. Por lo general, se revela que justamente aquellas ocurrencias que provocan las censuras que acabamos de mencionar poseen particular valor para el descubrimiento de lo olvidado. (XVIII, 234)

En mi taller, no se permite comenzar el proceso a partir de una idea o tema (por ejemplo, realizar un espectáculo sobre la violencia doméstica, la inmigración, etc.), ni tampoco se discute el formato final al que se aspira (obra teatral, performance o instalación). Tengo la convicción, proveída por mi experiencia de tantos años en el teatro, que cuando hay un tema o idea rectora, no solo termina orientándose el trabajo hacia la ilustración y expresión de ese tema o idea –como un decorado más—, sino que dicha idea restringe la posibilidad de exploración del 'pensamiento' inconsciente, al que es necesario abordar particularmente en lo que tenga de "políticamente incorrecto" o, como Freud suele designarlo, "desagradable".[18] Y esto ocurre, además, como lo ha visto el psicoanálisis, por la sencilla razón de que "la prueba de que el análisis nos lleva efectivamente a considerar

---

[18] Escribe Freud en "Sobre el sueño": "si prosigo para mí mismo el análisis [de un sueño], sin preocuparme por los otros (…) llego a pensamientos que me sorprenden, que yo no había advertido en el interior de mí mismo, que no me son sólo *ajenos*, sino también *desagradables*" (V, 654, énfasis de Freud). Nótese que el adjetivo "ajenos" se refiere al inconsciente, como aquello reprimido, que está más allá del yo y velado por la conciencia, un Otro que me habla.

así las cosas, es que la mayor parte de aquello de lo cual el sujeto[19] cree poseer una certeza reflexiva no es para nosotros sino la disposición superficial, racionalizada, justificada secundariamente, de lo que fomenta su deseo, que confiere a su mundo y a su acción su curvatura esencial" (Lacan, *Seminario 2*, 337). Esta curvatura, en el caso de trabajar con estudiantes, viene usualmente avalada por la precaria certeza lograda con algunas bibliografías frecuentadas en los cursos. Sin embargo, también se puede ver esta actitud en el campo profesional cuando está signado por agendas racionalizadas que se suben al escenario. Así, no es casual que muchos espectáculos sobre la memoria o la situación de la mujer en el patriarcado, terminen más o menos parecidos justamente por responder a una agenda acordada con anterioridad –explícita o implícitamente— a las improvisaciones. No se nos debería ocultar cómo esta metodología a partir de un tema sigue todavía mostrando al teatrista en posición de saber lo que su público necesita, lo que Lacan denomina "discurso del Amo": si en los 70 esta posición de saber anclaba, por ejemplo, en el marxismo, hoy este dogmatismo, con trazos —aunque velados—de autoridad y autoritarismo (justificados en las urgencias políticas del momento), se instalan en el feminismo y otras agendas derivadas. Sin embargo, no siempre estas buenas intenciones del teatrista alcanzan para abordar el goce y los modos de goce de su comunidad, lo cual, nuevamente, termina produciendo espectáculos ilustrativos de agendas previamente asumidas, a las que más valdría abordar críticamente o poner en cuestión, como corresponde a la función de arte.

La idea o el tema ofician, además, como imanes ejerciendo una seducción a la manera de la hipnosis o del hipnotizador. Si de lo que se trata es de abordar "el malestar en la cultura", entonces conviene seguir a Freud y no a Breuer; Freud sostenía que "una representación deviene patógena cuando su contenido aspira en la dirección contraria a las tendencias dominantes en la vida anímica, provocando así la *"defensa"* del individuo" (XVIII 233). Freud rechaza, pues, la sugestión y la hipnosis por la dependencia del analizante al hipnotizador, lo cual podemos traducir, en términos teatrales, como ofrecer espectáculos seductores que buscan la adhesión del elenco o

---

[19] Conviene insistir en que hay a veces un uso un poco libre del término "sujeto". En el psicoanálisis, con Lacan, se refiere siempre al sujeto inconsciente, "el sujeto descentrado"; sin embargo, como el mismo Lacan lo aclara en el *Seminario 2* (314), a veces se lo usa para hablar del "sujeto-individuo", no el sujeto centrado de la conciencia.

del público ofreciéndole aquello que supuestamente lo "curaría' del malestar cultural; sin embargo, como Freud señala, cuando esa dependencia se diluye, el malestar regresa, el síntoma vuelve, y eso es fácilmente observable a la salida de cualquier es-pectáculo teatral: hay una momentánea toma de conciencia, por ejemplo, de la violencia doméstica, pero poco impacto en la transformación del machismo o el patriarcado en la vida cotidiana. Demás está decir, como advierte el maestro vienés, que otro inconveniente es que no todo el mundo puede ser totalmente hipnotizado.

Habida cuenta de esos comentarios, en mi taller se parte del no-saber, en la convicción de que, frente al resultado de las improvisaciones –aparentemente azaroso y hasta delirante— va a emerger, no obstante, el inconsciente transindividual del grupo –lo que Lacan denomina "el discurso común" (*Seminario 2*, 314)— y, por ende, de la comunidad en la que éste se inserta y para la cual trabaja. "En el juego de azar (—y la improvisación lo es—) [el sujeto] va a probar sin duda su suerte, pero también leerá en él su destino" (Lacan, *Seminario 2*, 443). Asumo, además, que "para que haya algo nuevo es preciso que exista la ignorancia" (*Seminario 2*, 464). Y para decirlo con términos de Ernesto Laclau, apostamos a la emergencia de un significante flotante que, en principio, nos es totalmente inconsciente; ese significante debería resolver las diferencias coyunturales en pro de iniciar un proceso emancipatorio del sujeto y de la comunidad.[20]

Para poner un ejemplo entre otros, digamos que, en mi Workshop, el resultado de la asociación libre comienza con ejercicios de biorritmo realizado con juegos numéricos. Sigo aquí la sugerencia de Freud en *Psicopatología de la vida cotidiana* cuando se refiere al determinismo psíquico y, en relación a los números y el azar, nos cuenta:

> En un artículo del historiador de la literatura R. M. Meyer, publicado en 1900 en *Die Zeit*, hallé expuesta e ilustrada con ejemplos la tesis de que no se puede componer deliberadamente y mediante el libre albedrío un absurdo. Y desde hace más tiempo yo sé que lo mismo es cierto para las ocurrencias de números o de nombres. Si se indaga un número en apariencia formado según el propio

---

[20] Ver en este libro el capítulo "La praxis teatral y lo político: la demanda, el teatrista, el público".

albedrío, por ejemplo uno de varias cifras y declarado como en chanza o por travesura, se comprueba que obedece a un estricto determinismo que realmente no se habría creído posible. (VI, 234).[21]

En nuestro taller, los estudiantes/actores son invitados a trabajar con números y disposiciones corporales, a los que luego se superponen significantes cualesquiera que ellos emiten–aprovechando la prisa y el cansancio corporal, lo cual impide todo tipo de reflexión o intención; esto genera un grupo de significantes cualesquiera que, en principio, carecen de todo sentido y conexión. Los actores comienzan a improvisar en grupos diferentes a partir de reunir esos significantes (seleccionados por sorteo o cualquier otra manera caprichosa); dichos significantes deben disparar la imaginación, pero no pueden ser usados durante la escena ni tampoco la escena debe ilustrarlos. Prontamente, esos paquetes significantes pasan de un grupo a otro y se van produciendo escenas que paulatinamente dejan emerger un "hilo" conductor, a la manera del sueño, el que paulatinamente va configurando una especie de axioma o frase gramatical, como Lacan designó con el nombre de "fantasma fundamental". El juego con los significantes-base prosigue y se va complicando progresivamente, aportando mayor consistencia a las escenas que, además, pasan de un sub-grupo a otro y se modifican.

Como puede apreciarse, no partimos de una posición previa de autoridad imaginando lo que hay que decir políticamente ni lo que suponemos que el público necesita escuchar. Mi rol como 'coordinador' (pero no director, con lo que eso implica de autoridad) es, como en Buenaventura, tomar notas, permanecer en silencio, atenerme a la atención flotante la cual, obviamente, involucra mi propio inconsciente, aunque sin pretender reflejar o imponer mi propias expectativas conscientes (XVIII, 234-235); así registro

---

[21] Lacan mismo pregunta a su auditorio en el *Seminario 2* si "hay o no diferencia entre una lista de números elegidos a propósito y una secuencia de números elegidos al azar" (284). Los desafía a un juego de par e impar escribiendo "a toda marcha, mejor" (tema de la prisa) y les pide que no hagan trampa. Les remarca: "Háganlo al azar. Manifiesten su inercia simbólica" (285). La chanza es que Lacan también, siguiendo a Freud, apuesta al determinismo de la vida anímica y por eso dice que "la hipótesis freudiana—consiste en plantear que no hay azar en nada que hagamos con la intención de hacerlo al azar" (*Seminario 2*, 282).

solo aquello que llama mi atención y me involucra como analista, sin descuidar, como veremos, lo relativo a la transferencia, de la cual nada se dice en el ensayo del maestro de Cali. No me aboco tanto a registrar, en general, el contenido de las situaciones improvisadas ni tampoco los conflictos representados, sino que me mantengo alerta a la irrupción del inconsciente a partir de significantes inesperados, sorpresivos, chistes, olvidos, lapsus linguae (a veces incluso cuando aparecen durante el entrenamiento corporal o el precalentamiento, fuera de las improvisaciones mismas), tal como Freud los describió en *Psicopatología de la vida cotidiana* (1901). Menos aún intervengo con mi propia perspectiva política o ética, porque lo fundamental no es mi deseo sino la singularidad del deseo del elenco. Por eso Freud, puede afirmar una posición ética del analista, que Lacan retomará y profundizará más tarde, particularmente en contra de la Ego Pscychology: "El analista —escribe Freud— respeta la especificidad del paciente, no procura remodelarlo según sus ideales personales –los del médico—, y se alegra cuando puede ahorrarse consejos y despertar en cambio la iniciativa del analizado" (XVIII, 247). Traducido a nuestra praxis teatral, me alegro cuando, como coordinador, me ahorro de dar consejos, y dejo abierta la posibilidad de despertar la iniciativa del teatrista y del público.

El sueño, el deseo y los fenómenos 'fallidos'

Cuando Freud se propone explorar esos fenómenos fallidos de la vida cotidiana, está apuntando a demostrar que existe "una misma legalidad [que] abarca lo normal y lo anormal" (XVIII, 238). De resultas de esta aproximación surge que el trabajo en la praxis teatral no es homologable al trabajo terapéutico; como he afirmado muchas veces, no se trata de psicoanalizar al elenco, de hacer del ensayo un tratamiento personal o de grupo. Por el contrario, se trata de abordar esos fenómenos, como el sueño, tan propios de la vida normal pero que nos ofrecen una puerta de entrada al inconsciente, con todo lo "irreconocible, extraño, absurdo" (XVIII, 237) que éste pueda manifestar. Que otros factores, como "el olvido temporario de palabras y nombres por lo demás conocidos, el olvido de designios, los tan frecuentes deslices en el habla, en la lectura, en la escritura, la pérdida y el extravío de objetos, muchos errores, actos en que la persona infiere un daño en apariencia casual y, por último, movimientos que se ejecutan como por hábito, como sin quererlo o jugando, melodías que uno 'canturrea' 'inadvertidamente', y tantos otros de este tipo" (XVIII, 236), ocurran en la vida cotidiana, nos abre el espectro de posibilidades sobre las que uno puede captar la apertura del inconsciente, en la medida en que precisamente muchos de esos fenómenos no son conscientes, o en los que más que hablar somos hablados por el Otro. Estos "fallidos" son a la postre actos que triunfan, tal como Lacan lo plantea:

> Nuestros actos fallidos son actos que triunfan, nuestras palabras que tropiezan son palabras que confiesan. Unos y otras revelan una verdad de atrás. En el interior de lo que se llama asociaciones libres, imágenes del sueño, síntomas, se manifiesta una palabra que trae la verdad. Si el descubrimiento de Freud tiene un sentido sólo puede ser éste: la verdad caza al error por el cuello de la equivocación. (Lacan, *Seminario 1* 386).

En todo caso, todos estos fenómenos admiten responder a la misma ley que el sueño: son un cumplimiento de deseo, indestructible y a la vez desconocido para el sujeto. Freud lo dice en forma contundente: "*El sueño es el cumplimiento (disfrazado) de un deseo (sofocado, reprimido)*" (IV, 177, énfasis de Freud). De este corolario se desprende el hecho de que todo sueño, como toda escena, no importa su grado de coherencia, está siempre sujeto a la "desfiguración onírica". De lo cual se desgaja, para nuestra praxis teatral, que la pretensión de realismo es siempre eso, una pretensión, ya que la objetividad de la escena es siempre una desfiguración de la realidad.

Posición y tarea del coordinador

La propuesta del taller, por lo demás, evita anular toda posibilidad de someterse a los imperativos de "hacer sentido a toda costa" y al de la autoría (del texto dramático o del espectacular), en el sentido tradicional. El grupo está, así, formado por varios individuos, pero lo que importa es que solo habrá *un* sujeto y, entonces, hay que esperar a que ese sujeto advenga. Quedo alerta a ese momento de irrupción de la falta como sujeto o del sujeto como falta, porque allí se juega la dimensión del deseo. Al respecto, es importante subrayar que esta falta "[n]o es falta de esto o aquello, sino falta de ser por la cual el ser existe" (Lacan, *Seminario 2*, 334).[22] Nuevamente, insistimos en el hecho de que el sujeto no corresponde a ningún individuo del elenco, sino a la emergencia del S_1 (enigmático) al que le corresponde un S_2 (el saber), en tanto, siguiendo a Lacan, "un significante representa al sujeto para otro significante". Es solo *après coup*, esto es, retroactivamente (tal como lo plantea el psicoanálisis) que el espectáculo se ofrece a la lectura del elenco y del público, con zonas enigmáticas que invitan al otro a trabajar e interpretar, en la medida en que, por lo general, los espectáculos se conforman como una sucesión de escenas (elaboradas por condensación, desplazamiento y dramatización entendida esta última como "la mudanza de un pensamiento en una situación" [V, 636]), un tachonado aparentemente disperso de situaciones dramáticas que están en consonancia con el inconsciente transindividual de la parroquia que indudablemente involucra a todos (teatristas y público).

En ese sentido, durante el ensayo, mis puntuaciones a lo que me ofrecen las improvisaciones se limitan a pedir que se improvise sobre algún detalle, cuando percibo que allí hay una resistencia de la que el grupo no es consciente. Al respecto, Freud señala que "la tarea inmediata del médico era ayudar a aquel [analizante] a conocer, y después vencer, las resistencias que en él emergen en el curso del tratamiento y de las que al comienzo no tiene conciencia" (XVIII, 245). En Freud, las resistencias anclan en el yo del analizante; el Lacan del *Seminario 2* retoma esta cuestión planteando la tarea del analista:

> es intervenir ante el sujeto para que éste tome conciencia de la forma en que sus aficiones, sus prejuicios, el equilibrio de su yo, le impiden ver. No es una persuasión, que muy pronto cae en la sugestión. No es reforzar, como se dice, el yo del sujeto, o encontrar un aliado en su parte sana. No es convencer. Es, en cada momento de la relación analítica, saber en qué nivel debe ser aportada la respuesta" (71).

Lacan enfrentaba así los "desvíos" de la técnica analítica, producidos a partir de la ineficacia de las interpretaciones a causa del cierre del

---

[22] Más tarde en su enseñanza, Lacan hablará de "falta en ser". Obsérvese el cambio de preposición de/en.

inconsciente como resultado de la vulgarización del psicoanálisis, que le premitía ya al analizante predecir, calcular lo que el analista le diría. De ahí que Lacan subrayara que: (a) la resistencia no era una mala voluntad del analizante sino (b) resultado de la estructura misma del proceso analítico, dado (c) el constante desajuste entre deseo y palabra. Por estos motivos, Lacan subrayará que es función del analista distinguir entre puntuaciones dirigidas a lo imaginario y aquellas que apuntan a lo simbólico: "[e]l síntoma, sea cual fuere, no queda propiamente resuelto cuando el análisis se practica sin poner en primer plano la cuestión de saber sobre qué debe recaer la acción del analista, cuál es el punto del sujeto, por así decirlo al que debe apuntar" (*Seminario 2*, 72). Por esta vía, concluye que "no hay más resistencia al análisis que la del propio analista" ("Función y campo de la palabra en psicoanálisis", *Escritos* 235); e insiste:

> Resistencia hay una sola: la resistencia del analista. El analista resiste cuando no comprende lo que tiene delante [...] cuando cree que interpretar es mostrarle al sujeto que lo que desea es tal objeto sexual. Se equivoca. Lo que imagina que es aquí objeto, sólo es una pura y simple abstracción. Es él quien está en estado de inercia y de resistencia" (*Seminario 2*, 342).

Es por eso que no solo guardo el mayor silencio posible frente a las improvisaciones, sino que trato de que mis puntualizaciones disciernan lo imaginario de lo simbólico, a la vez que, en lo posible, se dirijan a *der Kern unseres Wesen*, el núcleo de nuestro ser, no de mis actores, sino del inconsciente transindividual que está emergiendo y que, indudablemente, será el hilo que atravesará todas las escenas del espectáculo y la comunidad que asiste a él. En este sentido, siguiendo la sugerencia lacaniana, mi tarea se limita a "enseñarle al sujeto (al grupo, en mi caso) a nombrar, a articular, a permitir la existencia de ese deseo que, literalmente, está más acá de la existencia, y por eso insiste [puesto que] si el deseo no osa decir su nombre, es porque el sujeto todavía no ha hecho surgir ese nombre" (*Seminario 2*, 342).

Respecto al taller –aunque no cuando he trabajado con actores profesionales—llevo al extremo estos postulados: si hacemos un debate sobre el espectáculo, nunca lo realizamos durante los ensayos o antes del estreno, sino en un momento posterior al estreno. Toda discusión sobre el sentido es siempre limitante y hasta paralizante, especialmente cuando se trabaja con estudiantes no entrenados en la actuación; más productivo es dejar zonas enigmáticas que sigan energizando la tarea del teatrista y, paralelamente, la del público. Finalizadas las funciones, nos reunimos para hablar del espectáculo: su perspectiva está ahora matizada por la de algunos miembros del público con los que han conversado (otros estudiantes, familiares, amigos, vecinos de la comunidad). Allí el deseo comienza a ser nombrado y "al nombrarlo, el sujeto crea, hace surgir, una nueva presencia en el mundo. Introduce la presencia como tal, y, al mismo tiempo, cava la ausencia como tal. Únicamente en este nivel es concebible la acción de la interpretación" (Lacan, *Seminario 2*, 342).

Debo decir que, como no se trata en la praxis teatral de un grupo con finalidad terapéutica, en esto sigo parcialmente a Freud y me atengo más a Lacan: en efecto, pido improvisar sobre algún detalle para superar la resistencia, pero —al menos cuando trabajo con estudiantes, muy diferente a cuando lo hago con actores— no promuevo dar a conocer, esto es, a hacer consciente la resistencia como tal. Dejo que el elenco haga su propio análisis dentro o fuera del marco del encuadre del ensayo. Usualmente, les pido que, terminada la clase, cada grupo me envíe por correo electrónico el guion de la escena improvisada o bien el relato de la misma, si careciera de diálogos. En esto sigo el consejo de Freud, cuando nos dice en sus "Consejos al médico sobre el tratamiento psicoanalítico" (1912) que "A los ejemplos los registro por escrito de memoria al anochecer, después de terminado el trabajo; en cuanto a los textos de sueños que me interesan, hago que los pacientes mismos los fijen (por escrito) *tras relatar* el sueño" (XII, 113, el subrayado es mío).[23] Muchas veces ese momento de conciencia ocurre cuando,

---

[23] Hace algunos años me negaba a tomar video de las improvisaciones. Últimamente he incorporado la cámara de mi celular; los estudiantes no manifiestan ningún tipo de inhibición por ello, ya que están acostumbrados a hacerlo ellos mismos. Ese material me es útil al momento de confeccionar el guion (no suelo mirarlo hasta llegado ese momento), ayudado fundamentalmente por los textos enviados por los estudiantes vía correo electrónico. El registro audiovisual funciona como una memoria, registra lo que no he observado durante el ensayo y me da a veces alguna pista para solicitar, al final del proceso, una improvisación complementaria sobre algún detalle, particularmente si percibo allí la acción de la resistencia. Sigo nuevamente al Freud de los "Consejos", en no interrogarme sobre nada de lo que se me ofrece, no construir de antemano un sentido o un esbozo del futuro espectáculo; en fin, como lo plantea Freud, el analista debe tratar de "no especular ni cavilar mientras analiza, y en someter el material adquirido al trabajo sintético del pensar sólo después de concluido el análisis" (XII, 114).

terminado el período de improvisaciones, se lee en grupo la totalidad del guion y, entonces, al tener una visión panorámica de lo producido, se hacen cargo de aquello inconsciente que los concierne como resultado del trabajo. En cierto modo, se constata allí la presencia innegable de lo que Lacan llamó "punto de almohadillado", evocando la aguja del colchonero que pasa su hilo retroactiva y prospectivamente por el tejido; de igual forma opera el analista (y debería hacerlo también el teatrista), al puntuar un significante como la palabra clave que da cuenta hacia atrás y hacia delante de "todo lo que sucede en ese discurso" (*Seminario 3* 383). Ese hilo al que nos referimos varias veces justamente es el que el público debe usar para llegar a ese punto de almohadillado como convergencia de las escenas desplegadas sobre el escenario.

Lacan, desde el principio de su enseñanza, no dejó de criticar aquellos desvíos de la técnica analítica que, como en la Ego Psychology, se manejan con una relación dual entre el yo del analizante y el yo del analista, como una identificación del primero al segundo o como reforzamiento del yo. Esta relación imaginaria tiene que admitir pasar por lo simbólico, por el Otro. Lacan nos dice aquello que podemos trasladar sin más a la praxis teatral:

> El análisis consiste en hacerle tomar conciencia [al sujeto] de sus relaciones, no con el yo del analista, sino con todos esos Otros que son sus verdaderos garantes, y que no ha reconocido. Se trata de que el sujeto descubra de una manera progresiva a qué Otro se dirige verdaderamente, aún sin saberlo, y de que asuma progresivamente las relaciones de transferencia en el lugar en que está, y donde en un principio no sabía que estaba. (*Seminario 2*, 370).

Me ha ocurrido que varios años después de graduarse, algún estudiante, al visitar el campus, pasa a saludarme y me cuenta cómo mucho después tomó consciencia de lo ocurrido durante el taller o sobre la consistencia del espectáculo. Teniendo en cuenta el aspecto siempre crítico del arte, mi tarea se enfoca mayormente en trabajar mi propia resistencia frente a lo que va surgiendo de las improvisaciones, todavía más cuando mi propia posición ideológica y política se confronta diferencialmente con contenidos producidos por el elenco. Una vez más, me recuerdo que el espectáculo que vaya a resultar da cuenta del deseo y goce de ellos, el cual, sin duda, por la vía del inconsciente transindividual, seguramente me involucra a través de la emergencia de un Real que también me concierne y al cual similarmente resisto. Freud nos advierte que "todo sueño [como toda improvisación] versa sobre la persona que sueña. Los sueños son absolutamente egoístas" (IV, 328).

Psicoanálisis, ciencia y praxis teatral: delimitación del campo investigativo

En *La interpretación de los sueños*, libro fundante del psicoanálisis (siempre teniendo en cuenta el famoso "Proyecto de psicología" (1895), con tantas ideas seminales y al que Freud vuelve constantemente durante el resto de su vida), Freud aborda el sueño, como lo hará luego con otros fenómenos de la vida cotidiana, todos ellos aspectos marginados de las investigaciones "científicas". La importancia del sueño en muchas civilizaciones invita a Freud a remontarse a una larga tradición, prefiriendo así elegir un fenómeno "popular" (como "la poesía, el mito, los usos lingüísticos y el folklore" (IV, 21) y convertirlo en objeto de estudio a la luz de algunas certezas devenidas en su trabajo con las neurosis. No vamos a reproducir aquí los múltiples comentarios freudianos sobre la tradición y los sueños; recomendamos la lectura de los primeros capítulos del libro donde justifica su elección y revisa críticamente una amplia bibliografía filosófica y "científica" desde la antigüedad hasta su época prefiriendo, como se sabe, retomar "[l[a concepción precientífica de los antiguos" (IV, 32). Como es habitual en Freud, su aproximación es siempre tentativa, lista para rectificar el rumbo si la investigación lo hace necesario: "Quien conozca—nos dice en el "Prologo a la segunda edición" de *La interpretación*—mis otros trabajos (sobre la etiología y el mecanismo de las psiconeurosis) sabe que nunca he presentado lo inconcluso como algo acabado, y que me empeño de continuo en enmendar mis proposiciones toda vez que logro afinar después mis perspectivas" (IV, 19). Algo similar repite más tarde en la entrada titulada "Psicoanálisis" (1923), escrita para una enciclopedia, cuando sostiene que el psicoanálisis no es un sistema a la manera de los filosóficos dados como totalidad y universalidad explicativa; "más bien—insiste—adhiere a los hechos de su campo de trabajo, procura resolver problemas inmediatos a la observación, sigue tanteando la experiencia, siempre inacabado y siempre dispuesto a corregir o variar sus doctrinas" (XVIII, 249). Sean estas líneas las que guíen nuestra investigación en la praxis teatral.

Sueño y escena

Freud procede desde el inicio a despejar una confusión entre el dormir y el soñar, habitualmente confundida en los estudios sobre el sueño. Más tarde, en 1922, en un breve ensayo titulado "Algunos mecanismos neuróticos en los celos, la paranoia y la homosexualidad", todavía insistirá en dos aspectos: el primero, que el sueño, aunque es una formación del inconsciente, no es el inconsciente; segundo, que el contenido del sueño no siempre proviene de lo inconsciente, sino de lo preconsciente y de la conciencia, esto es, no todos los contenidos del sueño remiten a lo reprimido (XVIII, 223). Así, no puede adjudicarse rasgos histéricos, obsesivos o paranoicos al inconsciente, los cuales sí pueden ser atribuidos a los contenidos del preconsciente. Este juego de tensiones entre el inconsciente, el preconsciente y la conciencia es el que se despliega durante las improvisaciones y el que va configurando el espectáculo.

Regresemos a la distinción entre dormir y soñar; ella nos importa porque puede ayudarnos a pensar algunas tesis para la praxis teatral. La propuesta freudiana es que el sueño, en primer lugar, protege el dormir, el deseo de dormir (XVIII, 237). El dormir es un fenómeno fisiológico que no atrae la atención de Freud, en la medida en que su objeto es el soñar como relativo al aparato psíquico (IV, 33). De la tradición onírica Freud destaca la convicción generalizada que los antiguos tenían de la proyección mediante la cual dirigían "al mundo exterior *como realidad* aquello que sólo la tenía dentro de la vida anímica" (IV, 32, el subrayado es mío); obviamente, Freud retomará (y rechazará) a lo largo de *La interpretación* esta supuesta "virtud adivinatoria" (IV, 32) del sueño, como anticipación del futuro. Sin embargo, rescata en esa actitud antigua el impacto del sueño sobre la vigilia "cuando su recuerdo perdura al despertar" (IV, 32): "en el recuerdo —agrega—, el sueño se presenta como algo ajeno, por así decir de otro mundo y contrapuesto a los otros contenidos psíquicos" (IV, 32).

Intentemos ahora trasladar estas anotaciones freudianas a nuestro campo. Podemos formular algunas preguntas que no siempre podremos contestar, pero que podrían abrir la investigación a ciertas hipótesis sobre el teatro en beneficio de la praxis teatral. Un poco a la manera de Freud, podemos ponernos en una actitud meramente especulativa, sin mayores pretensiones de validación científica. En su ensayo metapsicológico *Más allá del principio de placer* (1920), donde se formula la hipótesis tan debatida de la pulsión de muerte, Freud escribe: "Lo que sigue es especulación, a menudo de largo vuelo, que cada cual estimará o desdeñará de acuerdo con su posición subjetiva. Es, además, un intento de explotar consecuentemente una idea, por curiosidad de saber adónde lleva" (XVIII, 24).

Por ello, si glosamos el texto freudiano, podríamos construir enunciados de este tipo:

1.- *El teatro (=sueño, en tanto relativo al aparato psíquico) protege el estado de confortabilidad o alienación (=dormir, como fenómeno fisiológico) del teatrista y el público.*

2.- *El teatro proyecta al mundo exterior* como realidad *aquello que ocurre en la vida anímica.*

3.- *El teatro —con diversos grados de ajenidad ficcional— produce un impacto en tanto recuerdo que perdura sobre la vigilia (o lo que hemos denominado "confortabilidad o alienación").*

Ensayemos una posible explicación, sin duda conjetural, a cada uno de estos enunciados.

Tesis 1: sueño = teatro

Lo primero que estos enunciados nos invitan a tener en cuenta es la famosa frase de Enrique Buenaventura afirmando que "el sueño es nuestro maestro negativo" (65); de ello se desprende que, aunque el sueño es inevitable para el individuo, el teatro no necesariamente lo es en la medida en que es opcional asistir o no asistir a un espectáculo; sin embargo, aprendemos del sueño aquellos procedimientos de elaboración, aunque el teatro como arte los esgrima en forma inversa. Si homologamos sueño a teatro, podemos imaginar a éste como uno de los fenómenos del aparato psíquico. Tal vez podemos imaginar la cultura como equivalente a dicho aparato psíquico, con sus instancias pulsionales, como promotora de percepciones, como memoria y con procedimientos de censura y represión. El teatro sería, como el sueño, un fenómeno audiovisual que *divierte* (en el sentido que Quevedo daba a esta palabra)[24] de la vigilia al teatrista y al público; como tal, el teatro se yergue como un tiempo de ocio —una satisfacción de deseos

---

[24] Para Quevedo, la vanidad del mundo *divierte*, nos entretiene para no pensar en la muerte.

reprimidos o la emergencia de la compulsión de repetición[25]— que, temporariamente, aleja de los negocios, de una realidad en la que están censuradas o reprimidas las actividades no productivas, las delirantes, locas y gozosas, en el sentido que Lacan atribuye al goce como lo que no sirve para nada (*Seminario 20* 11). Dicha realidad supone una rutina, con cierto grado de placer o confort y de displacer típica del síntoma, en la medida en que evita el riesgo de enfrentar lo Real, de confrontarse con algo nuevo con situaciones desconocidas o reprimidas, imprevisibles; también supone un alto grado de alienación, en tanto el sujeto, para ingresar a lo social, debe someterse a la imposición del Otro, del lenguaje (educación, familia, rituales, etc.), mediada por el carácter mortífero del significante que lo obliga a renunciar a satisfacer ciertas pulsiones (evacuar el famoso objeto *a*, como goce y causa de deseo) a fin de poder ser admitido como un miembro de su comunidad. "*El sueño –subraya Freud— es el guardián del dormir, no su perturbador*" (IV, 245, énfasis de Freud). Si el sueño protege el dormir, entonces nuestro traslapo al teatro sugeriría varias posibilidades de lectura, particularmente cuando, como define el diccionario de la RAE, proteger significa "resguardar a una persona, animal o cosa de un perjuicio o peligro, poniéndole algo encima; amparar, favorecer o defender a alguien de algo". Al menos se nos ofrecen tres alternativas, a saber:

    a)   Una versión conservadora del teatro en tanto institución alternativa capaz de darle una satisfacción imaginaria, sustitutiva, fugaz o efímera a aquellos deseos considerados peligrosos

---

[25] En *Más allá del principio del placer* Freud admite una excepción a la hipótesis del sueño como cumplimiento de deseo; ni los sueños de angustia ni los sueños punitorios escapan a esa hipótesis inicial de *La interpretación de los sueños*, pero sí lo hacen los sueños traumáticos, esto es, aquellos que en el tratamiento analítico se apoyan "en el deseo (promovido ciertamente por la 'sugestión') de convocar lo olvidado y reprimido" (XVIII, 32). Pienso, por ejemplo, en los espectáculos sobre acontecimientos traumáticos (genocidios, feminicidios, etc.) realizados por aquellos teatristas que se convocan para elaborarlos y que invitan al público a convocar aquello olvidado y reprimido. Por eso, no se comprende que estos sueños o espectáculos traumáticos respondan a un deseo, en la medida en que, precisamente por ser tan displacenteros, no podrían ser deseados. Por esta vía, Freud nos va acercando a la compulsión de repetición y a la pulsión de muerte. Este "teatro traumático" no ha sido todavía explorado en aquellos espectáculos producidos en las post-dictaduras, referidos a la memoria de los genocidios, la desaparición de personas, la violación de los derechos humanos y la apropiación de niños en los campus de tortura.

para la estabilidad de la vida social, dejando sin mayor cuestionamiento la alienación o el confort social. Sería éste un teatro que, aunque no necesariamente orientado al mero entretenimiento, se desinteresaría de promover el saber sobre el riesgo y el goce necesarios para salir de la alienación social. Es un teatro que, con diversos grados de crítica social, se ofrece como catarsis, pero que no altera el *statu quo*.

b) Una versión más generosa sería pensar el teatro con una cierta dimensión crítica que podría alertar a los ciudadanos de un peligro o perjuicio inminente, sea porque la comunidad sigue atrapada en la alienación o porque se niega a reflexionar sobre acontecimientos traumáticos o evita afrontar situaciones riesgosas de cambio al elaborar sus modos de goce, que la mantienen atrapada en el sufrimiento del síntoma.

c) Una versión que nos remitiría, vía Michel Foucault, a un teatro como derivado de la dramatización[26] de los procesos jurídicos, en los que se dirime la consistencia de la ley, de la verdad y el ejercicio de la parresia,[27] un teatro sobre las víctimas de una cultura o un sistema político, en el cual se explora la violencia contra el amparo, el favor o el favorecimiento y/o la defensa de los ciudadanos implicados. Lacan subraya, en este sentido, que "[e]l fondo de todo drama humano, y en particular de todo drama teatral, radica en que hay vínculos, nudos, pactos establecidos [puesto que] los seres humanos ya están ligados entre sí por compromisos que han determinado su lugar, su nombre, su esencia" (*Seminario 2*, 295).

Como vemos, la ecuación sueño=teatro, ofrece al teatrista al menos tres posibilidades de trabajo, cada una con sus inherentes consecuencias artísticas y políticas. Un teatro que protege el dormir o provoca el despertar. En un artículo titulado "Improvisación, deseo de muerte, sueño y despertar", publicado en la revista *L'Âne* No. 3, en 1981, Lacan responde a una

---

[26] Recordemos aquí los tres procedimientos de la elaboración onírica: condensación, desplazamiento y dramatización.

[27] Ver mi *Dramaturgia de frontera/Dramaturgias del crimen. A propósito de los teatristas del norte de México* donde investigo el concepto foucaultiano de "parresia" desde la praxis teatral.

pregunta formulada por Catherine Millot, cuyas notas dan cuenta de la respuesta del maestro. La pregunta de Millot fue: "el deseo de la muerte hay que situarlo del lado del deseo de dormir (*dormir*) o del deseo de despertar (*réveil*)?" Lacan medita su respuesta y finalmente contesta: "el deseo de dormir corresponde a una acción fisiológica inhibitoria", pero el sueño, en cambio, ya supone la intervención de lo simbólico, que marca al cuerpo. Intuyo que, con cierta referencia a Heidegger y no sin olvidarse de Calderón de la Barca,[28] Lacan va a afirmar que "el despertar total es la muerte –para el cuerpo". El dormir solo contribuye a que el cuerpo dure; cuando el cuerpo despierta, muere. El cuerpo transporta la vida. Y agrega:

> Cuando Freud dice: la vida aspira a la muerte, es por lo mismo que la vida, en tanto que ella es encarnada, en tanto que está en el cuerpo, aspiraría a una total y plena conciencia. Se puede decir que es allí que se designa que incluso en el despertar absoluto hay todavía una parte de sueño (*rêve*) que es justamente el sueño de despertar (*réveil*). Uno no se despierta nunca: los deseos mantienen, entretienen, cuidan los sueños. La muerte es un sueño, entre otros sueños que perpetúan la vida, aquel de permanecer en lo mítico. Es del lado del despertar que se sitúa la muerte.

Más adelante insiste en la imposibilidad –debido al lenguaje que habitamos— de imaginar la muerte, es decir de imaginar que podría haber un saber absoluto de lo Real. Solo podemos alcanzar cierto fantasma de la muerte. Lo que nos despierta es el sueño que nos aproxima a ese Real, carente de sentido que, además, menta la no relación sexual; sin embargo, ese despertar prontamente nos devuelve al dormir y al soñar. El lenguaje, que no puede significantizar lo Real, que no puede escribir lógicamente la no relación sexual, precisamente niega la muerte bajo la consigna de la reproducción sexual, que –en tanto fantasma— "enmascara la muerte" bajo promesas de inmortalidad: "Y en definitiva, ¿no es el tener hijos, para todos nosotros, el único acceso a la *inmortalidad*? V, 483).[29] Por eso Lacan insiste

---

[28] "en el mundo, en conclusión / todos sueñan lo que son / aunque ninguno lo entiende. (…) ¿Qué es la vida? Una ilusión, / una sombra, una ficción, / y el mayor bien es pequeño: / que toda la vida es sueño, / y los sueños, sueños son" (Calderón de la Barca, *La vida es sueño*, monólogo de Segismundo).

[29] La cita invita a reconsiderar la cuestión para las relaciones *same-sex* y todas las variaciones científicas posibles para que esas parejas puedan procrear.

en que "[l]a muerte, es un despertar que participa aún del sueño en tanto que el sueño está ligado al lenguaje. Que algunos deseos sean de los que despiertan, indica que deben ser puestos en relación con el sexo más que con la muerte". Por eso, apelando al *Seminario 21* de Lacan, Mariana Li Fraini escribe:

> El despertar a la realidad que se anuncia en el sueño, cuando el sujeto se aproxima a ese punto de indecible, sólo es una huida del despertar ante lo Real. Se cesa entonces de soñar para poder seguir durmiendo, ahora, al amparo del fantasma que dibuja la realidad en la vigilia. De este modo, sueño y fantasma funcionan como un tratamiento defensivo que vela y articula aquel Real que opera como su límite. Si ambos se presentan como guardianes del dormir, será el despertar lo que oriente la estructura propia de la interpretación analítica, así como el horizonte de la experiencia. El atravesamiento del fantasma como doctrina del final del análisis, propone un despertar a lo Real, ahí donde no hay relación entre el sujeto y el objeto.

Desde este punto de vista, nuestra homologación sueño=teatro, toma ahora otros derroteros especulativos: el teatro no siempre despierta; sólo lo hace cuando el fantasma que logra montar en la escena permite al teatrista y al público "despertar a lo Real", es decir, a la inminencia de la muerte y del sin sentido, donde no hay relación sexual porque no hay proporción ni relación entre el sujeto y el objeto. El acto sexual, que no es la relación sexual, es posible como velo de aquello imposible, por cuanto enmascara la muerte con la reproducción sexual. Tendríamos así *un* teatro en el marco del principio de placer, entendiendo por tal, la descarga o la disminución de la energía (libido) acumulada percibida como tensión displacentera; en términos más clásicos hablaríamos aquí de un teatro tendiente a producir la catarsis, tal como Aristóteles la designó para un teatro como válvula de escape de las pasiones sociales y pacificador de la escena política. Y, por otra parte, *otro* teatro concebido en el encuadre de la pulsión de muerte y de la compulsión a la repetición, cuyo objetivo es confrontar al sujeto (teatrista, público) al invitarlo a atravesar los fantasmas sociales para despertarlo a lo Real y, desde allí, abordar aquello que Lacan designará al final de su enseñanza como *sinthome*, es decir, el modo de goce singular de cada cual con el que hay que saber arreglárselas.

Me siento inclinado a sostener aquí mis dudas respecto a que este *otro* teatro pueda llevarse bien con la narrativa, entendida como secuencia bien organizada y coherente, tal como la hemos venido entendiendo desde Aristóteles. Estamos cada vez más ante la emergencia de un teatro que no pretende guiarse por la búsqueda de la totalidad del sentido –fundada en la veleidad de saber— por medio de una narración coherente y conformada por personajes (psicológicamente) consistentes, sancionando por medio del desenlace una moralidad políticamente cuestionable. Muy por el contrario –y me niego a usar etiquetas del tipo "teatro postdramático"[30]— el teatro actual precisamente parte del no saber, es fragmentario y deja múltiples grietas narrativas y enigmas, asumiendo la imprecisión del sentido, nunca totalizable. Es, pues, un teatro que saca al teatrista y al público de la zona de confort y lo invita (incluso le exige) un trabajo de interpretación que involucra y pone en tela de juicio sus convicciones, al confrontarlo con los modos de goce que lo capturan. De este teatro se espera, pues, no una mera catarsis para regresar a la confortabilidad y alienación de la vida social –"exsistente, vida en el otro" (Lacan, *Seminario 2*, 348)—, sino una transformación –con base en una ética— a partir de los riesgos de afrontar dichos modos de goce, que lo mantienen atrapado en el sufrimiento del síntoma y del malestar en la cultura. Es un teatro que apuesta a la posibilidad de hacer emerger un significante flotante bajo el cual se suspendan las diferencias de los sectores oprimidos a fin de conformar un movimiento emancipatorio instituyente.[31]

Tesis 2: teatro y proyección

Abordemos ahora nuestro segundo enunciado. Allí el término que nos va a ocupar es el de 'proyección'. El enunciado pareciera decirnos que, como nos ocurre con el sueño, cualquiera sea la consistencia de su verosímil

---

[30] No es que esté en total desacuerdo con los planteos de Hans-Thies Lehmann; resulta que me parece desafortunada la designación del nuevo teatro por medio del adjetivo "postdramático". El teatro actual me parece tan dramático como el de la tradición occidental.

[31] Me refiero a los trabajos de Ernesto Laclau, de Jorge Alemán, Nora Merlin y otros. Desarrollo lo relativo al significante flotante y lo emancipatorio en los otros ensayos incluidos en este volumen.

—en grados que irían de un hiperrelismo a lo más delirante y absurdo—, el teatro proyecta hacia el mundo exterior y da como realidad aquello que, sin embargo, solo proviene de la vida anímica, del aparato psíquico. Freud es bien claro al respecto: "la realidad *psíquica* es una forma particular de existencia que no debe confundirse con la realidad *material*".[32] Precisamente este postulado es inverso al tradicional que sostiene que el teatro "refleja" la realidad. Indudablemente, dicha inversión resulta más productiva para la praxis teatral que la teoría del reflejo; por otra parte, aunque muy invocada en los estudios teatrales, nunca parece haber sido trabajada en profundidad teóricamente por los teatristas. Además, sospecho que la teoría del reflejo, como sostén de la mímesis y del realismo a partir de la Modernidad, es más una proposición ideológica cómplice del capitalismo que una certeza demostrada.

Cuando salimos de un ensayo teatral, cuando concluimos las improvisaciones, cuando abandonamos la sala después de un espectáculo, la sensación tiene, respecto de la realidad, la misma ambigüedad que la procurada por el sueño. En efecto, esa sensación nos interroga sobre el estatus del deseo y de la verdad: ¿reside lo Real en la rutina diaria o está más comprometida con lo que proviene del teatro? No es necesario hoy haber leído psicoanálisis para constatar hasta qué punto el *Edipo* de Sófocles o el *Hamlet* de Shakespeare nos exponen a relatos que, no estando necesariamente anclados en el realismo, nos implican como teatristas y público. Hay algo en esas obras que apela a una instancia de nuestro inconsciente que, con el nombre de complejo o bajo la estructura neurótica, determinan nuestro destino.

Veamos si podemos extremar nuestro 'delirio' teórico a partir del término "proyectar" y derivados. Antes de revisar la cuestión de la proyección, tan discutida en el psicoanálisis, particularmente por Lacan, conviene apelar desde el inicio a lo simbólico, al tesoro de la lengua: el diccionario de la RAE nos ofrece una serie de significados depositados en la lengua. Para "proyectar", el primer significado es "lanzar, dirigir hacia adelante o a distancia". Asociemos libremente: se me ocurre que se trata de un término que

---

[32] Como veremos, Lacan también hará esta distinción; en el *Seminario 3* ya apunta con contundencia que "la realidad toda está cubierta por el conjunto de la red de lenguaje" (51), por eso, tanto el analista como el teatrista, deben "abrir los ojos ante la evidencia de que nada es más disparatado que la realidad humana" (120).

alude a algo dinámico, al movimiento, y por esa vía supone una energía. El verbo no contempla, según parece, la posibilidad de lanzar o dirigir algo hacia atrás. Esta particular direccionalidad en términos espaciales nos lleva a otra asociación: insinúa, de alguna manera, una temporalidad: no hay un lanzar a lo pasado, sino que alude a una futuridad.[33] Se proyecta desde el punto presente hacia lo delantero, lo porvenir. Podemos conectar este "lanzar" con un objetivo (lanzar una flecha, incluso como quien lanza una mirada) y, por esa vía, conectar con la idea de fijar la atención en él. Esta direccionalidad, sin embargo, no se realiza desde la nada, sino que su causa hay que conjeturarla en un pasado; he aquí por qué Freud se plantea la regresión a un estado anterior al lanzamiento. Freud localiza la atención como producto del preconsciente: "El sistema *Prcc* no sólo bloquea el acceso a la conciencia [de los pensamientos inconscientes] sino que preside el acceso a la motilidad voluntaria y dispone acerca del envío de una energía de investidura móvil, una parte de la cual nos es familiar como atención".[34] Lacan, por su parte, nos dice que "[l]a captación total del deseo, de la atención, supone ya la falta" (*Seminario 2*, 476), de modo que también instaura una temporalidad anterior al disparo de la atención, nunca pura, sino filtrada por el lenguaje. Insiste, además, en que el deseo es una línea.

Si trasladamos esto a la praxis teatral, procedemos a interrogarnos sobre la concentración de la conciencia en un objeto u objetivo.[35] Las preguntas que asaltan se refieren a qué es lo que se lanza en esa acción, qué o quién tiene la intención de alcanzar ese objetivo para el que concentra su atención. Recordemos la diferencia lacaniana entre *moi* (yo) y *je* (yo), siendo este último el sujeto a nivel inconsciente que, insistamos con Lacan, "no se

---

[33] En el *Seminario 2* se discute precisamente cómo Freud mismo desliza este pasaje del modelo espacial del aparato psíquico del "Proyecto" al temporal de *La interpretación de los sueños*. Este deslizamiento va a llevar a la introducción de la controvertida noción de "regresión".

[34] Veremos más adelante el rol del preconsciente como intermediario entre el inconsciente y la conciencia.

[35] En "Pulsiones y destinos de pulsión" (1915), Freud caracteriza a la pulsión a partir de cuatro aspectos: esfuerzo, meta, objeto y fuente. Nos dice Freud: la «pulsión» nos aparece como un concepto fronterizo entre lo anímico y lo somático, como un representante {*Repräsentant*} psíquico, de los estímulos que provienen del interior del cuerpo y alcanzan el alma, como una medida de la exigencia de trabajo que es impuesta a lo anímico a consecuencia de su trabazón con lo corporal. Ahora podemos discutir algunos términos que se usan en conexión con el concepto de pulsión, y son: esfuerzo, meta, objeto, fuente de la pulsión". (XIV, 117-118)

confunde con el individuo" [*Seminario 2*, 19]) y, además, "es precisamente lo más desconocido por el campo del yo" (*Seminario 2*, 18), esto es, "el sujeto está descentrado con respecto al individuo" (*Seminario 2*, 20), por ello, cuando hablamos del saber del *moi*, "siempre es, en algún respecto, creer saber" (*Seminario 2*, 68). Lacan agrega así algo que complica mucho nuestra confianza como teatristas cuando trabajamos en el ensayo teatral con las técnicas de formación actoral basadas en el yo, la memoria emotiva, etc.:

> Es evidente que todos tendemos a creer que nosotros somos nosotros. Pero observen *con atención* y verán que no estamos tan seguros como parece. En muchas circunstancias, muy precisas, dudamos, y sin sufrir por ello ninguna despersonalización. (*Seminario 2*, 24, el subrayado es mío)

Por eso, cabe adicionar aquí otra pregunta: ¿hasta qué punto ese objetivo que atrae nuestra atención, ha capturado o seducido al sujeto o al yo *antes* de la acción de proyectar?[36] La cuestión de la energía se nos vuelve a presentar aquí: frente a la energía (libido siempre sexual y no meramente 'energía anímica", como en Jung, sexualizada o desexualizada [Freud, XVIII, 251]), la atención yoica opera por medio de "energía ligada" cuya función es darle unidad —ilusoria— al *moi*. Nuestra praxis teatral se hace más compleja, desde todos estos comentarios, si le sumamos a la cuestión del 'creer saber' del yo, el concepto de resistencia.

En relación a la atención, me asaltan frases como "el actor debe concentrarse", tan usual en la formación actoral. ¿Qué se quiere decir con eso? ¿Cuál es la dinámica involucrada en tal supuesto? Lanzar o proyectar, por lo demás, no supone que se alcance el objetivo hacia el que se dirige la acción. Algo puede cojear. ¿Y la distancia? Obviamente, puede entendérsela como un postulado necesario (sea interna o externa al sujeto), sin la cual no tendría sentido disparar la acción misma.

---

[36] Ya hemos comentado antes acerca de esos espectáculos que, partiendo de una agenda (idea o tema prefijado), "lanza" un proceso de elaboración teatral limitado desde el inicio, negándose así la posibilidad de exponerse a su propio inconsciente. A lo máximo que se llega —según la distancia que se tome— es a espectáculos que confirman la agenda o la ilustran, al punto tal que —con algunos rasgos estilísticos diferenciales—parecen todos cortados con la misma tijera. ¿Será que, respondiendo a las agendas de moda, los teatristas se aseguran ilusoriamente de su unidad yoica y de estar del lado de lo políticamente correcto?

El diccionario luego aporta la idea de pantalla: el objetivo no necesariamente es una meta, sino una superficie de registro en el que, luz de por medio, se proyecta un cuerpo, una figura o su sombra. Y finalmente, proyectar parece admitir dos significados en cierto sentido relacionados: idea de trazar o idear un plan para el que se disponen los medios de ejecución, y de ahí cierta relación con la geometría: "Trazar líneas rectas desde todos los puntos de un sólido u otra figura, según determinadas reglas para obtener su representación en una superficie". En este último caso, tanto para una como para otra definición, hay reglas o métodos. Me permito copiar en extenso una cita tomada del *Seminario 2* de Lacan que me parece apropiada para la oportunidad de realizar extensiones a la praxis teatral:

> La conciencia es algo que se produce cada vez que tenemos —y esto sucede en los sitios más inesperados y más distantes entre sí— una superficie tal que pueda producir lo que llamamos *una imagen*. Es una definición materialista.
>
> Una imagen, esto quiere decir que los efectos energéticos que parten de un punto dado de lo real —imagínenlos del orden de la luz, pues es lo que con mayor evidencia hace imagen en nuestra mente—se reflejan en algún punto de una superficie, impresionan el mismo punto correspondiente del espacio. (...) Así como no necesitan de toda la superficie de un espejo (...) para percibir el contenido de un campo o de una habitación, así como obtienen el mismo resultado maniobrando con un pequeñísimo fragmento, de igual modo cualquier pequeño fragmento [del ojo, Lacan habla del *área striata*] se comporta como un espejo. Toda clase de cosas en el interior del mundo se comportan como un espejo. Basta que las condiciones sean tales que a un punto de una realidad corresponda un efecto en otro punto; que se establezca una correspondencia biunívoca entre dos puntos del espacio real. (80)

Bastaría retomar los textos de Stanislavski, por ejemplo, tan frecuentados por muchos maestros, para constatar que la técnica actoral que nos legó supone para el actor un grado de distancia entre su subjetividad[37] y la del personaje que tiene que construir. ¿Hasta qué punto la elaboración actoral queda limitada en su creatividad, al trabajar solo a partir de observaciones de la realidad o bien como efecto de la lectura del texto dramático, como una correspondencia de puntos, de trazado de líneas entre uno y otro? Pareciera que lo único que esta técnica garantiza es la formación de una imagen en la conciencia del actor, hasta cierto punto parcializada en tanto conformada por estímulos seleccionados por el yo en tanto objeto que funciona como cámara, por ende, maquinalmente. Al operar como máquina, no es casual que el planteo se haya desplazado en la praxis teatral —como en otras disciplinas— al tema de la energía; Lacan, entonces, nos advierte que "el único objeto de deseo que podemos suponer en una máquina es su fuente de alimentación" (*Seminario 2*, 89). ¿De qué se alimenta el actor, concebido como máquina? Es una pregunta sobre la que vale la pena meditar.[38] Las técnicas actorales, deudoras de este cuerpo-máquina de la Modernidad —y, nos advierte Lacan, "nada prueba que el cuerpo sea una máquina" (*Seminario 2*, 117)— apelan a la energía a la manera de la máquina de vapor; pero esa energía —por otra parte, calculable, medible y que puede, en tal caso rendir su efectividad a nivel de lo físico— no es libidinal, no concierne al deseo del sujeto, sino a la necesidad de la máquina para funcionar. La praxis teatral se enfoca, pues, en el sujeto: "En el inconsciente, excluido

---

[37] Para Lacan, la "subjetividad", al menos tal como la trabaja en el *Seminario 2*, corresponde a un período histórico, no a un individuo que, además, no puede eludirla. Allí nos dice: "Les enseño que Freud descubrió en el hombre el peso y el eje de una subjetividad que supera la organización individual en tanto que suma de las experiencias individuales, e incluso en tanto que *línea* del desarrollo individual. Les doy una definición posible de la subjetividad, formulándola como sistema organizado de símbolos, que aspiran a abarcar la totalidad de una experiencia, animada y darle sentido" (64, el subrayado es mío, para insistir en la cuestión geométrica del verbo 'proyectar', porque podemos imaginar la individualidad como una imagen (yoica, del *moi*) formada por las líneas trazadas, mediante reglas simbólicas, entre puntos de la subjetividad de una época y la subjetividad de un individuo). Recordemos aquí que, en "Función y campo de la palabra en psicoanálisis", Lacan insistirá en que "mejor que renuncie quien no pueda unir a su horizonte la subjetividad de su época" (*Escritos* 308).

[38] Obviamente, de una buena dieta, a nivel fisiológico, pero también de su anhelo de éxito, de los aplausos del público, de las alabanzas de la crítica, esto es, se alimenta de la mirada del Otro o, como en casos más singulares, de una mística y hasta un nirvana escénicos.

del sistema del yo, el sujeto habla" (*Seminario 2*, 95); no nos ocupamos en la praxis teatral del yo, que es hablado, que solo reproduce la realidad y se desentiende de lo Real y el goce. No olvidemos que el yo, tal como lo vemos en la enseñanza lacaniana, es siempre un espejismo, la suma de identificaciones a nivel del registro imaginario (*Seminario 2*, 313). Si nos restringimos a la esfera del yo, lo artístico queda reducido a una reproducción punto por punto de la realidad y de las identificaciones. Si a este producto imaginario le sumamos el hecho de que el yo (*moi*) está a su vez alienado a lo simbólico, el resultado no es demasiado alentador en términos de creatividad, entendida no como captura de la realidad sino como significantización de lo Real.

Se ha intentado enfrentar esta cuestión a partir de la distancia entre conciencia y realidad por medio de cancelar o liberar a la conciencia de sus inhibiciones. La censura, nos dice Freud, tiene por función inhibir el afecto y, sin duda, eso es lo que ocurre en nuestra vida social y durante la vigilia, por eso resulta imprescindible trabajar sobre ella en cualquier técnica de formación actoral: "Tanto la *sofocación del afecto* cuanto *el trastorno del afecto* sirven asimismo en la vida social, que nos ha proporcionado una analogía familiar para la censura del sueño, particularmente con miras a la *disimulación*" (V, 469).[39] El actor debería, según esta perspectiva, tener una posibilidad de liberar sus afectos sobre el escenario, incluso los más prohibidos socialmente, y contar con un stock de pasiones de fácil acceso. Lo paradojal resulta que, no obstante, esas emociones y pasiones también están al servicio, si no ya de la disimulación, sí del simulacro o simulación. El actor debe creer en ellas, bajo condición de que no desborden el escenario.

Más tarde surge otra distancia, esta vez interna a la conciencia del teatrista, como si hubiera espejos en la conciencia misma. Esa distancia entre actor y personaje puede ser máxima (como en Brecht) o mínima (como en Grotowski). La proyección es aquí, obviamente, interna, en el sentido de que el personaje oficia como la pantalla donde el actor registra su propia experiencia; sin embargo, nunca es doble, porque siempre un tercero, el Otro del registro simbólico, introduce cierta

---

[39] La vida social es una mascarada que vela los afectos (sobre todo sexuales) tal como el mismo sueño enmascara los pensamientos inconscientes.

"idealización' del personaje, a partir de la tradición cultural, de su lectura o de la propuesta del director. Aquí, como en muchas otras instancias del trabajo teatral, nunca hay dos (actor/personaje, actor/director, escenario/público), sino al menos tres, porque siempre hay —como en el "block o pizarra mágica o maravillosa"— una mano que, como dice Freud al final de su famoso ensayo de 1925, escribe desde dentro, es inconsciente y conserva todas las inscripciones previas realizadas en ese aparato, aunque la conciencia solo registre las percepciones, pero no las conserve, aunque dichas percepciones se borren o se registren más allá del control del yo. Es, pues, esta memoria (transindividual) que funciona como tercero y se instala graduando la distancia entre la realidad y el yo, entre sujeto y objeto, determinándola incluso políticamente.

La tarea de montaje, a cargo de un director o un coordinador, también parece haber respondido a estos significados de "proyectar" tal como los define el diccionario. Para un director tradicional, poner en escena es trasladar cada punto del texto dramático a una superficie o un espacio, es decir, realizar una proyección geométrica hacia el espacio escénico, la cual admite cierto grado de ingenuidad o sutileza. Recordemos aquellos debates ya superados sobre la posibilidad de montar una obra según el texto o la intención (siempre supuesta) del autor, para conservar la fidelidad a ellos o al período histórico, con propuestas arqueológicas, siempre fallidas cuando no ridículas.

En el psicoanálisis, la noción de proyección ha sido debatida. En Freud, no necesariamente adquiere carácter patológico, ya que postula que, en tanto mecanismo de defensa, la proyección la podemos encontrar en la mitología, en el animismo y las supersticiones propias de cada cultura. Efectivamente, la proyección consiste en un mecanismo de defensa por el cual el sujeto "proyecta" en otro (individuo o cosa) aquellos sentimientos, deseos o anhelos que no puede reconocer en sí mismo; es como si aquello para lo cual es ciego respecto de sí mismo, lo pudiera ahora ver o captar en el otro, como en un afuera. El refrán popular lo dice claramente: ver la paja en el ojo ajeno. La proyección ocurre cuando las excitaciones inconscientes alcanzan un grado muy alto de tensión dentro del aparato psíquico, el cual carece de la capacidad de protegerse y, por ello, las expulsa hacia el exterior. Se trata de una proyección de imágenes –a veces con dimensiones delirantes— sobre otro que oficia de pantalla y cuyas cualidades, sin duda, no necesariamente se corresponden con las proyectadas. En general, tal como Freud lo planteó para la proyección paranoica, lo que se proyecta hacia afuera es lo displacentero para el sujeto, lo que no soporta sentir dentro de sí mismo. También en la fobia hay un peligro de tipo pulsional que se expulsa al afuera. Lacan situará la proyección en el registro imaginario y en relación a la neurosis, por cuanto siempre se proyecta sobre otro, un semejante; para la psicosis el mecanismo es un tanto diferente, porque allí opera la forclusión, es decir, aquello que no ha sido simbolizado retorna desde el exterior en forma delirante.

En un trabajo temprano, de 1896, titulado *Nuevas puntualizaciones sobre las neuropsicosis de defensa,* Freud aborda la histeria, la neurosis obsesiva y la paranoia. Es en la tercera parte de este ensayo, titulada "Análisis de un caso de paranoia crónica", en el que aparece por primera vez la noción de 'proyección'. Como para la histeria y la neurosis obsesiva, Freud sospecha que la paranoia es también una 'psicosis de defensa', cuyas representaciones "provienen de la represión de recuerdos penosos" (III, 175), aunque esta represión tome un camino diferente al de la histeria (conversión) y de la neurosis obsesiva (sustitución). En el caso tratado en esta sección es evidente que la señora en cuestión comienza a tener problemas con familiares y vecinos a los que atribuye animadversión: "que tenían algo contra ella" (III, 176). Este "algo" inexplicable para ella va encadenándose a sospechas de ser espiada o de que los criados tenían pensamientos indecentes sobre su persona, lo cual progresivamente la lleva a tener alucinaciones visuales con "imágenes martirizadoras" (III, 176), particularmente cuando estaba delante de una mujer, a la que veía desnuda y con "la misma imagen que ella" (III, 176). Más adelante tendrá alucinaciones auditivas, "voces que la fastidiaban" (III, 176). No tiene mayor sentido puntualizar aquí detalles del caso, salvo un aspecto que Lacan resaltará más tarde, en su *Seminario 2*, cuando analice el "sueño de la inyección a Irma"; me refiero a la emergencia —entre muchos detalles de ese sueño— de lo simbólico como tal, por ejemplo la fórmula de la trimitelamina en dicho sueño; en este otro caso temprano, Freud llega al punto en que surgen las palabras que fueran pronunciadas por la cuñada de la paciente a la que ésta atribuyó el contenido de un reproche, ausente en la intención de la cuñada. Freud va a trabajar sobre estas alucinaciones, y nos dice: "De esta suerte, yo había aprendido que esas alucinaciones visuales no eran otra cosa que fragmentos tomados del contenido de las vivencias infantiles reprimidas, síntomas del retorno de lo reprimido" (III, 180). En cuanto a las alucinaciones auditivas, Freud nos dice que no correspondían a recuerdos reprimidos, sino a "pensamientos 'dichos en voz alta'" (III, 181), cuyos detalles casi insignificantes –ahora patológicamente intensificados por su aversión a lo sexual y ligados a sus vivencias infantiles— provenían de su lectura de un texto literario que le había provocado otros pensamientos ligados a su vida íntima. La censura "ejercida por la represión" (III, 181), hizo que se intensificara la sensación displacentera, de modo que la conciencia se defendió con las alucinaciones auditivas provenientes del exterior.

Esto nos resulta particularmente interesante, puesto que no es inusual que ocurra en un ensayo teatral; muchos actores dicen sentir las voces de los personajes y en el ensayo nadie se plantea por qué, ni qué relación puedan tener con aspectos reprimidos del actor. Muy por el contrario, el actor se enorgullece de llegar a tal grado de compenetración con el personaje, desconociendo los rasgos paranoicos allí involucrados que, más que disparar su creatividad, la bloquean. Se explaya Freud:

> Las voces debían su génesis, entonces, a la represión de unos pensamientos que en su resolución última significaban en verdad unos reproches con ocasión de una vivencia análoga al trauma infantil; según eso, eran síntomas del retorno de lo reprimido, pero al mismo tiempo consecuencias de un compromiso entre resistencia del yo y poder de lo retornante, compromiso que en este caso había producido una *desfiguración* que llegaba a lo irreconocible. (III, 182, el subrayado es mío).

Notemos de paso que aparece aquí un término que será luego clave en *La interpretación de los sueños*: desfiguración que, como veremos para el sueño y la desfiguración onírica, produce lo absurdo, lo irreconocible. A diferencia de la neurosis obsesiva, donde el reproche promueve en el sujeto una desconfianza en sí mismo, en la paranoia, el reproche es reprimido por vía de la 'proyección' hacia el exterior, hacia el otro. La praxis teatral debería explorar la relación entre actor/personaje desde la paranoia; muchas cuestiones estructurales podrían dejar emerger muchas preguntas para repensar las técnicas actorales.

En 1915, en "Lo inconsciente", Freud va a trabajar la proyección en relación a la fobia y nos hablará de la forma en que se pasa al exterior el peligro pulsional que amenaza a la conciencia; escribe:

> Debe agregarse que el sistema *Cc* [conciencia] poseía antes sólo un pequeño lugar que servía de puerta de entrada para la invasión de la moción pulsional reprimida, a saber, la representación sustitutiva, pero al final todo el parapeto fóbico es un enclave de la influencia inconsciente. Puede destacarse, además, este interesante punto de vista: mediante todo el mecanismo de defensa puesto en acción se ha conseguido proyectar hacia afuera el peligro pulsional. El yo se comporta como si el peligro del desarrollo de angustia no le amenazase desde una moción pulsional, sino desde una percepción, y por eso puede reaccionar contra ese peligro externo con intentos de huida; las evitaciones fóbicas. (XIV, 224)

Lacan, en el *Seminario 11* nos solicita estar alertas con el uso de ciertos vocablos que, siendo del lenguaje vulgar, tienen cierto peso en el lenguaje técnico y teórico. En una de las clases finales de ese Seminario, retoma los términos "idealización, identificación, proyección, introyección" (252); respecto de la proyección e introyección, insiste en que no son recíprocos y que "uno se refiere a un campo donde domina lo simbólico y el otro, a un campo donde domina lo imaginario" (252). Así, en el *Seminario 2*, alerta sobre la necesidad de evitar que el sujeto reconcentre "su propio yo imaginario esencialmente bajo la forma del yo del analista" (368); es que la presencia del analista ya de alguna forma introduce el registro simbólico, el cual interviene en ese encuentro de yo a yo, "como una proyección por el analista de objetos precisos" (*Seminario 2*, 368). Se trata, pues, de evitar la identificación del analizante al yo del analista. No olvidemos que, posteriormente, Lacan nos hablará del analista como sujeto supuesto saber, precisamente para evitar que éste se instituya como garante de un bien para el sujeto, de un espejo que obtura para el sujeto el trabajo analítico orientado a hacerse cargo de su palabra, de su deseo y de su modo de goce.

Lo mismo ocurre en la praxis teatral: siendo que mi Workshop se desarrolla en una institución universitaria, hago lo imposible para que los estudiantes-actores logren, por así decirlo, olvidarse de mi presencia en la clase, de estar lo más ausente posible (*Seminario 2*, 369). No obstante, las restricciones que este marco pedagógico impone (semestre muy breve, pocas horas para completar el proceso, etc.), mi rol como profesor de alguna manera se instala como sujeto supuesto saber y, en tanto representante de la institución, como un Otro a nivel de registro simbólico. No hay que olvidar aquí, tal como lo he tratado en otro trabajo,[40] que el deseo es ineducable,[41] lo cual pone en tela de juicio lo que habitualmente concebimos en términos pedagógicos como tarea de enseñar y aprender. En realidad, muchas veces, como Lacan lo ha señalado, el saber hace obstáculo a la enseñanza. Por eso, ya desde el *Seminario 2*, Lacan insiste en que "la única enseñanza verdadera es aquella que consigue despertar en los que escuchan [para nosotros, teatristas y público] una insistencia, ese deseo de conocer que sólo puede surgir cuando *ellos mismos* han evaluado la ignorancia como tal—en cuanto ella es, como tal, fecunda— *y también del lado del que enseña*" (310, el subrayado es mío).

Como vemos, la proyección puede funcionar en diversas direcciones en la praxis teatral, a distintos niveles y, por lo tanto, conviene no descuidarla. Sin duda, se trata de un aspecto que requirá en el futuro de un refinamiento conceptual en nuestro trabajo como teatristas.

Sueño, escena y memoria

Exploremos ahora nuestro tercer enunciado. Desde el inicio, nos invita a considerar uno de los temas fundamentales del psicoanálisis, al que Freud le dedicó mucha atención y hasta ensayos específicos. Me refiero a la memoria.[42] La memoria en el sueño constituye para Freud la peculiaridad "más

---

[40] Ver en este volumen "Pedagogía y deseo: Praxis teatral y creatividad en Estados Unidos".

[41] Lacan nos recuerda en el *Seminario 5* que el deseo, en primer lugar, "no es una relación con el objeto", de ahí que sea, imposible de satisfacer, ya que ese objeto que es causa del deseo como falta, está perdido. En segundo lugar, el deseo del "animal deseante" que es el ser humano, es perverso, a diferencia del instinto (319). Perverso quiere decir aquí que el objeto no está prefijado, como en el instinto, sino que puede ser cualquier cosa (bastaría pensar en el fetichismo, en la mirada del otro en el exhibicionismo o, para ir a casos más extremos, en la necrofilia, en la zoofilia). En tercer lugar, el deseo humano —nos advierte Lacan— "permanecerá para siempre irreductible a cualquier reducción y adaptación" (321). No solo es inadaptado sino además inadaptable (319).

[42] De ahí que Lacan insista en que "[e]l esquema psíquico en Freud está hecho para explicar fenómenos de memoria, es decir, lo que anda mal" (*Seminario 3*, 219). Y señala más adelante en el mismo seminario que "[l]o esencialmente nuevo en la teoría [psicoanalítica], es la afirmación de que la memoria no es simple, que es plural, múltiple, registrada bajo diversas formas" (258).

extraordinaria e incomprensible", por la selección y reproducción que hace del material vivenciado y recordado, no solamente lo significativo sino incluso lo más indiferente de lo percibido en la vigilia y lo más insignificante de lo recordado (IV, 44). E insiste: "La conducta de la memoria en el sueño tiene sin duda la máxima importancia para cualquier teoría de la memoria en general" (IV, 46). Es indiscutible que el contenido del sueño proviene de lo vivenciado y recordado, pero no todo ni siempre registrado por la conciencia (IV, 38-39). Sin duda, muchas de esas vivencias han sido registradas y archivadas en la memoria durante la infancia –"la infancia que después se ha hecho prehistoria" (IV, 257)— y han quedado reprimidas, sin fácil acceso a la conciencia. Así, un contenido del sueño, sobre todo relativo a algo olvidado, puede sorprendernos al despertar. No debe sorprendernos a los teatristas que lo mismo ocurra durante las improvisaciones. Dichas improvisaciones surgen de lo vivenciado y archivado en la memoria, incluso si los actores no tienen conciencia de ello. Toda esta dinámica del aparato psíquico que Freud nos plantea para el sueño puede trasladarse al trabajo durante los ensayos.

El teatro, al que venimos homologando al sueño, impacta la vigilia; al despertar, muchas veces recordamos el sueño (aunque no siempre) y lo hacemos en general en forma fragmentaria (IV, 47). Además, si no registramos inmediatamente por escrito o cualquier otro medio lo soñado o, mejor, lo que recordamos del sueño, es muy probable que lo olvidemos al pasar unas horas. En *La interpretación de los sueños* Freud registra los suyos, anotados casi al despertar. Lo que se nos ofrece como contenido manifiesto del sueño –tal como ya hemos visto— es precisamente ese relato, esa transcripción verbal de una experiencia onírica audiovisual, en forma fragmentaria y que, como todo enunciado, solo puede ser referido en forma sucesiva, cancelando la posibilidad de dar cuenta de lo simultáneo propio de lo audiovisual. En "Sobre el sueño" (1901), Freud subraya que el contenido manifiesto del sueño es como un iceberg, a saber, "el contenido del sueño es mucho más breve que los pensamientos de los cuales lo considero sustituido" (V, 624).

También el relato va a mostrarnos algo del sujeto, en el sentido de que éste va a poner en cierto orden (jerárquico, si se quiere) ciertos detalles, privilegiando algunos aspectos sobre otros que, quizá, no aparecían así en el sueño. De alguna manera, este relato de lo soñado es ya una interpretación realizada por el analizante. Tenemos que agregar a esto las omisiones producidas en el relato por los olvidos, por la ambigüedad o imprecisión del material ofrecido en el sueño, particularmente por la complejidad que surge de la condensación y el desplazamiento típicos de la elaboración onírica.

No resulta difícil trasladar lo anterior a la praxis teatral. Es casi evidente que el público, a la salida de cualquier espectáculo, al conversar con alguien y relatar lo visto, procede del mismo modo que el analizante: privilegia ciertos detalles –que hablan más de él o ella que del show mismo—, relata en cierto orden que, sin duda, será completamente distinto al de otro miembro del público; omite cosas, titubea respecto a ciertos detalles, en fin, su relato es en sí mismo una primera interpretación. Sin duda, con mayor o menor puntualidad, el crítico teatral procede de la misma manera, no importa cuánta experiencia profesional o bagaje de información teatral convoque. Y finalmente, lo que más nos interesa aquí, es lo que ocurre en los ensayos con los teatristas involucrados. Con o sin texto previo, a medida que avanzan los ensayos, hay un constante recurso a la interpretación de lo hecho antes: se relata el guion cada vez de una manera diferente, se producen olvidos, equivocaciones, falsas perspectivas, relatos incompletos, omisiones sospechosas, etc. La interpretación, a la manera del analizante, va procediendo de forma tal que, al final, el espectáculo resulta pues un relato acordado por el elenco, un texto equivalente a la escritura de ese sueño que constituye el texto dramático o el proyecto resultante de las improvisaciones, ahora ofrecido al público como un sueño a interpretar.

Estas interpretaciones del analizante, del elenco y del público deben ser trabajadas por otro proceso interpretativo que, como quiere Freud, parte del análisis, es decir, de dividir en partes el relato, de asociar libremente sobre cada detalle, particularmente los que parecen más insignificantes. Freud precisamente subraya dos aspectos importantes: el primero que, a diferencia de la técnica de los antiguos, la que nos está proponiendo hace que el mismo soñante interprete su sueño: "La técnica que expongo en lo que sigue se aparta de la de los antiguos en un punto esencial, a saber, que defiere al propio soñante el trabajo de interpretación" (IV, 120, nota 3). El segundo, como ya lo vimos cuando leímos a Buenaventura, que "no debe tomarse como objeto de la atención todo el sueño, sino los fragmentos singulares de su contenido" (IV, 125).

Esta segunda interpretación, si podemos llamarla así, se realiza desde la asociación libre del analizante y desde la atención flotante del analista. Actor, director y público (específicamente el crítico teatral en este caso, como figura supuestamente en posición de sujeto supuesto saber sobre el teatro), van a considerar el material desde esta otra perspectiva, guiada más desde la praxis analítica, tendiente a captar el deseo del pensamiento inconsciente y, por ende, tendrá que vérselas con las defensas y resistencias del sujeto implicado allí, que no corresponde a ningún individuo del elenco o del público.

Si hay algo que queda claro después de leer *La interpretación de los sueños* es que no hay una interpretación total, definitiva; a partir de una primera interpretación, surgen otros detalles y estos a su vez reabren el proceso analítico. Aunque este proceso se realice múltiples veces, siempre queda ese nudo de real que no puede ser significantizado y que Freud denomina "el ombligo" del sueño (IV, 132, nota 18). Para nuestra praxis teatral, en lo que hace al trabajo de montaje, esto significa que alguien en algún momento debe decidir hasta cuándo se improvisa, cuándo hay que detener el proceso interpretativo que, inminentemente, se pretende presentar públicamente. Obviamente, la interpretación posterior del público también responderá a estos corolarios; confrontado a otros miembros del público, la interpretación primera individual comenzará a exigir ajustes, reacomodaciones, asociaciones que abrirán, incluso cuando se realice cada tanto tiempo, el proceso analítico. Nunca estas cuestiones son tan palpables como cuando se pone en escena un texto clásico.

Se puede apreciar que lo que está en juego aquí y nos importa es la cuestión de la memoria. Ya en *La interpretación* Freud reformula un primer esquema del aparato psíquico esbozado en el *Proyecto*, al que siempre volverá —para decirlo de alguna manera— interpretativamente, es decir, releyendo aquel primer esquema de 1985. Freud intentará pensar el aparato psíquico apelando, a lo largo de los años, a diversos modelos utilizados en otras disciplinas (desde lo fisiológico, hasta los ópticos, para concluir en lo que consideró más cercano a aquello que tenía en mente: el block mágico, también traducido como pizarra mágica o block maravilloso [XIX, 1925]).

¿Cómo concebir la memoria? Esta preocupación no es únicamente la de Freud; los teatristas la hemos tenido desde siempre, en forma muy dispersa y diluida, hasta que Stanislavski hace un intento de abordarla en forma más precisa: su primera versión en el Sistema es la famosa "memoria emotiva", retomada y hasta explotada luego como si fuera palabra santa por Strasberg. La pregunta por la memoria está ligada y es correlativa a eso que hemos planteado más arriba: ¿cómo concebir la conciencia?

Memoria, conciencia e inconsciente

Veamos cómo plantea Freud el aparato psíquico en *La interpretación*;[43] lo concibe aquí a la manera de "un instrumento" compuesto por "instancias" o "sistemas", tal como "los diversos sistemas de lentes de un telescopio [que] se siguen unos a otros". Uno de los problemas que Freud enfrentará en este modelo óptico y espacial, es que la sucesión que propone, como veremos, lo obligará a imaginar una circularidad que no termina conformándolo a nivel teórico. Además, aunque la secuencia que atraviesa la excitación es fija desde el primer sistema al que denomina P [percepción] hasta el último llamado M [memoria] y responde a un diagrama espacial, a Freud no le escapa el aspecto temporal del instrumento, en la medida en que hay una serie. Entre P, "extremo sensorial", y M, "extremo motor", hay otros sistemas que Freud nombra con la letra ψ. Así, nos dice, "[t]oda nuestra actividad psíquica parte de estímulos (internos y externos) y termina en inervaciones, esto es, que promueven una descarga de energía. El sistema energético para Freud tiene que ver con la cantidad de estímulos que el aparato psíquico registra, lo que aumenta la tensión (displacer) y que debe ser, homeostáticamente, descargado, nivelado (placer). Se trata de "un aparato de reflejos" entre un sistema y otro. La idea es que frente a la percepción que es evanescente, hay que suponer luego una superficie de registro del estímulo, una huella mnémica. "Y a la función atinente a esa huella mnémica la llamaremos 'memoria'". ¿Cómo imaginar esa superficie de registro? El aparato está expuesto a múltiples percepciones o estímulos, que producen alteraciones permanentes de esas huellas. ¿Cómo, pues, pensar que el sistema esté siempre abierto y receptivo a nuevas percepciones que, digamos, se sobreimprimen a las huellas mnémicas ya registradas, produciendo constantes alteraciones? Freud recién logrará una respuesta más apropiada cuando descubra en el mercado ese aparatito denominado "block o pizarra mágica".

---

[43] Para esta sección enfocada sobre el capítulo VII de *La interpretación de los sueños* (volumen V de la edición de Amorrortu), a los efectos de evitar una lectura engorrosa debido a las múltiples citas, no pondremos número de página; el lector puede cotejarlas en dicho capítulo VII.

Memoria: La pizarra mágica

Aunque Freud se ocupa de la memoria en *La interpretación de los sueños* y aunque nos fijamos atenernos a lo que se dice en dicho libro, no obstante, vale la pena resumir lo que Freud considera como el modelo más aproximado a su concepción de la memoria y que encontramos en su breve ensayo "Notas sobre la pizarra mágica", de 1925. Freud nos dice que uno siempre desconfía de la memoria y que no es fácil recuperar los recuerdos. Esto obliga a buscar algún tipo de registro escrito. Aquí hay algunas técnicas disponibles, pero tienen sus limitaciones. Escribe Freud:

> dispongo de dos procedimientos diversos. En primer lugar, puedo escribir sobre una superficie que conserve incólume durante un tiempo indefinidamente largo la noticia que se le confía: por ejemplo, una hoja de papel sobre la cual escribo con tinta. Obtengo así una «huella mnémica duradera». La desventaja de este procedimiento consiste en que la capacidad de recepción de la superficie de escritura se agota pronto. La hoja se llena, no queda ya espacio para nuevos registros y me veo precisado a servirme de otra hoja, no escrita todavía. Y hasta la ventaja de este procedimiento, el hecho de que brinde una «huella duradera», puede perder su valor para mí, si mi interés por la noticia se extingue trascurrido cierto lapso y ya no quiero «conservarla en la memoria». El otro procedimiento está libre de ambos defectos. Por ejemplo, si escribo con tiza sobre una pizarra, dispongo de una superficie de recepción que sigue siendo receptiva sin límite temporal alguno y cuyos caracteres puedo destruir tan pronto dejen de interesarme, sin tener que desestimar por ello la superficie de escritura. La desventaja, en este caso, consiste en que no puedo obtener una huella duradera. Si quiero registrar nuevas noticias en la pizarra, me veo obligado a borrar las que ya la cubren. Por tanto, capacidad ilimitada de recepción y conservación de huellas duraderas parecen excluirse en los expedientes con que sustituimos a nuestra memoria; o bien es preciso renovar la superficie receptora, o bien hay que aniquilar los signos registrados. (XIX, 243-244)

Freud comenta sobre la limitación de los aparatos ópticos que tomó como referencia en obras anteriores:

> Ya en *La interpretación de los sueños* (1900a)- formulé la conjetura de que esta insólita capacidad debía atribuirse a la operación de dos sistemas diferentes (dos órganos del aparato anímico). Poseeríamos un sistema *P-Cc* que recoge las percepciones, pero no conserva ninguna huella duradera de ellas, de suerte que puede comportarse como una hoja no escrita respecto de cada percepción nueva. Las huellas duraderas de las excitaciones recibidas tendrían cabida en «sistemas mnémicos» situados detrás. Después, en *Más allá del principio de placer* (1920g), puntualicé que el inexplicado fenómeno de la conciencia surgiría en el sistema percepción en lugar de las huellas duraderas. (XIX, 244)

Y luego nos introduce un "pequeño artificio" llamado "pizarra mágica" que dice haber encontrado en el mercado y que parece superar las limitaciones de la hoja de papel y de la pizarra. Esta pizarra mágica se aproxima a la concepción del aparato perceptivo "tal como yo lo he supuesto", en tanto cuenta con "una superficie perceptiva siempre dispuesta y huellas duraderas de los caracteres recibidos" (XIX, 244). Pasa inmediatamente a describirla:

> La pizarra mágica es una tablilla de cera o resina de color oscuro, colocada en un marco de cartón; hay sobre ella una hoja delgada, trasparente, fija en el extremo superior de la tablilla de cera, y libre en el inferior. Esta hoja es la parte más interesante del pequeño aparato. Consta de dos estratos que pueden separarse entre sí, salvo en ambos márgenes trasversales. El de arriba es una lámina trasparente de celuloide, y el de abajo, un delgado papel encerado, también trasparente. Cuando el aparato no se usa, la superficie inferior del papel encerado adhiere levemente a la superficie superior de la tablilla de cera. Para usar esta pizarra mágica, se trazan los signos sobre la lámina de celuloide de la hoja que recubre a la tablilla de

> cera. A tal efecto no se requiere lápiz ni tiza, pues la acción de escribir no consiste en aportar material a la superficie receptora. Es una vuelta al modo de escribir de los antiguos sobre tablillas de cera o de arcilla. Un punzón aguzado rasga la superficie, y sus incisiones producen el «escrito». En el caso de la pizarra mágica la acción de rasgar no es directa, sino que se produce por mediación de la hoja que sirve de cubierta. El punzón, en los lugares que toca, hace que la superficie inferior del papel encerado oprima la tablilla de cera, y estos surcos se vuelven visibles, como una escritura de tono oscuro, sobre la superficie clara y lisa del celuloide. Si se quiere destruir el registro, basta con tomar el margen inferior libre de la hoja de cubierta, y separarla de la tablilla de cera mediante un ligero movimiento. De ese modo cesa el íntimo contacto entre papel encerado y tablilla de cera en los lugares rasgados (es justamente lo que hace visible el escrito), y no vuelve a establecerse cuando ambas se tocan de nuevo. Ahora la pizarra mágica ha quedado libre de toda escritura y preparada para recibir nuevos registros. (XIX, 244-245)

Como vemos, hay una superficie, "la hoja de cubierta" que, aunque limitada, es capaz de admitir infinitos trazos (como la conciencia que percibe), pero que no los conserva y está siempre lista para nuevas inscripciones. Luego hay un dispositivo de protección de la superficie de cera en la que todos los trazos se registran: "La hoja de celuloide es entonces una cubierta que protege al papel encerado, apartando los influjos dañinos provenientes de afuera" (XIX, 245). Cada nuevo trazo en la hoja de cubierta no solo se registra en la superficie de cera, sino que, además, pasa por encima de otros trazos anteriores, configurándose una red donde cada punto puede disparar la memoria hacia otros, en itinerarios siempre renovados. La crítica literaria posterior denominó a este procedimiento "intertextualidad", en el sentido de que no hay ningún trazo completamente virginal, sino que siempre, a pesar de la ilusión que provoca la 'página en blanco', siempre ha habido antes un registro de inscripciones sobre los que los nuevos se instalan y se entretejen. Las huellas conservadas en la superficie de cera pueden verse al través si se dispone de una luz adecuada. Cada uno de estos niveles constituye un sistema separado.

Lo interesante es ahora puntualizar, como hace Freud, la limitación de la pizarra mágica respecto del aparato psíquico. En efecto, la pizarra "no puede «reproducir» desde adentro el escrito, una vez borrado; sería realmente una pizarra mágica si, a la maneta de nuestra memoria, pudiera consumar eso" (XIX, 246). Así, la hoja de cubierta puede correlacionarse con la conciencia, que recibe estímulos externos por vía de la percepción. Sin embargo, nuestro aparato psíquico también recibe estímulos internos con los que no cuenta la pizarra mágica. Hay, nos dice Freud, inervaciones de investidura que provienen del preconsciente.

El sistema, entonces, "recibe las percepciones acompañadas de conciencia y trasmite la excitación hacia los sistemas mnémicos inconcientes" (XIX, 247).[44] "Sería —agrega Freud— como si el inconciente, por medio del sistema *P-Cc*, extendiera al encuentro del mundo exterior unas antenas que retirara rápidamente después que estas tomaron muestras de sus excitaciones" (XIX, 247). Y esto resulta muy importante, no solo para el psicoanálisis sino para nuestra praxis teatral, lo cual nos obligaría a revisar, al menos, las propuestas más enfocadas en la memoria como la de Stanislavski: ciertamente, no hay percepción pura, siempre está filtrada por las inervaciones internas del preconsciente y del inconsciente. Como diría Lacan, somos hablados/escritos por el Otro, por esa mano interna que nos lleva a relatar un sueño, a realizar una improvisación de una manera o de otra, o un espectáculo en un orden singular para cada sujeto. No es difícil ver hasta que punto esto pone en tela de juicio la objetividad de la percepción (incluso la objetividad en la ciencia) respecto al mundo exterior o la tan mentada "realidad". Precisamente, Lacan en el *Seminario 4* comenta cómo en la época de Leonardo da Vinci, cuando todavía las matemáticas no habían aportado la formalización a la investigación, se sostenía erróneamente "una evidencia como la de que los cuerpos más pesados caen más de prisa" (433). Siempre hay, respecto del mundo, como diría Lacan, un baño de lenguaje, un lenguaje que preexiste a la percepción del objeto; no es posible percibir el objeto más que por medio de la intervención del registro simbólico.

Por eso,

---

[44] La traducción de la edición de Amorrortu usa "conciente", "inconciente", etc. Hemos reproducido las citas sin modificar ese uso. Nosotros hemos preferido continuar con el uso habitual: consciente, inconsciente, etc.

> Si se imagina que mientras una mano escribe sobre la superficie de la pizarra mágica, la otra separa periódicamente su hoja de cubierta de la tablilla de cera, se tendría una imagen sensible del modo en que yo intentaría representarme la función de nuestro aparato anímico de la percepción. (XIX, 247)

De este modo, habría una dinámica de discontinuidad planteada por la mano que periódicamente separa la hoja de cubierta de la tablilla de cera, y Freud conjetura que "en este modo de trabajo discontinuo del sistema P-Cc se basa la génesis de la representación del tiempo" (XIX, 247).

Improvisación: percepción y memoria

Los teatristas tenemos bastante experiencia en estos procesos: una improvisación supone la existencia de percepciones y observaciones pasadas y presentes, es decir, una serie de percepciones que, de no registrarse en alguna parte, imposibilitarían el proceso de ensayo y montaje. En cada ensayo se puede apreciar cómo nuevas percepciones alteran lo ensayado el día anterior y disparan el proceso por otras vías. Emotiva o no, la memoria es una cuestión crucial en toda puesta en escena. Se hace casi innecesario enfatizar aquí que la temporalidad juega un papel determinante: los teatristas pasan de su vida cotidiana a la instancia artificial del ensayo (personaje, conflictos que no son los suyos, tradiciones dramáticas, género y estilos que afectan el cuerpo, lugares de ensayos que a veces cambian e imponen nuevos estímulos acústicos y lumínicos, etc.). Cada reunión del elenco supone nuevas percepciones que se imprimen sobre lo ya realizado, alterándolo. Incluso, como todos los teatristas sabemos, también comprobamos estas alteraciones a partir de cada función, sea por la reacción del público, sea por otros condicionantes personales o del colectivo que llevan a esos comentarios ya comunes: cada función es siempre diferente a la anterior, el teatro es efímero, etc.

Volvamos al Freud de *La interpretación de los sueños*. El sistema P carece de memoria; no conserva los estímulos; el sistema M "traspone la excitación momentánea del primero a huellas permanentes". Es en el sistema M donde las huellas se registran en una superficie que produce un "encuentro en la simultaneidad", que Freud denomina "asociación", es decir, para acelerar nuestra explicación, que las huellas mnémicas se sobreimprimen y a su vez asocian contenidos de unas a otras, propagándose los contenidos por los otros sistemas ψ, que ahora son como capas o, mejor, tabiques, designados como Mn, Mn', Mn", etc. Cada uno de estos sistemas Mn recibe el estímulo perceptivo y lo *fija* con energía diversa, propagando también diversas asociaciones; en los sistemas más lejanos se pueden detectar "relaciones de semejanza u otras". Habría, pues, "gradaciones de la resistencia de conducción" entre un sistema y otro.

El sistema P brinda a la conciencia "toda la diversidad de las cualidades sensoriales". Las huellas mnémicas, esto es, "nuestros recuerdos", sobre todo los que más nos han impactado, "son en sí inconscientes" y, aunque pueden en algunos casos hacerse conscientes, lo cierto es que despliegan a nivel del inconsciente todos sus efectos. Demás está agregar aquí el hecho de que cada individuo está sometido a un sistema P diferente del resto de la comunidad, con la que, no obstante, puede compartir algunas de esas huellas mnémicas. Aunque Lacan hable al final de su enseñanza de un inconsciente individual, lo cierto es que hay una dimensión de la memoria que es o debemos suponer transindividual. Y aquí Freud nos dice algo que invalida o al menos impugna y problematiza, de cierto modo, la versión stanislavskiana de "memoria emotiva": "cuando los recuerdos se hacen de nuevo conscientes, no muestran cualidad sensorial alguna o muestran una muy ínfima en comparación con las percepciones". ¿Será realmente efectivo recuperar ciertos contenidos inconscientes/olvidados del actor, particularmente cuando no corresponden a los del personaje? Se nos abre aquí una vía para revisar muchos de los presupuestos del Sistema y de esas proposiciones, catárticas o basadas en la autosugestión, tal como parecen fundar las aproximaciones del Actors Studio o de Grotowski.

Habiendo establecido este diagrama, Freud regresa al sueño. El análisis de los sueños le había dejado claro, por medio de la elaboración onírica, dos "instancias psíquicas, una de las cuales sometía la actividad de la otra a una crítica, cuya consecuencia era la exclusión de su devenir-conciente". Esta "instancia criticadora", muy operativa en la vigilia, tiene relaciones más estrechas con la conciencia, es decir, se sitúa del lado del extremo motor. Es decir, entonces, que, entre la instancia criticadora y la criticada, se instala "una pantalla", que Freud denominará preconsciente. Este preconsciente es imaginado como un tipo de filtro que media entre las huellas mnémicas inconscientes, reprimidas, y la conciencia. Lo inconsciente no puede acceder a la conciencia sino es por la vía del preconsciente, lo cual, obviamente, produce modificaciones de la excitación. Este sistema preconsciente es el que decide, finalmente, la motilidad, es decir, la voluntad: "posee las llaves de la motilidad voluntaria".

A partir de aquí se nos abre un espectro de interrogantes: múltiples estímulos afectan al actor durante un ensayo; no necesariamente es consciente de ellos. Durante su trabajo opera un sistema selectivo que, en cierto modo, protege al aparato psíquico, ya que, de no ser así, la cantidad de energía se incrementaría y llegaría a niveles incontrolables. Ese sistema selectivo opera tanto para los estímulos externos como para los internos. Indudablemente, puede haber circunstancias del ensayo (conflicto dramático, marcaciones de la dirección, consistencia del personaje) que pueden disparar los contenidos inconscientes del teatrista, a veces de forma altamente peligrosa para el actor, el elenco y el proyecto escénico. La cuestión que la praxis teatral debe explorar a partir de esta aproximación es sobre la validez de estos estímulos internos personales —por otra parte, completamente ineludibles— para la creatividad. Un ensayo teatral no es un espacio clínico; no se trata, como hemos insistido muchas veces, de psicoanalizar a los teatristas; ése no es nuestro problema. Nos interesa, en cambio, estar alertas sobre lo que está limitando y controlando la voluntad y la motilidad del teatrista, para que ambas se tornen creativas y no una mera exteriorización de sus inervaciones personales. Lo que nos concierne es cómo trabajar estas instancias para que el resultado estético no se convierta en una mera exhibición de los contenidos inconscientes del teatrista trasladados a la puesta en escena como si realmente pertenecieran, por ejemplo, a la obra o al personaje, como si fueran verdaderamente elaboraciones creativas sobre ese *Real* puesto en juego en el guion, el texto dramático o la puesta en escena. Una vez más hay que repetir aquí que el sujeto en cuestión en una puesta en escena no es el individuo, ninguno de los individuos involucrados en el proceso.

Regresando al sueño, que es lo que le importa a Freud (y nos importa a nosotros por la homologación que hacemos en la praxis teatral), se puede decir que "el envión para la formación del sueño" se origina en el inconsciente, sede del deseo; sin embargo, también hay una participación del preconsciente, como filtro para el acceso de esos contenidos a la conciencia. Inconsciente y deseo que, en la praxis teatral, corresponden al sujeto, no a los teatristas como personas, tal como lo hemos ya revisado en Buenaventura y en el rol del director/coordinador.

Durante la vigilia, "la censura de la resistencia les ataja a los pensamientos oníricos" el camino a la conciencia; durante el dormir, esta censura, digamos, afloja su instancia de control y deja paso a los contenidos inconscientes, siempre y cuando aparezcan de alguna manera elaborados y alterados. Me resulta interesante que Freud apele a una imagen de tipo fronterizo y hasta militar para hablar de estos sistemas Icc, Prcc, Cc.: "a la noche—escribe—disminuye la resistencia que monta guardia en la frontera entre lo inconciente y preconciente". Esto nos invita a considerar el ensayo teatral como una instancia separada por una frontera de los devenires de la vida cotidiana. El ensayo sucede a un instante de pasaje entre la vida cotidiana y el sueño. Se nos despeja así un aspecto técnico: en el ensayo tenemos la oportunidad de suspender "la censura de la resistencia" que nos afecta como teatristas en los avatares de la vida diaria, aunque conviene no olvidar lo que Freud nos advierte: "El sueño puede tomar su material de cualquier época de la vida, con tal de que desde las vivencias del día del sueño (las impresiones 'recientes') hasta aquellas más lejanas corra un hilo de pensamiento" (IV, 186). Por eso, además de ser imprescindible que todo el colectivo admita trabajar bajo la asociación libre y la atención flotante, de modo de permitir que el proceso creativo responda a los mismos mecanismos de la elaboración onírica, también resulta importante reconocer la temporalidad puesta en juego en el sueño=escena: cualquiera sea el grado de desfiguración onírico-escénica, tenemos certeza de que están siempre involucradas tanto las instancias recientes del contexto en el que el sueño-escena se realiza, como el pasado de la comunidad para la cual se trabaja. No hay forma de que una improvisación sobre *Hamlet*, por ejemplo, no involucre el pasado y el presente del contexto del elenco, no importa el grado de delirio que asuma la puesta en escena. Ni tampoco es posible que se pueda desconocer en parte la historia de las múltiples lecturas y puestas en escena de la pieza shakespeariana. "Esperamos—escribe Freud—, entonces, que el análisis de los sueños ha de descubrir por regla general, entre las vivencias diurnas, la fuente onírica efectiva, la significativa psíquicamente y cuyo recuerdo desplazó su acento sobre el recuerdo indiferente" (IV, 193). Nos interesa a los teatristas esta sugerencia freudiana porque nos permite discernir como "regla general" la *fuente* inconsciente de la escena improvisada, la que es significativa teatralmente para el espectáculo, y que se aloja más en un detalle –ligado al contexto del ensayo— que en la situación improvisada tomada globalmente. Es que las impresiones recientes e indiferentes determinadas por el contexto inmediato a la improvisación, asumen funcionar como puentes para 'representar' en la figuración onírica, por causa de la censura y la represión, aquello que no podría advenir a la conciencia (IV, 194, 198).

Señalemos, de paso, que Freud sostiene la sobredeterminación que pesa sobre cada elemento del contenido manifiesto del sueño y, por lo tanto, de la escena en el caso de nuestra praxis teatral: "Cada uno de los elementos del contenido del sueño aparece como *sobredeterrminado*, como siendo el subrogado de múltiples pensamientos oníricos" (IV, 291); por eso "la índole de la relación entre contenido [manifiesto] y pensamientos oníricos: no sólo los elementos del sueño están determinados de manera *múltiple* por los pensamientos oníricos, sino que los pensamientos oníricos singulares están también subrogados en el sueño por varios elementos" (IV, 292). Y más adelante insiste en enfocar la atención sobre los detalles o escorias, justamente por este desplazamiento de intensidades psíquicas: "en el trabajo onírico [de las improvisaciones para nosotros] se exterioriza un poder psíquico que por una parte despoja de su intensidad a los elementos de alto valor psíquico, y por la otra procura a los de valor ínfimo nuevas valencias por la vía de la *sobrederminación*, haciendo que estos alcancen el contenido onírico" (IV, 313).

Al improvisar, pues, entiendo cada improvisación como una instancia interpretativa: al poner en escena no debemos manejarnos con una actitud de relacionar uno a uno los elementos, limitando la capacidad de sugerencia de los elementos escénicos, sino abrirnos a la multiplicidad de detalles involucrados, promoviendo improvisaciones sobre improvisaciones hasta ir percibiendo el hilo que las une y que apuntan a los pensamientos inconscientes. Una vez más, tal como lo sugirió Buenaventura, favorecemos en la praxis teatral, por sobre encima de las interpretaciones unívocas, el trabajo del sueño realizado por la condensación, el desplazamiento y la dramatización. "El desplazamiento y la condensación oníricos son los dos maestros *artesanos* a cuya actividad podemos atribuir principalmente la configuración del sueño" (IV, 313, mi énfasis).[45]

También es imprescindible evitar, además, ese aspecto 'militar' que podría instalarse si desplazamos las instancias de control suspendidas durante la improvisación y encuadramos el trabajo bajo la mirada autoritaria

---

[45] Llamo la atención sobre el vocablo "artesano" porque hoy nos suena con más fuerza, sobre todo cuando la tecnologización del trabajo teatral pareciera querer colonizar la dimensión inconsciente y, por ende, la elaboración onírico-escénica.

de un coordinador con veleidades de saber. Sin duda, se abre aquí una dimensión de riesgo, en la medida en que, debido a la censura y la resistencia, no resulta ni fácil ni menos aún automático acceder a la asociación libre; esa libertad está muy condicionada por la conciencia y el preconsciente, de modo que se requiere de teatristas capaces de salir de la zona de confort (muchas veces muy dolorosa) para saltar a esa otra zona de mayor riesgo que es precisamente la de lo desconocido, esto es, a esa zona a la que apunta la creatividad artística.

Sueño de adultos y escena

Freud luego nos explica que se hace necesario describir la forma en que estas instancias operan cuando nos enfrentamos al "sueño alucinatorio", es decir, a esas elaboraciones muy complejas y enigmáticas de los adultos, diferenciadas de la transparencia usual en los sueños de los niños. Podemos ahora pensar que esta producción de ficción que realizamos en el ensayo se corresponde con el sueño alucinatorio. En éste, "[l]a excitación toma un camino *de reflujo* {*rückldufig*}). En lugar de propagarse hacia el extremo motor del aparato, lo hace hacia el extremo sensorial, y por último alcanza el sistema de las percepciones. Si a la dirección según la cual el proceso psíquico se continúa en la vigilia desde el inconciente la llamamos *progrediente* {*progredient*}, estamos autorizados a decir que el sueño tiene carácter *regrediente* {*regredient*}". Se trata de una regresión (como esa circularidad que mencionamos más arriba a la que Freud se ve obligado de recurrir a fin de superar las limitaciones de su modelo espacial, serial y temporal, en principio de tipo unidireccional). Esta regresión (sea tópica, temporal o formal),[46] sin embargo, no es propia del sueño, sino también de la vigilia: de alguna manera, a veces este carácter regrediente se nos impone cuando evocamos un recuerdo a nivel consciente; sin embargo, la diferencia con el sueño radica en que, en éste, no solo tenemos las imágenes (como en el recuerdo) sino que vivimos la circunstancia con toda la potencia producida por "la animación alucinatoria de las imágenes perceptivas". De modo que, trasladado esto a nuestra praxis teatral, corresponde afirmar que la intensidad de

---

[46] "Distinguimos entonces tres modos de regresión: a) una regresión *tópica*, en el sentido del esquema aquí desarrollado de los sistemas ψ; b) una regresión *temporal*, en la medida en que se trata de una retrogresión a formaciones psíquicas más antiguas, y c) una regresión *formal*, cuando modos de expresión y de figuración primitivos sustituyen a los habituales".

las imágenes improvisadas es mayor que la de los recuerdos. Una vez más, esto nos invita a revisar lo establecido para la "memoria emotiva",[47] en la medida en que la evocación de recuerdos evade, no sin forzamiento, la censura y la resistencia, amén de torturar al teatrista cuando se lo somete a este procedimiento.

En la improvisación, las intensidades adheridas a las huellas mnémicas se van desplazando por redes de asociación, tal como lo vimos para la condensación y el desplazamiento; por eso es imprescindible que el coordinador no intervenga y deje fluir este desplazamiento de intensidades para lograr el mayor nivel de "vivacidad sensorial". A Freud no le escapa el hecho de que en personas 'normales', en la histeria y en la paranoia, puede haber "pensamientos mudados en imágenes", muy intensas y vivaces, como compromiso de una progresión que, en este caso, está sofocando algún recuerdo reprimido usualmente en la infancia. Ya Freud pudo comprobar la presencia de lo infantil en los sueños, bajo múltiples transformaciones procuradas por condensación y desplazamiento, al punto que llega a afirmar: "el sueño puede describirse también como el *sustituto de la escena infantil alterado por transferencia a lo reciente*". Y también: "*encontramos en el sueño al niño, que*

---

[47] Recordemos que Stanislavski se desentiende bastante rápidamente de la memoria emotiva; su segunda propuesta, la más divulgada, es la de las acciones físicas, en las que parece estar más confidente de la instancia motora del cuerpo como posible evitación de la conciencia y el preconsciente, en tanto censura y resistencia. Hay una tercera etapa, como la menciona Sharon Marie Carnicke en su libro *Stanislavsky in Focus: An Acting Master for the Twenty-First Century*, menos conocida y denominada nada más ni nada menos que "análisis activo". Llamo la atención sobre la palabra "análisis", ya que la propuesta, tal como la describe Carnicke, aunque en cierto modo ligada a las investigaciones de los formalistas rusos por aquel entonces, por la influencia del yoga y de la psicología, es muy cercana a la propuesta freudiana en algunos aspectos. He ya tratado estos temas en mi libro *Ensayo teatral, actuación y puesta en escena. Notas introductorias sobre psicoanálisis y praxis teatral en Stanislavski*. En conversación con Sharon Marie Carnicke, quien tuvo acceso a los archivos de Stanislavski abiertos al público desde no hace mucho por el gobierno ruso, pude saber que no había ningún texto de Freud en la biblioteca del maestro; sin embargo, sigo sosteniendo que debe haber conocido las investigaciones freudianas, habida cuenta de la importancia del psicoanálisis en los primeros años de la revolución y de sus viajes a Berlín, donde había muchos psicoanalistas activos. Producida la censura sobre el psicoanálisis y el control sobre los artistas rusos con amenazas letales (basta recordar el destino de Meyerhold), es dable pensar que los libros de Freud desaparecieran de su biblioteca. Quedaría pendiente revisar hasta qué punto la incursión de Stanislavski en el yoga, una especie de sustituto del psicoanálisis, amén de su interés intrínseco, no respondiera también a un escape a la represión política de entonces.

sigue viviendo con sus impulsos" (IV, 206). No hay que olvidar –nos advierte Freud— que "[t]ras esta infancia individual, se nos promete también alcanzar la perspectiva sobre la infancia filogenética, sobre el desarrollo del género humano, del cual el del individuo es de hecho una repetición abreviada, influida por las circunstancias contingentes de su vida". Tenemos aquí el lazo con el inconsciente de alguna manera concebido como Otro que pre-existe al sujeto, como tesoro de la lengua y la tradición,[48] y como transindividual al que nos referimos más arriba.

En otros trabajos[49] he planteado la cuestión de la infancia puesto que, en cierta forma, siempre aparece durante el ensayo teatral y, en parte, constituye el trasfondo conceptual de la improvisación. En efecto, la *escena* infantil se registra a nivel del juego. Ciertamente, a la espontaneidad del juego infantil no es fácil de acceder con adultos; esta dimensión regrediente, no obstante, cuando se logra, permite acceder a una fuente rica en contenidos inconscientes: imágenes visuales, fantasías, que dan cuenta de recuerdos infantiles que pugnan por ser reanimados y llegar a la conciencia. Vemos que, tanto el sueño como el ensayo teatral, se nos muestran como un espacio agónico, de lucha de fuerzas, al igual que la relación escena y público, esto es, completamente fuera de toda lectura convivial: por un lado, el efecto de resistencia generado por la regresión "se opone a la penetración del pensamiento [inconsciente] en la conciencia por la vía normal, así como [por otro lado] de la simultánea atracción que sobre él ejercen recuerdos que subsisten con vivacidad sensorial".

Sueño/escena: energía/deseo

Freud responde a la pregunta sobre de dónde saca el sueño su energía y la respuesta es obviamente del inconsciente; sin embargo, *imagina*[50] lo

---

[48] Freud nos dice que "los usos lingüísticos tienen ya preparado, y con gran riqueza, el precipitado de comparaciones de la fantasía que provienen de los tiempos más remotos" (V, 352). Muchos de estos símbolos –que no son arquetipos de un inconsciente colectivo universal, esencialista y ahistórico, a la manera de Jung— se transforman y, además –Freud lo subraya— suelen aludir a la vida sexual. Estas simbolizaciones *ready-made* ("ya listas") están disponibles para ser usadas en el proceso de figuración de la elaboración onírica.

[49] Ver una vez más mi ensayo "Pedagogía y deseo", incluido en este volumen.

[50] Resulta interesante subrayar este término usado por Freud, porque nos da la clave de la forma en que elucubra la tarea de teorizar y conceptualizar. Tal como venimos procediendo para la praxis teatral, Freud dice que la "teoría psicológica"

siguiente: *"Me imagino las cosas así: el deseo conciente sólo deviene excitador de un sueño, si logra despertar otro deseo paralelo, inconciente, mediante el cual se refuerza"* (subrayado de Freud). Retroalimentación, pues, de deseos, aunque estos deseos no provengan del mismo sistema o se sitúen en el mismo registro. En relación al deseo inconciente y lo inconciente en general, Freud subraya su indestructibilidad y luego acota su tesis al afirmar que *"[e]l deseo que se figura en el sueño tiene que ser un deseo infantil"*. En cualquier momento del ensayo, a lo largo de cualquier improvisación, se puede ver esta dinámica: los anhelos o propósitos conscientes del teatrista disparan el deseo inconsciente que irrumpe momentánea, pulsativamente a través de un olvido, chiste, lapsus, etc. Freud nos propone asimismo una clasificación de los pensamientos operantes en la elaboración onírica desde el lado de la conciencia y la vigilia. Conviene citar dicha enumeración, por su utilidad para la praxis teatral:

> Y si debemos trazar una clasificación de estas mociones de pensamiento que se continúan mientras dormimos, podemos consignar los siguientes grupos: 1) lo que durante el día, a causa de una coartación contingente, no se llevó hasta el final; 2) lo que por desfallecimiento de nuestra capacidad de pensar quedó sin tramitar, lo no solucionado; 3) lo rechazado y sofocado durante el día. A ellos se suma, como un poderoso grupo: 4) lo que por el trabajo de lo preconciente fue alertado durante el día en nuestro *Icc*; y por último, podemos agregar como otro grupo; 5) las impresiones del día que nos resultaron indiferentes y por eso quedaron sin tramitar.

Se nos ofrecen aquí las bases para conformar una técnica: por un lado, estar alertas a la irrupción de lo inconciente: cuando *Eso* habla, hay que asumirlo, hay que ir a ver de qué se trata. No se lo puede obviar, porque es la puerta regia a lo más crucial de la creatividad artística. Por eso el estatus del inconciente es ético.[51] Por otro lado, tenemos esta enumeración sobre

---

que él formula puede ser cuestionable: "sin duda grosera, pero al menos gráfica" (V, 659).

[51] En otros trabajos me he extendido sobre algunos ejemplos reveladores, uno tomado de mi propia praxis teatral, durante la elaboración de *Iluminaciones*; el otro tomado de Donald Freed, de su libro *Freud and Stanislavski*: durante los ensayos

la forma en que la conciencia opera durante el dormir, esto es, la forma en que la conciencia extiende su imperio durante los ensayos. Muchas percepciones que nos pasan desapercibidas durante la vigilia, se registran a nivel del *Prcc* y reaparecen luego en el sueño/escena. ¿Cómo abordar una técnica para trabajar cada uno de los puntos enumerados por Freud? Sin excluir la dimensión personal, me inclinaría a trabajar (a) a partir de una reconsideración de lo producido en el ensayo anterior a nivel del elenco; (b) y por medio de un estar alerta sobre los acontecimientos del contexto socio-histórico y cultural en el que se realizan los ensayos. Se nos abre así un campo de exploración técnica con un potencial revelador.

Esta tarea técnica, que está por hacerse en la praxis teatral, se completa con aquello que Freud nos dice para los sueños que parecieran no ser de un cumplimiento de deseo, como los sueños traumáticos. Sin duda, estas notas de Freud nos pueden ayudar al momento en que el ensayo parece trabarse, cuando las improvisaciones se detienen y nada nuevo parece emerger. Sin duda, se trata de una interrupción producida cuando se tocan zonas peligrosas, esto es, cuando se percibe la cercanía de "consideraciones dolorosas, penosas intelecciones". Freud nos explica:

> La diversidad de los resultados posibles puede articularse del siguiente modo: a) El trabajo del sueño consigue sustituir todas las representaciones penosas por sus contrarias y sofocar los efectos displacenteros correspondientes. Esto da por resultado un sueño de satisfacción puro, un 'cumplimiento de deseos' palpable en el que no parece preciso elucidar nada más. b) Las representaciones penosas, modificadas en mayor o menor medida, pero bien reconocibles, alcanzan el contenido manifiesto del sueño. (…) Estos sueños de contenido penoso pueden sentirse como indiferentes, pueden traer consigo todo el afecto penoso que parece justificado por su contenido de representaciones, o aun provocar el despertar por un desarrollo de angustia.

---

de *Hamlet*, cuando el protagonista explota de risa frente a la aparición del espectro del padre muerto. No repetiré aquí estos ejemplos, pero sin duda ambos obligaron a una relectura del material y ambos testimonian del inconsciente transindividual de ambos elencos. Ver en este volumen "Pedagogía y deseo".

Se nos dan aquí precisas advertencias para estar alerta durante el ensayo. Todos los teatristas sabemos cómo hay momentos de gran hilaridad, en que todos festejamos alguna ocurrencia, o bien momentos de intensa angustia que produce consecuentemente el 'despertar', esto es, ambos como interrupción del proceso creativo. Aunque el sueño sea el guardián del dormir, a veces ocurre que es tan perturbador que nos despierta; esto no significa que no permanezca siendo un cumplimiento de deseo.[52] Si Freud está en lo cierto, pues entonces nos conviene interrogar ese júbilo o esa diversión y esa angustia: es probable que irrumpan justamente porque estamos en el umbral de un pensamiento inconsciente doloroso, displacentero que solo llega a la conciencia (a la escena, en nuestro caso) mediante una figuración divertida o la parálisis por la angustia. Se me ocurre pensar (y lo he visto en mi experiencia con los actores) que este tipo de situaciones suelen surgir más en momentos de intensos conflictos socialmente traumáticos (dictaduras, genocidios, violencias cotidianas) o cuando la propuesta artística se orienta hacia experiencias traumáticas de la temprana infancia.[53]

---

[52] No vamos a tratar en este ensayo la cuestión de la angustia y la diferencia entre el sueño y los síntomas neuróticos.

[53] Mis actores-estudiantes se divirtieron mucho durante algunos ensayos de dos espectáculos muy específicos: el primero, *Viaje a las fronteras de las sombras* (2017), realizado con el trasfondo de la administración Trump, aunque contaba con escenas espeluznantes de los campos de concentración (como metáfora de todos los genocidios posteriores), difíciles de elaborar precisamente porque, al enfrentar horrores como el nazismo, la esclavitud, las desapariciones forzadas de las dictaduras latinoamericanas, la violencia contra los inmigrantes de las diásporas, etc., también generaba un nivel de angustia tan alto que se lentificaba el proceso creativo, y todo eso no impidió que hubiera otras escenas en tono de comedia en las que se planteaba en forma divertida la cuestión de la inmigración y el muro fronterizo con México, los excesos de lo que se ha dado en llamar el "feminazismo", esto es, posiciones tan radicales del feminismo que terminan siendo más perjudiciales socialmente que aquello que, justamente, se querría subvertir para lograr mayor justicia de género, etc. El segundo, más reciente, tomó dimensiones siniestras, en el sentido que Freud le da a este término: lo extraño, pero a la vez familiar. En efecto, en *Pobrecitos* (2018), se trabajó en el Workshop paralelamente a un curso sobre Children's creativity. Se exploraron los cuentos de hadas a partir de imaginar por qué había tantos personajes malvados; se fue abordando así la causa de esa dimensión diabólica. Las escenas resultado de las improvisaciones eran muy reideras, pero a la vez dejaban ver el horror de la vida familiar, liberando deseos de parricidio, filicidio, incesto, abusos y violencias domésticos, etc. Incluso tomaron una dimensión más global cuando los estudiantes crearon una escena en la cual había dos conferencias: la de los personajes buenos y la de los malos de los cuentos de hadas. En

Lo mismo podría decirse de esas escenas que se tornan aburridas, indiferentes, como si nada ocurriera durante el ensayo: pues, si seguimos a Freud, parece que estamos ante un momento de gran riqueza, si sabemos aprovecharlo: hemos rozado algo en la dimensión de lo reprimido, algo muy displacentero que, llegado el momento, puede provocar angustia y, por ende, una interrupción del proceso creativo.

Recuerdo, al respecto, una de las preguntas incluida en el cuestionario con el que entrevisté a tantos directores en las tres Américas (entrevistas compendiadas en los seis volúmenes de *Arte y oficio del director teatral*): ¿Qué hace usted cuando una escena no sale, cuando se traba el proceso de ensayos?" La respuesta de los teatristas, en general, fue a veces un poco ambigua, porque no habían pensado en esta cuestión seriamente; por otra parte, ninguno de ellos podía teorizar al respecto: su estrategia se limitaba a dejar la escena problemática y seguir con otras, hasta que se pudiera volver a ella con mayores elementos, cuando los actores estuvieran ya más familiarizados con el resto de la obra. La estrategia no es del todo despreciable, pero la praxis teatral, si aspira a convertirse en una disciplina, no puede quedarse allí: como siempre, nos preocupa la causa de la risa o de la angustia. Recordemos aquello que Lacan nos advierte: la angustia no engaña, es ese *afecto* que, además, "no es sin objeto" (*Seminario 10* 8). Pasar a ensayar otras escenas puede ser una solución pragmática, pero fundamentalmente es desentenderse del inconsciente que, como venimos postulando aquí, es donde reside la mayor energía, la mayor intensidad para la creatividad por cuanto allí hay un Real no significantizable que está en juego y que constituye el malestar en la cultura y el objetivo del arte.

Similarmente, una invitación a reconsiderar nuestras técnicas de trabajo ocurre cuando Freud se enfoca en los sueños punitorios, que satisfacen el deseo de auto-castigo. Estos sueños no siempre se originan en el inconsciente; también pueden provenir del yo: "los sueños punitorios no están ligados en general a la condición de que los restos diurnos sean penosos. Más bien se engendran con la mayor facilidad bajo la premisa opuesta, a saber, cuando los restos diurnos son pensamientos de naturaleza satisfactoria, pero expresan satisfacciones no permitidas". Hay aquí ya un pre-

---

ellas se discutía el futuro del mundo: los malos tenían miles de ideas para destruir a la humanidad y sabían cómo implementarlas, mientras que los buenos no acertaban con un plan que detuviera el incremento del horror social (pobreza, violencias a nivel familiar o educativo, destrucción del medio ambiente, etc.).

anuncio de aquello que más tarde Freud llamará superyó. En *La interpretación de los sueños* todavía hay cierta vacilación: el deseo punitorio "pertenece al yo, aunque es también inconciente (es decir, preconciente)". Freud nos advierte que, más que la oposición consciente vs. inconsciente, se da aquí la oposición entre el yo y lo reprimido. Ha comenzado a reconsiderar aquí los límites de su primera tópica (*Icc, Prcc, Cc*) y vislumbrar la segunda (Ello, yo y superyó). Lo que a nosotros, teatristas, nos interesa aquí es ese tipo de escena que, como en estos sueños, se registra algo satisfactorio, pero que puede estar originado en cuestiones ya no tanto ligadas a la obra o la consistencia de la escena, sino que trasladan a dicha escena, obviamente reprimidas por el yo o el preconsciente, circunstancias del encuadre en el que se está trabajando: por ejemplo, se me ocurre una situación en la que los actores intentan dar lo mejor de sí, realizar algo satisfactorio como reacción al autoritarismo del coordinador o motivados en problemas entre miembros del elenco. Pienso en algunas reflexiones de los directores entrevistados para *Arte y oficio* en el que aparece el tema de la complicidad civil con las dictaduras, esa culpa por la desaparición de amigos y por no haber hecho lo suficiente para confrontar la violencia de Estado. Cuando estas circunstancias intervienen, en la escena emergen acciones que, bien miradas, podrían ser de índole de auto-castigo por otro tipo de satisfacciones no permitidas.

Resulta importante tener en cuenta que "existen sueños sostenidos por más de un deseo onírico", lo cual, trasladado a nuestra praxis teatral, supone escenas motivadas en múltiples deseos, no siempre fáciles de detectar y reconocer. Freud insiste: "El sueño aparece a menudo [luego Freud propone remplazar 'a menudo' por "regla general"] como *multívoco* (…) [aunque] "debajo de todos [esos deseos] tropecemos con el cumplimiento de un deseo de la primera infancia" (IV, 232). Sin embargo, esta aproximación conceptual del psicoanálisis —que siempre nos recuerda a los teatristas la dimensión del juego, si se quiere álgida y hasta peligrosa, en tanto juego infantil-escénico—, nos invita a estar alertas para trabajar al máximo el potencial de lo reprimido, a saber, esa dimensión sufriente de lo Real que nos afecta como comunidad y que, precisamente, constituye el aporte cultural y político del arte teatral y, sin duda, de todo arte que se precie de tal.

Freud nos advierte que no debemos enfocarnos —como ya lo había planteado Buenaventura—en las situaciones o conflictos del sueño o, para nosotros, de la escena: muchas veces "la intensidad sensorial de los elementos del contenido del sueño", particularmente aquellos más concernidos con el deseo, se ha desplazado por las redes hacia otros detalles, promoviendo una figuración a veces contraria al deseo inconsciente, sobre todo cuando se trata de pensamientos penosos. Es que "la representación inconciente como tal es del todo incapaz de ingresar en el preconciente y (...) sólo puede exteriorizar ahí un efecto si entra en conexión con una representación inofensiva que ya pertenezca al preconciente, trasfiriéndole su intensidad y dejándose encubrir por ella". De ahí que el sentido del sueño no está dado, digamos, por la línea de la acción, del conflicto o de la situación, sino por detalles aparentemente insignificantes sobre los que conviene detenerse y orientar sobre ellos nuevas improvisaciones para arribar a una interpretación que dé cuenta del contenido inconsciente. Es que lo inconciente "urde sus conexiones, de preferencia, en torno de aquellas impresiones y representaciones de lo preconciente a las que se descuidó por indiferentes o que, desestimándolas, se sustrajeron enseguida de la consideración".[54] Los contenidos recientes del sueño, a veces triviales, se enlazan como sustitutos de aquellos más antiguos porque "ellos son los que menos tienen que temer de la censura de la resistencia". Tantos los elementos recientes como los indiferentes (o restos diurnos) son apropiados para la expresión de lo reprimido porque, además de no sufrir la censura, constituyen "un material todavía libre de asociaciones".

Experiencia, percepción y memoria

Muchos teatristas no dejan de alabar el poder de la experiencia, es decir, de favorecer las vivencias y las percepciones más inmediatas; aunque nunca elaboran qué quieren decir con "experiencia" o sobre la base teórica

---

[54] En *Viaje a las fronteras de las sombras*, hubo una escena enigmática, muy cifrada, pero de enorme impacto: surgió de improvisaciones sobre un par de detalles de otras improvisaciones previas. Se trataba de una escena realmente onírica y siniestra, de mucha angustia en su trasfondo y con una crítica velada a las prácticas religiosas y/o a las consecuencias de la adhesión fanática a creencias o ídolos. Aparece en escena un grupo de actores arrastrando a otro que parece oficiar de prisionero; varios de ellos atan al prisionero a una columna y progresivamente se van convirtiendo en felinos; maullando, atacan al prisionero como bestias hasta producirle la muerte. Luego, como felinos, se van dirigiendo hacia una luz intensa que opera como un ídolo ante el que se postran y parecen ofrecer la víctima sacrificial. Enigmáticamente, estos hombres-bestias o bestializados, repiten casi morbosamente el significante "leche" a manera de oración.

en que la fundan, no obstante, proponen técnicas para intensificar la capacidad del teatrista en su relación con los objetos, el entorno, sus compañeros de escena. Para estos teatristas, favorecer las experiencias sensoriales pareciera ser la vía para enriquecer la perspectiva del actor en formación. Sin duda, estas técnicas permiten afinar la sensibilidad, habida cuenta de la alienación a la que somos sometidos por la educación y la cultura. Se trata de un desalienar concebido como un desaprender, y no por nada Stanislavski se vio necesitado de hablar de una "segunda naturaleza". Sin embargo, Freud comprueba que el mecanismo operante en estos casos es mucho más complicado. La percepción, como vimos, es en sí evanescente: la conciencia no puede retenerla o archivarla y por eso se registra en lo inconsciente; sin embargo, "la expresión emocional" resultante no es tan directa como pensar que "el niño hambriento llorará o pateará inerme". Es decir, no hay una relación estímulo-respuesta directo, la acción física o motilidad no es el resultado lineal a partir de un estímulo. Hay, como hemos visto, un 'filtrado' previo por las huellas mnémicas inconscientes o preconscientes.

Volvemos así a la cuestión de la memoria. Una necesidad vital, como el hambre, da lugar a una excitación que el aparato psíquico tiende a descargar para establecer la homeostasis, es decir, reducir la tensión o bien quedar "exento de estímulos". "La excitación impuesta [*setzen*] por la necesidad interior —nos dice Freud— buscará un drenaje en la motilidad que puede designarse 'alteración interna' o 'expresión emocional'". Así, si el niño tiene hambre [necesidad], grita y patalea [motilidad]. De este modo, sería como aceptar que al desarrollar la 'experiencia' del teatrista, el efecto inmediato sería promover en forma directa o espontánea una acción dramática más enriquecida. Si la percepción deja una huella mnémica, no es tanto de la necesidad, sino de "una *vivencia de satisfacción* que cambia el estímulo interno". Esta vivencia de satisfacción ya no está a nivel de la necesidad biológica, sino —para decirlo con Lacan— a nivel de la demanda (la presencia de un Otro que ha satisfecho la necesidad primaria) o del deseo. La percepción del hambre queda desde entonces "asociada a la huella que dejó en la memoria la excitación producida por la necesidad".[55] De este modo, cuando una necesidad como el hambre reaparece, "merced al enlace así establecido se suscitará una moción psíquica que querrá investir de

---

[55] Por esta vía tendríamos que reconsiderar todo lo relativo a la famosa "memoria emotiva" stanislavskiana.

nuevo la imagen mnémica de aquella percepción y producir otra vez la percepción misma, vale decir, en verdad, restablecer la situación de la situación primera. Una moción de esta índole es lo que llamamos *deseo*". Si esto ocurriera de este modo, si se lograra reproducir la experiencia original, estaríamos en una especie de alucinación por cuanto se buscaría una *identidad perceptiva*, "o sea, repetir aquella percepción que está enlazada con la satisfacción de la necesidad". Y Freud nos advierte que esto solo sería pensable en una instancia muy primitiva del aparato psíquico (al que califica de "ficción"), porque más tarde se interpone "[u]na amarga experiencia vital". A este segundo aparato más elaborado, lo denomina "reflejo". Veamos en qué consiste este último.

La conciencia acorralada y el preconsciente como teatro

Llega Freud ahora, me parece, al momento más complejo de este capítulo VII de *La interpretación de los sueños*: digamos, para facilitar la comprensión, que se enfrenta a la exigencia teórica de diferenciar necesidad de deseo, como prolegómeno a sostener su tesis de que el sueño es un complimiento de deseo, "la única fuerza psíquica pulsionante del sueño". Admito que se trata de unos párrafos difíciles de desbrozar. ¿Qué es esa amarga experiencia vital? Me inclino a suponer que se trata para la cría humana –a diferencia de otras especies en las que la cría puede valerse por sí misma casi inmediatamente de nacida—, de la intermediación de un Otro capaz de proveerle el amparo y la satisfacción de sus necesidades, pero también de frustrar o demorar la satisfacción de la necesidad. "Es que—escribe Freud—el establecimiento de la identidad perceptiva por la corta vía regrediente en el interior del aparato no tiene, en otro lugar, la misma consecuencia que se asocia con la investidura de esa percepción desde afuera". Interpreto que cuando Freud agrega que "[l]a satisfacción no sobreviene, la necesidad perdura" apunta, en cierto modo, a que la necesidad no puede satisfacerse sobre aquel objeto causante de la percepción originaria, reteniéndolo. No puede lograr la identidad de percepción, porque aquel objeto original está perdido. Dice Lacan en el *Seminario 4*: "hay siempre por lo tanto una discordancia del objeto recobrado con respecto al objeto buscado" (55). La fuerza psíquica debe entonces dar un rodeo para lograr la satisfacción, "se hace necesario detener la regresión completa [hacia la huella mnémica original] de suerte que no vaya más allá de la imagen mnémica [en cierto modo, su representante psíquico] y desde esta pueda buscar otro camino que la lleve, en definitiva, a establecer desde el mundo exterior la identidad [perceptiva] deseada". Leo aquí la idea de que el deseo —concebido como una falta— va a deslizarse (y buscar su satisfacción) metonímicamente por una cadena de objetos sustitutos (localizados en el mundo exterior) de aquel objeto original perdido. La regresión hacia la experiencia original queda en cierto modo bloqueada, inhibida, y la excitación tiene que desviarse: la motilidad voluntaria ya no tiene una tramitación directa como en la necesidad, sino que se opera allí un constante diferir la satisfacción, algo propio del deseo; satisfacción, por lo demás, nunca total porque no logra alcanzar el objeto perdido original, lo cual vuelve a disparar el deseo como falta por la serie metonímica de objetos sustitutos.

Vemos que Freud nos ofrece aquí un trabajo teórico mucho más complejo que el que podemos leer en la *Fenomenología del Espíritu* de Hegel, con su conceptualización del deseo en la dialéctica del amo y del esclavo. El sujeto, para Freud, va a buscar el cumplimiento de su deseo por medio de un rodeo en el que intentará alcanzar en los objetos del mundo exterior la identidad perceptiva primitiva y la experiencia original de satisfacción, tarea por lo demás, como sabemos, imposible de lograr.

Y ahora Freud arriesga un comentario más que me parece crucial: "Por tanto, el pensar no es sino sustituto del deseo alucinatorio, y en el acto se vuelve evidente que el sueño es un cumplimiento de deseo, puesto que solamente un deseo puede impulsar a trabajar a nuestro aparato psíquico".[56] Me permito leer esta cita como una respuesta a aquella pregunta que hicimos antes, que se hace también Lacan: ¿qué es la conciencia? Es cierto que Freud no aclara si ese "pensar" se refiere al pensamiento inconsciente o consciente., aunque admite (y es su contribución histórica), a diferencia de todos los usos del "inconsciente' que precedieron al surgimiento del psicoanálisis, que el inconsciente piensa: nos habla de 'pensamientos inconscientes' y de "un *pensar* inconsciente" (IV, 289, énfasis de Freud), lo cual

---

[56] Lacan también señala que "la satisfacción del principio del placer, siempre latente, subyacente, en todo ejercicio de la creación del mundo, tiende siempre en mayor o menor grado a realizarse bajo una forma más o menos alucinada. La organización subyacente al yo, la de la tendencia del sujeto propiamente dicho, siempre cuenta con la posibilidad fundamental de satisfacerse con una realización irreal, alucinatoria" (*Seminario 4* 16). Una vez más, hay un objeto perdido que nunca se encuentra, solo se halla satisfacción en un objeto sustituto, alucinado.

supone no solo descalificar el imperio de la conciencia (y de la ciencia moderna), sino sostener también que haya una lógica propia del inconsciente,[57] lo que no escapará, obviamente, a Lacan. En el primer caso, nos queda claro que el pensamiento inconsciente es sustituto de aquel deseo alucinatorio original; el sueño, en este caso, se hace cargo de figurar una satisfacción sustitutiva, particularmente para aquellos deseos más reprimidos. Pero Freud, en algunos momentos, ha hablado de 'deseo' consciente: hoy lo traduciríamos como anhelo o incluso intención de la conciencia. Si me arriesgo a leer ese "pensar", ya no como referido al pensamiento inconsciente sino como pensamiento consciente, me veo obligado a aceptar una falta, una falla o agujero en la consciencia misma que dispara un anhelo, al que llamaría epistemológico, para suturar la imposibilidad de alcanzar la percepción primitiva y la identidad de percepción. En este sentido, las construcciones científicas, a su manera, al intentar el cumplimiento del 'deseo' consciente, serían a su vez sustitutos de ese 'deseo' alucinatorio dirigido a capturar (en vano y definitivamente) la objetividad de lo Real. Aquí puede residir la ilu-

---

[57] A los teatristas nos importa aquí, a los efectos de imaginar una técnica para abordar la improvisación, partir de la sugerencia freudiana sobre el pensar inconsciente: éste no responde a la lógica de la conciencia y, por tanto, no deberíamos esperar que ello ocurra durante la elaboración escénica. Tal vez, como lo planteo en mi trabajo en el Workshop y como, en cierto modo, ocurre en lo que se ha denominado teatro 'postdramático', no deberíamos obsesionarnos con reponer o someter lo improvisado a las imposiciones lógicas de la conciencia, básicamente orientadas a una narrativa coherente. Freud se pregunta: "¿Qué figuración reciben en el sueño los 'si, porque, así como, o bien…o bien…" y todas las otras preposiciones sin las cuales no podemos comprender oraciones y discursos?" Y a continuación nos advierte que "el sueño no dispone de medio alguno para figurar estas relaciones lógicas entre los pensamientos oníricos. Las más de las veces omite todas las preposiciones y sólo recoge, para elaborarlo, el contenido sustantivo de los pensamientos oníricos. Será la interpretación del sueño la que habrá de restaurar la trama que el trabajo del sueño aniquiló" (IV, 318). También, en otro lugar de *La interpretación*, señala que "el sueño no tiene ningún medio de expresar la relación de contradicción, la oposición y el 'no'" (IV, 331), aunque más tarde corrige esta afirmación para el 'no' (IV, 341). Por mi parte, me atengo a la multiplicidad y multiplicación interpretativa y no tiendo a restaurar ninguna trama; asimismo, trato de que mis actores-estudiantes no se conviertan en relatores refugiados en la defensa de angustiadamente explicar su improvisación reponiendo esos 'o bien… o bien' y otras cláusulas de la lógica racionalista. En general, me parece que es por esta sugerencia freudiana que conviene abordar el teatro actual, en el que la narrativa clásica, con toda su pretensión manipulativa, ha sido completamente aniquilada.

soria confianza de la ciencia y de los teatristas en la observación y la experiencia como medios para capturar un Real que siempre se les escapa; y es que ese Real no es equivalente a la Realidad (mundo exterior) porque dicha Realidad, como proyección del yo está a su vez filtrada por el inconsciente "estructurado como un lenguaje".

Freud refinará luego su tesis: la conciencia no es solamente ese "órgano sensorial" que nos permite percibir durante el estado de vigilia; ella también está —digamos— acorralada entre ese mundo exterior que le impone excitaciones múltiples y el interior del sistema psíquico, que debe protegerse de los aumentos de excitación, por medio de la regulación dada a partir del placer y displacer que dichos estímulos procuren.

> El material de excitaciones afluye desde dos lados al órgano sensorial *Cc*: desde el sistema P, cuya excitación condicionada por cualidades probablemente atraviese por un nuevo procesamiento antes de convertirse en sensación conciente, y desde el interior del propio aparato, cuyos procesos cuantitativos son sentidos, toda vez que los alcanzan ciertas alteraciones, como serie de cualidades de placer y displacer.

El *Prcc* es el encargado de mediar; Freud precisamente denomina "teatro" al *Prcc*. Esta mediación la realiza enlazando los procesos preconscientes con el sistema mnémico (…) a los signos del lenguaje. Al respecto, Freud es categórico:

> Lo inconciente es lo psíquico verdaderamente real, *nos es tan desconocido en su naturaleza interna como lo real del mundo exterior; y nos es dado por los datos de la conciencia de manera tan incompleta como lo es el mundo exterior por las indicaciones de nuestros órganos sensoriales.* (énfasis de Freud).

Como vemos, según Freud, es que "el privilegio de la actividad conciente, del que mucho se abusa, [consiste] en *ocultarnos* todo lo demás siempre que ella participa" (énfasis mío). Más que develar, la conciencia vela, cubre, encubre. ¿Qué pasa si extendemos esto a la relación conciencia/ciencia sobre la que se basa la ontología occidental, incluida la filosofía del teatro? Obviamente, esto supone un límite preciso a la veleidad de una percepción original capaz de ofrecer una objetividad efectiva. En el ensayo teatral, como espacio que hemos homologado al sueño, convergen tanto los deseos inconscientes como los 'deseos' conscientes. La conciencia busca su satisfacción en una experiencia fundada en principios científicos (hoy se celebra con gran entusiasmo la neurociencia, incluso en relación al teatro, y hasta se han organizado congresos al respecto); esta aproximación realizada desde el conocimiento brindaría al teatrista cierta ilusoria garantía sobre tu tarea, un anhelo de contar con una técnica infalible (¡científica!) para enriquecer la percepción, como si hubiera un horizonte de objetividad demostrable (y hasta facilitada tal vez por fármacos) en la cual pudiera efectivamente capturar la realidad.[58] ¿Y lo Real? No hay neurociencia para lo Real. Toda percepción y toda observación está ya capturada por el inconsciente, por el lenguaje. No hay ni percepción ni observación pura. Freud es categórico al respecto:

> Por más favor que haya conquistado la doctrina de los estímulos somáticos del sueño y por seductora que pueda parecer, es fácil señalar su punto débil. Cualquier estímulo de esa índole que, mientras dormimos, reclame del aparato psíquico una interpretación por vía de ilusiones puede incitar una variedad incontable de tales ensayos interpretativos, y por tanto es enorme la diversidad de las representaciones que pueden subrogarlo en el contenido del sueño. (IV, 236)

Traducido a nuestra praxis teatral, la cita menta que cualquier avance en la relación entre neurociencia y el trabajo teatral, en cualquiera de sus dimensiones (actoral, directorial, artística, etc.), no podrá nunca abordar la proliferación interpretativa en sus múltiples niveles. No se trata de invalidar la neurociencia sino, como vemos, señalar los límites al trabajo teatral en tanto saber-hacer con lo Real en el arte. Y, por otra parte, más allá de las regularidades 'científicas' que podamos recibir en la praxis teatral, lo cierto es que "las mociones de deseo inconciente aspiran a regir también durante

---

[58] Ya durante su *Seminario 4*, de 1956-57 Lacan se desentiende y desengancha al psicoanálisis de lo que hoy denominamos neurociencias: "Lo llaman asociaciones porque pretenden que ocurra en algún lugar en las neuronas cerebrales. Yo, de eso no sé nada. Como analista, al menos, no quiero saber nada" (318).

el día", y esta conexión nos devuelve a lo que nos importa: primero, que no hay ciencia para el deseo (aun cuando la terminología freudiana pareciera indicarlo); segundo, que el psicoanálisis, como la praxis teatral, es un arte.

La censura entre el *Icc* y el *Prcc* nos protege durante el día y —nos dice Freud— es "el guardián de nuestra salud mental". Por eso, el ensayo teatral debería ser como el dormir, un espacio-tiempo en el que suspendemos en lo posible la censura, nos damos 'libertad' para asociar y para ser políticamente incorrectos a fin de que nuestras improvisaciones puedan emerger como sueños: "[e]l desvío respecto del mundo exterior (...) [posibilita] la regresión propia de la figuración onírica". Insiste Freud en que "el sueño aparece como reacción frente a todo lo que en la psique durmiente está presente contemporáneamente como actual" (IV, 240). Señalemos aquí de paso el hecho de que Freud le reconoce a los pensamientos oníricos ser "pruebas de un rendimiento intelectual en extremo complejo, que trabaja con casi todos los recursos del aparato anímico", y cuanto menos intervenga la conciencia, más complejo se vuelve este rendimiento onírico.

Censura e improvisación: el peligro de la coherencia

Habida cuenta de estas similaridades, ahora necesitamos, como nos advertía Buenaventura, prestar atención a las diferencias. En efecto, el guardián no queda desactivado durante el dormir; en tal caso, limita su capacidad crítica y permite que mociones de lo *Icc* pululen en el escenario del sueño porque resultan inofensivas en tanto son incapaces "de poner en movimiento al aparato motor, el único que puede actuar sobre el mundo exterior transformándolo". En el ensayo y durante las improvisaciones, aunque nos damos cierta libertad regulada, mantenemos activo el aparato motor y nos orientamos hacia la transformación del mundo exterior, lo cual a su vez modifica el estatus teórico del dormir (=ensayo), en la medida en que, a pesar de cierta privacidad pactada para este trabajo teatral, no nos garantiza la seguridad que registramos durante el soñar.

Debido al intercambio y transferencia de intensidades entre las representaciones, como nos dice Freud, en la formación del sueño "participan dos procesos psíquicos de naturaleza diferente; uno, [que] crea pensamientos oníricos de perfecta corrección, de igual valor que el pensamiento normal;[59] el otro procede con estos de una manera extraña en grado sumo, incorrecta". Podemos conjeturar desde aquí dos tipos de meta del ensayo teatral: uno, orientada *a* y orientada *por* la supuesta coherencia y hasta corrección (¿política?) de un espectáculo; otro, en cambio, dejándose llevar por otra lógica, sin afán de coherencia, sino, por el contrario, exhibiendo un espectáculo "extraño". Freud nos aconsejará desconfiar de la coherencia:

> Queda para nuestra interpretación el siguiente precepto: a esa coherencia aparente del sueño hemos de desdeñarla, en todos los casos, como de origen sospechoso y emprender, así respecto de lo claro como de lo confuso, idéntico camino de retroceso hasta el material onírico. (V, 496)

Freud, desde el inicio de *La interpretación*, descalifica la coherencia; nos dice que "cuando evocamos en nuestra memoria un sueño que tuvimos, sin advertirlo o sin quererlo llenamos y completamos las lagunas que presentan las imágenes oníricas. Rara vez —agrega—, y quizá nunca un sueño coherente lo ha sido tanto como nos aparece en el recuerdo (...) el afán del espíritu humano por discernir coherencia en todo es tan grande que, frente al recuerdo de un sueño incoherente en algún sentido, completará involuntariamente esa falta de coherencia" (IV, 70-71). Esta reflexión vale para la praxis teatral como una estrategia técnica durante los ensayos: los teatristas suelen usar y mal o peyorativamente el término "intelectualización", para referirse a algún tipo de elaboración de algún contenido, sea como argumento defensivo del teatrista por alguna acción no comprendida, sea por cierta necesidad de apoyar con fuentes eruditas algún tipo de interpretación de la acción o de la escena. Freud siempre valoró la riqueza del pensamiento intelectual provisto por el sueño. Sin embargo, aquí Freud nos invita a otra tarea: la de evitar atribuir coherencia a toda costa, como parte de ese afán del espíritu humano. Pues por dicha razón en mi Workshop jamás admito que los estudiantes 'racionalicen' el producto de las improvisaciones. Tengo

---

[59] Se podría poner en tela de juicio esta aseveración freudiana; en todo caso, hoy podríamos re-escribirla como "con cierta coherencia", muchas veces ilusoria, imaginaria.

confianza en que el sentido, aun en su presentación más incoherente y lagunaria, está siempre allí; en todo caso, las lagunas conciernen a un enigma que no debe ser 'explicado' (o, como dirían los teatristas, intelectualizado), sino que constituye el vacío desde el que debe partir otra improvisación. Además, esos lugares de enigma son siempre fructíferos para el trabajo de interpretación del público, aun cuando lo desesperen. No creo que lo producido por las improvisaciones deba pasar por el filtro de la conciencia, obsesionada con la coherencia. Así como el sueño piensa (no meramente ilustra), y lo hace —cuando durante "en el dormir queda suspendido el libre albedrío"— en un escenario diferente al de la vida diaria, la escena también piensa y lo hace no solo con imágenes o restos de representaciones-palabra (visuales y acústicas),[60] sino además dramatizando, es decir crea una situación, figura algo como presente sobre un escenario que no tiene por qué ser el reflejo de la vida cotidiana, en un escenario que tiene otras leyes y otra dimensión espacio-temporal (IV, 72-74). El realismo, a veces, no deja de ser esa defensa u obsesión del artista por reafirmar su ilusorio poder sobre el inconsciente que habla en la improvisación. Uno podría entender la propuesta de Artaud con solo leer esta suculenta cita de *La interpretación de los sueños*, una vez más homologando sueño a escena teatral:

> El sueño es inconexo, no le repugna unir las contradicciones más ásperas, admite cosas imposibles, desecha el saber de que nos preciamos durante el día, nos muestra embotados en lo ético y lo moral. A quien en la vigilia quisiera portarse tal como el sueño lo exhibe en esas situaciones, lo tendríamos por insensato; quien despierto hablase como lo hace en sueños o quisiese comunicar cosas tal como ocurren en el contenido de los sueños, nos impresionaría como un confundido o deficiente mental. (IV, 78)

El teatrista, pues, concebido aquí como un insensato o un deficiente mental, se nos presenta como un complejo de discursos que lo atraviesan y no como una entidad cerrada y consistente. Una vez más, hablar de la crisis contemporánea del personaje no es decir mucho, si no se profundiza la transformación que el mundo actual, desde el siglo XX en adelante, ha promovido.

---

[60] Ver también IV, 120 y ss.

Clasificación freudiana de los sueños: tipos de espectáculos

Si ahora nos atenemos a las relaciones entre contenido manifiesto y contenido latente, de acuerdo a Freud en ese ensayo de 1901 que escribe a regañadientes para resumir *La interpretación de los sueños*, habría tres categorías: (a) "sueños que poseen *pleno sentido* y son al mismo tiempo *comprensibles*, vale decir, se dejan insertar sin mayor objeción dentro de nuestra vida anímica"; (b) "Forman un segundo grupo aquellos sueños que son, por cierto, coherentes en sí mismos y poseen un sentido claro, pero producen un efecto *extraño*, porque no sabemos colocar este sentido dentro de nuestra vida anímica" y (c) "Al tercer grupo, por último, pertenecen aquellos sueños a los que ya les falta sentido y comprensibilidad, que parecen *incoherentes, confusos y disparatados*" (V, 626). Los sueños de la segunda y tercera categorías, al igual que las improvisaciones y los espectáculos, presentan, sin duda, un aspecto enigmático que exige un mayor trabajo de interpretación; sin embargo, Freud conjetura que *"entre el carácter incomprensible y confuso del sueño y las dificultades que ofrece la comunicación de los pensamientos oníricos media un nexo íntimo y ajustado a ley"* (V, 627, énfasis de Freud).

No resulta difícil para nosotros en la praxis teatral clasificar los espectáculos de acuerdo a las mismas categorías que son relevantes para el sueño. Es interesante que, al plantearnos la cuestión del sentido, tengamos grados de coherencia y de comprensibilidad que nos permiten a su vez tener un perfil del público al que el teatrista se dirige. El primer caso no es solo atribuible a lo que se conoce como "teatro comercial", *mainstream* o de entretenimiento; también fue el caso de la creación colectiva de los años 70 en América Latina, con propuestas que intentaban desmontar los mecanismos de la manipulación económica e ideológica realizada por el capitalismo. Similarmente, esos sueños del grupo (a), que Freud explora enfocándose en los niños y por eso los denomina "sueños infantiles", tienen un *"nexo con la vida diaria"*: "Los deseos que en ellos se cumplen quedaron pendientes del día, por regla general de la víspera, y en el pensamiento de vigilia estuvieron provistos de una intensa tonalidad de sentimiento" (V, 629, énfasis de Freud). Me arriesgaría a incluir en esta categoría al teatro de las décadas del 70 y 80, sobre todo a ese teatro basado en el "realismo reflexivo" que exploraba los estragos de las dictaduras *recientes*. Es un teatro como, por ejemplo para el caso argentino, *La malasangre* (1982) de Griselda Gambaro o algunas obras de Roberto Cossa y varias piezas de Teatro Abierto. Todas ellas tienen una coherencia narrativa impecable y no plantean mayores enigmas para el público, que inmediatamente capta el contenido latente, sea por compartir la experiencia brutal de la dictadura, sea porque las obras responden a un esquema mayormente binario entre víctimas y victimarios. Estas obras, muy esquemáticas en su estructura, debido a la coyuntura desesperada en la que surgieron, intentan abordar lo esencial, dejando escapar muchos detalles de la experiencia del horror. Freud precisamente nos dice que en estos sueños infantiles "[l]o inesencial e indiferente, o lo que al niño tiene que parecerle tal, no ha hallado acogida ninguna en el contenido del sueño" (V, 629). Como los *"sueños de comodidad"* de los que Freud también toma cuenta, estas propuestas teatrales desde el inicio anticipan el final de la obra, a partir de una justicia poética que no por loable es menos previsible. En general, estas piezas dramáticas "muestran al deseo como cumplido, figura ese cumplimiento como real y presente" (V, 631), lo cual es fácil de entender desde el contexto ansioso de justicia en el que se escribieron muchas de ellas, algunas previas a los juicios a los genocidas. Freud no niega la creencia popular respecto a que el sueño anuncie el futuro: "es el futuro que el sueño nos muestra, no el que acaecerá, sino el que querríamos que sobreviviera. El alma popular procede aquí como suele hacerlo en cualquier otra circunstancia: cree lo que desea" (V, 656). Este creer en lo que se desea —y en el sueño como en el teatro creemos lo que estamos vivenciando— atribuido al campo popular es una afirmación políticamente fuerte, que debería hacernos reflexionar profundamente, no solo porque apunta al teatro y sus efectos de verosimilitud sobre el público, sino porque podría explicar muchos malentendidos respecto a lo que, desde Ernesto Laclau y a partir de los trabajos de Jorge Alemán, el psicoanálisis ha investigado bajo la rúbrica de "populismo". Si Freud planteó la identificación de las masas con un líder, el psicoanálisis a partir de Lacan sitúa la creencia en la promoción y efecto de un significante flotante como catalizador de una producción de hegemonía en un proceso de pre-institucionalización.[61]

    De todos modos, no debe escapársenos que, también por aquellos años, asistimos a espectáculos menos obsesionados por la coherencia, como los *happenings*, con una estructura de sentido más compleja, menos transparente, a veces camuflada por la espectacularidad misma del acontecimiento.

---

[61] Ver los otros ensayos incluidos en este libro.

Actualmente nos enfrentamos a propuestas teatrales muy complejas, correspondientes a los sueños de las categorías (b) y (c); estas iniciativas ya no registran binarismos basados en una dialéctica del poder, a veces simplificada y elemental que conforma un sentido fácilmente desmontable. Usualmente se presentan dentro del circuito off o del llamado teatro alternativo y no convocan un público muy numeroso puesto que requieren una actitud o predisposición más intensa para el trabajo de desciframiento e interpretación. Lo curioso, si seguimos a Freud, es que los primeros, vale decir, los espectáculos de categoría (a), aparentemente más fácilmente consumibles y/o explicables, pueden resultar engañosos. Es que "esos pensamientos normales –nos alerta Freud— han sufrido un tratamiento anormal y han sido *trasportados al síntoma por medio de condensación, formación de compromiso, a través de asociaciones superficiales, por encubrimiento de las contradicciones y eventualmente por vía de la regresión*" (énfasis de Freud).

Los espectáculos cuya escena podemos asimilar a la categoría c) resultan, sin duda, los más crípticos y requieren de un público minoritario muy especializado, no solo capaz de interpretarlos, sino en primer lugar de asistir a ellos y gozarlos. Usualmente –aunque no siempre con suficientes razones— tendemos a categorizar estos espectáculos en el campo de la vanguardia. Muchas veces encontramos en ellos, no siempre bien instalados, algunos gérmenes de teatralidad o experimentaciones que poco a poco van instituyéndose a medida que los procedimientos son reconocidos por el público y aceptados en el *mainstream*. Se trata, como se sabe, de procesos de canonización de procedimientos cuya velocidad no es calculable.

En relación a esta clasificación y a mi propia praxis teatral en el Workshop, me he inclinado, después de pasar por todas esas categorías, por evitar espectáculos del tipo a), y no dejarme seducir por presentar públicamente trabajos completamente dentro del tipo c). He realizado, como dije, experiencias en los tres tipos, pero lentamente y a medida que me iba familiarizando con conceptos psicoanalíticos, me he dejado guiar por la dupla deseo/demanda, esto es, no desentenderme del contexto en el cual desarrollo mis actividades teatrales. El Workshop es un curso semestral que propone espectáculos en español y a veces con escenas en inglés o en spanglish. Nuestro público está formado, en general, por estudiantes de español o estudiantes bilingües en primer lugar; en segundo lugar, amigos y familiares, monolingües en una u otra lengua (español o inglés, aunque a veces tenemos personas que hablan chino, coreano o alguna otra lengua europea) o bilingües. En tercer lugar, profesores del college o de otras instituciones, que a veces asisten con algunos de sus alumnos. El nivel cultural de este público no demuestra tener mayor sofisticación y su experiencia con el teatro es mínima. Sus códigos son los del teatro más tradicional; su competencia es mayor con el cine y otros productos mediados por la tecnología. El teatro en Estados Unidos, salvo las grandes ciudades, tiene oferta teatral dentro de las universidades y los Departamentos de Teatro suelen tener que presentar clásicos y musicales, en la medida en que preparan estudiantes para un mercado de trabajo que requiere de teatristas bien preparados en actuación, danza, canto, con buena dicción, etc. El margen de experimentación de los Departamentos de Teatro es muy limitado y aunque a veces realizan algunas adaptaciones apelando a algunos procedimientos más actuales (cambio de época, uso del video o de proyecciones, etc.), en general no suelen modificar los códigos de la teatralidad del teatro y la política de la mirada que le es inherente, construida a partir del Renacimiento, en lo que hoy conocemos como "sala a la italiana" y su típica distribución espacial, con todos los códigos de la perversión que le son inseparables.[62] De modo que, al llegar a nuestro espectáculo, este público se enfrenta a propuestas muy diferentes en la medida en que lo experimental es siempre un aspecto relevante de nuestras presentaciones, las que incluyen una puesta en crisis de ciertos códigos teatrales naturalizados. Así, por ejemplo, el público entra a una sala generalmente vacía, sin asientos o con sillas plegables arrinconadas en algún lugar, a disposición de quienes las necesiten. No hay escenario ni espacio escénico determinado, de modo que nadie sabe por dónde van a circular los actores. El público debe ir realizando decisiones en función de defender su derecho a la mirada, a veces desplazándose de un lugar a otro, a veces invitado a participar de la acción.

Ciertamente, esos procedimientos son ya comunes en ámbitos culturales más familiarizados con espectáculos de este tipo. Lo que importa no es propiamente eso, sino mantener, como hemos dicho, la dialéctica inherente a la cuestión del deseo y la demanda. Nadie quiere saber nada *con/de*

---

[62] Ver mi libro *Teatralidad y experiencia política en América Latina (1057-1977)* y sobre todo "Aproximación lacaniana a la teatralidad del teatro: desde la fase del espejo al modelo óptico. Notas para interrogar nuestras ideas cotidianas sobre el teatro y el realismo", incluido en este libro. La noción de teatralidad ha sido muy debatida y hay múltiples lecturas de ella. Nos hemos esforzado en dar un "concepto" de teatralidad a partir de modelos tomados del psicoanálisis y del panóptico de Foucault.

su deseo: los espectáculos del tipo del sueño c), en su cifrado, exigen realmente un trabajo con el deseo, no solamente el que conforma el contenido latente del show, sino el que el público requiere para ofrecerse a ese tipo de experiencia. El deseo es esa falta cuya causa es el famoso objeto *a* lacaniano, ligado al goce prohibido y a lo real no significantizable que duele. La demanda, en cambio, según Lacan lo ha planteado, es demanda de amor. Y en mi Workshop trato siempre de considerarla, sin ceder a ella: desde el punto de vista del elenco, porque en cierto modo quieren ser reconocidos por el Otro, por el público (compañeros, amigos, familiares, etc.); desde el punto de vista del público, porque necesitan conectarse con algún aspecto del espectáculo, para no quedar completamente excluidos de la posibilidad de interpretación y producción de sentido. Siempre importa, cuando ya estamos en la etapa final de los ensayos, mantener un balance entre cómo dejar abiertas ciertas puertas para vérselas con el deseo, el goce y lo real, y a la vez no perderse o autoexcluirse durante el espectáculo. Usualmente, como cada espectáculo nos plantea problemas de la praxis teatral que no he considerado con los grupos anteriores, resulta que cada semestre en cierto modo surge de las improvisaciones un par de códigos tradicionales que apuntamos a subvertir para brindarle al público un panorama más amplio o diferente de la idea de teatro que generalmente traen.

Sueño, mito, improvisación

A propósito de la fragmentación que presentan las obras actuales, es importante subrayar no sólo que hoy los teatristas no se atienen a los protocolos clásicos de la dramaturgia, sobre todo en relación a la exigencia de linealidad, totalidad y coherencia del relato (con la conocida división en planteamiento-nudo-desenlace, a su vez culminando en una justicia poética en la que adivinamos la ideología del autor), sino que asumen un trabajo ligado al significante más que al significado, de ahí que la cuestión del tema siempre aparezca relegada a un segundo plano o como resultado de un trabajo en la praxis teatral a partir del no-saber. Vimos ya como Freud trabajaba el sueño a partir de los detalles y no de la totalidad narrativa, analizando cada uno de esos detalles exhaustivamente hasta ir, poco a poco, descubriendo el hilo que relaciona el contenido manifiesto y el contenido latente del sueño. Podemos ahora comentar un trabajo similar si nos acercamos al análisis que Jacques Lacan realiza del caso Juanito en el *Seminario 4*. Nos interesa particularmente a nosotros, los teatristas, ese momento en que Lacan aborda la producción fantasmática en el caso de este niño con fobia a partir de la mitología, con referencias directas a los trabajos de Claude Levi-Strauss. Dice Lacan:

> El mito a nivel individual se distingue por toda clase de características de la mitología desarrollada. Ésta se encuentra en la base de todo equilibrio social en el mundo, como es patente allí donde los mitos están presentes con su función. Pero incluso cuando están aparentemente ausentes, como sucede en nuestra civilización científica, no crean ustedes que no están en alguna parte. [Mitología individual y mitología] tienen una característica común – la función de solución de una situación de callejón sin salida. […] En suma, consiste en enfrentarse con una situación imposible mediante la articulación sucesiva de todas las formas de imposibilidad de la solución. En este sentido la creación mítica responde a una pregunta. (*Seminario 4* 329-330)

En la clase titulada "Cómo se analiza el mito", Lacan habla de "mitificación" y homologa sueño y fantasmas. Parte de la idea de que "[l]a sucesión de los fantasmas de Juanito debe concebirse sin ninguna duda como un mito en desarrollo, un discurso" (*Seminario 4* 359). En un momento hasta llega a designar como "delirio" la producción fantasmática del pequeño Hans, aunque inmediatamente se corrige y la designa como "edificación ideica" (dándole un sentido más arquitectónico y constructivista) a fin de no dar a entender que podría haber allí una psicosis, cuando lo que hay es una fobia, es decir, que estamos en el campo de la neurosis (*Seminario 4* 291). Pasa a dar una definición sucinta de mito: "un mito es siempre una tentativa de articular la solución de un problema" (*Seminario 4* 292); se trata, agrega, "de pasar de una cierta forma de explicación de la relación del mundo del sujeto, o de la sociedad en cuestión, a otra –lo que requiere la transformación […] de elementos distintos, nuevos, que entran en contradicción con la primera formulación" (*Seminario 4* 293). Se va construyendo así una constelación, una fomentación o sistema significante sintomático, con una coherencia interna que hay que construir por medio del análisis y la interpretación.

Habría así un "progreso mítico" (*Seminario 4* 316) –no circular, pero sí espiralado— que parte de un imposible, de un obstáculo (no-saber sobre lo real), para llegar a otro obstáculo y a otra imposibilidad (otro no-saber sobre lo real, siempre queda un resto que resiste la significantización, el famoso ombligo del sueño al que ya nos hemos referido en este libro, y que sin duda descalifica toda posibilidad de totalidad y de totalización del análisis y de la interpretación).

Lacan parte de la "regla de oro" que supone que en toda estructura de la actividad simbólica "los elementos significantes deben definirse de entrada por su articulación con los otros elementos significantes" (*Seminario 4* 289). Un significante no debe ser inmediatamente adherido a un significado (como muchos analistas hicieron con el significante "caballo" en la fobia de Juanito, adjuntándoselo al padre); por el contrario, Lacan demuestra en su largo análisis del caso cómo el significante "caballo" va asumiendo diversas significaciones, aunque es el significante base alrededor del cual se establece la constelación fantasmática y metonímica.

Podemos homologar esta propuesta lacaniana bastante fácilmente con el trabajo que los teatristas hacemos durante los ensayos, particularmente con las improvisaciones, en las que van apareciendo diversos fantasmas –a veces contradictorios entre sí— pero que, como ya lo veía Buenaventura, luego van mostrando –incluso si apelamos al famoso "punto de almohadillado"— una "constelación significante" (*Seminario 4* 304) de escenas que constituyen una serie y responden a su manera a un encuadre metonímico, orientado a velar la angustia. Es éste el trabajo que suelo hacer en mi *Workshop in Latin American Performance Experience*. Si la improvisación es, en cierto modo, un "jugar a que no" (*Seminario 4* 273), por medio del asociación libre como destrabe de inhibiciones y de la mortificación[63] a las que nos ha sometido el lenguaje y el significante por medio de la educación, entonces como hemos visto pueden surgir escenas contradictorias y aparentemente inconexas. El trabajo durante un ensayo se hace efectivo cuando los teatristas logran desanudarse de esa "cretinización amplificatoria que constituye por lo común eso que llaman educación" (*Seminario 4* 275). De ahí la exigencia técnica de refrenarse de comprender rápido, de "entender enseguida".

---

[63] Lacan, evocando a Freud, nos recuerda "el efecto aniquilador, el carácter verdaderamente destructor, disruptor, del juego del significante" (*Seminario 4* 294).

Se puede poner un par de ejemplos recientes en los que aparecen algunos elementos (no siempre todos) de esta técnica a partir de aquello que hemos articulado del trabajo del sueño y de la constelación significante. Los tomo al azar del teatro off en Argentina; me baso en las declaraciones de los teatristas en sendas entrevistas. Podría agregar otros múltiples ejemplos del campo argentino, ya publicados en *¡Todo a pulmón! Entrevistas a diez teatristas argentinos*. En todos estos casos vemos cómo hay un deseo de abordar una "realidad" escénica cercana a lo onírico. Me atengo y limito ahora a dos entrevistas recientes realizadas por María Daniela Yaccar. Sobre su obra *El río en mí*, el teatrista Francisco Lumerman afirma que quiso "generar un mundo onírico y que fuera digerible"; dice además que abordó las leyendas porque eran "maneras de encontrar una explicación, por ejemplo, a por qué salía el sol". No obstante, nos interesa subrayar aquí, en relación a la praxis teatral, que una vez más, según Lumerman, "el tema fue lo último que tuve". Sobre la relación del teatrista, su praxis y el público, podemos leer en la cita siguiente casi todos los temas que hemos venido trabajando en este libro:

> El teatro no tiene por qué dar lecciones [*hay que salirse del discurso del Amo y de la Universidad*], pero sí problematizar sobre la responsabilidad de todos [*posición ética analítica*] [...] Para no caer en la bajada de línea o en una expresión de mis opiniones [*teatrista en posición de analista*], me servía entrar en la complejidad del entramado [*estructura mítica, nótese que Lumerman se refiere a una leyenda*] [...] Generar las contradicciones de los personajes y que ese conjunto generara un sentido que yo tampoco domino [*relación del teatrista con el objeto a y el sujeto supuesto saber*]. Poner estos problemas en la coctelera y que cada uno se pregunte lo que le quepa [*relacionar al público con el significante para que haga su propia interpretación, no manipulada desde el escenario*]. [...] Todos somos responsables. Por supuesto hay una crítica al mundo neoliberal y despersonalizado que estamos viviendo, pero ese mundo lo hacemos las personas [*posición ética y política del teatrista*].

Por su parte, Toto Castiñeiras, "clown argentino del Cirque du Soleil desde hace 15 años", viene buscando, cuando regresa a Argentina, un lenguaje propio. En la entrevista que le hace María Daniela Yaccar, nos dice que su obra *Orillera* está "fragmentada en cuadros"; se trata de "un universo caótico" [*ruptura con la narrativa lineal, total y coherente*] en el que, sin duda, se invita al público a trabajar la interpretación buscando ese hilo conductor, ese significante alrededor del cual se organiza esa "arborescencia" que Lacan menciona a propósito del desarrollo mítico y que sostiene el espectáculo (*Seminario 4* 337-338). Su propuesta no deja de aspirar a esa dimensión mítica cuando afirma que se propone crear "un universo de muchos planetas, complejizados". Los personajes, dice el teatrista, "habitan una zona de pregunta" en torno de sí y de los otros [*discurso de la histeria o del analista*], lo cual, obviamente, demuestra que la pieza no se basa en la soberbia del yo [*moi*], sino que parte del desconocimiento propio del yo [*moi*] y, por lo tanto explora esa otra dimensión: la otra escena del inconsciente interrogando ese sentido, ese real que se les escapa. En *Orillera*, nos dice el teatrista, "el cuerpo de los actores está en primer plano" [*la cuestión del goce*], quedando la palabra relegada a un lugar más subalterno, en tanto dice interesarse en "el predominio de lo visual y lo sonoro", incluso situando estas tareas en el mismo actor —como iluminador, sonidista y dramaturgo de sí mismo— quien, en *Orillera*, ilumina el espacio escénico con linternas. El teatrista tiene la convicción de que el teatro "entra por el nervio óptico" y, si el público lo deja entrar, lo cual es optativo, entonces "empezás a cuestionarte cosas" [*presentación de un significante enimático para apelar a la interpretación, no al consumo, del público*]. Teatro, pues, como pregunta y no como paquete de sentidos impuestos desde la escena. Una vez más, la escena habla e interroga al público y a los teatristas por igual, como lo hace el sueño y el mito.

Un ejemplo paradigmático: Las "ruinas circulares" de Daniel Veronese

> ... sabía que su inmediata obligación era el sueño. [...]El propósito que lo guiaba no era imposible, aunque sí sobrenatural. Quería soñar un hombre: quería soñarlo con integridad minuciosa e imponerlo a la realidad. [...] Le convenía el templo inhabitado y despedazado, porque era un mínimo de mundo visible... [...] Comprendió que el empeño de modelar la materia incoherente y vertiginosa de que se componen los sueños es el más arduo que puede acometer un varón, aunque penetre todos los enigmas del orden superior y del

inferior: mucho más arduo que tejer una cuerda de arena o que amonedar el viento sin cara.

Jorge Luis Borges, "Las ruinas circulares"

En una entrevista reciente (julio 2019, realizada por Ivanna Soto) y a propósito del estreno de dos puestas sobre textos de David Foster Wallace), el internacionalmente conocido director argentino Daniel Veronese va a mostrarnos una perspectiva que, en parte, apunta también a cuestiones de la praxis teatral tal como las hemos venido tratando en este libro. La deconstrucción de esta entrevista daría, ciertamente, para todo un seminario, pues Veronese sitúa su praxis–que ha pasado por todo tipo de experiencia de producción teatral— en un marco de tensiones entre, por un lado, la figura del director en sentido tradicional, es decir, como el hacedor con gran autoridad, al punto de pensar a sus actores como "instrumentos" para satisfacer su perspectiva directorial y, por otro lado, en planteos más cercanos a las nuevas tendencias. En primer lugar, la elección de hacer una puesta sobre Foster Wallace se justifica en el hecho de que le atrae "ese lugar tan políticamente incorrecto que tiene Foster Wallace frente a la sociedad". Hemos hecho referencia a ese "políticamente incorrecto" de lo Real y del goce en sentido lacaniano en este libro y lo hemos homologado al trabajo con lo inconsciente que emerge durante las improvisaciones a lo largo de los ensayos. Además, Veronese expresa **la idea, en este caso, de partir de un texto narrativo sin personaje porque, según dice, "siempre necesito que haya personajes"**, evitando en todo momento "hacer [con esos personajes] un trabajo maniqueo", tal como lo hacían los teatristas del pasado, por ejemplo, en las famosas obras del ciclo Teatro Abierto. Sin embargo, al crear personajes no puede evitar la posición de Gran Hacedor, de demiurgo, padre de hijos que ignoran su condición irreal de fantasmas, de "mero simulacro", y a quien podría ocurrirle lo que al personaje de Borges en "Las ruinas circulares".

Continúa con una afirmación que se sostiene en el concepto del inconsciente como transindividual: "Quiero hacer teatro y no quiero que entre algo que no tenga que ver con la realidad mía, este teatro y estos actores". Esta afirmación, inmediatamente se torna ambigua, y parece ir en dirección contraria cuando agrega: "La realidad de la escena es otra". Pareciera apuntar a la escena como realidad psíquica y con su propia autonomía significante, no como reflejo directo de la realidad 'material' (como Freud la denominaba), en sentido convencional. **Precisamente, esta perspectiva se apoya en la certeza de que, al plantear la praxis teatral así,** "hay algo de descubrimiento", esto es, de posibilidad de significantizar lo real en vez de intentar "representar" una realidad supuestamente objetiva (realismo) externa al hecho teatral. Por eso agrega contundentemente: "quité toda cáscara de representatividad posible", como única forma para desnudar al actor y darle la posibilidad de "armar [su personaje] con verdad". A pesar de reservarse autoridad directorial sobre el proceso de montaje, Veronese, no obstante, **se refiere al rol del director en el sentido psicoanalítico que le hemos venido dando en este libro: en efecto, nos dice que** "Soy un espectador privilegiado, pero los que hacen el teatro son los actores. Les digo cómo lograr esa verdad, qué va a favorecer que el espectador esté prendido de principio a fin". Aparece así la cuestión de la demanda, tanto del lado del teatrista como del público. Se ve claramente aquí la cuestión del deseo, del manejo de la transferencia y la resistencia, como la hemos trabajado en este libro. Sin embargo, esta perspectiva se desvanece rápido, consumida por el Otro, por el fuego del Otro, como en Borges. Ese "estar prendido" funciona, sin embargo, un poco contradictoriamente con lo que luego va a sostener al final de la entrevista. Nos remite al viejo esquema freudiano relativo a la hipnosis que, como ya comentamos, no forma parte del encuadre analítico en la medida en que genera un encuadre autoritario del lado del analista y de dependencia del lado del paciente. De ahí que insista en esta perspectiva directorial tradicional cuando afirma: "Todo el tiempo le pregunto al actor por qué hace una cosa y *le explico* por qué no debería hacerla. Y si no puedo explicarlo o resolverlo, avanzamos con otra cosa" (énfasis mío). Aquí el actor se registra como una figuración onírica del director-demiurgo-mago: "**No ser un hombre, ser la proyección del sueño de otro hombre...**", escribe Borges. Como el personaje de Borges en el cuento de nuestro epígrafe, "El hombre les dictaba lecciones...", en su pretensión, vana o fallida, de que los rostros de su sueño, tan atentos a su supuesto saber, pudieran "ascender a individuos". Asimismo, frente al no-saber, aparece otra vez la rutina, la práctica: en vez de enfrentar ese vacío en el saber, se recurre a "avanzar con otra cosa". Por eso Veronese subraya que "Mi verdad tiene que ver con *intuiciones* en el hacer" (otra vez énfasis mío). La praxis teatral, como la venimos sosteniendo en este libro, no puede sostenerse en "intuiciones", palabra que ni siquiera Enrique Buenaventura en su charla a sus actores del TEC –incluso en el apogeo de la fenomelogía— se atrevió a decir.

Para Veronese, la escena parece resolverse a partir de una posición directorial muy ligada al discurso del Amo e incluso hasta la figura del superyó cuando le dice a sus actores: "Tenés que mantener la mirada allá, ponerte ahí, levantar la voz". Entramos, ahora, en un encuadre que, en cierta forma, hemos descrito en este libro como "perverso", en el cual el director oficia como jefe de ceremonias para satisfacer el discurso del Otro; así Veronese dice que "En definitiva, el director es alguien que elige cosas que se deben hacer y cosas que no"; es en ese momento de la entrevista en el que define la función del director como afinación de un instrumento, es decir, el director afina musicalmente al otro (con minúscula), es decir, el instrumento-actor; pero, como vimos, habría que cuestionar hasta qué punto el perverso no es más que un obediente, él mismo un instrumento del Otro: "Como si te dijera: soy un afinador y ellos son los instrumentos".

¿Quién pueda ser ese Otro? Veronese agrega inmediatamente a la cita anterior: "Y no sé de dónde sale eso tampoco. Se aprende". Tremenda circunstancia de desconocimiento del yo frente al deseo del Otro, al que no se cuestiona como haría un neurótico, particularmente un histérico, o como debería hacerlo un director según el discurso del Analista. Lo que se aprende es rutina, oficio, práctica, pero no praxis. La praxis teatral, como la hemos venido esbozando en este libro, no podría detenerse en esta aceptación obediente, sino que iría directamente a realizar un trabajo para historizar ese no-saber del inconsciente: ese mandato, ese "se aprende", no deja de tener relaciones con la obediencia debida, con la pasada dictadura, con los mandatos que todavía se filtran en artistas tan lúcidos como el mismo Daniel Veronese. No nos extraña que Veronese intente gambetar esta situación a partir de su deseo –que se remonta a la memoria de su trabajo como *restaurador* de muebles (énfasis mío): "Me gusta mucho encontrar estructuras que sean sólidas desde mi punto de vista, pero quiero aggiornarlas, volverlas más personales". Las obras "viejas" (Chéjov, Ibsen, etc.) son esos muebles viejos sobre los que Veronese define su concepto de creatividad; en efecto, dice que le atrae la idea de "desembalar, quedarme con la estructura que necesito y rellenarlo de otras cosas". Otra vez aparece la perspectiva analítica, porque ese desembalar apunta a provocar una falta, un vacío, un agujero ligado a su deseo "personal", que es lo que finalmente el público verá sobre la escena: aunque nos ha dicho antes que los actores son el teatro, lo que parece ahora reafirmarse es justamente lo contrario, esto es, el carácter ceremonial impuesto por la perspectiva perversa: la escena dada-a-ver, ese llenado del vacío, si de algo habla es de Veronese, habla de su deseo, no del de sus actores: estamos así ante la vieja y prestigiosa visión del estilo: el bovarismo de "la escena soy yo", vana ilusión del *moi*, como vimos en este libro. Por eso no nos ofrece Chéjov, sino lo que él denomina "la impronta", la suya como director, a la que responden sus *partenaires*, los actores. Sin embargo, como en la perversión, uno podría preguntarse hasta qué punto esa impronta del director, en posición, no de sujeto, sino de objeto (la fórmula lacaniana de la perversión es, como vimos, ($a \lozenge \$$), **precisamente** la inversa a la de la neurosis), es realmente la suya como sujeto. Y Veronese, él mismo, lo dice a continuación, esto es, reconoce a ese Otro, a trabajar para ese goce del Otro: "Puede ser una obra vieja pero que la conmoción que produzca sea actual". Otra vez la idea del inconsciente transindividual como soporte y certeza (el perverso tiene certeza, no tiene angustia) de la obediencia al Otro: satisfacer la demanda o, mejor, el mandato del Otro, ese Otro contemporáneo, el público que, finalmente, paga por ver.

De ahí que Veronese vaya descaminado cuando afirma que "Es algo que me permite siempre el teatro independiente y no el comercial". La posición directorial perversa, tal como la define aquí, no se diferencia a nivel de estructura de la impuesta por los productores teatrales en el teatro comercial. Y a pesar de esto, Veronese tiene la "buena intención" de su yo [*moi*], siempre cuestionable como efecto de la ética kantiana –no la hegeliana de las consecuencias [Miller]—, de situar su tarea para incomodar al público, para hacerlo trabajar por el sentido, lo cual no es lo mismo, como vimos en este libro, que aportar significantes para que dicho público trabaje su propia hegemonía respecto al discurso del Amo. Nos dice Veronese: "En este tipo de trabajos puedo tender al disenso, a que alguien se sienta incómodo. Siento que voy a presentar *un producto* que puede generar contradicciones en el público" (énfasis mío, teatro como mercancía). Su idea, supuestamente bien intencionada, quiere hacer algo positivo tal como generar el disenso, abrir una fisura para que el público enfrente sus contradicciones.: "Si en el teatro comercial hacés entrar en contradicción al público, la gente no va y la obra baja a las dos semanas. Estas experiencias son para un espectador que va a ser modificado". ¿Modificado por qué o por quién? ¿Por Veronese en posición de objeto? ¿Por la escena en posición de sujeto dividido? ¿Por el Otro de la tradición teatral?

Y la cuestión del público nos lleva a lo que hemos discutido en este libro sobre la función de la memoria, el rol del analista, la evitación del comprender rápidamente y de 'jugar el muerto' por medio de ausentarse, de promover durante el ensayo la función del olvido: "Me importa tanto el público que no pienso en él, trato de olvidármelo. Si no, no puedo ser genuino en mi teatro". Pase mágico del discurso de Veronese al campo psicoanalítico. Transcribamos el suculento cierre de la entrevista:

> Me importa tanto lo que piensen los espectadores que me alejo de todo. Quiero que mis obras gusten pero tampoco quiero que guste lo que me gusta a mí. Busco ir a espectáculos donde sienta que me están diciendo algo que no sabía, no que me expliquen algo. En esas obras exitosas la gente siente que es parte de una experiencia artística pero en definitiva está viendo un espectáculo en el que le están confirmando lo que ya sabían. Me gusta que me pongan en lugares que me modifiquen a mí como persona. Y eso no me pasa casi nunca en el teatro. Me ha pasado cinco, seis veces en la vida. Por eso trato de no ser condescendiente con lo que hago.

Vemos un rechazo a la posición dogmática y doctrinaria de la dramaturgia setentista, que intentaba 'concientizar' al público corriendo el velo de la ideología que encubría, según el marxismo, las causas de la explotación y los malestares del capitalismo. Sin embargo, Veronese no ha logrado desplazar(se) del discurso del Amo. Vemos, también, cómo el público aparece en la figura de ese gran Otro que se le impone a Veronese con su mandato superyoico; pues si el director argentino considerara a ese público en su demanda, no debería ir corriendo a satisfacerla. La posición perversa vacila por un instante cuando afirma que "tampoco quiero que guste lo que me gusta a mí", lo cual hace rotar su posición enunciativa: nos habla ya no como director sino como el otro sobre el que el perverso ejerce su ritual.

Habla ahora de él como público, como sujeto (histérico) que ahora demanda la novedad, la diferencia, ese enigma del sueño como dimensión del no-saber: demanda, pues, neurótica que no se condice con su práctica directorial perversa: "Me gusta que me pongan en lugares que me modifiquen a mí como persona". Sin embargo, la contradicción entre su posición como director y su posición como público no se resuelve, de ahí que, como lo testimonia el resto de la entrevista, lamentablemente Veronese es condescendiente con el Otro. Por eso, tal vez, como al demiurgo del cuento borgeano, le pase a Veronese que "Su victoria y su paz quedaran empañadas de hastío", porque en la estructura perversa del capitalismo siempre "Las ruinas del santuario del dios del fuego fueron destruidas por el fuego" y porque en este sistema se termina a la larga por confrontarse con la falta en el Otro: parafraseando a Borges, se podría afirmar para Veronese y para otros tantos directores actuales, que "con alivio, con humillación, con terror, comprenderán que ellos también eran una apariencia, que otro estaba soñándolos".

De la transferencia, de la posicion del director y del fin del ensayo

Introducción

Hemos afirmado en el primer capítulo, cuando hablamos del maestro Buenaventura, que éste no trabajó la cuestión de la transferencia ni sobre la posición del director/coordinador en el proceso de montaje. Será necesario que elaboremos estas cuestiones para la praxis teatral. Como sabemos, Freud va a trabajar la transferencia a lo largo de su vida y Lacan la retomó a lo largo de su enseñanza. La transferencia es sin duda una noción ligada muy estrechamente a la posición, rol o deseo del analista. Ya al comienzo de su *Seminario 1* Lacan nos dice:

> Gradualmente vemos aparecer nociones para comprender el modo de acción de la terapéutica analítica, la noción de resistencia y la función de la transferencia, el modo de acción e intervención en la transferencia, e incluso, hasta cierto punto, el papel esencial de la neurosis de transferencia. (20-21)

Ese arte del diálogo, como hemos comentado antes, no se establece entre dos sino entre tres: "la experiencia analítica debe formularse en una relación de tres, y no de dos" (*Seminario 1*, 25); es decir, entre elenco y coordinador/director, siempre hay un Otro (el registro simbólico, el lenguaje, el tesoro de la lengua, la tradición, etc.). No se trata, entonces, de una relación solo de tipo imaginario, una especie de espejo entre analista y analizante sobre el que juegan las identificaciones. Lacan tilda de "nefasta" (*Seminario 1*, 34) aquella práctica analítica que —considerando erróneamente una relación dual— intenta identificar al yo del analizante con el del analista, o la de fortalecer al yo del analizante a partir de categorías (éticas, culturales, políticas) sostenidas por el analista. Vale trasladar esto a nuestra praxis teatral: nefasta práctica la del director o maestro que promueve la identificación de su equipo con sus propias convicciones (estéticas o de cualquier otro tipo) o su propia forma de ser y hacer. Ya lo hemos comentado para la praxis teatral: no hay una relación como la sostenida por la *two bodies' psychology*, entre actor/director, escena/público, autor/teatristas. Siempre hay un tercero en juego que articula la posibilidad de historizar la singularidad del sujeto en análisis: esa historia "no es el pasado. La historia es el pasado historizado en el presente, historizado en el presente porque ha sido vivido en el pasado" (*Seminario 1*, 27). El psicoanálisis apunta a "la verdad del sujeto", verdad completamente singular, es decir, a eso que su yo desconoce, porque es inconsciente; justamente el psicoanálisis quiere "avanzar en la reconquista de la realidad auténtica del inconsciente por parte del sujeto" (*Seminario 1*, 39-44), tarea difícil por "la inaccesibilidad del inconsciente" y porque, obviamente, allí reside lo que el sujeto ha reprimido, aquello que lo aqueja y con lo que teme enfrentarse. Todo ensayo teatral no escapa a la historización de ese pasado en lo actual: sea idea o texto dramático sobre el que se construye una puesta en escena, siempre hay un malestar que se trata de afrontar para compartir ese imaginario frente a la comunidad. Incluso en la comedia más divertida y hasta más banal se puede detectar un malestar que, estando reprimido, solo accede a la conciencia en forma hilarante. Ya Freud había trabajado este aspecto en *El chiste y su relación con el inconsciente* (1905), libro al que la praxis teatral tendrá que aproximarse en futuras investigaciones.

Así, a pesar de la imposibilidad de querer realizar puestas en escena arqueológicas (algo que ya nadie intenta), lo cierto es que volvemos a esa dinámica entre deseo y demanda: hay que singularizar una puesta de *Hamlet*, lo cual difiere de imaginar una puesta ideal a la que habría que aproximarse lo más posible. Una puesta de la famosa obra shakesperiana que dé cuenta de verdadera creatividad solo es posible gracias a ese pasado historizado en el presente, en relación al contexto en que emerge el proyecto. No se trata de revivir el pasado, como lo plantean algunas técnicas actorales, sino de reconstruir un pasado desde la urgencia y determinación del presente; un pasado, pues, siempre transformable, en cierto modo ficcionado, siempre abierto a nuevas interpretaciones, Más que de recordar, nos dice Lacan, se trata de "reescribir la historia" (*Seminario 1*, 29).

En este libro hemos trabajado el tema de la resistencia, como lo que interrumpe el trabajo analítico, pero sobre todo, como lo planteó Lacan, en cuanto involucra la resistencia del analista. Corresponde ahora comentar algunos aspectos —aunque no todos, el tema es arduo y complejo— en relación a la transferencia, tan importante en el análisis y, por ende, en la praxis teatral. Aunque Freud usó el término 'transferencia', como vimos en *La interpretación de los sueños*, para referirse al desplazamiento de afecto de un significante a otro, de una idea del sueño a otra, nosotros vamos a atenernos en primer lugar al ensayo de Freud de 1912 titulado "Sobre la dinámica de la transferencia" (XII, 97-105, todas las citas sin paginación corresponden a ese ensayo), en el que la noción ya toma otra dimensión teórico-técnica. Nos importa este breve ensayo porque contiene una serie de ideas que pueden ser homologadas total o parcialmente a la praxis teatral y porque, como Freud lo puntúa al final, involucra al actuar (*agieren*) ciertas pasiones "sin atender a la situación objetiva". Esto es, el analizante actúa ciertas pasiones en un momento de su tratamiento sobre la figura del analista, aunque dichas pasiones remitan a otras personas y circunstancias de la vida del sujeto, pero que permanecen inconscientes, reprimidas. Similarmente, al actor puede ocurrirle algo semejante, lo cual obstaculiza su verdadera creatividad sobre el mismo; al director, por cierto, le puede suceder lo mismo frente al texto que está montando. La transferencia es, en su base, una *escena*, de modo que no podemos evadirla en la praxis teatral.[64] Freud nos advierte que la transferencia también opera en la vida cotidiana, aunque obviamente toma otra dinámica en los neuróticos durante el encuadre del tratamiento. Empieza contextualizando la cuestión de la transferencia al puntualizar dos aspectos: la vida amorosa y la cuestión de la libido:

> todo ser humano, por efecto conjugado de sus disposiciones innatas y de los influjos que recibe en su infancia, adquiere una especificidad determinada para el ejercicio de su vida amorosa, o sea, para las condiciones de amor que establecerá y las pulsiones que satisfará, así como para las metas que habrá de fijarse. Esto da por resultado, digamos así, un clisé (o también varios) que se repite —es reimpreso— de manera regular en la trayectoria de la vida, en la medida en que lo consientan las circunstancias exteriores y la naturaleza de los objetos de amor asequibles, aunque no se mantiene del todo inmutable frente a impresiones recientes.

Nos hemos ya referido a esto como la serie metonímica de objetos sobre los que va deslizándose, a lo largo de la vida del sujeto, su deseo, causada por ese afán de recuperar el objeto perdido, objeto *a* del álgebra lacaniana, perdido para siempre, y que solo puede ser asequible vía objetos

---

[64] La psicoanalista y actriz Gabriela Abad ha desarrollado *in extenso* la relación entre escena y transferencia en su libro *Escena y escenarios en la transferencia*, con desarrollos que, apuntando a la clínica, no dejan de referirse al teatro.

sustitutos que, por alguna razón (algunos clisés), le sugieren la posibilidad de recuperar una satisfacción original completamente remota y fuera de alcance. De alguna manera, volvemos a tener aquí la transferencia como un desplazamiento de afectos. Más tarde Lacan negará esta cuestión del afecto en relación a la transferencia: aunque haya emociones involucradas, lo que importa es la relación intersubjetiva y dialéctica entre analizante y analista.

Transferencia e intersubjetividad

. "Nunca dijimos –dice Lacan en el *Seminario 1*— que el analista jamás debe experimentar sentimientos frente a su paciente. Pero debe saber, no sólo no ceder a ellos, ponerlos en su lugar, sino usarlos adecuadamente en su técnica" (57). Notemos de paso, una vez más, que sutilmente empezamos a entrar en la dimensión de la vida infantil y de la memoria. Algunas de estas mociones han logrado desarrollarse e incorporarse a la vida consciente y conectarse con la realidad objetiva, con la realidad y la vida cotidiana. Sin embargo,

> Otra parte de esas mociones libidinosas ha sido demorada en el desarrollo, está apartada de la personalidad conciente así como de la realidad objetiva, y sólo tuvo permitido desplegarse en la fantasía o bien ha permanecido por entero en lo inconciente, siendo entonces no consabida para la conciencia de la personalidad.

Es, pues, esa parte alojada en lo inconfesable de la fantasía o en lo reprimido la que nos importa en el ensayo teatral. En la mayoría de los casos, las representaciones-expectativas libidinosas de un sujeto tienden a confluir frente a una determinada persona, esto es, frente a un objeto; Lacan va a partir de la intersubjetividad, pero ya avanzada su enseñanza nos va aclarando que no se trata de una relación de sujeto a sujeto, pues el semejante funciona como un objeto, incluso "menos que un objeto" (*Seminario 4* 373); la intersubjetividad se da entre el yo y el otro del registro imaginario especular, mediada por la instancia del Otro simbólico que, como sabemos, se encarna en el analista como soporte de la transferencia. Esta transferencia, como veremos, puede ser positiva, con sentimientos tiernos y hasta eróticos frente al analista, o bien negativa, con diversos grados de animosidad y agresividad hacia el analista en esa posición de un Otro al que se le demanda saber la causa del malestar que aqueja al paciente. Hay, como sabemos, una lógica de la vida amorosa –observable en la serie de objetos investidos libidinalmente por el analizante— que hace que no todos los objetos del mundo sean factibles de atraer esas representaciones-expectativas libidinosas. Para un Don Juan, obviamente, pareciera que *todas/todos* valen (proposición universal); para el amor cortés, en cambio, *solo Una* atrae su deseo (proposición particular); finalmente hay sujetos para los que *algunas/algunos* valen (proposición general). Durante el tratamiento, dice Freud, es factible que estas investiduras libidinales, insatisfechas, se vuelvan, se transfieran hacia la figura del analista. Sin embargo, estas investiduras responden a modelos ya activos e inconscientes en la vida del analizante, y nada tienen que ver con la figura en sí del analista quien, no obstante, ahora queda insertado en la serie metonímica de los objetos en la historia del analizante en lo que se conoce como "amor de transferencia", no tanto como enamoramiento sino, tal como lo plantea Lacan, amor al saber, saber sobre la causa del deseo fundamentalmente. Continúa Freud:

> esa investidura se atendrá a modelos, se anudará a uno de los clisés preexistentes en la persona en cuestión o, como también podemos decirlo, insertará al médico en una de las «series» psíquicas que el paciente ha formado hasta ese momento.

Esos modelos reproducen usualmente las imagos paterna, materna o fraternal. Digamos que el malestar de su síntoma se anuda a esas imagos, pero el yo del analizante lo desconoce, aunque dicho anudamiento dispare su compulsión a la repetición, lo cual nos retorna al registro simbólico, para detectar los significantes involucrados en la historia del sujeto. En ese anudamiento también se involucra un goce, el goce del Otro, al que está *alienado*, y que tendrá que hacer consciente si quiere *separarse* de ese Otro y alcanzar la singularidad de su propio modo de goce. Ahora bien, el analizante, al transferir sobre la figura del analista esas mociones, y al operar la resistencia que le impide, digamos, verbalizarlas en función de la asociación libre, solo puede *actuarlas* frente a la figura de su analista. La transferencia que, como dijimos, también se realiza en la vida cotidiana y con rasgos de tipo saludable, toma sin embargo durante el tratamiento el carácter de resistencia: *"la más fuerte resistencia* al tratamiento" (subrayado de Freud).

La manifestación que da la pauta sobre el surgimiento de la transferencia es justamente la interrupción de la asociación libre en el discurso del analizante, un repentino silencio; es entonces factible suponer que algo de los contenidos inconscientes reprimidos se ha anudado a la figura del analista. La libido ha realizado una introversión o regresión con la consecuencia de reanimar las imagos infantiles. No es sorprendente, pues, que el tratamiento comience a configurarse como un campo de tensiones, como una batalla, en tanto y en cuanto el analista comienza a intervenir en dilucidar los procesos de represión subyacentes a esas resistencias:

> El análisis tiene que librar combate con las resistencias de ambas fuentes [externa, de la realidad, e internas, inconscientes]. La resistencia acompaña todos los pasos del tratamiento; cada ocurrencia singular, cada acto del paciente, tiene que tomar en cuenta la resistencia, se constituye como un compromiso entre las fuerzas cuya meta es la salud y aquellas, ya mencionadas, que las contrarían.

Corresponde al endurecimiento de la resistencia el surgimiento de la transferencia sobre la figura del analista: interrupción de las ocurrencias, silencio, olvido del pacto de comunicar todo lo que se cruce por su pensamiento. Resulta útil, asimismo, observar esto en el ensayo durante el trabajo con las improvisaciones o con alguna escena o personaje en particular. Y poco vale aquí el contrato previo al inicio del tratamiento o del ensayo por el cual el analizante o el elenco admiten decir todo lo que pase por su cabeza. Ahora, cuando algo del deseo inconfesable se incentiva durante el tratamiento, aparece la resistencia y, con ella, la transferencia: Freud habla de "resistencias transferenciales" y luego —como ya anticipamos— pasa a hablarnos de transferencia positiva y negativa, usualmente de rasgos ambivalentes de amor y odio que, una vez más, remiten a la vida sexual infantil, aunque en el presente esa dimensión erótica no manifieste las apetencias sexuales originarias.

> En el origen sólo tuvimos noticia de objetos sexuales; y el psicoanálisis nos muestra que las personas de nuestra realidad objetiva meramente estimadas o admiradas pueden seguir siendo objetos sexuales para lo inconciente en nosotros.

Transferencia y compulsión a la repetición

Freud retoma la cuestión de la transferencia a partir de la "desfiguración transferencial", es decir, tal como la hemos visto en el trabajo del sueño:

> En la pesquisa de la libido extraviada de lo conciente, uno ha penetrado en el ámbito de lo inconciente. Y las reacciones que uno obtiene hacen salir a la luz muchos caracteres de los procesos inconcientes, tal como de ellos tenemos noticia por el estudio de los sueños. Las mociones inconcientes no quieren ser recordadas, como la cura lo desea, sino que aspiran a reproducirse en consonancia con la atemporalidad y la capacidad de alucinación de lo inconciente. Al igual que en el sueño, el enfermo atribuye condición presente y realidad objetiva a los resultados del despertar de sus mociones inconcientes; quiere actuar {*agieren*} sus pasiones sin atender a la situación objetiva {*real*}.

A partir de la instalación de la transferencia comienza una lucha "entre médico y paciente, entre intelecto y vida pulsional, entre discernir y querer «actuar»", y surgen múltiples dificultades. Sin embargo, Freud concluye diciendo que

> Es innegable que domeñar los fenómenos de la trasferencia depara al psicoanalista las mayores dificultades, pero no se debe olvidar que justamente ellos nos brindan el inapreciable servicio de volver actuales y manifiestas las mociones de amor escondidas y olvidadas de los pacientes; pues, en definitiva, nadie puede ser ajusticiado *in absentia* o *in effigie*.

En un ensayo titulado "Recordar, repetir y reelaborar" (1914), Freud enlazará la cuestión de la transferencia con la resistencia y la compulsión a repetir, y esto involucra el actuar:

> Por supuesto que lo que más nos interesa es la relación de esta compulsión de repetir con la trasferencia

y la resistencia. Pronto advertimos que la trasferencia misma es sólo una pieza de repetición, y la repetición es la trasferencia del pasado olvidado; pero no sólo sobre el médico: también sobre todos los otros ámbitos de la situación presente. Por eso tenemos que estar preparados para que el analizado se entregue a la compulsión de repetir, que le sustituye ahora al impulso de recordar, no sólo en la relación personal con el médico, sino en todas las otras actividades y vínculos simultáneos de su vida —p. ej., si durante la cura elige un objeto de amor, toma a su cargo una tarea, inicia una empresa—. Tampoco es difícil discernir la participación de la resistencia. Mientras mayor sea esta, tanto más será sustituido el recordar por el actuar (repetir). (XII, 152-153)

Como vemos, la transferencia supone una circunstancia que, para nosotros teatristas, es valiosa en la medida en que puede explicar por qué una escena no coagula, por qué una improvisación no progresa, por qué se detiene la asociación libre durante el ensayo. Si la praxis teatral está dirigida a realizar espectáculos que apunten a lo Real y no a la realidad, al malestar en la cultura como producto de mociones reprimidas, entonces resulta muy relevante estar atentos a este anudamiento entre transferencia, resistencia y repetición durante los ensayos. Freud se interroga y lo mismo hacemos nosotros los teatristas:

¿Qué repite o actúa, en verdad? He aquí la respuesta: Repite todo cuanto desde las fuentes de su reprimido ya se ha abierto paso hasta su ser manifiesto: sus inhibiciones y actitudes inviables, sus rasgos patológicos de carácter. Y, además, durante el tratamiento repite todos sus síntomas. (XII, 153)

Nos importa al respecto el hecho de que eso que actúa no es vivido como recuerdo de algo pasado, sino como "un poder actual", y la tarea del analista/teatrista consiste entonces en recuperar esa dimensión histórica (del síntoma) a partir justamente de lo actuado. El trabajo durante el ensayo se vislumbra así como un sacar al elenco de la zona de confort en la que está instalado, a pesar del malestar que lo aqueja; al mantenerse en esa zona de confort, esquiva entrar en una zona de riesgo en la que podría vislumbrarse otro modo de goce, ya no como goce del Otro. Es interesante lo que Freud apunta, particularmente si pensamos en tantos espectáculos latinoamericanos que se diseñan en torno a la memoria de genocidios y dictaduras atroces. Incluso algunos directores entrevistados por mí han manifestado esa incomodidad de haber sobrevivido a las desapariciones y de asumir cierto nivel involuntario de complicidad civil con la represión de Estado. Nos dice Freud respecto de la enfermedad del analizante o, para nosotros, del malestar en la cultura que dispara la intención artística del teatrista:

> Por lo común se ha conformado con lamentarse de ella, despreciarla como algo sin sentido, menospreciarla en su valor, pero en lo demás ha prolongado frente a sus exteriorizaciones la conducta represora, la política del avestruz, que practicó contra los orígenes de ella. (XII, 154)

El objetivo principal en el trabajo con la transferencia es intentar evadir la compulsión a la repetición que, a nivel personal y más aún artístico, es condición para abordar el trabajo en forma creativa y novedosa. No corresponde al director/coordinador comunicar la resistencia que pueda estar detectando; resulta productivo dejar que el elenco la *re-elabore* por sí mismo (XII, 157).

Amor de transferencia

Lo mismo puede decirse del manejo del amor de transferencia. Ese tipo de idolatría que a veces vemos en las clases de actuación alrededor de un maestro o frente a un director de prestigio durante los ensayos, es bastante engañoso, pero no menos "genuino" que el enamoramiento normal. Como lo plantea Freud en su ensayo "Puntualizaciones sobre el amor de transferencia" (1915), el amor de transferencia:

> se singulariza por algunos rasgos que le aseguran una particular posición: 1) es provocado por la situación analítica; 2) es empujado hacia arriba por la resistencia que gobierna a esta situación, y 3) carece en alto grado del miramiento por la realidad objetiva, es menos prudente, menos cuidadoso de sus consecuencias, más ciego en la apreciación de

la persona amada de lo que querríamos concederle a un enamoramiento normal. (XII, 171-172)

Sin duda, este amor de transferencia ya está instalado, muchas veces, antes de iniciarse el taller de formación actoral o los ensayos, debido al prestigio del maestro o director en el contexto en el que se desempeña o por influencia de los medios de comunicación. No debería el director o maestro creerse realmente merecedor o provocador por sí mismo de dicho amor, en la medida en que ese enamoramiento es inherente al encuadre de su praxis teatral; menos todavía debería sacar ventaja o aprovecharse de ello (algo que, desafortunadamente, ocurre con más frecuencia de lo que somos capaces de reconocer). "Motivos éticos —escribe Freud— se suman a los técnicos para que el médico se abstenga de consentir el amor de la enferma" (XII, 172).[66] De ahí que no sea técnicamente recomendable ceder como teatrista a la demanda del actor, del productor o del público. Sí, en cambio, debería aprovecharlo para trabajar la resistencia en función de permitir hacer consciente lo reprimido, recordarlo como historización.

Todo director/coordinador debe entonces estar alerta sobre el amor de transferencia, porque es la vía para lidiar con las resistencias y orientarse hacia la emergencia de lo reprimido, para ponerlo a disposición del sujeto. Es decir, debe llevar al elenco no hacia una zona confortable signada por el engañoso enamoramiento (con el director, la obra, el personaje, el proyecto, etc.), sino llevarlo a esa dimensión dolorosa cuya causa se desconoce y hasta parece carecer de sentido. Como lo planteaban a su manera Eduardo Pavlovsky y otros directores, hay que partir de ese "coágulo" insensato que duele, es decir, de afrontar la enfermedad y no esquivarla, esto es, hundirse durante los ensayos en ese goce y en ese Real sinsentido, goce del Otro, tratando —en palabras de Freud—de no "regodearse en los síntomas patológicos" (XII, 154). No se puede operar así en todos los grupos ni en todos los casos. Espectáculos que asumen zonas de alto riesgo solo son realizables en la medida en que el grupo se conoce y hay una confianza asegurada por un tiempo de trabajar juntos. No es necesario decir

---

[66] Es curioso que Freud solo ponga ejemplos de amor de transferencia en la relación analizante-mujer y analista-varón. Pero los teatristas sabemos que el amor de transferencia se instala de igual manera en otras combinaciones, generando otro tipo de conflictos.

que, cuando se asume entrar en esa zona riesgosa, los conflictos y las resistencias a causa de lo reprimido se agravan.

Indudablemente, esto nos remite directamente a contenidos inconscientes en los que se juega la relación entre coordinador/director y actores o artistas del equipo, entre actor y personaje. Freud nos advierte, en un breve ensayo titulado "El uso de la interpretación de los sueños en psicoanálisis" (1911), de no quedarnos estancados en la interpretación de un sueño y dar prioridad a lo que surge en la sesión como producto del discurso del paciente y de la asociación libre, prestando mayor atención a la resistencia que a completar la interpretación de un sueño del analizante (XII, 87-92). En términos de la praxis teatral, digamos que hay que prestar mayor atención —como bien lo planteaba Buenaventura— a los detalles o escorias que surgen durante las improvisaciones y no quedar capturados por el texto o los conflictos expuestos en la escena. Tampoco es productivo estancarse en una escena hasta interpretarla por completo, en primer lugar, porque como vimos, la interpretación es un proceso abierto y, en segundo lugar, porque hay que seguir prestando atención a lo que surge cada día en el ensayo.

Asimismo, Freud aconseja evitar una "actitud íntima" entre analizante y analista, ya que puede complicar la transferencia: "También la solución de la trasferencia, una de las principales tareas de la cura, es dificultada por la actitud íntima del médico" (XII, 11&).[67] En este sentido, los teatristas tendríamos que plantearnos el funcionamiento de la empatía y las identificaciones que ocurren a nivel grupal, usualmente mediados por afectos y

---

[67] En mi Workshop, en tanto es una clase, puedo mantener este consejo freudiano, en la medida en que, una vez terminada la primera parte de la clase con el entrenamiento corporal, se pasa a las improvisaciones y, salvo alguna indicación organizacional o administrativa, guardo silencio y al finalizar me retiro del salón. Como lo he planteado en alguna parte de este libro, tampoco hago reuniones para discutir el "sentido" o "contenido" del espectáculo antes del estreno y les solicito no hablar del trabajo que hacemos con profesores, parientes o amigos (XII, 119). Freud desaconseja apelar a la reflexión intelectual o erudita del analizante sobre su caso; igualmente, trato de que eso no ocurra en los ensayos (XII, 118-119), negándome a proveer bibliografía o a que ellos la traigan al ensayo. La discusión se realiza una vez terminadas las dos funciones programadas para el semestre. Allí, cena de por medio, podemos conversar e intimar. Me figuro que este consejo freudiano es más difícil de sostener en el trabajo de grupos teatrales con miembros que tienen lazos de amistad o profesionales de largo tiempo. En todo caso, en esas circunstancias, convendría salir a tomar café y evitar todo tipo de conversación sobre lo ocurrido durante el ensayo y sobre el proyecto que quiere llevarse a cabo.

filiaciones de todo tipo (de clase, de edad, de raza, de convicciones, etc.). En todo momento, conviene evitar que esos lazos se sostengan en la sugestión de unos sobre otros o en algún afán pedagógico, y contaminen el proceso creador. "La ambición pedagógica –escribe Freud— es tan inadecuada como la terapéutica" (XII, 118), en nuestra praxis, podemos traducir: "La ambición pedagógica es tan inadecuada como la teatral". Resistencia y transferencia deben estar en primer plano, incluso por sobre lo producido en las improvisaciones. Como dijimos ya varias veces, no hay que dedicar demasiados ensayos a trabajar sobre una misma improvisación, particularmente sobre la situación o conflicto que presente; mucho mejor es solo improvisar sobre detalles, tal como Freud lo aconseja para analizar el sueño.

Transferencia y ensayo teatral

Desde que comencé a trabajar en construir este campo disciplinario que he bautizado como *praxis teatral*, la transferencia fue un tema que no ha dejado de preocuparme. Lo prueban varias publicaciones en las que he ido calibrando su incidencia durante los ensayos teatrales. En el año 2006 presenté una ponencia al XV Congreso Internacional de Teatro Iberoamericano y Argentino, realizado en el Teatro Cervantes, Buenos Aires, en agosto de ese año, bajo el título de "Notas sobre el ensayo teatral: El concepto de transferencia y el deseo del director". Dicha ponencia fue luego reelaborada y publicada en la revista *Ateatro*, con el título de "Notas sobre el ensayo teatral: El concepto de transferencia y el deseo del director". A medida que ciertos aspectos de los ensayos en mi Workshop lo iban demandando, la cuestión de la transferencia siguió llamando mi atención y convocando mi interés en profundizarla y conceptualizarla mejor. De ahí que tuviera que abordar algunos seminarios de Lacan en los que la transferencia va asumiendo nuevos ajustes conceptuales en el campo del psicoanálisis. Los seminarios 1, 3, 8 (este último dedicado a la transferencia) y luego el 11, donde la transferencia es instalada como uno de los cuatro conceptos fundamentales del psicoanálisis (junto a inconsciente, pulsión y repetición), empezaron a expandir la lista de mis preguntas en el campo de la praxis teatral. A partir de estas lecturas pude escribir un largo ensayo titulado "Aproximación psicoanalítica al ensayo teatral: algunas notas preliminares al concepto de 'transferencia'", publicado en *Aisthesis* Revista Chilena de Investigaciones Estéticas, incluido en este libro. Me propongo a continuación retomar algunas ideas, incluso algunas de esas 'notas', habida cuenta de la insistencia de algunas preguntas (no todas contestables por el momento) que me he formulado a partir de mi trabajo en el Workshop y con algunos estudiantes de actuación en algunas universidades.[68]

Lo primero que importa decir es que la transferencia, como resultado de la resistencia, podemos plantearla en la praxis teatral en varios niveles. En efecto, si en el psicoanálisis podemos hablar de la relación entre el analizante y su analista, en la praxis teatral tenemos que multiplicar esta dupla: en primer término, la relación entre actores y artistas audiovisuales con el director/coordinador; en segundo lugar, la del actor y el personaje; también, en tercer lugar, la del elenco con el autor o el texto sobre el que se trabaja. Podríamos agregar a esta lista la relación de los actores entre sí y hasta la del grupo con el productor, para el caso de que estas instancias estén sectorizadas y diferenciadas. Por comodidad expositiva, me volveré a centrar en la relación entre elenco y director/coordinador, haciendo una vez más jugar en lo posible, a veces salvajemente, la homología con analizante y analista, respectivamente.

Todo teatrista sabe los afectos que se ponen en juego durante los ensayos de un espectáculo: momentos de angustia, ambivalencia amor-odio entre los integrantes del grupo, falsas o ilusorias certezas de éxito, frustraciones varias sobre el proceso de puesta en escena, etc. Aunque el ensayo parta, como el análisis, de un pacto de permitirse decir todo aquello que pasa por nuestra cabeza y que no solemos permitirnos en la vida cotidiana, sea por la instalación de la asociación libre u otra técnica similar que permite relajar las presiones de la censura o de las inhibiciones, lo cierto es que ese pacto no se

---

[68] En esos ensayos publicados hay múltiples referencias al Sistema de Stanislavski, porque en ese momento estaba trabajando intensamente sobre sus libros y porque dicho Sistema es impartido en casi todas las instituciones de formación teatral. No voy a reproducir en este libro mis comentarios sobre el Sistema y mi lectura freudo-lacaniana del mismo, y particularmente respecto de la transferencia; tampoco voy a comentar cómo estos aspectos, no siempre formulados teóricamente, emergen a partir de lo que se dio en llamar "dramaturgia de actor". En esos ensayos hago énfasis en la praxis teatral de Eduardo Pavlovsky, de Ricardo Bartís y otros directores latinoamericanos que pude entrevistar para mi proyecto *Arte y oficio del director teatral en América Latina* y que, explícita o implícitamente, se han visto confrontados a cuestiones ligadas al psicoanálisis. Es en esta dramaturgia de actor, muy diferente de la creación colectiva de los setenta, en la que surgen problemáticas muy específicas respecto de los conceptos psicoanalíticos, y en especial de la posición del director/coordinador y el manejo de la transferencia.

mantiene todo el tiempo activo; surgen, como lo vimos antes en Freud, momentos de olvido del pacto, en los que alguna resistencia comienza a incrementarse al punto de que una moción (ligada a lo infantil o al contexto inmediato del elenco), quiere hacerse consciente y solo puede hacerlo a través de la transferencia. Dicha transferencia es, fundamentalmente, una escena en la que el actor transfiere aspectos reprimidos no verbalizables sobre la figura del coordinador (o el autor del texto, o el personaje, etc.). Recordemos que al hacer esto, cedemos a la repetición y, por ende, queda muy limitado el espacio para la creatividad. Una vez más, la famosa memoria emotiva muestra su inadecuación para abordar creativamente lo Real. Lo relevante en esta escena transferencial es que tanto el actor como el coordinador se nos muestran enmascarados. El actor actúa a partir de una máscara de la que no es consciente (hijo/a, hermana/o, esposo/a), y el coordinador soporta las máscaras que el actor le transfiere, fuera de su conocimiento consciente (padre, madre, hermano, cónyuge). Se producen, entonces, tensiones de todo tipo, y los conflictos no dejan de obstaculizar el trabajo; sin embargo, como lo ha planteado Freud, en estos momentos en que se traba el proceso (la escena no progresa, hay dispersión de opiniones, hay relaciones tensas en el elenco, disminuye la creatividad), lo positivo es que la transferencia nos da la pauta de que estamos realmente tocando algo reprimido, algo a nivel inconsciente y, por esa vía, como ocurre con todo lo fallido en psicoanálisis, tenemos certeza de estar cerca de aquello que nos interesa: lo real, el goce, el malestar que subyace al proyecto en general, que llevó a trabajar sobre tal o cual tema o texto.

Transferencia, ágalma y sujeto supuesto saber

Vamos a enfocarnos ahora en otra etapa de la enseñanza lacaniana, particularmente el *Seminario* 8 *La transferencia*, porque allí se dirime algo importante para nuestra praxis teatral. En ese seminario Lacan va a leer el diálogo *El banquete*, de Platón, y lo hará a la manera de un director de escena. Como se sabe, se van a exponer en ese diálogo unas teorías del amor, entre las que conviene mencionar la de Aristófanes, que propone un mito según el cual, en el origen éramos uno, fuimos divididos y por eso en el amor buscamos nuestra otra mitad, lo que popularmente conocemos como "la media naranja". La idea allí es que el amor es "dos que son Uno". Buscamos, pues, esa otra mitad que nos completaría y totalizaría. Sin embargo, sabemos que eso jamás ocurre. De ahí que Lacan planteará esa frase que tanto dio que hablar: no hay relación sexual, es decir, no hay proporción sexual, no hay completamiento; siempre nos falta algo, por eso el amor es dar lo que no se tiene. No sabemos sobre nuestro deseo ni tampoco sobre el deseo del otro, así que nos es difícil acertar en darle lo que desea. No nos queda más que *inventar* constantemente, inventarle al otro ese objeto que no tenemos y suponemos que es el de su deseo. Es una tarea que desafía nuestra imaginación, todo un arte, *ars amandi*.

En la lectura de *El banquete*, Lacan se interesa más por la relación entre el joven y bello Alcibíades, que irrumpe con unas copas de más, y el viejo Sócrates, del cual está enamorado. Sócrates se niega a ceder a la demanda de Alcibíades, por eso Lacan dice que Sócrates es el primer analista de la historia. Lacan introducirá un término griego, *ágalma*, para referirse a ese objeto precioso –agalmático, imaginario que supuestamente estaría escondido en el cuerpo de Sócrates, como un objeto al que Alcibíades está anudado, del que se siente capturado. Para Alcibíades, como analizante, el objeto de su deseo estaría en el analista, en Sócrates. Como vimos, Lacan va a negar la transferencia como una relación imaginaria intersubjetiva entenida como dual entre dos sujetos. Recordemos que Lacan instala la intersubjetividad, no entre dos sujetos (el otro sujeto es siempre un objeto), sino entre el yo y el otro del registro especular, con la ambivalencia que eso supone. El analizante, como el actor durante los ensayos, va a situar erróneamente al analista/director como ese otro especualar al que cree dueño de un saber (sobre la obra, sobre el elenco, sobre el texto, sobre el proyecto) y lo pondrá en el lugar del Otro, que debería satisfacer su demanda de saber, contestar sus preguntas, justificar sus decisiones. Es en este momento en que se dispara la transferencia imaginaria positiva o negativa. Por eso Lacan dará un paso adelante: el analista/director no puede asumir que tiene ese saber. El sentido del sujeto para consigo mismo, decía Lacan ya desde el *Seminario 1*, "no debe serle revelado, debe ser asumido por él mismo" (53-54). Una vez más, debe dar la palabra al analizante y guardar silencio. Cada ensayo es como el primero, no se sabe nada; a la pasión de ignorancia del actor,[69] el analista responde con el

---

[69] "Desconocimiento –dice Lacan en el *Seminario 1*— no es ignorancia" (249). El analizante llega a consulta en función del desconocimiento de la causa de su malestar; pero la ignorancia es un efecto del tratamiento. En efecto, "el yo no sabe nada acerca de los deseos del sujeto" (*Seminario 1* 249). La ignorancia surge cuando el analizante se compromete en la búsqueda de la verdad, y esto es lo que ocurre también en un ensayo teatral. "En el análisis, desde el momento en que comprometemos al sujeto, implícitamente, en una búsqueda de la verdad, comenzamos a constituir su ignorancia" (ídem 249). Por eso la ignorancia se instala "en la unión

silencio y la interpretación (cuando corresponde, sin apresurarse a conjeturar lo que no sabe), no cede a la demanda del saber; si va a emerger un saber, tiene que surgir del actor mismo: fundamentalmente, tendrá que admitir el deseo como una falta, cuyo objeto-causa está definitivamente perdido.

De ahí que Lacan introduzca la idea del Sujeto supuesto Saber (SsS), según la cual habría un saber en el Otro, que no estaría a disposición del sujeto y que, por tal razón, éste *demanda*, demanda a dicho Otro saber sobre aquello que lo aqueja. Así, el analista/director se ofrece a encarnar por un tiempo ese SsS, a recibir esas figuras o imagos que el analizante/actor le endilga transferencialmente. Vemos, pues, cómo la resistencia y la transferencia devienen tan importantes en este proceso, porque es de ese modo que se va a acceder a lo reprimido.

El deseo del analista juega aquí un rol importante, puesto que si hay una resistencia, es la de él; el analista se resiste a no ostentar un saber sobre el deseo del analizante, no debe ni siquiera imaginar que sabe algo sobre el deseo del analizante/actor. Sin ese Otro, no hay manera de articular la demanda y, consecuentemente, no habría forma de acceder a lo reprimido. Es incluso por esta misma razón que Lacan rechaza la idea de que el fin del análisis supone la cancelación de la transferencia. La única transferencia que debería concluir es la relativa al tratamiento, porque la transferencia ocurre, como dijimos, es algo necesario en la vida cotidiana porque, como articuladora de la demanda, es básica para la relación del sujeto con sus semejantes. En el *Seminario 11*, Lacan se pregunta sobre cuál es el deseo puesto en juego en el tratamiento y en la transferencia:

> ¿Cuál es el deseo? ¿Creen que con él designo la instancia de la transferencia? Sí y no. Verán que el asunto es un poco más complicado cuando les diga que el deseo en cuestión es el deseo del analista. (163)

Y justamente porque lo que está en juego aquí es el deseo del analista, es que éste no debe ceder a esa demanda, no debe ni siquiera suponer que él

---

entre lo real y lo simbólico" (*Seminario 1* 394), porque el análisis consiste en ponerle palabra (verbal o gestual) a ese real desconocido, no significantizado, que el analizante además no quiere ni puede reconocer por sí mismo, sino por intervención del analista. Del lado del analista, tenemos "una *ignorancia docta*, que no quiere decir sabia, sino formal y que puede ser formadora para el sujeto" (*Seminario 1* 404).

realmente tiene la clave sobre el objeto del deseo del analizante; no debe interpretar ni puntualizar el discurso del analista/actor interpretando la transferencia y menos aún hacer esto desde una actitud de señalar, desde su propia perspectiva, lo que es correcto o incorrecto. Nadie puede legislar lo que sea el bien para un sujeto. Aunque en psicoanálisis se habla de la contratransfencia, cuando el tratamiento genera afectos y reacciones en el analista, Lacan la deslegitimó; lo conveniente es, en todo caso, que el analista haga su propio análisis para saber cómo manejar la transferencia sin inmiscuirse con sus propias ideas. Como lo planteará Lacan más adelante, el analista solo hace *semblante* del objeto *a*, causa del deseo del sujeto; es tarea del sujeto llegar a disolver ese SsS y acceder a su objeto de deseo, esto es, a su falta. Por eso Lacan dirá que el analista es el desecho del tratamiento, esa nada como objeto *a* causa del deseo del analizante; una vez que el analizante ha accedido a ese saber y a su modo de goce, el analista ya queda completamente al margen. Lo que el sujeto haga con ese saber, ya es cuestión de él, de saber arreglárselas con lo que Lacan denominó el sinthome.

No le escapa al último Lacan que el análisis se instale como un modo de gozar: el teatrista goza del ensayo; eso está atestiguado en múltiples entrevistas y biografías. El ensayo es, para el teatrista, un nuevo modo de gozar, gozar de su inconsciente mediante la asociación libre y la transferencia. Al posicionarse el director como SsS, al ofrecerse para la transferencia de imagos de todo tipo, positiva o negativa, al negarse a satisfacer la demanda de saber del elenco, se instala como soporte del goce del sujeto para que éste pueda acceder a su *falta en ser*, constitutiva y estructural. Por ello es aquí crucial la forma en que el director tiene que mantener en todo momento una posición ética, no sólo frente al elenco, sino fundamentalmente frente a su propio deseo. En ese sentido, un proceso de puesta en escena debe en todo momento barajar y no perder de vista ni lo imaginario, ni lo simbólico ni tampoco la dimensión de lo Real, si quiere admitir una posibilidad de creatividad efectiva, esto es, hacerse cargo de su modo singular de goce y, por esa vía, en lo posible, estar advertido de la compulsión a la repetición que siempre amenaza con registrarse, anulando el surgimiento de la novedad.

Fin del análisis/ensayo y rol del analista/director

Estas nociones, a su vez, se ligan con otro aspecto muy debatido: el final de un análisis. Y esta cuestión nos compete a los teatristas porque el fin de un ensayo teatral no es nunca algo completamente esclarecido. Por cierto, en las numerosas entrevistas que he realizado a directores latinoamericanos profesionalmente activos en las tres Américas, las respuestas son bastante variables: para algunos, sobre todo aquellos que desempeñan su arte en el circuito profesional oficial y universitario, el ensayo concluye con el estreno; en los grupos independientes, hay varias posibilidades: el estreno, o bien unas funciones después del estreno, que sirven para hacer ajustes, o durante todo el tiempo que la pieza está en cartel (hay directores que ensayan todas las semanas, con ensayos de ajustes). Se llega incluso al punto de que algunos teatristas continúan trabajando un mismo proyecto con otros grupos o siguen de por vida imaginando que el proyecto debería revisitarse constantemente o sueñan con retomarlo en el futuro. Están algunos pocos para quienes el ensayo no termina nunca. Por eso, nos importa releer uno de los últimos ensayos de Freud dedicado justamente a este tema: "Análisis terminable o interminable" (1937). En este trabajo Freud va a interrogarse sobre el tiempo del análisis y, de una manera muy escéptica y hasta melancólica, siente menoscabado su entusiasmo en la eficacia del análisis. En las notas preliminares, James Strachey nos cuenta dos cosas que nos resultan más que productivas para la praxis teatral; nos dice que Freud

> jamás dejó de subrayar la importancia de las aplicaciones no terapéuticas del psicoanálisis —dirección en la cual se inclinaban sus preferencias personales, sobre todo en los últimos años de su vida—. Se recordará que en esos breves párrafos sobre técnica de las *Nuevas conferencias* escribió: «Nunca fui un entusiasta de la terapia» (AE, 22, pág. 140). (XXIII, 214)

Por cierto, Freud estaría en sintonía con nuestro planteo sobre la praxis teatral a partir del psicoanálisis, en la medida en que éste nos permite reflexionar nuestra técnica, es igualmente un arte y, finalmente, no es una cura: insisto en que no se trata de analizar al teatrista. Asimismo, ese tono descreído que Strachey nota en este ensayo freudiano –me atrevo a imaginar– se corresponde no solamente con los resultados de la experiencia analítica, que ya –por la divulgación alcanzada por el psicoanálisis mismo en 1937— ha dejado de tener éxito en terapias breves, sino también por cierto cambio en la perspectiva del fundador del psicoanálisis respecto al supuesto estatus científico de su disciplina. Es más, Freud duda, ya al final de su vida, en que el análisis sea una terapia, lo cual supone que ya no se está pensando en curar, con la consecuente sospecha respecto a la validez de la oposición normalidad/neurosis, cuya consistencia, que atraviesa todo este ensayo, pareciera a cada momento desvanecerse. Asimismo, Lacan, en su *Seminario 4*, ya advertía que "[e]l término de normalización introduce ya, por sí mismo, un mundo de categorías bien ajeno al punto de partida del análisis" (18).

Demás está decir que hoy no consideramos al psicoanálisis como una ciencia; tampoco sostenemos que haya un criterio de normalidad establecido de una vez para siempre; sabemos que esos criterios de normalidad —que todavía se divulgan en la psicología y otras disciplinas anexas— no son más que el resultado de dispositivos del biopoder con el que se nos controla y manipula socialmente. Lo positivo para nosotros, teatristas, es que el psicoanálisis es un *arte*, como el nuestro, con una sólida técnica y con una dimensión teórica siempre lista para modificarse en el caso por caso de la experiencia, como en el caso por caso de cada uno de nuestros proyectos artísticos. "Los analistas —escribe Freud— son personas que han aprendido a ejercer un arte determinado" (XXIII, 249)

Como dijimos antes, pensar el fin del análisis, si lo hubiere, es a la vez pensar en el rol del psicoanalista. Freud es contundente cuando afirma que el fin del análisis, como el final de un ensayo teatral, no se decide solamente considerando al analizante; según él, "[n]o sólo la complexión yoica del paciente: también la peculiaridad del analista demanda su lugar entre los factores que influyen sobre las perspectivas de la cura analítica y dificultan esta tal como lo hacen las resistencias" (XXIII, 249). Al respecto, aconseja que el analista también proceda al "análisis propio [con otro analista] también, y no sólo el análisis terapéutico de enfermos", para el que cuenta la cuestión del tiempo, en la medida en que el análisis del analista también "se convertiría de una tarea terminable {finita} en una interminable {infinita}" (XXIII, 251). Para nosotros, los teatristas, no involucrados ni en un tratamiento ni en una cura, la sugerencia nos es, no obstante, válida, porque precisamente alienta la idea de refrescar el rol del director o coordinador, no mediante un 'análisis' o supervisión con otro, sino la posibilidad de rotar en las tareas del grupo: por un tiempo, director, por otro, actor o cualquier otra función que le sea requerida, porque al pasar por esta sucesión de responsabilidades, la perspectiva con la que llegará a dirigir otro proyecto será necesariamente más detallada, abarcativa, profunda y hasta más eficiente.

¿Qué debe hacer, hasta dónde está autorizado a llegar el director? ¿Acaso quedan cosas inconclusas, o imposibles de resolver en cierto período de tiempo? ¿Es conveniente a veces, cuando se ha instalado un goce del tratamiento que captura al analizante indefinidamente, ponerle fecha de terminación? ¿Se debe intervenir para producir una transferencia negativa en el elenco a fin de apresurar un proceso y anticipar resultados? Estas son preguntas que también nos hacemos los teatristas durante el ensayo: hay procesos largos, a veces velados por cierta mística de lo que el elenco suele llamar "investigación", aunque ésta no tenga premisas explícitas y el ensayo deviene una excusa para continuar juntos, para no aceptar que la creatividad se ha estancado, para no enfrentar la represión que ha paralizado el proceso.

Si todo comienzo de un ensayo teatral supone un pacto por el cual se fijan ciertas cuestiones artísticas y financieras que en general se sostienen hasta finalizado el proyecto, lo cierto es que eso no ocurre tanto al momento de fijar una fecha de estreno. Más o menos se la calcula a partir de los desafíos artísticos y materiales que impone el proyecto de puesta en escena; más o menos se la acuerda con el productor o bien debe adaptarse a las exigencias previstas por la agenda relativa al uso de la sala. En ese sentido, la cuestión del tiempo se impone, como se le impuso a Freud al escribir el ensayo que estamos considerando. Esa consideración del factor tiempo tiene, además, una referencia inmediata al sistema de producción capitalista, particularmente el fordismo de ese período, tal como Freud indirectamente lo critica al referirse, ¡ya en 1937!, al tiempo pasado de la "'*prosperity*' norteamericana" (XXIII, 220). Similarmente, la cuestión del tiempo del ensayo teatral siempre, de una u otra manera, se liga a una cuestión relativa a los costos, el contexto social, la mayor productividad en el menor tiempo y al más bajo costo, etc. Incluso para aquellos grupos con sala propia, la fecha de estreno es tentativa para evitar, precisamente, entrar en ese goce de infinitud o de perfeccionismo que siempre termina postergando la presentación pública del trabajo. Y eso no deja de estar en relación con la sugerencia de Freud de saber cómo y cuándo advertir al analizante sobre la terminación de su análisis, en esos casos de larga duración o de un goce implicado:

> No puede dudarse del valor de esta medida coactiva. Ella es eficaz, bajo la premisa de que se la adopte en el momento justo, pero no puede dar ninguna garantía de la tramitación completa de la tarea. Al contrario, se puede estar seguro de que mientras una parte del material se

> vuelve asequible bajo la compulsión de la amenaza, otra parte permanece retenida y en cierto modo enterrada; así, se pierde para el empeño terapéutico. [...] no se puede indicar con carácter de validez universal el momento justo para la introducción de este violento recurso técnico; queda librado al tacto. Un yerro será irreparable. No se debe olvidar el aforismo de que el león salta una vez sola. (XXIII, 221)

Esta advertencia, basada en la experiencia proveída por algunos casos, no le opaca a Freud la pregunta teórica más general:

> Las elucidaciones sobre el problema técnico del modo en que se podría apresurar el lento decurso de un análisis nos llevan ahora a otra cuestión de más profundo interés, a saber: si existe un término natural para cada análisis, si en general es posible llevar un análisis a un término tal. (XXIII, 222)

¿Podríamos nosotros, los teatristas, sostener que el ensayo tiene un final? ¿Bajo qué premisas afirmaríamos eso? A fin de responderse, Freud revisa la cuestión del final del análisis desde múltiples ángulos. Recomendamos la lectura de su ensayo. Baste decir aquí que nunca pierde de vista el rol del analista (o del deseo del analista, según Lacan) ni tampoco se engaña respecto de las cuestiones que todavía quedan por investigar en el psicoanálisis. Una de las respuestas posibles pareciera anticipar la cuestión lacaniana del *sinthome*: un análisis puede terminar cuando el analizante ya puede manejar el "'domeñamiento' de la pulsión" (XXIII, 227), es decir, de alguna manera arreglárselas con su goce. Sin embargo, como ocurre en todo ensayo teatral y se incentiva a medida que se acerca el estreno, siempre está presente esa sensación de inacabamiento o de incorrección en las soluciones escénicas: Freud invita en estos casos "a conformarse con una tramitación imperfecta" (XXIII, 234).

Lacan propondrá, más tarde, varias salidas posibles para el fin del análisis, según el momento de su enseñanza: primero, allá por la década de los 50s, planteará como fin el momento en que el analizante deje de hablar de sí mismo o de hablarle al analista sin hablar de él o ella, y logre ser capaz de hablar de sí mismo y *a la vez* al analista. En cierto modo, esta aproximación se mantiene parcialmente en versiones posteriores, en la medida en que Lacan, como dijimos ya, solamente admite la terminación de la transferencia ligada al tratamiento y no de la transferencia en general como tal, esto es, si al término de la transferencia analítica se ha producido una destitución subjetiva y un cambio de posición subjetiva respecto del analista, cayendo éste de algún modo como SsS. Otra versión del fin del análisis está más referida a la emergencia de un sentimiento de angustia que remite al desamparo infantil.

En todo ensayo teatral que se quiera creativo, como sabemos, se produce una 'destitución subjetiva', a saber, una especie de transformación del elenco respecto del material con el que se inició el trabajo. Cada aspecto del proyecto inicial ha tomado un nuevo sentido, se pueden presentir y hasta describir las redes que anudan las distintas partes y niveles de la obra dramática o de la puesta en escena. Sin duda, el público luego hará otra lectura, pero al menos el elenco ha logrado tener su propia versión de los objetivos de partida y de los resultados a los que se llegó, particularmente cuando el ensayo teatral los ha transformado significativamente. Asimismo, a lo largo de ese proceso de trabajo, cuando la transferencia se hace más impactante y la resistencia se incrementa, surgen esos momentos de angustia frente al estancamiento del proyecto, de alguna escena o de la construcción de un personaje que no todos los integrantes del elenco pueden soportar. Algunos abandonan debido a la transferencia negativa. Pero hay otra angustia de final, aquella que se vive días o momentos antes del estreno, una sensación de desamparo que remite a lo reprimido infantil: el actor que ya estará solo en el escenario frente al público, la del director que, viendo el espectáculo desde algún lugar, ya no puede intervenir y queda como resto, como desecho, marginado de la escena, presente y ausente a la vez en el escenario, sin poder ajustar detalles que quisiera retocar. Los artistas invitados (vestuaristas, escenógrafos, sonidistas, maquilladores, etc.) que trabajan contrarreloj para que ningún elemento escénico les dé una sorpresa desagradable de último momento. El mismo estreno es un operador de distanciamiento de la mirada al punto tal que, durante la función, todos pueden, por un cambio subjetivo, de pronto ver dimensiones no contempladas durante el ensayo, a veces obviamente por la misma presencia del público, que jamás es pasiva.

Travesía del fantasma y ensayo teatral

Más importante resulta una propuesta posterior de Lacan para el fin del análisis: la travesía del fantasma. La fórmula del fantasma en Lacan ($\$\Diamond a$), sitúa un rombo, una especie de pantalla, entre el sujeto dividido (sujeto del inconsciente) y el objeto *a* causa del deseo. No se corresponde en todo con la noción de fantasía tal como Freud la planteó; en Lacan es producto de la topología y de una lógica del significante. En Freud, la fantasía consiste en una versión que el sujeto se hace de la realidad. Como hemos visto, no hay manera de que en el psicoanálisis –como en el arte— tengamos veleidades de abordar una realidad objetiva; siempre estamos enfrentados a una construcción subjetiva, ilusoria e imaginaria de la realidad, edificada discursivamente, en tanto lo percibido en y por la conciencia resulta siempre filtrado por el *Pcc* y el *Inc*, esto es, atravesado por el lenguaje como orden simbólico. Así, la memoria no es un reflejo de la vida material y objetiva, sino una elaboración subjetiva siempre susceptible de ser reformulada, por lo que el inconsciente deviene de este modo muy dinámico y cambiante. La fantasía es, pues, una escena en la que el sujeto monta su deseo inconsciente; sin embargo, la fantasía –como el fantasma— no es totalmente inconsciente; puede haber un nivel consciente que, en todo caso, se torna inconfesable, aquello que solamente solemos conversar con la almohada. Y Lacan señala:

> Cuando el sujeto declara poner en juego en el tratamiento lo que constituye su fantasma, lo expresa mediante una fórmula notable por su imprecisión, dejando abiertas preguntas que sólo responde con gran dificultad. En realidad, de entrada no puede dar una respuesta satisfactoria, porque no puede decir mucho más para caracterizar ese fantasma. Además, no lo hace sin mostrar una especie de aversión, de vergüenza, incluso se avergüenza. [...] Este comportamiento del sujeto es ya una señal que marca un límite — no es lo mismo jugar mentalmente con el fantasma que hablar de él. (*Seminario 4* 116-117)

En Lacan, como vimos en la fórmula, la pantalla separa el sujeto del objeto *a*; sigue siendo un escena enmarcada o un escenario para montar el deseo, una imagen fija, congelada, que además cumple una misión protectora, como una imagen cinematográfica –comparación del mismo Lacan– que detuviéramos antes de llegar a enfrentarnos a lo traumático e insatisfactorio (*Seminario 4* 121, 159). De modo que el fantasma opera como una defensa, una imagen inmóvil que vela la falta, el deseo como falta, la castración y la falta en el Otro. En efecto, el fantasma se yergue como la respuesta del sujeto al deseo del Otro, a la falta en el Otro, representada por la A tachada. Y si, como dice Lacan en el *Seminario 6*, no es sino "a partir de la pregunta del Otro, a saber che vuoi?, "¿qué quieres?", que hasta el momento de la pregunta, desde luego, permanecemos en la inocencia y la bobería" (Clase 12), es pues en ese momento que el sujeto es llamado a confrontar su deseo. Y es así porque el deseo montado en el fantasma es justamente el deseo del Otro, al que el sujeto está amarrado, de ahí proviene el enigma de su deseo; dicho enigma, ese no-saber sobre su deseo, no consiste en la pregunta "¿qué quiero?; por el contrario, la cuestión se presenta como un saber respecto al Otro, al qué quieren los otros de mí, cómo me ven, qué soy para ellos.

La fórmula ($\$\lozenge a$) corresponde al neurótico; la de la perversión, en cambio, la invierte: ($a\lozenge\$$). Cada fórmula, entonces, remite a un determinado modo de goce (*jouissance*) para cada estructura clínica. El goce siempre remite a aquello prohibido a lo que el sujeto tuvo que renunciar para poder entrar en el acatamiento simbólico requerido por el contrato social; paradójicamente, la prohibición dada por la ley, por el Otro, invita a la transgresión, con todos los riesgos que eso supone. Recordemos que en Lacan el goce, además de un puro gasto, es también un sufrimiento, una *souffrance*, opuesto al placer, siempre concebido como descarga de tensiones. Así, el principio de placer opera como un 'gozar lo menos posible', a saber, evitar una transgresión extrema a la ley y protegerse de zambullirse de pleno en lo prohibido. De ahí que el goce sea un placer doloroso. Está, obviamente, ligado al cuerpo, aunque el cuerpo en Lacan no corresponde a la biología y puede ser imaginario, simbólico o real. Esto nos explica al menos algo importante para tener en cuenta en nuestra praxis teatral: todo síntoma involucra un goce, es decir, un dolor, un malestar; no siempre es fácil, como lo demuestran los tratamientos analíticos y sobre todo si son largos, que el sujeto renuncie a dicho goce. Ese goce, a pesar de su queja, es también su zona de confort y enfrentarlo a través de un análisis supone entrar en una zona de riesgo para la cual no siempre el sujeto está dispuesto. Sacar al elenco de esta captura por el goce del Otro e invitarlo al riesgo de lo no-sabido no es tarea sencilla; el apoltronamiento del elencto tiene muchos rostros.

En un tratamiento, al trabajar los sueños, los fallidos y múltiples imágenes provistas por el sujeto, se va decantando una fórmula o frase que Freud había gramaticalizado ("Pegan a un niño"), pero que luego fue algebraizada por la lógica lacaniana, lo cual permitió no solo una mayor flexibilidad, sino también pensar en un posible fin del análisis. En cierto modo el fantasma constituye una especie de matriz sobre la que juegan las fantasías del sujeto, su imaginario, y que Lacan denomina 'fantasma fundamental', éste sí a nivel inconsciente. Atravesar la selva de fantasmas y luego hacer decantar el fantasma fundamental, entonces, significa entrar en esa zona de riesgo en búsqueda de la verdad del deseo, del goce singular del sujeto y no del deseo del Otro. De este atravesamiento se espera, entonces, un cambio en el modo de defensa del sujeto y también una modificación de su modo de goce (*Seminario 11* 273).

Hasta cierto punto, podríamos leer el fantasma de un grupo o un director como su estilo, una fórmula que más o menos admite los mismos procedimientos de montaje, no importa cuál sea el texto o proyecto que lleven a cabo. Algunos teatristas comercializan ese estilo, lo convierten, en cierto modo, en una mercancía; también se los reconoce o se hacen reconocer por dicho estilo. Es como una marca de fábrica, lo cual resulta bastante cuestionable desde la perspectiva de un artista que pretende hacer entrar su arte y su creatividad en una zona de riesgo a fin de enfrentarse a ese Real no significantizado que está siempre a la espera (en s*ouffrance*).

Indudablemente, se podría pensar en explorar el fantasma fundamental de un texto dramático o de una puesta en escena. Todo texto –dramático o espectacular— está siempre ligado a un malestar cultural –en el autor o en el elenco que decide montar el espectáculo. Podemos imaginar la creatividad como ese esfuerzo artístico consistente en atravesar el fantasma fundamental de la obra o de un texto espectacular. Usualmente, los ensayos suponen un proceso aproximativo al fantasma fundamental, proceso en el cual las improvisaciones juegan un papel crucial. En ensayos más tradicionales, el director suele presentar su lectura de la obra, en el que se puede discernir un fantasma propio del director y el fantasma de la pieza a montar; ambos fantasmas pueden considerarse síntomas en los cuales hay un goce implicado y del que habría que desprenderse, separarse, para no realizar un montaje mimético y hasta alienado al deseo del Otro. Del trabajo conjunto de actores, director y artistas de la escena involucrados, puede surgir el fantasma fundamental del proyecto y, a partir de eso, se podría comenzar un camino de atravesamiento conducente a una puesta en escena y una lectura de la pieza no contemplada al principio del trabajo. Esta segunda etapa supone entrar en una zona de riesgo porque se apuesta a la verdad del sujeto (todo ensayo –repetimos— puede involucrar a mucha gente, muchos individuos, pero solo hay un sujeto, como sujeto del inconsciente).

Un aspecto que también habría que explorar en la praxis teatral es el del fantasma fundamental de la técnica. En muchos grupos e instituciones de formación actoral o teatral (talleres, universidades, escuelas) suele haber un fantasma de la técnica, un goce inherente a la técnica como tal (memoria emotiva, acciones físicas, antropología teatral, butoh, clown, etc.), que puede facilitar el trabajo pero también entorpecerlo, obstaculizar las pulsiones involucradas en el proceso creativo. Hay teatristas tremendamente amarrados a una técnica y no logran ir más allá de esa aproximación al cuerpo, al movimiento, a la acción. Otros, en cambio, asumen una posición ecléctica que tiene sus ventajas y sus limitaciones. Hay ciudades latinoamericanas en las que la oferta de maestros, talleres y técnicas específicas es enorme y muchos actores o aprendices deambulan de uno en otro en la certeza de que su creatividad artística depende de su entrenamiento técnico, lo cual, no es necesario ni decirlo, es un error tremendo. Así como la teoría no garantiza la consistencia artística de un espectáculo, tampoco la técnica por sí misma asegura dicha dimensión creativa.

El teatro ofrece siempre un fantasma, un fantasma público, fundamental o no. Un espectáculo, tomado como un fantasma, supone una invitación a atravesarlo. El público puede, si quiere, hacer esa tarea, aunque en general se mantenga en su zona de confort: se suele afirmar que "la obra es muy dura, muy cruda", pero a la vez, como en todo fetichismo, se agregue la frase de "sé que todo eso me involucra, *pero aun así*, se trata de teatro". El espectáculo opera como un fantasma que protege a la sociedad de sumirse en un goce, aunque las propuestas, sobre todo del teatro realizado en circuito off o alternativo, invitan a realizar el atravesamiento crítico. Hay un marco, pues, cuya función es múltiple: en primer lugar, asegura la zona de confort, necesaria para enmarcar la angustia frente a lo que se va a presentar y ver, frente a eso desconocido. No olvidemos que Freud designaba al inconsciente como "la otra escena". Lacan, a diferencia de Freud, sostiene que la angustia no es sin objeto, esto es, se trata de un afecto que no engaña:

el público asiste a ver una pieza teatral y de antemano tiene la certeza de que, de una u otra manera, sin importar mucho la calidad artística del espectáculo, va a movilizar muchas de sus perspectivas. La escena, por ello, es la forma en que el malestar en la cultura se ha significantizado, ha pasado por el proceso de convertirse en significante, gracias al trabajo del teatrista, con todos los riesgos que esto le ha supuesto durante los ensayos teatrales. "Todas las cosas del mundo –dice Lacan en el *Seminario 10 La angustia*– entran en escena de acuerdo con las leyes del significante, leyes que no podemos de ningún modo considerar en principio homogéneas a las del mundo" (43). Según Lacan, tenemos: "*primer tiempo, el mundo. Segundo tiempo, la escena a la que hacemos que suba este mundo. La escena es la dimensión de la historia. La historia tiene siempre un carácter de puesta en escena*" (43-44) y luego nos da un tercer tiempo como una reduplicación de la escena, para lo cual recurre al ejemplo de Hamlet cuando monta frente a su tío la escena del asesinato de su padre.

Ya al momento de levantarse el telón o de procederse a oscurecer la sala, el público sabe que está en el teatro, que se trata de ficción, y ese marco lo tranquiliza. La espera también enmarca la angustia: la compañía de otras personas en la audiencia (no el convivio, que es una suposición idealista sin fundamento), contribuye a estar preparado para lo que advenga sobre la escena. No puede cancelarse la famosa idea de "el teatro refleja la realidad" que, aunque falsa teóricamente, no obstante es bastante mítica, porque el hecho de ser el teatro un arte viva, con teatristas vivos en escena, siempre supone un punto de intercambio entre la realidad y la ficción: algo puede ocurrir, algo inesperado que pone en emergencia la efectividad del marco. Además, porque en cierto modo el teatro se instala en una dimensión un poco engañosa, no por ser ficción (la verdad, nos recuerda Lacan –deudor de Bentham y, como Freud deudor de la literatura, incluso dramática— tiene estructura de ficción [*Seminario 4* 253]), sino por proponerse como un espejo de la realidad y, al hacerlo, sume al público en un intercambio donde prima lo imaginario y, en cierto modo, deja de lado o hace olvidar el registro simbólico. Se produce así esa famosa empatía entre la escena y el público: se llora y se ríe, se promueven las identificaciones de la escena con la singularidad de cada miembro del público. Esto resulta bastante peligroso, aunque los teatristas a veces se enorgullezcan de producir estos efectos, como si al hacerlo, autentificaran la efectividad de su arte y de su técnica. Pero el Lacan del *Seminario 3*, sobre la psicosis, es contundente al afirmar la peligrosidad de este espejo, de esta relación dual sin intervención del Otro.

> Autentificar así todo lo que es del orden imaginario en el sujeto es, hablando estrictamente, hacer del análisis la antecámara de la locura, y debe admirarnos que esto no lleve a una alienación más profunda; sin duda este hecho indica suficientemente que, para ser loco, es necesaria alguna predisposición, si no alguna condición. (27)

Teatro y locura, delirio de dos, escena y público. Por aquí podemos elucubrar cómo la escena, en su dimensión más realista, puede ser a la vez muy delirante y proponerse como disparadora de una locura generalizada. Obviamente, Lacan nos advierte en ese seminario que "No se vuelve loco quien quiere" (27); no obstante, hay teatristas que consideran un mérito enloquecer a su audiencia. Brecht, con su famoso distanciamiento, recordándole al público a cada paso que está en el teatro, introducía ese Otro, ese registro simbólico para mantener la dimensión crítica y romper el espejo. Y es que, sin este enmarcado de la escena, no sería posible advertir lo trágico, cómico o tragicómico de lo que ocurre sobre el escenario. Solamente, pues, en la dimensión de la perversión o la psicosis, puede invisibilizarse el marco, esa ventana desde la cual podemos ver la escena, incluso en sus aspectos más siniestros (*unheimlich*, familiares y a la vez espeluznantes).

En segundo lugar, desde lo espacial, también hay dispositivos escénicos que enmarcan la escena: es muy claro en el teatro "a la italiana", invención burguesa y capitalista para controlar las pasiones del público (y también, muchas veces, los desbordes o excesos de y en la escena). Hay un marco arquitectónico que separa escena de audiencia; hay muchas veces telón que cubre la caja sobre la que se hará la presentación. Su óptica política se define por lo frontal, y la escenografía, sobre todo en el teatro tradicional, vela el famoso objeto *a*,[70] causa del deseo, punto del goce, que queda *backstage* pero sostiene la representación. También tenemos el teatro circular o la doble frontalidad, como formas de enmarcar la escena: en estos casos, es

---

[70] Ver en este libro mi ensayo "Aproximación lacaniana a la teatralidad del teatro: desde la fase del espejo al modelo óptico. Notas para interrogar nuestras ideas cotidianas sobre el teatro y el realismo" y la Adenda.

má complejo velar el objeto *a*, pero su peligro es, como hemos dicho antes, incentivar el efecto de espejo, no solo con la escena sino del público entre sí. Hay en estas propuestas un desafío artístico y técnico, lo cual supone para el teatrista la necesidad de ser muy cuidadoso.

Debo hacer notar que no he usado el vocablo "espectador". Hace ya tiempo que he distinguido el concepto de espectador del concepto de "público". El espectador está tan enmascarado como el actor; la máscara espectatorial (neurótica, perversa o psicótica) que el teatrista dispone para dar-a-ver la escena supone una opción político-artística. Toda escena, incluso con el mismo texto y la misma marcación, se lee diferentemente desde una óptica neurótica, perversa o psicótica.[71] La decisión sobre cómo debe verse la escena la hace el teatrista (usualmente el director) a partir de su concepción política del montaje de su proyecto. Que el público entre en el juego o no, es eventual, incalculable, impredecible; pero el director hace su verdadera afirmación político-estética al momento de hacer esa decisión – consciente o inconscientemente—sobre la máscara espectatorial. Y, como es de esperar y suponer, esta decisión es crucial sobre la forma en que se propone la interpretación del proyecto desde el ensayo y la que se quiere favorecer entre el público. La máscara espectatorial, digamos, es otra forma de enmarcar el fantasma, la escena, convertirla en significante.

La cuestión del pase

Al fin del análisis como travesía del fantasma, seguirá otra propuesta: la del pase. Aquí el fin del análisis consiste en que un analizante pasa a ser analista. Finalmente, la última versión lacaniana del fin del análisis consiste en llevar al sujeto a identificarse con su sinthome, con su modo de goce, esto es, el saber-hacer, el arreglárselas con su modo singular de goce, en la medida en que éste no es modificable. Se trata, como vemos, de cuestiones técnicas que nunca pierden de vista la dimensión de lo simbólico, entendiendo por tal un arte, un saber-hacer con la palabra y el lenguaje: "las técnicas de un arte del diálogo", tal como las designa Lacan en el *Seminario 1* (14). Justamente por este nivel técnico-artístico, nos importa considerarlas en la praxis teatral.

---

[71] Ver mis ensayos sobre el tema publicados por la *Revista telondefondo* relativos a las máscaras espectatoriales.

Nos queda comentar la cuestión del pase como fin del análisis y nos importa a los teatristas porque, en cierto modo, nos abre a algunas cuestiones que se vienen discutiendo a nivel académico a partir del momento en que hoy se instalan carreras universitarias de teatro, sea a nivel de la formación actoral, de una licenciatura o doctorado en teatro, sea a nivel de conceptualizar una pedagogía y establecer el tipo de investigación que se requiere para lograr certificaciones profesionales. Todo un campo polémico se despliega aquí, en la medida en que, usualmente, conocemos la investigación a partir de ciertos protocolos epistemológicos instaurados por la ciencia, lo cual entra muchas veces en conflicto con las exigencias del arte. La filosofía del teatro, por ejemplo, va a responder a la ontología occidental, cuya raigambre aristotélica todavía no se ha superado. La praxis teatral, por su parte, se quiere pensar fuera de esa concepción de la verdad, como verdad objetiva, generalizable y demostrable, para abordar la verdad singular del sujeto; de ahí que el psicoanálisis sea la disciplina más preparada para permitirnos modelizar nuestros conceptos. Hay, pues, cierto consenso —aunque muy controversial— en relación al tipo de evaluación que la universidad puede hacer de un trabajo artístico y de investigación artística (no de investigación histórica o literaria, para lo cual se pueden admitir los requisitos de cierta cientificidad). ¿Cómo evaluar una puesta de teatro universitaria? ¿Quién estaría capacitado de hacer esa evaluación? ¿Cómo se daría cuenta del proceso de ensayos que llevó a un espectáculo determinado? En cierto modo, estas cuestiones no dejaron de ser preocupación en el campo del psicoanálisis, particularmente lacaniano.

A mediados de la década del 60, Lacan funda su escuela, bajo el nombre de Escuela Freudiana de París y, unos años después de esa fundación, Lacan propone el procedimiento del pase. Se intenta de este modo institucionalizar una praxis. Se imaginaron diversos protocolos administrativos y profesionales para sancionar el estatus de analista en la medida en que no había para el analista lacaniano una instancia profesional que le diera cierto tipo de reconocimiento, una vez que Lacan había sido excomulgado de la gran iglesia psicoanalítica: la International Psychoanalytical Association, conocida como IPA, encargada de ese tipo de tramitación a la que, obviamente, los seguidores de Lacan ya no podían aspirar.

El pase consiste, fundamentalmente, en que un analizante testimonie del final de su análisis, articule teóricamente lo ocurrido durante su tratamiento por medio del discurso analítico, dé cuenta de la destitución subjetivo y de un saber producto de su propia experiencia y sea incluso capaz de contribuir al desarrollo del psicoanálisis. Ese testimonio debía hacerse en varias instancias en las que el analizante exponía o presentaba su análisis ante un jurado compuesto por otros analistas que ya habían pasado por el mismo proceso. Este jurado otorgaba o no el pase. No había criterios prefijados, porque se suponía que cada testimonio era singular, en la idea psicoanalítica del caso por caso. Importa aquí aclarar que esa credencial de Analista de la Escuela no consistía en una autorización ni un reconocimiento para ser analista, ya que Lacan sostenía que el analista se autorizaba por sí mismo.

Tal vez la cuestión del pase tenga todavía mucho que decirnos a los teatristas. Si todo analista debía de algún modo testimoniar frente a otros analistas de su deseo y de los avatares de su análisis, el tema de quién estaba autorizado de otorgar ese pase fue punto de arduas discusiones. En nuestro campo, hoy sabemos que en las universidades que cuentan con una carrera teatral (actuación, dirección e investigación), se suele solicitar al estudiante realizar una puesta en escena y dar cuenta de los procedimientos desde diversas aproximaciones teóricas. Sin embargo, la cuestión de la autoridad y de la autorización siguen siendo problemáticas, en la medida en que, si bien hay profesores certificados por la universidad para aprobar o desaprobar al estudiante, se ha dado el caso de grandes artistas sin certificación universitaria de ningún tipo a los que se les ha negado el acceso a los claustros y a la enseñanza. Se abre una zona muy controversial, una tensión entre formación, enseñanza e investigación muy difícil de definir cuando se trata del arte. Hemos trabajado un poco más en detalle esta cuestión en otros capítulos de este libro.

SEGUNDA PARTE

Aproximación lacaniana a la teatralidad del teatro: desde la fase del espejo al modelo óptico. Notas para interrogar nuestras ideas cotidianas sobre el teatro y el realismo[72]

> Lo repito: sea un bien o un mal, el actor no dice nada, no hace nada en sociedad exactamente como en la escena; es otro mundo.
>
> Denis Diderot, *La paradoja del comediante* 98

> Este desarrollo es vivido como una dialéctica temporal que proyecta decisivamente en historia la formación del individuo: el *estadio del espejo* es un drama cuyo empuje se precipita de la insuficiencia a la anticipación; y que para el sujeto, presa de la ilusión de la identificación espacial, maquina las fantasías que se suceden desde una imagen fragmentada del cuerpo hasta una forma que llamaremos ortopédica de su totalidad -y hasta la armadura por fin asumida de una identidad alienante, que va a marcar con su estructura rígida todo su desarrollo mental.
>
> Jacques Lacan, *Escritos I* 102-3

---

[72] Una parte del trabajo originalmente leída durante el congreso del GETEA 2008 fue ya publicada. "Algunas reflexiones psicoanalíticas preliminares sobre la teatralidad del teatro, la ilusión teatral y el realismo: El estadio del espejo lacaniano". El lector podrá cotejar dicho ensayo, en donde desarrollo con mayor detenimiento cuestiones previamente esbozadas en mi libro *Teatralidad y experiencia política en América Latina* y, además, otras nuevas ligadas al campo lacaniano, como el estadio del espejo y la teatralidad del teatro. En consecuencia, muchas cuestiones tratadas en el presente ensayo dependen de una comprensión muy acotada de mi conceptualización de la teatralidad como una "política de la mirada" y, particularmente, la teatralidad del teatro en la cultural capitalista occidental desde el Renacimiento hasta hoy.

La escena de la angustia

El espectáculo está por comenzar. El público se apresta a ver la representación. Un nerviosismo especial recorre toda la sala, el que se va incrementando a medida que las luces se apagan lentamente. En algunos países hay tres golpes de bastón o, como en México, se realizan tres llamadas al público, que van anunciando el inminente comienzo de la obra y dosificando la ansiedad. El escenario teatral, convertido a veces en una tribuna de ideas, es fundamentalmente el lugar en el que se montan las pasiones humanas. Se levanta o se corre el telón. La ansiedad toca su clímax desde ambos lados, el del público y el de los teatristas, ambos basados en un cierto saber y, a la vez, en un no-saber (¿Cómo será la obra, cuál será su argumento? ¿Cómo será esta versión? ¿Cómo reaccionará el público? ¿Me verán como yo quiero ser visto?).

Del lado del publico la oscuridad, y por detrás, por los costados o por arriba, la tecnología. Del lado de los actores, por detrás, por los costados o por arriba, la escenografía y la maquinaria teatral. Si, en cambio, se trata de un espectáculo callejero, la preparación de los actores, la presencia de la música, entre otras cosas, asumen este rol o ritual de iniciación, es decir, instauran esta escena de la angustia. El espectáculo callejero justamente opera como un "corte" en el paisaje cotidiano de la vida social.

Comienza la función. La angustia inicial se disipa y da paso a las identificaciones de los actores y del público con los personajes. Se trata, como vemos, de una escena corriente, habitual, cotidiana y estamos tan acostumbrados a ella que ya casi no la interrogamos. Sin embargo, si con cierto público adulto esta angustia no toma rasgos espectaculares, basta presenciar, por ejemplo, esta escena de angustia en su mayor dimensión cuando se trata de un público infantil, donde toma dimensiones sorprendentes. Pero Freud nos enseñó a cuestionar la vida cotidiana y, sin duda, a prestar mucha atención a lo infantil. ¿Qué podríamos decir de esta angustia? ¿Es la angustia la puerta que lleva a otras cuestiones en el campo de la teoría teatral? ¿Qué respuestas históricas ha canalizado esta angustia en el discurso teatral, sea dramatúrgico o arquitectónico? Sabemos que, en algunos casos, se trata de enmascarar esta angustia y, en otros, como en muchas propuestas del siglo XX, especialmente las vanguardias, se ha tratado de exhibirla en su máxima radicalidad.

Demás está decir que, como en la perspectiva de Lacan, no estamos pensando en la angustia en sentido psicopatológico, *como* una anormalidad que habría eventualmente que tratar y curar. Lo sorprendente es que esa escena inicial de angustia se disipa tan pronto como comienza el espectáculo. De modo que podríamos interrogarnos hasta qué punto la ficción teatral tiene un rol en esa disipación –incluso en esos espectáculos vanguardistas que parecieran más interesados en prolongar o acentuar la angustia que en disiparla– o bien hasta qué punto dicha ficción aparece allí para protegernos de la angustia. ¿Es acaso fortuito que Lacan, en el *Seminario 10 La angustia,* convoque la ficción literaria, e incluso -lo que es crucial para nuestros intereses específicos en el campo teatral- se detenga en la figura de Chejov? ¿Por qué Lacan habría estado interesado en la angustia como un afecto? ¿Por qué nos habrá planteado, llevando todo un poco más allá de Freud, que la angustia no es sin objeto? ¿De qué objeto se trata? ¿Tiene este objeto relevancia para la teoría teatral? Incluso más: ¿Qué tipo de espejo se monta sobre el escenario al punto que las identificaciones que promueve nos "entretienen" de la angustia? ¿Qué relaciones establece la ficción teatral, ese aparato significante, con ese "no sin objeto" de la angustia y con el mundo y, por esa vía, qué cuestiones podrían irritar –si se me permite el término, no sin intención, tratándose del *Seminario 10* – nuestras ya cotidianas ideas sobre la realidad y el realismo teatral?

La teatralidad del teatro

Para acercarnos al tema vamos a imaginarnos una sala de teatro a la italiana, ese modelo arquitectónico en el que culmina la teatralidad del teatro occidental en el Renacimiento, y que será, en primer lugar, el modelo del teatro aristocrático y más tarde el de la burguesía en las sociedades republicanas. No vamos a tratar aquí la génesis ideal de la teatralidad; baste decir que la teatralidad del teatro es una entre otras seis que se pueden construir lógicamente a partir de una política de la mirada: seducción, ceremonia, contra-rito, rito, teatro y fiesta, nombres que, obviamente, no tienen el mismo sentido que toman en otros trabajos sobre teatro y performance, menos precisos o menos preocupados por ajustar sus términos (Geirola 2000). La teatralidad del teatro, una entre otras, se puede deducir del rito, estructura que, en su geometría, la precede en la génesis ideal. El rito, en esta serie, está configurado como un espacio circular en el que convergen todas las miradas, las cuales se cruzan por un punto central y preciso, que rápidamente quiere ser ocupado por alguien. Recordemos al juglar de la plaza, como ejemplo concreto de esta teatralidad en la génesis real, histórica. A partir de allí, el rito admite dos posibilidades lógicas: la popular, en la que el actor tiene que girar para atender todos los frentes del círculo, protegiendo así su espalda, que no tiene ojos; y la dictatorial, en la que el actor, quieto, haría mover al público por el perímetro del círculo.[73] Como esta segunda posibilidad es en parte peligrosa y en parte difícil de realizar, rápidamente deviene la teatralidad del teatro, es decir, aquélla en la que el círculo se divide, en que el actor protege su espalda mediante la táctica de colocar al público al frente, dejando un espacio de reserva para su protección, el que usualmente conocemos como parte trasera del escenario y que también se extiende hacia los costados, hacia arriba y hacia el subsuelo. Generalmente velado, este espacio ha ido creciendo en los diseños arquitectónicos de Occidente, al punto de llegar a ser más grande que la sala misma. Puede no haber nada detrás, puede haber cosas inofensivas o puede albergarse allí toda la tecnología teatral y su poder de producción de ilusión. Lo cierto es que basta su existencia velada, para que la dimensión del secreto se instaure –y la angustia haga su mueca— mientras que su función de fondo reasegura el poder del actor en el dominio de la mirada del otro y del Otro y, una vez comenzada la función, se oriente la situación por los senderos del deseo. Digamos que el público siente angustia porque cree que más allá de la escena no hay falta, sino justamente por creer que "la falta viene a faltar" (Lacan, *Seminario 10* 52).

Necesitamos tomar en cuenta este espacio para introducirnos en el estadio del espejo lacaniano y, por esa vía, en la dimensión de la angustia. Sin duda, tanto este estadio o fase del espejo como el modelo del florero invertido y su posterior del ramillete invertido, van a generarnos preguntas provocativas para repensar aspectos ligados a las técnicas de actuación, los diseños escenográficos, las pautas de dirección e incluso aspectos ligados a la dramaturgia y las estéticas teatrales (particularmente el realismo y sus derivados), todos ellos en su determinación por la teatralidad del teatro.

Nuestros actores y el público entran a una sala a la italiana –cuya política de la mirada incluso puede reproducirse en cualquier otro lugar, sea plaza, potrero, esquina de barrio— que tiene ya un diseño específico que

---

[73] Podríamos incluso invitar a los psicoanalistas a pensar la teatralidad del encuadre analítico, desde el cara a cara hasta el diván, con el analista escamoteado a la mirada del analizante. Ver el libro de Gabriela Abad *Escenas y escenarios de la transferencia*.

los determina: un escenario en el que reconocemos proscenio y un cortinado de fondo que divide con la retroescena, más las patas de los laterales; frente al escenario, el espacio para el público, con plateas o una serie de niveles (palcos bajos, altos, cazuela, tertulia, galería, paraíso) cuya disposición ovoide, en los teatros más clasistas, hace valer el "tanto pagas, tanto ves" sobre el escenario. El ver se ha convertido en mercancía, como ocurre con casi todo en el capitalismo. La perspectiva visual de la escena se organiza a partir de un ojo ubicado a la misma altura que el escenario y frente a él: se trata del palco del rey o palco oficial. Si nos desplazamos ahora hacia los costados o hacia arriba, vamos cercenando la totalidad de la escena, vamos perdiendo zonas del escenario. La ilusión teatral funcionará, sin embargo, como veremos, de una manera muy particular: cuanto más lejos se está del escenario y cuanto menos se ve, más ilusión. Esa ilusión no está tanto dirigida hacia los espectadores que ocupan los lugares más caros (plateas, primeras filas, palcos) —que no necesitan de la ilusión teatral, sino solo de entretenimiento— sino para los más alejados (el rey y el pueblo) frente a los que hay asegurar la eficacia de la ideología. En teatros más actuales, más "democráticos", el público está también en distintos niveles, pero en general el palco oficial ha desaparecido y los espectadores están todos en posición frontal al escenario.

En base a este diseño, vamos a cotejarlo con la enseñanza lacaniana tal como se desprende del estadio del espejo y luego de los dos modelos, florero y ramillete invertidos. Sólo después de este recorrido, que aquí haremos sólo en parte, se podría volver al tema de la angustia, que quedará para un ensayo específico en el futuro. En este trabajo, además, solamente vamos a enfocarnos en la teatralidad del teatro; quedará para más adelante y para otro ensayo trabajar la productividad de los modelos lacanianos en la actuación, la dramaturgia y la praxis teatral en general.

Lacan y la escena

Como siempre, los textos lacanianos son disparadores hacia distintos objetivos. En sus seminarios, Lacan recurre muchas veces a un vocabulario teatral, escénico. En el *Seminario 10* en particular, Lacan se ve precisado de retomar la cuestión del inconsciente precisamente en su definición freudiana más puntual: como "la otra escena" (42). Si se trata de "otra" escena, es importante preguntarse respecto de qué. Sea como fuere, lo relevante para Lacan es que el inconsciente, esa otra escena es justamente donde se instala "nuestra razón" (*Seminario 10* 43), es decir, la razón psicoanalítica, que es justamente "otra". "Diré –agrega Lacan— que el primer tiempo es –hay mundo" (43). Inmediatamente aclara diciendo que habrá que volver a ver esto, porque así dicho "no sabemos qué significa" (43). Para nuestros intereses teóricos desde la perspectiva teatral –y tal vez no podemos ir más lejos que esto— el siguiente párrafo es basal:

> Ahora bien, la dimensión de la escena, en su división respecto del lugar mundano o no, cósmico o no, donde se encuentra el espectador, está ahí ciertamente para ilustrar ante nuestros ojos la distinción radical entre el mundo y aquel lugar donde las cosas, aun las cosas del mundo, acuden a decirse. Todas las cosas del mundo entran en escena de acuerdo con las leyes del significante, leyes que no podemos de ningún modo considerar en principio homogéneas a las del mundo. (*Seminario 10* 43).

Y casi inmediatamente, recapitula: "Así, primer tiempo, el mundo. Segundo tiempo, la escena a la que hacemos que suba este mundo. La escena es la dimensión de la historia" (*Seminario 10* 43). Como Lacan siempre incorpora un tercero, tendremos que esperar a que este tercer tiempo haga su entrada en escena. Y lo hace: en su comentario de *Hamlet*, Lacan afirma que ese tercer tiempo es la escena dentro de la escena. Lacan muestra –por medio del desajuste especular que presenta la famosa escena de Hamlet en la que éste convoca a los actores para reproducir el supuesto crimen de su padre— cómo la función del teatro, en tanto espejo, es justamente plantear cómo bajo la identificación con el otro, puede vislumbrarse la identificación con el objeto *a*, objeto del deseo, que en el *Seminario 10* irá transformándose en objeto causa del deseo.[74] Aparece algo nuevo en este *Seminario 10*, un

---

[74] Básicamente, Lacan sostiene que en la troupe contratada por Hamlet, Luciano, el que representa a su tío en el asesinato de su padre, es primo del actor que hace de rey asesinado en la escena dentro de la escena. Esto es: si el asesinato del padre de Hamlet es realizado por su hermano, que luego se apodera del cetro y de la reina, en la escena dentro de la escena es el sobrino el que representa al asesino, es decir, especularmente, Hamlet, al ver en la escena cómo Luciano mata a su tío, estaría identificándose con él, matando así a su tío, satisfaciendo de ese modo el mandato del espectro y su propio deseo de venganza. Hamlet, el hijo del rey asesinado, sin embargo, al creer que así se vengaría de su tío asesino proveyendo una escena especular al supuesto asesinato, sin embargo estaría develando su propio

objeto resto, un objeto desecho, separado más que reprimido. Ya no un significante, sino un órgano. Ya no involucrado en la dialéctica del deseo, sino en la dimensión del goce. Antes de llegar a ese objeto y ver su pertinencia en el campo de la praxis teatral, debemos hacer un recorrido más detallado por la enseñanza de Lacan. En efecto, esta reflexión sobre la dimensión de la escena viene "enmarcada", por usar una palabra que tendrá muchas consecuencias en este seminario –como ocurrirá también con la palabra "corte"– con una recapitulación sobre el estadio del espejo y una vuelta de tuerca, casi un salto epistemológico, al modelo óptico del ramillete invertido (luego del florero invertido) que, en términos hegelianos, Lacan había planteado en el *Seminario 1*.

El estadio del espejo en Lacan

Muy tempranamente, motivado por las "imágenes dobles o superpuestas" de Salvador Dalí y la traducción del trabajo de Freud "De algunos mecanismos neuróticos en los celos, la paranoia y la homosexualidad" (1922), en los que se plantea el tema del reflejo especular y la agresividad, Lacan comienza a esbozar –seguramente inspirado también por el famoso "Yo soy Otro" de Rimbaud (*Escritos* I 122)–, lo que hoy conocemos como "el estadio del espejo", en el que ya se siente su interés por lo visual y la mirada, tal como luego se teorizarán más detalladamente para reconceptualizar lo que conocemos como el registro imaginario y el registro simbólico. Desde su tesis sobre la paranoia hasta "El estadio del espejo como formador de la función del yo tal como se revela en la experiencia psicoanalítica" (1949), incluido en los *Escritos*, Lacan va a ir planteando la "ilusión" de agencia del yo y la distinción entre yo y sujeto.

En efecto, nos plantea que al colocar a un niño entre los seis y los dieciocho meses frente al espejo, éste va a experimentar un momento de júbilo provocado por la visión de su imagen en el espejo. El estadio del

---

deseo edípico, el de matar al padre/tío para quedarse con su madre. Lacan avanza un poco más sobre esta primera identificación, al mostrar que Hamlet se identifica con Ofelia, que es la que realmente se suicida a causa del asesinato de su padre. Esta segunda identificación ya no es con el otro de la escena dentro de la escena, sino con el objeto *a* encarnado en Ofelia. En la escena final, en la lucha con Laertes, Hamlet, al matar a su semejante especular, quiere alcanzar ese objeto de goce, su propia muerte.

espejo corresponde así "a la declinación del destete" (Lacan, *La familia* 52). Este júbilo se produce porque el niño, que todavía no tiene coordinación motriz, anticipa su imagen unificada a partir de la imagen que le viene del espejo y siente una sensación imaginaria de dominio de su cuerpo; así, su ser, su incoordinación motora se vive jubilosamente mediante la unidad provista por la imagen, por ese otro que ahora deviene la matriz identificatoria del yo, esa imagen en la que se reconoce. El otro –la imagen en el espejo, su doble— frente al que se aliena, es también objeto de agresividad, aunque le otorgue esa ilusión de totalidad. A partir de ahí esa identificación inicial se torna ambivalente (amor/odio) en la medida en que se aliena a esa imagen del otro, a costa de perder su ser. Harari subraya que la idea lacaniana de la "imago" del cuerpo fragmentado es algo que producimos posteriormente; nos dice, "la *imago del cuerpo fragmentado (morcelé)*, que Lacan también postula –y que puede ser verificada, según él mismo lo señala, en expresiones artísticas como las pinturas de Hieronymus Bosch o e innumerables padecimientos esquizofrénicos o hipocondríacos—, no es ningún estadio inicial, sino que a partir de la unificación determinada por el espejo se imaginariza, por retroacción, una eventual fragmentación corporal" (Harari 51).

Sea como fuere, esta imagen especular será el umbral del mundo visible, en el sentido de que es a partir de allí desde donde se construirá el mundo: la realidad, nos dice Lacan, "se organiza reflejando las formas del cuerpo que constituyen en cierto modo el modelo de todos los objetos" (*La familia* 54). Y "la imagen especular –comenta Miller (*La angustia lacaniana* 23)— es el prototipo de los objetos, que el mundo está hecho de objetos cuyo prototipo es nuestra propia imagen". En el estadio o fase del espejo, el yo es donde el sujeto se aliena y, por lo tanto, donde algo en la dimensión de su ser se pierde, algo que buscará para siempre, de ahí que Lacan la designe como yo ideal i(a), que podemos leer como "imagen del otro".

Lacan planteará más tarde en "Observación sobre el Informe de Daniel Lagache", incluido en los *Escritos*, que, frente a ese otro, esa imagen unificante, especular, el niño hará girar su cabeza –en medio de júbilo— para dirigirse al tercero infaltable, el Otro –que es siempre donde "se sitúa el discurso" (*Escritos*, 64-65)— que lo sostiene en brazos, es decir, su Madre o quien se coloque en dicha posición. Se puede extrapolar esto a la actuación, en tanto tenemos allí al actor y al otro, es decir, al personaje pero ¿y qué pasa con el Otro? En general, en las propuestas actorales se descuida la cuestión del Otro, sea porque está mal planteada, o incluso mal pensada y hasta denegada. Así, "en el gesto por el que el niño en el espejo, volviéndose hacia aquel que lo lleva, apela con la mirada al testigo que decanta, por verificarlo, el reconocimiento de la imagen del jubiloso asumir donde ciertamente *estaba ya*" (*Escritos* 645, el subrayado es de Lacan; ver también *Seminario 10* 42).[75] Es así que tenemos, por un lado, el carácter anticipado de la imagen en la que el sujeto se aliena, que da lugar al yo (*moi*), como parte del registro imaginario; y, por otro lado, la figura del Otro —que "estaba ya" ahí— para ratificar desde lo simbólico esa alienación jubilosa, pero también posiblemente depresiva, en tanto ese Otro le muestra al yo la precariedad de su dominio jubiloso. El yo, en su alienación, es producto del desconocimiento, pero no de ignorancia —que es una de las tres pasiones lacanianas. El yo desconoce justamente el discurso del Otro, lo simbólico y, por esa vía, su inconsciente. Tenemos así al sujeto tachado, sujeto dividido.

Este dispositivo, en cierto modo elemental, ya nos permite hacer una primera incursión a nivel del teatro. Si pensamos que los estudios teatrales parten de lo que —por comodidad expositiva— designaría como "el axioma", para referirme a ese lugar ya común y, por lo tanto, no siempre explicitado, de que "el escenario refleja la sociedad", entonces queda por profundizar la existencia y el funcionamiento de ese espejo teatral, tanto a nivel de la dramaturgia como de la puesta en escena y obviamente en las metodologías de formación actoral. Por ejemplo, en el corpus stanislasvskiano (la relación actor/personaje, incluso la de director/actor o la de director/autor), el estadio del espejo nos invita a formular muchas preguntas: ¿de qué lado está el espejo en la propuesta de Stanislavski? ¿Es el actor la imagen del personaje o al revés? ¿Qué resulta insuficiente, desde este dispositivo lacaniano, en el sistema del maestro ruso? Asimismo, sin duda, resultaría productivo pensar la relación entre espectador/actor y espectador/personaje para ver quién aliena a quién y cómo las estéticas teatrales convergen o divergen en este aspecto. De alguna manera, el *Seminario 10* y

---

[75] En mi libro *Ensayo teatral, actuación y puesta en escena. Notas introductorias sobre psicoanálisis y praxis teatral en Stanislavski* partí de una sugerencia de Stanislavski para abordar la cuestión de la construcción del rol en el triángulo edípico, en Freud y en Lacan, cotejando el falo con el "modelo ideal" tal como lo plantea Diderot en *La paradoja del comediante*.

el objeto de la angustia —que ya no es especular, que es invisible— invita a una revisión radical del axioma que mencionamos antes.

Se nos impone preguntarnos si la versión filosófica de la mímesis es suficiente hoy para explicarnos —después del descubrimiento freudiano del inconsciente— qué es lo que el teatro refleja, cómo lo refleja, qué queda incluido y qué excluido en la representación, cómo abordar la cuestión del deseo y la del goce. La teatralidad del teatro, tal como la hemos definido antes, muestra que hay un marco para la representación y un espacio de reserva en el que se alojaría un objeto. ¿Es objeto de deseo o causa de deseo? ¿Objeto demandado o bien objeto separado, de goce? ¿Hasta qué punto la cuestión del objeto en el modelo óptico lacaniano y en su replanteo en la perspectiva de la angustia —e incluso su última elaboración sobre el semblante nos invita a profundizar nuestras investigaciones en relación no sólo con el teatro sino con el realismo, en su versión "clásica" y su versión en la nueva dramaturgia a partir de las vanguardias históricas y las neovanguardias? No deja de ser interesante el hecho de que Lacan intensifique su acercamiento al teatro, a partir de sus comentarios sobre la histeria, en el *Seminario 18 De un discurso que no fuera del semblante* donde incluso menciona a Brecht (2009: 143,146). No podemos ahora detenernos en este aspecto.

Teatralidad del teatro, protocolos teatrales y fase del espejo

Si ahora cotejamos el estadio del espejo con la teatralidad del teatro, varias cuestiones van a comenzar a esbozarse, y no todas podrán ser desarrolladas aquí. El aficionado al teatro (los ingleses tienen esa palabra estupenda "theatergoers" para designarlo) que asiste a una función en un teatro a la italiana, seguramente lo hace porque se siente completamente agobiado o aburrido, pasión ésta sin duda promovida por el capitalismo y su paraíso, el "entertainment". Busca algo de entretenimiento o de diversión, incluso alguna motivación capaz de darle impulso para transformar su vida, toda ella fragmentada en actividades dispersas, muchas intrascendentes o incluso solamente justificadas en virtud de su sobrevivencia. Este ciudadano paga su entrada de acuerdo a su clase o sector socio-económico y alquila un asiento por un par de horas. Todo esto lo hace en la ilusión de libertad según la cual él o ella deciden qué y cuándo ver o asistir al teatro. Es capaz incluso de imaginar que puede sentarse donde quiera, que sigue siendo él mismo o ella misma, pero no advierte que allí donde se sentó, ese "allí" desde el cual ve el espectáculo, es ya una máscara que lo esperaba ("ya estaba allí", como dice Lacan), sea impuesta por el diseño del teatro o por el proyecto de puesta en escena. Como Lacan insiste, el sujeto, más que hablar, es hablado: "el hablador es un hablado" (*Seminario 18* 72). Lo que verá desde ese lugar no es "objetivo" sino parcial y sin duda será completamente cuestionable. Toda crítica teatral debería comenzar por esta situación simbólica.

De alguna manera, frente al escenario y comenzada la función, este aficionado, ahora público, tiene la ilusión de que "otra" ilusión lo llegue a entretener y transformar, de que algo lo compensará de su falta, de que algo lo distraerá...de la castración, de la muerte. Se trata, como veremos luego en el modelo óptico, de una ilusión (real) sobre otra ilusión (virtual). El teatro, como un aparato ideológico del Estado o como un espacio alternativo, es siempre una máquina de producción de identidades, de ilusiones, es una de las formas, si se quiere, en la que el ciudadano trata de relacionar el "Innenwelt con el Umwelt" (Lacan, *Escritos* 102). Este ciudadano espera que "algo" le venga de ese escenario, de ese semblante de la verdad: algún guiño, alguna clave por la que la verdad hable o, por el contrario, por la que el espectáculo se la oculte. Frente a esta demanda, el grado de realidad o reflejo de realidad que admita sobre ese escenario —que no depende de él o ella, sino del Otro— será el que dosifique su placer o su incomodidad. Siempre queda la posibilidad del "acting out" o del "pasaje al acto", de salir del teatro antes de que termine la función o incluso de provocar un incendio y quemarlo, de irse a casa o tener un accidente en la calle, incluso, en un caso extremo, suicidarse a la salida o matar al villano. Ya conocemos hasta qué punto muchos teatristas se consagran a satisfacer esta demanda del ciudadano, algunos hasta se hasta se refocilan haciendo del teatro "una fiesta de caridad" (Lacan, *Seminario 18* 143).

Ya en la sala el ciudadano espera con cierta angustia: tose, se mueve en su asiento, mira el celular. Se apagan las luces y eso reconforta, porque de alguna manera este momento, aunque él no lo sepa, le permite suspender temporalmente su yo: el momento pacifica la angustia 'primordial' de la separación del cuerpo de la madre y de alguna manera el teatro a oscuras evoca ese "hábitat prenatal" que menciona Lacan (*La familia* 42). Se abre el telón y el estadio del espejo comenzará en cierto modo a hacer el trabajo de constitución del yo, el ajuste sociopolítico del yo. En su indefensión social y en el desamparo que procura la oscuridad, el ciudadano devenido público ve a un actor/personaje que de pronto hace cosas que él querría hacer por sí mismo (tal vez como el actor lo hizo antes, en el ensayo, preparando el personaje). Ese otro, esa Gestalt que responde a su forma humana, lo seduce. Mientras él está allí imposibilitado de moverse y con una motricidad limitada e incluso socialmente precaria, el otro en la escena es una imagen que le atrae, que el espectador asume para sí mismo como anticipo visual de una motricidad (social) todavía prematura. Fascinado o enojado con el actor o el personaje, pero en ambos casos identificado, en un momento quiere ser el otro, asumir esa imagen, dejar de ser lo que es, para ser lo que ve sobre el escenario. Ve al héroe o al villano y quiere en cierta forma cambiar el mundo con acciones loables o con crímenes ejemplares. Se aliena, pues, al actor/personaje. No hay estética teatral en que, bajo diversas estrategias –con o sin distanciamiento— no aparezca siempre como horizonte de expectativa una propuesta identificatoria.

De pronto, el espectador se da vuelta y mira hacia el palco oficial (rey, primer ministro o presidente, en todo caso, el representante de la autoridad que lo sostiene como ciudadano) para que lo ratifique en la imagen de sí que él está incorporando como propia, dejando fuera el resto de su ser (que, en todo caso, ni siquiera es su "ser", sino lo que él cree ser, ya que se trata de una imagen de sí –imagen real— que trae de la realidad social). ¿Será la imagen que viene del escenario una réplica exacta de la realidad, una copia fiel de sí mismo? ¿Se tratará, en cambio, de la imagen deseada por la Madre cuya autoridad lo ratifica o lo sanciona en su júbilo identificatorio? ¿Es una imagen de sí, o bien una imagen anticipada de lo que él devendrá o de lo que el Otro le ofrece para devenir? En todo caso, lo que ocurre sobre el escenario como espejo no lo refleja tal como ese ciudadano o esa ciudadana son. El realismo del espejo es sumamente cuestionable y no porque deforme, como en Valle Inclán, sino porque anticipa, porque su reflexión es selectiva, parcial, invertida, y sobre todo porque deja algo no especularizable. Sea como sea, el espectador se lanza a asumir esa imagen que anticipa (o quiere anticipar) su acción (social) futura. Se trata, pues, de una identificación imaginaria, narcisista, con la imagen que precipita una forma determinada.

El yo es entonces esta ilusión sumamente precaria de unidad, de constancia temporal, supuestamente igual a sí mismo, vanidoso de su saber sobre el mundo, pero sumido en el desconocimiento de sí; en fin, ese yo no es más que ese otro del espejo que lo anticipa selectiva y hasta inversamente. Ilusión precaria en tanto vive amenazada por la irrupción del inconsciente y la fragmentación (y, por ende, de la angustia) que delatan, desde el escenario, cómo el yo es instancia de desconocimiento. Razón de más para repensar el realismo y el distanciamiento brechtianos desde Lacan no solo como forma de no responder a la demanda del público –de la histérica, diría Lacan (*Seminario 18* 143)—, sino como táctica para advertir al yo de una identificación demasiado apresurada con el otro de la escena. Y, dicho sea de paso, también resulta interesante ver cómo opera el estadio del espejo en Stanislavski, cuando nos relata sus experiencias como espectador. El ejemplo de Otelo-Salvini/Otelo –el hermano árabe que conoce en París (*Mi vida en el arte* 148-158) es elocuente y no hay duda de que el acontecimiento imprevisto en el ensayo en que Stanislavski le abre al actor que hace de Yago, por accidente, la mano con el puñal, es un ejemplo fascinante de la "tyche" lacaniana (Lacan, *Seminario 11* 60); es un golpe de lo real que lo lleva seguidamente a "entender y enterarme del sentido verdadero del llamado realismo […] que termina casi donde comienza lo superconsciente" (Stanislavski, *Mi vida en el arte* 161).[76]

De alguna manera el ciudadano somete su júbilo inicial a ese Otro del palco oficial para que ratifique la imagen (y la moralidad) en la que él se ha alienado en su reflejo escénico. En el estadio del espejo, esa autoridad puede sonreír o levantarse e irse: juego de presencia y ausencia, que tanto subraya Lacan. Eso basta, como ya vimos, para sostener el júbilo o cuestionarlo. ¿Qué tipo de autoridad es ésta? Según el modelo del estadio del espejo se trata de la Madre, que representa lo simbólico: es una madre cuyo deseo apunta, no al niño, sino a un más allá del niño, a un falo imaginario. Es una autoridad, pues, cuyo deseo se dirige, según este modelo, a un más allá del público. El espectador, como el niño, puede querer ser ese objeto

---

[76] En la mayoría de los espectáculos que realizo con mis estudiantes, el ciudadano entra a un espacio vacío, no hay sillas ni tampoco se sabe bien dónde va a ser la escena, lo cual no deja de sumirlo en cierta angustia, particularmente en cuanto a su cuerpo. Esta angustia no se pacifica demasiado con el apagón. En tanto público tiene que decidir desde dónde va a mirar, y aunque puede desplazarse, generalmente no lo hace, tal es el peso del Otro que trae. Usualmente se sienta en un lugar, en el suelo, y aunque no pueda ver, difícilmente se mueve de allí. Solo los niños que asisten, van y vienen buscando ver más, mejor o con mayor cercanía, aunque muy rara vez traspasan la barrera del área iluminado/no-iluminado.

que le falta a la madre o bien puede querer ser esa madre fálica, omnipotente, esa madre que posee el falo imaginario. ¿Es necesario poner aquí ejemplos históricos concretos para sacar todas las consecuencias socio-políticas de esta situación cuando está mediada por el teatro? Esta situación de ser o no lo que le falta a la madre puede brindarle cierto júbilo por un tiempo, pero luego la angustia se incrementa cuando él siente la emergencia de sus propias pulsiones y, sobre todo, cuando se da cuenta de que lo que le falta a la madre lo tiene el Padre.[77] El Otro del palco oficial está allí, pues, para atestiguar su amor y, si falta o se va, deja al público en la incertidumbre respecto a lo ofrecido en la escena y respecto a la perspectiva oficial sobre lo que ocurre. No es necesaria su presencia, ya que el Otro en tanto tal va más allá de la anécdota de la madre. "Pero esa ya —escribe Lacan— no debe engañarnos sobre la estructura de la presencia que es aquí evocada como tercer término: no debe nada a la anécdota del personaje que la encarna" (*Escritos* 645). Obviamente, en la realidad, el mero hecho de que el espectáculo esté aprobado, promocionado en los medios, es una forma de estar autorizado. Hasta se podría suponer en este sentido que el teatro mismo, en tanto juego, es una forma de sustituir simbólicamente la ausencia de esa autoridad, como en el "fort-da" freudiano. Y por esta vía entender que el actor ocupe, como quiere Stanislavski, el lugar de una madre:

> Nuestro arte de creación es la concepción y nacimiento de un nuevo ser: el personaje en el papel. Es un acto natural semejante al nacimiento de un ser humano [...] En el proceso creador está el padre, el autor de la obra; la madre, el actor preñado con el papel, y el niño, el papel que ha de nacer. [...] Está la primera infancia, cuando el actor procura saber su parte. Luego intiman, disputan, se reconcilian, se casan y conciben. (*Preparación del actor* 314)

Sin entrar por ahora en el complejo de Edipo,[78] digamos que tanto el Otro como Madre que sostiene el niño —ese Otro oficial, que representa

---

[77] Conviene tener presente que en psicoanálisis las figuras de Madre y Padre son posiciones o lugares, incluso funciones que no se corresponden con los progenitores biológicos.

[78] Una vez más, para un desarrollo más extenso respecto a la concepción stanislavskiana del actor como mujer preñada y las contradicciones inherentes a su

lo simbólico primitivo—, como el otro, el actor, de alguna manera en tanto sustituto de la madre –el carretel del "fort-da", de la madre faltante en escena— ambos pueden nutrir al público –una forma de canibalizar a la madre— pero también pueden devorarlo, "la imago, beneficiosa en un principio, se convierte en un factor de muerte" (Lacan, *La familia* 40). La figura del Padre en tanto instaurador de la ley se hará necesaria aquí para permitir al público no quedar atrapado en este peligroso juego imaginario. Como dice Lacan en *La familia*, hay una "ambivalencia de la vivencia", en tanto "el ser que absorbe es plenamente absorbido y el complejo arcaico le responde en el abrazo materno" (36). Es este Otro paterno el que interviene para sacar al público de la identificación imaginaria (con la escena) y promover en él la identificación simbólica. El yo en tanto alienado a la imagen especular nos llevará así a introducir la cuestión del ideal del yo y el yo ideal.

La teatralidad del teatro y la ilusión teatral: la sensación de realidad y el realismo

Para avanzar rápido, a los efectos de plantear el lugar de lo imaginario en la estructura simbólica, Lacan tendrá que complejizar el aparato del espejo. Partirá ahora del modelo óptico del ramillete invertido, que toma de un libro de óptica y geometría de Bouasse (*Escritos* 640). Este modelo –el que Lacan elaborará después del "florero invertido"— se nos hará más familiar a los teatristas, en la medida en que nos permite, incluso a nivel visual, comenzar a plantear analogías más directas con la teatralidad del teatro.

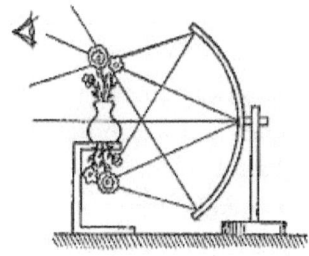

perspectiva, además de la relación con el complejo de Edipo, ver mi libro *Ensayo teatral, actuación y puesta en escena. Notas introductorias sobre psicoanálisis y praxis teatral en Stanislavski*.

No es demasiado arriesgado hacer homologías entre este diseño y el de la teatralidad del teatro, tal como lo presenta la política de la mirada en la sala a la italiana que hemos tomado como paradigma. En la experiencia del ramillete invertido, tal como se nos la relata en el *Seminario 1* (125-127), tenemos un florero puesto sobre una caja hueca apoyada sobre una base; dentro de la caja se ha colocado un ramillete. Estos elementos están colocados frente a un espejo cóncavo. Frente al espejo se coloca el ojo del observador que, obviamente, no puede ver el ramillete dentro de la caja. Como la caja está abierta por uno de sus lados, precisamente el que da hacia el espejo, por convergencia de los vectores (para un ojo colocado en cierta posición), el espejo nos devuelve una imagen "real" en la cual el ramillete aparece metido en el cuello del florero. "Como sus ojos deben desplazarse linealmente en el mismo plano –nos dice Lacan— tendrán una *sensación de realidad* sintiendo, al mismo tiempo; que hay *algo extraño*, confuso, porque los rayos no se cruzan bien. *Cuanto más lejos estén*, más influirá el paralaje, y *más completa será la ilusión*" (*Seminario 1* 127, el destacado es nuestro).

Nuevamente tenemos aquí –y Lacan avanza críticamente sobre ciertos presupuestos positivistas, especialmente de la psicología— la captación por el ojo de una imagen con una unidad ilusoria. Lo que estaba separado, invertido "en la realidad", incluso oculto (a la percepción directa del ojo), aparece ahora como formando una imagen unitaria que es completamente ilusoria. Así, conectado con el estadio del espejo, volvemos a tener un mundo formado por imágenes unificantes e ilusorias producidas por el espejo cóncavo. Son imágenes, si se quiere, mixtas, en el sentido de que dan cuenta de "un mundo donde lo imaginario puede incluir lo real" (1 *Seminario 1* 129).[79] Una vez más, Lacan nos insiste en que "el sujeto toma conciencia de su cuerpo como totalidad" (*Seminario 1* 128). Este primer narcisismo es, como ya vimos, una identificación inicial con cierta *Gestalt* de la forma humana (213), sobre la que luego se sobreimpondrán otras identificaciones secundarias, tal como lo explota de modo genocida la publicidad. Así, esta imagen anticipa un dominio motor sobre un cuerpo que todavía no lo ha conseguido: "la sola visión de la forma total del cuerpo humano brinda al sujeto un dominio imaginario de su cuerpo, prematuro respecto al dominio real" (*Seminario 1* 128), es decir, anticipa imaginariamente lo que no se le da

---

[79] Asimismo, el público frente a la escena, recibe una imagen mixta, hecha de elementos imaginarios (relato, personaje, etc.) y elementos de utilería y escenografía, de iluminación, vestuario, etc.

efectivamente en su cuerpo. En esta "aventura imaginaria" del hombre, éste "se ve, se refleja y se concibe como distinto, otro de lo que él es" (128); esta dimensión imaginaria, que es esencial al sujeto humano, "estructura el conjunto de su vida fantasmática" (128). Ahora el sujeto puede separar lo que es y lo que no es el yo; lo que no es el yo, es el otro, el semejante, los otros, el prójimo, el mundo. Y esto nos plantea introducir el tema de la identificación y la agresividad.

Identificación y agresividad: yo ideal e Ideal del yo

La imagen del otro no es sólo la que devuelve el espejo como imagen propia, sino que esa imagen en el espejo es también el otro, el semejante. El actor/personaje es una imagen en la que el espectador se aliena, tal como ocurre con ese semejante al que ama y odia: "sus conductas revelan con evidencia la ambivalencia estructural, esclavo identificado con el déspota, actor con el espectador, seducido con el seductor" (Lacan, *Escritos* 117).[80] El otro —especialmente cuando se trata del intruso, como lo llama Lacan en el complejo de intrusión en *La familia*, ese hermanito que ahora lo ha desplazado de su privilegio respecto al seno materno— desencadena celos y agresividad, ya que ese otro no sólo le disputa el objeto de su deseo, sino que además parece ocupar una posición de dominio. El deseo del público es ahora el deseo de otro, el deseo del actor o del personaje. Tanto la imagen propia como la imagen del semejante parecen contar con todas las virtudes y en ese sentido constituye lo que se denomina el "yo ideal". Pero como el otro parece también ocupar el lugar del yo, esto despierta rivalidad, competencia y agresividad --pero no agresión directa ni pulsión de muerte o deseos de destrucción— a nivel imaginario. El espectador quiere ser el héroe o el villano, o bien quiere ocupar el lugar del actor como celebridad conocida; sin embargo, no lo logra y por eso amor y celos se debaten en su interior.[81] Ese otro corresponde a un ideal narcisista de perfección, incluso

---

[80] Obsérvese que Lacan no dice "del espectador con el actor", lo cual nos impone pensar la identificación de una manera novedosa en nuestra praxis teatral, en la que nunca pensamos cómo el actor se identifica con el espectador. Podemos leer aquí cómo todo ensayo teatral se realiza, consciente o inconscientemente, bajo un cierto ideal de público.

[81] Bastaría recordar aquí, a manera de ejemplo, cómo Yolanda Saldívar, la presidenta del club de fans de Selena, la cantante chicana, asesinó a su propio ídolo con un disparo mortal.

delirios de grandeza, a los que el yo no puede alcanzar en la realidad. Bastaría aquí desarrollar lo que se le ocurre a ese espectador privilegiado que conocemos como "crítico teatral" para ver cómo funciona la identificación con el otro (autor, director o actor) en este juego de ambivalencia. Cuanto más se identifica con el otro narcisísticamente, mayor será la agresividad, instrumentada justamente para diferenciarse del otro. Recordemos que esta lucha entre fascinación por el otro y agresividad hacia el otro no es interna al yo –intersubjetiva, dice Lacan—; esta omnipotencia narcisista pre-edípica de querer ser como el héroe se desenvuelve en el registro imaginario.

Hasta aquí no se le escapó a Lacan y no se nos escapa a nosotros en nuestra praxis teatral la insuficiencia de esta experiencia del ramillete invertido. Insuficiente porque, como lo sabemos en el teatro, el florero y las flores no están allí como objetos para reflejarse. La imagen que devuelve el escenario resulta provenir del espectador mismo, si podemos decirlo así, de su imaginario, por eso al instalar un espejo plano, Lacan nos resuelve mejor el problema a los teatristas: la imagen del escenario es virtual, no real, porque la imagen real (que tendríamos fuera del teatro)[82] no está —como veremos en el modelo del florero invertido— a disposición del espectador. Es aquí donde va a complejizar el dispositivo, sobre todo colocando, frente al espejo cóncavo, otro espejo, esta vez plano. Además de cambiar la posición del florero, que ahora será el que está dentro de la caja, cambia también la posición del ojo, ya no enfrentado al espejo cóncavo sino frente al espejo plano. De alguna manera, ya el ojo del observador no tiene posibilidad de ver la imagen 'real' del florero invertido sobre el espejo cóncavo; solamente puede ver su imagen 'virtual' reflejada en el espejo plano. Lacan insiste en que lo imaginario y lo real actúan al mismo nivel y por eso propone un vidrio transparente en el lugar donde estaría el espejo plano (*Seminario 1* 214), en el cual el público no solamente se ve, sino que además puede ver cómo lo real y la imagen coinciden.

En este dispositivo el estadio del espejo se complejiza aún más y será el que más desarrolle la relación entre lo imaginario y lo simbólico. En efecto, Lacan va a proponer que el espejo plano es el Otro simbólico (A [Autre]), el que abre un espacio virtual, inconsciente. De modo que ahora el ojo, si está en cierta posición entre el espejo cóncavo (al que ya no ve) y el espejo plano, de alguna manera invisibilizado, transparente, solamente

---

[82] Recordemos que, más allá de la teatralidad del teatro, hay una teatralidad social.

puede captar la imagen unitaria de su yo ya no por reflejo simple, sino por intermediación de lo simbólico (lenguaje, cultura, etc.).[83]

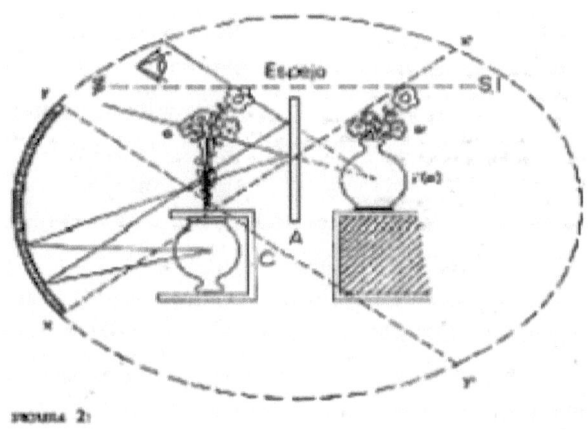

Figura 2:

No va a ser la imagen "real" en el espejo cóncavo, sino la reflexión de esa imagen, ahora "virtual", en el espejo plano. Imagen de imagen, pues; por lo tanto, como ya dijimos, ilusión sobre otra ilusión, escena dentro de la escena. De cierta manera, esto nos devuelve a la idea de que el teatro es un espacio de representación dentro de un espacio de representación mayor, el de la sociedad espectacular, donde también casi todo está teatralizado. Y todavía esa escena que denominamos "teatro" puede desdoblarse más, como ocurre en Hamlet. Comenzamos a ver así cómo el sujeto se distingue del yo. Lacan va a poder ahora conceptualizar mejor el yo ideal i(a), en el registro imaginario, y el Ideal del yo I(A), a nivel simbólico. Los extremos del espejo cóncavo x-y determinan el campo de posibilidad de la visión, y los extremos del ángulo x'-y' el del espacio virtual de la ilusión, es decir, sólo es posible ver ajustadamente la imagen virtual en el espejo plano. De modo que el escenario aparecería como el espacio donde vemos esas imágenes virtuales "enmascaradas". Detrás de ellas, más allá del espacio virtual, yace el objeto de la angustia.

Podemos ahora plantearnos la pregunta sobre el yo ideal: ¿cómo controlar o arbitrar esa alienación fascinada o esta agresividad en relación al semejante? No es el yo el que está capacitado para autocontrolarlas. Es aquí donde interviene ese Otro que sostiene al niño y lo reafirma en su

---

[83] En la primera parte de este libro ya hemos mostrado cómo no hay relación dual, identificación del sujeto al otro, más que imaginariamente y cómo no hay percepción que no esté, digamos, ya filtrada por el Otro.

imagen. Ese Otro es el que simbólicamente regula la relación con el otro mediante el Ideal del yo. Ese Ideal del yo aparece como determinando qué imágenes son las que promueven satisfacciones narcisistas, cuáles son simbólicamente aceptables para la autoestima excluyendo las que lo amenazan. Por eso ese Otro del palco oficial sonríe si la imagen que proviene de la escena corresponde a ese Ideal del yo; y se retira o censura si esa correspondencia no se establece. Sin embargo, responder a ese Ideal del yo, que aparece al declinar el complejo de Edipo junto con el superyó —con el que muchos lo confunden— ahora promovido por lo simbólico, no es siempre provechoso, en la medida en que supone un ideal no necesariamente conveniente para el sujeto, como lo demuestran los ideales culturales a lo largo de la historia, promovidos por la cultura blanca, por ejemplo, o por los ideales heterosexuales, incluso por ideales fascistas, que se impusieron y se imponen —a través del teatro y de los medios de comunicación— a sujetos que por sus características raciales y genéricas no pueden responder a ellos. Lo mismo podría cuestionarse hoy para cierto teatro "gay" supuestamente más liberador, que no obstante impone un Ideal del yo determinado sobre sujetos que, en otro caso, podrían y querrían vivir su homosexualidad de una manera completamente diferente a la promovida por la cultura "gay".

El Ideal del yo —en tanto instancia contractual— forma comunidades, pero también las ortopediza, las encorseta; sin embargo, de alguna manera regula los índices de agresividad en la medida en que los que se somente al ideal como los que lo desafían o no pueden responder a él, lo que se reconocen bajo el ideal como los que se sienten discriminados por él, ocupan posiciones determinadas en un campo más o menos legislado, que impide la violencia total. Todo Ideal del yo tiene un lado pacificador y otro discriminativo. Lacan nos advierte sobre esta instancia en cierto modo reguladora del Ideal del yo cuando nos dice que "el sujeto se constituye como ideal en el Otro, que la definición de lo que adviene como yo, o yo ideal –que no es el ideal del yo—, lo ha de ajustar en el Otro, es decir, que su realidad imaginaria la ha de constituir en el Otro" (*Seminario 11* 150). La escena puede así funcionar como una máquina de promoción de ideales del yo, a fin de ajustar el yo ideal de los espectadores. Ya Lacan denunció a la Ego Psychology por promover al analista como Ideal del yo y ajustar al analizante a ese ideal. Cualquier objeto, incluso el más despreciable, puede elevarse a la categoría de Ideal del yo y promover la identificación secundaria con él. Lacan, siguiendo al Freud de *Psicología de las masas y análisis del yo*, menciona el ejemplo del Führer (*Escritos* 649). En lo que a nosotros nos interesa aquí, la advertencia vale para darnos cuenta de que nada autoriza a que el director, el actor o incluso el autor se coloquen en ese lugar del Ideal del yo. No importa si la historia contada sobre el escenario tiene valores de denuncia, ya que ésta por sí sola no puede promover transformaciones del yo ideal. Se debe ir más lejos y alterar los Ideales del yo ofrecidos para regular las fascinaciones y agresividad de la identificación narcisista.

Aunque no podemos tratar aquí el tema de la mirada, vale la pena anotar que, como lo muestra el modelo óptico, hay un desajuste entre ver y mirar: "allí donde el sujeto se ve, o sea, donde se forja esa imagen real e invertida de su propio cuerpo que está presente en el esquema del yo, no es allí desde donde se mira" (Lacan, *Seminario 11* 150). El sujeto —anclado en lo simbólico— no (se) ve lo mismo que el yo y este desajuste debería ser explorado a nivel no sólo de la teatralidad del teatro, sino también de la praxis teatral en general, especialmente en el campo de la formación actoral. En este ensayo no nos es posible extendernos en la relación entre estadio del espejo, el modelo óptico y la actuación, es decir, en la relación del actor y el personaje, o del actor y el director, tomados alternativamente como espejos, ni tampoco abordar esa otra relación, menos estudiada, entre el actor y el público como espejos intercambiables.

Volvamos al modelo óptico. En el modelo del ramillete invertido, son las flores las que aparecen imaginariamente sobre el jarrón "real". Pero en el modelo del florero invertido, es el jarrón el que rodea imaginariamente las flores "reales". Lacan nos explica: "la imagen del cuerpo —si la situamos en nuestro esquema— es como el florero imaginario que contiene el ramillete de flores real. Así es como podemos representarnos, antes del nacimiento del yo y su surgimiento, al sujeto" (*Seminario 1* 128). Y agrega frente a su auditorio: "La caja representa el cuerpo de ustedes. El ramillete son los instintos y los deseos, los objetos de deseo que se pasean. ¿Y qué es el caldero [el espejo cóncavo]? Tal vez el cortex" (*Seminario 1* 129). Y el ojo "es aquí el símbolo del sujeto" (129) y no se ubica en lo imaginario, como el yo, sino en lo simbólico. Más tarde nos dirá que las flores son el objeto *a*, como objetos parciales, y que el jarro rodea imaginariamente dicho objeto (*Escritos* 648). Sin embargo, tenemos que insistir en que el sujeto dividido solo puede ver esa imagen ya no sobre el espejo cóncavo, sino sobre el espejo plano, como imagen virtual, y sólo si se desplaza dentro de ese campo de visión, o si el espejo es un vidrio transparente. Si recordamos que los espejos devuelven —en el estadio del espejo como en el modelo óptico—, la imagen del cuerpo, resulta que constatamos, como nos dice Lacan, "el poco acceso que tiene el sujeto a la realidad de ese cuerpo" (*Escritos* 643). Las consecuencias teóricas y prácticas que surgen de esta aproximación lacaniana, especialmente para la teoría y práctica de la actuación, aunque no podemos elaborarlas aquí, tienen un potencial de productividad evidente.

La cuestión del realismo

> todo discurso que aspira a abordar la realidad se ve obligado a mantenerse en una perspectiva de perpetuo deslizamiento de sentido. En ello reside su mérito y también la razón de que no haya realismo literario.
> Jacques Lacan, *Seminario 5* 83

El yo se cree entonces Uno, contable, entre todos los demás objetos, se siente el centro del mundo, siente que domina los objetos de ese mundo –ilusión de agencia— y, en el desconocimiento de su inconsciente, alardea no obstante de un conocimiento de ese mundo, hecho a su medida. En Lacan el yo es un objeto entre otros, no es el sujeto. El yo no observa el mundo objetivamente, el "realismo" de que es capaz es, como vimos, un híbrido de imaginario y real; de algún modo el yo construye ese mundo sobre una base narcisista: percibe lo que lo confirma y excluye lo que lo amenaza, es decir, su objetividad es completamente cuestionable.[84] De modo que el realismo no deja de estar condicionado, sea cual fuera su obsesión testimonial, arqueológica o fotográfica, por esta perspectiva narcisista e imaginaria. A esto hay luego que sumar la forma en que ese yo ideal es ajustado por el ideal del yo, y entonces nuestro humilde "axioma" de que el teatro refleja la realidad parece quedar muy cuestionado. Así como Lacan nos advierte, el conocimiento que produce el yo es paranoico, el yo ve solo lo propio en el afuera y toma del afuera lo que no lo amenaza. Hay que esperar entonces –en el teatro como en la ciencia— que algo en la dimensión de la sorpresa, algo que viene del inconsciente –lapsus, chiste, "automaton" o "tyche"— rompa, desgarre esta ilusión de unidad, continuidad y consistencia del yo, de alguna manera lo fracture para abrirle la dimensión

---

[84] No es necesario mucho esfuerzo para ver en estas consideraciones la crítica a la ciencia, basada en el yo desde Descartes; la objetividad es, por lo demás, un problema que se va ajustando a lo largo de la historia de una disciplina. Los estudios teatrales y la filosofía del teatro no escapan a estas limitaciones científicas.

del sinsentido –o del "poco sentido", como prefiere designarlo Lacan en el *Seminario 5* (103)— y, por esa vía, se produzca el encuentro con una imagen, un nuevo saber o conocimiento.[85] Lacan solía citar la frase de Pablo Picasso: "Yo no busco, encuentro", que en cierto modo dice en forma abreviada aquello manifestado por Francis Bacon y que hemos puesto al principio como epígrafe de este libro. No está demás agregar que la creatividad, en la ciencia como en el arte, opera en contexto de descubrimiento y depende de este instante de sorpresa y de manifestación del sinsentido, lo que no está aún significantizado, esto es, la irrupción de lo Real. Por eso, en otros trabajos desarrollé la cuestión de la sorpresa y cómo el psicoanálisis puede guiarnos en el trabajo con ella durante el ensayo teatral.[86] Un actor o un director que desconocen esa instancia pulsativa del inconsciente, que la desechan porque parece sin sentido, que no van tras esa sorpresa, corren el riesgo de reproducir el Ideal del yo o, más grave, de sucumbir al yo ideal.

Una vez más estaríamos en condiciones de interrogar el axioma de que el teatro, la escena, especialmente la que surge a partir de la modernidad occidental, reflejaría la realidad social y, por esa vía, plantearnos –alguien dijo que "el teatro sabe"— qué tipo de saber produce la escena, lo cual depende del lugar del ojo que la observa y también del tipo y juego de espejos que se proponen. Lo que el ojo del público ve –o del autor /director/actor— resultaría ser una ilusión de unidad de la realidad más que la realidad en sí, una imagen virtual de una realidad escamoteada y que ya ha sido incluso procesada como imagen real.[87] En todo caso, hasta resultaría ser la inversión de la realidad o bien una imagen real que unifica objetos dispersos, pero que tampoco están a disposición directa del sujeto; de ahí los esfuerzos fallidos del realismo por reproducir en la escena lo que "supuestamente" el público ve en el mundo, con una coherencia que, como vemos, no es más que una petición de principio. En el extremo de este argumento, por lo demás, se percibe una negación del arte como tal: poco

---

[85] En otra parte de este libro hemos tratado la diferencia entre saber (*savoir*) y conocimiento, y apuntado las confusiones en las traducciones de Lacan al inglés, donde *knowledge* cubre ambos conceptos radicalmente diferentes.

[86] Ver mi ensayo "Aproximación psicoanalítica al ensayo teatral: notas preliminares al concepto de transferencia y el deseo del director" y también el capítulo en este libro dedicado a la transferencia.

[87] Desde los primeros seminarios Lacan insiste en que la "realidad" es siempre una construcción, y por eso en psicoanálisis se dice que se trabaja con la "realidad psíquica".

sentido tiene ofrecerle al público una realidad en la escena que puede ver mejor fuera del teatro.

Si volvemos al discurso arquitectónico de la teatralidad del teatro, con la política de la mirada que supone el diseño clásico de sala a la italiana (se la monte en sala o en cualquier otro lado), vemos que la ilusión de realidad está planteada, desde la escena y por la escena, para un ojo central que mira desde un punto privilegiado, pero no cercano al escenario, como ocurre con las primeras filas de platea, las más caras. Es evidente que cuanto más alejado se está del escenario y cuanto más "manchada" o limitada sea la imagen percibida, mayor es el grado de ilusión teatral. Los ciudadanos capaces de pagar las primeras filas no son lo que necesitan de esa ilusión, no son los destinatarios de la ilusión teatral; ellos pueden ver los trucos del montaje, las costuras de último momento de vestuario, los defectos del maquillaje; el Otro, en cambio, desea –por eso hablamos de *política* de la mirada— esa ilusión para los que están en paraíso y para el placer del gobernante. Porque admitamos que el gobernante es sólo representante del Otro, pero no el Otro. De modo que una teoría de la recepción teatral debería cuestionarse –ni hablar de la crítica teatral— hasta qué punto esa ilusión es la misma cuando el ojo se desplaza y los vectores se organizan de otra manera, produciendo todo tipo de imágenes virtuales producto de un reflejo de imágenes reales que, como el objeto que las determina (objeto *a*), no están a disposición del sujeto o no son especularizables. Así, el que mira al sesgo, para tomar aquí el título del libro de Žižek, sea porque está desplazado respecto del ángulo central, puede ver entre bambalinas, puede ver lo que pasa entre las patas laterales, puede ver incluso anamórficamente, de modo que la ilusión teatral impulsada por el Otro fracasa, porque el espejo ya no es tan nítido o porque desajusta la relación entre lo real y lo imaginario que supuesta e ilusoriamente quería hacer coincidir. Ese "ver más allá de la escena" tendrá consecuencias importantes en lo socio-político y en lo estético.

¿Cuál es la responsabilidad de los teatristas en este juego de espejos? El desplazamiento del ojo produce desplazamientos –a veces con sorpresas anamórficas— que pueden llegar a cuestionar completamente la hegemonía de la ilusión. No por casualidad Lacan apela aquí al arte y los artificios de la anamorfosis (*Escritos* 648). Ya Valle Inclán en su *Luces de Bohemia* nos había advertido sobre esto hace mucho tiempo, pero en un sentido contrario al de Lacan, porque el espejo que Valle le ofrecía al público solo le daba su imagen deformada que, obviamente, se sobreimponía sobre la imagen ya capturada por el yo ideal, develándole su falsa percepción. Lacan, sin embargo, también en el *Seminario 10* va a plantearse la relación entre espejo y lo siniestro. Pero el espejo lacaniano no es deformante; no se propone la deformación de lo que refleja, sino que solo organiza lo disperso: "Lo que el sujeto, que sí existe, ve en el espejo es una imagen, nítida o bien fragmentada, inconsistente, incompleta" (*Seminario 1* 213), dependiendo de cuál sea su posición en relación a la imagen real. Sólo nos anticipa, pues, una imagen ilusoria. Sólo al incluir el espejo plano en el modelo y plantearnos que este espejo puede moverse 90°, Lacan nos da otra alternativa para captar la ilusión, en la medida en que este nuevo espejo abre el juego de imágenes reales y virtuales y, al moverse, deja ver al sujeto la diferencia entre lo simbólico y lo imaginario, ya que –como dijimos para la sala a la italiana— "[d]emasiado cerca de los bordes, se ve mal. Todo depende de la incidencia particular del espejo. Solo en el cono puede obtenerse una imagen nítida" (*Seminario 1* 213). El dramaturgo, el director, el actor, en fin, el artista, debería justamente trabajar en esta instancia en la que, moviendo el espejo plano, se produce un desajuste para que el espectador virtual vea "mal" esas imágenes supuestamente reales y desmote su finta.

Lo interesante es que Lacan ya señala en el *Seminario 1* que la "sensación de realidad" –que no obstante va siempre a tener algo de "extraño"— se hace más completa cuando mayor sea la distancia de los ojos en relación al espejo. Más tarde, en el *Seminario 10* Lacan retomará ese aspecto al plantear el objeto de la angustia en relación a este mismo modelo óptico, cuando lo que aparece sobre el florero tiene mucho que ver en lo "siniestro", tal como Freud lo va a conceptualizar. Y esto nos lleva a muchas otras cuestiones que no podemos trabajar aquí. Solamente dejamos indicada para otra oportunidad la pregunta sobre el estatus del goce y el objeto *a* causa del deseo en la teatralidad del teatro.[88]

---

[88] Ver en Adenda un gráfico que sintetiza la propuesta realizada en este capítulo.

Praxis teatral: Hacia un teatro para la emancipación.

El presente ensayo pretende seguir los lineamientos presentados en formato Power Point durante la conferencia magistral que, con el mismo título, presenté en Xalapa durante la realización del VI Coloquio Internacional sobre las Artes Escénicas, convocado por la Universidad Veracruzana sobre el tema de "Arte y ciencia de la investigación escénica". Se me sugirió reflexionar sobre mi tarea en Whittier College en un curso que, bajo el nombre de *Workshop in Latin American Performance Experience*, dicto desde hace 17 años todos los semestres de primavera. La invitación me fue cursada para mostrar cómo se relacionaban la teoría y la práctica en este encuadre universitario del Workshop en el cual los estudiantes crean un espectáculo en español.

Para responder a esa demanda, y en la medida en que no se trataba de un encuadre analítico –en donde nunca es conveniente hacerlo—, me fijé ciertos parámetros que vale la pena anticiparle al lector: en primer lugar, me propuse hablar como teatrista, es decir, desde la perspectiva del hacedor de teatro, no como estudioso del mismo. En segundo lugar, mis esfuerzos –aunque recurrieron a polarizaciones extremas a los fines de la exposición— se orientaron a oponer y separar la praxis teatral de los estudios teatrales, tal como éstos se desarrollan en la academia. En tercer lugar, aunque muchas reflexiones de este ensayo puedan disparar un debate sobre diversas cuestiones, lo importante es tener presente que de ningún modo ni mi tarea en el Workshop ni las reflexiones que me provocaron durante años se proponen como un modelo y menos aún como un modelo a aplicar.

La demanda a la que fui convocado suponía abordar varias zonas de conflicto: por un lado, la relación entre teoría y práctica; por otro y de forma un tanto velada, la problemática relación entre la creatividad artística y la institución universitaria. La expectativa dada en el tema que convocaba el Coloquio apuntaba a esa relación entre arte y ciencia en la investigación escénica, lo cual abre por lo menos a varios supuestos: que hay una relación posible entre arte y ciencia, que es posible la investigación "científica" en el arte y que la ciencia (¿cuál?) puede tener algo que decir al respecto. Y si, como quería Lacan, toda demanda es siempre demanda de amor y el analista no debe responder a ella, no obstante voy a posicionarme desde el psicoanálisis—además de hacerlo como teatrista— para enfrentar estas cuestiones dirimidas en el Coloquio. Como se verá y para decirlo brevemente, no pude afrontar el desafío desde el amor.

Antes de pasar a abordar los supuestos que me convocaban, es importante detallar muy brevemente en qué consiste el Workshop en el que oficio como coordinador o director, posicionándome en lo posible desde el discurso de la histérica o desde el discurso del analista, tal como Lacan los estableció. En la medida de lo posible, ya que el Workshop se realiza en una institución académica, me confronto con los otros dos discursos planteados por Lacan: el discurso del Amo y el discurso de la Universidad.[89] Muy sutilmente, cada espectáculo es una manera de afrontar el malestar en la cultura del capitalismo neoliberal, es decir, la escena surge de un entramado de cuestiones culturales y políticas que están presentes a nivel inconsciente en el grupo de cada semestre. A su manera también presentan críticamente (y a veces hasta en forma políticamente incorrecta) el discurso capitalista que, aunque no es un discurso en sentido estricto, Lacan vio la necesidad de introducir en un momento de su enseñanza. Pues bien: el Workshop, que no es un curso del Departamento de Teatro sino del Departamento de Lenguas y Literaturas, dura un semestre de 13-14 semanas, a dos encuentros semanales de hora y media. Se registran estudiantes que no tienen formación teatral y lo hacen después de una entrevista conmigo. Durante el semestre se da un entrenamiento corporal básico (en el sentido de 'elemental', pero también en tanto el cuerpo es el soporte básico fundamental), se improvisa, se escribe un guion, se ensaya y se presenta al público en dos funciones. Los espectáculos no responden a los protocolos de la narratividad de tipo aristotélica ni a los de la creación colectiva tal como se practicó (y todavía se practica) en las décadas de los 60-70s. El guion no tiene *un* autor con nombre y apellido, pero sí remite a *un* sujeto, entendiendo por tal el sujeto del inconsciente, que Lacan quiso transindividual y no colectivo, esto es, a pesar de que el grupo esté formado por varios individuos, el show solo da cuenta de un sujeto. Tendremos que volver sobre estas distinciones más adelante.[90]

En mi Workshop, tal como ocurre en el teatro independiente o alternativo en América Latina, se trabaja desde lo artesanal, como es habitual dentro o fuera de las instituciones. Estos dos determinantes son cruciales porque articulan una brecha con el teatro comercial y sobre todo con

---

[89] Ver mi ensayo "Los cuatro discursos lacanianos y las dramaturgias".

[90] Para una descripción puntual de la forma y los presupuestos que fundan el Workshop, y de mi saber-hacer en él, ver en este volumen mi ensayo "Pedagogía y deseo: praxis teatral y creatividad en español en la universidad estadounidense".

el teatro universitario en Estados Unidos, en los que se realiza un trabajo con tecnología digital y procedimientos de producción muy pautados que, a la larga, definen una profesionalidad del teatrista tal como la exige la gran industria del espectáculo.[91] En esa brecha es donde se disciernen cuestiones relativas al arte y la ciencia, con la intermediación de un componente místico (no necesariamente afiliado a una religión); en cada caso particular (sea un grupo teatral, sea una escuela universitaria, sea una institución teatral) se enfatiza uno de estos componentes sobre el otro. Ciencia, religión y arte fueron, además, las postas por las que pasa la enseñanza lacaniana a lo largo de su trayectoria.

Teoría y práctica en la academia

Dentro y fuera de la academia hay un debate en cuanto a cómo debe realizarse, facilitarse, incrementarse el diálogo entre, por un lado, la creatividad cuyos resortes —bajo los significantes de inspiración, intuición, talento, locura— se disparan desde el inconsciente y, por otro, la reflexión metódica y consciente, racional y lógica que la ciencia, con su dimensión teórica entendida como abstracta aportaría para la dilucidación de aquello que ocurre en lo artístico. La esperanza se instala en un ideologema clasicista que aspiraría a formar profesionales capaces de realizar trabajos artísticos a partir —como requería Boileau (1636-1711)—del supuesto de que "Antes que escribas aprende a pensar según la idea" (16). Desde ese ideologema se llega, en nuestros tiempos, al procedimiento de aplicación o aplicabilidad: la práctica resultaría de aplicar la teoría. Se trata, para usar términos epistemológicos, de proceder a la demostración y justificación de la teoría a partir de la práctica y, en algunos casos, a una dialéctica entre ambas instancias, donde con mayor o menor grado de ortodoxia una iluminaría a la otra, corrigiéndose mutuamente. De este modo, se aspira a que la 'idea' sea la encargada de fijar el proyecto artístico y poético y de comandar el proceso de su realización. Los estudios teatrales —con sus discursos diversos— se encargarían así de facturar buenas ideas (políticamente correctas o no) que los estudiantes de teatro podrían luego implementar en su proceso creativo. Los estudios teatrales han apelado así a la filosofía, la lingüística y la semiótica, diversos discursos provenientes del feminismo como la teoría queer, los estudios gay y lésbicos, los estudios postcoloniales o subalternos,

---

[91] Ver mi ensayo "Los cuerpos del actor".

los estudios de performance con base en lo escénico o en la antropología, etc. Lo cierto es que –me consta– en la academia ocurre justamente lo contrario: los estudiantes parten de elaborar un trabajo creativo siguiendo sus intuiciones, sus intereses e impulsos, y luego deben vérselas con la necesidad de desbrozarlo rescatando la 'idea' supuestamente disparadora, formulando hipótesis que no se discernían al principio y, además, justificarlas apelando a todo tipo de discurso disciplinario de circulación validada por la academia. Sin embargo, la justificación de las hipótesis en el campo teatral no corresponde a las exigencias epistemológicas con las que trabajan las ciencias 'duras'; muy por el contrario, la exigencia de 'justificar' el trabajo creativo juega en dos vertientes: en primer lugar, elaborar una escritura académica, lo cual ya supone muchas dificultades para algunos estudiantes; en segundo lugar, entender el criterio de justificación como erudición y manejo de bibliografía autorizada, ni hace falta decirlo, dista mucho de ser el procedimiento de justificación en el campo de las ciencias duras. Pero aquí se instala otro problema: como ya lo había planteado a mediados del siglo pasado Gaston Bachelard: "La paciencia de la erudición nada tiene que ver con la paciencia científica" (10).

Por el lado de la creatividad, en cambio, se pone el acento en la práctica, entendida como experiencia y sobre todo como técnica (entrenamientos actorales y corpo-vocales diversos, con convergencia de la danza y otras artes). Se confía en la destreza y el oficio como garantía para producir un buen producto artístico. Y como la academia se ve compelida a garantizar la certificación de profesionales idóneos, como prioriza la teoría, exige puntualmente dar cuenta de los procesos creativos y de la dimensión práctica desde algunas disciplinas incorporadas a los estudios teatrales. La 'investigación' es concebida en una dimensión 'científica', esto es, no tanto porque se tenga un conocimiento puntual de los protocolos epistemológicos y metodológicos, en el sentido de conocer la estructura lógica de cada método disponible (esencialista o constructivista), sino –tal como mencionamos antes— se la entiende como erudición, a partir de la lectura y la aplicación de bibliografías académicas más o menos consagradas. Incluso para la investigación de la base de algunas técnicas, se apela a disciplinas no necesariamente relacionadas o cercanas al arte, el teatro en este caso. Se confía, por ejemplo, en que la biología o la neurobiología podrían desvelar o arrasar con los arcanos del sujeto del inconsciente; por esa vía, se apunta a una idea de efectividad y eficiencia en orden a fundamentar un criterio de utilidad: porque la ciencia no está del lado del goce, es decir, de lo que –Lacan *dixit*—

no sirve para nada (*Seminario 20* 11). La ciencia consolida el utilitarismo; está a su servicio y apunta a la mayor productividad con el menor costo, tal como Stanislavski lo planteo con su Sistema concebido sobre la base del fordismo.

En lo concreto de la formación teatral académica, lo que se observa en las instituciones es un divorcio velado –que los estudiantes y hasta algunos maestros y profesores sufren cada uno a su manera— entre, por un lado, las cuestiones ligadas a la creatividad y el montaje, y, por otro, la necesidad de justificar los procesos artísticos inconscientes por medio de dispositivos basados en la racionalidad y la objetividad científica, que –se supone— ofician como garantías –cuando no de modas y prestigios académicos— de la investigación *per se*. Así, de un lado hay una creatividad un poco ciega, ligada a empatías diversas de los estudiantes con algún maestro, escuela o discurso estético o con circunstancias sociopolíticas del contexto, y que a su modo resiste la racionalización y, de otro, una 'investigación' del proceso a partir del análisis del texto dramático o espectacular según disciplinas autorizadas; en este último caso –y con frecuencia— los estudiantes quedan a merced de un profesor con formación teórica en algunas disciplinas de los estudios teatrales, pero que no siempre ha tenido experiencia de actuación, de dirección, de montaje o de creatividad teatral.

Lo cierto es que, para el teatrista, la 'idea' como disparadora del proceso creativo, tal como hace mucho Walter Benjamin había dicho del teatro político de la izquierda, suele oficiar más como restricción que como libertad creativa:

> For what is truly revolutionary is not the propaganda of ideas, which leads here and there to impracticable actions and vanishes in the puff of smoke upon the first sober reflection at the theater exit. What is truly revolutionary is the *secret signal of what is to come* that speaks from the gesture of the child. (*Selected Writings* 206).

Esa "secret signal" obviamente es para Benjamin el instante de apertura del inconsciente y también el momento en que el pasado arroja un flash sobre el peligroso presente, del cual el artista debería hacerse cargo. En su Tesis IV, Benjamin afirma: "To articulate the past historically does not mean to recognize it 'the way it really was' (Ranke). It means to seize hold of a memory as it flashes up at a moment of danger" ("Theses" 255)

Y esto es así porque, si la famosa frase de Picasso tan repetida por Lacan, que menta "Yo no busco, encuentro" es elocuente (¿quién podría hoy dudar del arte de Picasso?), es porque justamente el trabajo artístico no es una ilustración o decorado feliz de una idea. En arte no se parte del conocimiento, sino del no-saber, confiando en el saber no sabido el inconsciente. Y aquí nos topamos con la primera impugnación que la praxis teatral, enfocada en el saber-hacer del teatrista en su proceso creativo, hace a los estudios teatrales: *el saber no es el conocimiento*. El *saber* está en la dimensión del inconsciente, del deseo; no hay manera de realizar una investigación de campo, encuestas, mediciones, sobre el sujeto y su deseo, porque siendo sujeto del inconsciente (el gran discurso del Amo al que el sujeto está sujetado), se trata de algo singular que solo es, como cada obra de Picasso, elaborado caso por caso. El *conocimiento* es el que elaboran disciplinas con mayor o menor grado de cientificidad, que debe dar cuenta de los procedimientos, apuntar a resultados repetibles y generalizables, cuando no universalizables, arrasando así la singularidad del sujeto. La segunda impugnación que la praxis teatral puede vislumbrar a partir de aquí es *la tensión —no necesariamente contradictoria— entre el saber y el conocimiento en el seno de la academia*.

El arte está, sin duda, del lado de la singularidad del sujeto, del lado del deseo, y no del lado del "para todos" de la función fálica; el arte apunta al no-toda de La Mujer, esto es, es precisamente esa exploración humana maravillosa de lo que está más allá de la función fálica entendida como un orden regulado por el lenguaje. El arte está en ese más allá que Lacan denominó La Mujer, con la tachadura en el LA, la mujer-que-no-existe, ese goce que escapa a la función fálica y que, siendo 'femenino', puede muy bien encarnarse en un hombre. Lacan, precisamente, menciona a San Juan de la Cruz como bien instalado en esa posición (*Seminario 20* 92). La poesía se dirige a un real indecible, ese goce más allá de la función fálica sostenida por la ciencia, eso 'femenino' que solo se puede captar mediante la invención por medio de palabras que mediodicen la verdad y ese real. De ahí que Jacques-Alain Miller, en uno de sus cursos, tomando un consejo dado por un personaje de Balzac, les pida a los analistas "un esfuerzo de poesía" (*Un esfuerzo de poesía* 101), enfatizando además que "la lógica no borra lo oracular" (*Un esfuerzo de poesía* 37). Y si esto es así, es porque el psicoanálisis no se localiza del lado de la ciencia, tampoco de la religión, sino en el terreno del arte, entendido como una praxis, un saber-hacer con lo real.

Investigación, cientificidad y creatividad

Como hemos descrito más arriba, la academia se organiza a partir de una oposición entre, por una parte, cursos de índole creativa, donde prima la experiencia, la destreza en varias técnicas y la creatividad artística y, por otro, cursos analíticos —sea del texto dramático o de texto espectacular— con base en los estudios teatrales, todos ellos con referencia a discursos diversos de circulación autorizada por el discurso de la Universidad. El ideal curricular estaría anclado en que, al momento de iniciarse un proceso creativo, en el ámbito del ensayo, esas dos vertientes rindan el fruto artístico esperado a partir de una convergencia entre teoría y práctica. Se trata de que la investigación artística pueda si no generarse a partir de lo teórico, al menos responder a sus postulados, acoplando las destrezas técnicas pero, sobre todo, garantizando que los estudiantes puedan ser capaces en todo momento de analizar detalladamente el proceso y exhibir un conocimiento puntual de los discursos teóricos convocados durante dicha puesta en escena.[92] Sin embargo y a su pesar, la academia no promueve la teoría en contexto de descubrimiento, sino solo como demostración y justificación; como lo planteó hace mucho Gaston Bachelard en *La formación del espíritu científico*, del que no deberíamos olvidar el subtítulo, porque precisamente constituye el gran intento del autor: *Contribución a un psicoanálisis del conocimiento objetivo*, y mucho antes todavía, en 1938, Hans Reichenbach, en su *Experience and prediction*, la epistemología y la filosofía dejaron de lado el contexto de descubrimiento para favorecer el de justificación o demostración:

> Según Reichenback, en el contexto de descubrimiento se alude a cuestiones relacionadas con la forma en que generamos nuevas ideas o hipótesis en ciencia; mientras el contexto de justificación tiene que ver con el tipo de criterios que dichas hipótesis deben satisfacer para ser aceptadas en el corpus científico. Así, en el caso del contexto de descubrimiento se trata de exhibir los procesos psicológicos y sociales que tienen lugar durante el proceso

---

[92] Hay aquí cierta similitud con el pase en psicoanálisis, esa invención lacaniana por la cual un analizante pasa a ser analista. Es una similitud precaria que debe ser explorada en detalle. Al pase me he referido un poco más en mi ensayo "De la transferencia, de la posición del director y del fin del ensayo", incluido en este este libro.

real en que los científicos generan nuevas ideas o hipótesis. Es decir, se interesa por explicar la manera en que los científicos concibieron inicialmente una teoría. (Bárcenas 48).

El contexto de descubrimiento puede ocurrir en el sueño, en un viaje, a partir de un lapsus (en el ensayo teatral, sin dudas también durante la improvisación, siempre fértil para dejar aparecer el inconsciente), y tiene siempre relación con el inconsciente y fundamentalmente con el deseo; es ese contexto el que dispara la invención, por eso su cercanía a la producción artística. Sin embargo, la filosofía, en su afán por el racionalismo y por arrasar el sujeto del inconsciente, se circunscribió al contexto de justificación:

> Durante más de la primera mitad del siglo XX, la mayoría de los filósofos de la ciencia (Karl Popper, Carl G. Hempel y Rudolf Carnap, entre otros) han reconocido y aludido a tal distinción, principalmente para argumentar que sólo el contexto de la justificación (o 'corroboración' en Popper) constituye un tema genuinamente filosófico. Bajo esta concepción clásica de la presente distinción, las cuestiones que se puedan suscitar en el contexto de descubrimiento (esto es, en la forma en cómo se realizan los descubrimientos científicos) se pensaban irrelevantes para el filósofo debido a que no aludían a cuestiones epistémicas y lógicas, sino principalmente psicológicas y sociales. (Bárcenas 49).

A la cita podríamos agregar que aquello concerniente a la invención —lo oracular para Miller— escapa a toda demostración, justificación o corroboración, porque no sólo se refiere al sujeto del inconsciente, sino porque no es generalizable ni universalizable, es caso por caso, tal como ocurre en la praxis artística. Teniendo esto en cuenta, no es casual que muchos epistemólogos se hayan abocado a la tarea de buscar un método (lógico) para explicar el descubrimiento científico a partir del estudio de casos históricos precisos. Y es en esta línea que Bachelard apela al psicoanálisis y desarrolla la cuestión de los obstáculos epistemológicos.

Bachelard reflexiona sobre los obstáculos epistemológicos (observación, empirismo, realismo, lo verbal, sustancialismo, etc.) que impiden desplegar la pulsión creativa inconsciente; son, a su manera, instancias represivas del yo que no benefician a la razón y, por ende, al espíritu científico. Se trata de obstáculos internos al acto mismo de conocer (15), sus "causas de inercia" (15). No es, por tanto, casual que Bachelard parta, como el Freud de *Psicopatología de la vida cotidiana*, del error. Si recurre al psicoanálisis es precisamente porque el pensamiento científico avanza solo a partir de errores rectificados (Bachelard 13), tal como Freud lo hace con la interpretación de los olvidos, las equivocaciones, los lapsus linguae. Al plantear que "una experiencia que no rectifica ningún error, que es meramente verdadera, que no provoca debates, ¿a qué sirve? Una experiencia científica es, pues, una experiencia que *contradice* a la experiencia común" (Bachelard 13), nos da ya una pauta sobre cómo operar a partir del contexto de descubrimiento. De ahí que la cuestión se desplace, por una parte, al contexto de descubrimiento y, por otra, que si se entiende investigación como justificación de hipótesis a partir de la ilustración por medio de bibliografía autorizada –tal como se la puede ver en muchas tesis de grado de las escuelas de teatro—, se produce un verdadero cortocircuito con la creatividad, que opera siempre como descubrimiento, como impugnación de lo conocido. En vez de solicitar a los estudiantes que fundamenten sus procesos a partir de bibliografías académicas del corpus de los estudios teatrales, debería solicitárseles comenzar sus procesos creativos contradiciendo, durante los ensayos y a través de la improvisación, esas mismas bibliografías 'teóricas'. Y, en ese trabajo, prestar además especial atención a los errores, los olvidos, las equivocaciones, esto es, mantener –como insiste Bachelard—"una actitud expectante, casi tan prudente frente a lo conocido como a lo desconocido, siempre en guardia contra los conocimientos familiares, y sin mucho respeto por las verdades de escuela" (14). Es por este camino que se evita la aplicación de la teoría, a la manera de una sumisión de la práctica como ortodoxia. Se puede hoy leer en clave lacaniana la afirmación bachelardiana de que "Frente a lo real, lo que cree saberse claramente ofusca lo que debiera saberse" (16), por eso hay que comenzar los ensayos teatrales en una actitud de destrucción de la *doxa*, de la opinión, en fin, de las ideas que tienden a instalarse como valores (17), tal como quería Benjamin; se trata incluso de poner en tela de juicio las bibliografías en circulación en la academia, cuestionándolas a la vez que se cuestiona el discurso de la Universidad que las ha adoptado. "Llega un momento —agrega Bachelard— en el que el espíritu prefiere lo que confirma su saber a lo que lo contradice, en el que prefiere las respuestas a las preguntas" (17), y si esto es grave para la ciencia, lo es todavía más para el arte, por su diferente relación con lo real y la verdad. Hay, pues, en ciencia y en arte que alejarse, según Bachelard, "de la certidumbre y de la unidad" (19). Lacan dirá algo similar al final de su enseñanza: "Los no incautos yerran" (*Seminario 21*), y lo hace porque no se dejan capturar por el inconsciente; "[h]ace falta ser incautos de cualquier cosa, es preciso se incautos de algo...", insiste Lacan, como modo de abordar el saber inconsciente y, a su modo, el contexto de descubrimiento.

La creatividad e invención artísticas podrían en tal caso tener un mejor éxito en la academia si se partiera de un trabajo creativo a partir del contexto de descubrimiento, particularmente con premisas psicoanalíticas, por ejemplo, con la implementación de las dos reglas técnicas fundamentales del psicoanálisis: asociación libre (del lado del analizante/actor/estudiante) y atención flotante (del lado del director, maestro, coordinador).[93] Más que proceder a buscar las bibliografías que justifiquen *a posteriori* lo que se hizo a nivel de la creatividad, los estudiantes podrían ser invitados, por ejemplo, a partir de un texto académico para desafiar sus premisas en vez de usarlas para justificar su proceso.[94]

---

[93] En el brevísimo taller-seminario que tuve la oportunidad de ofrecer en Xalapa antes del Coloquio, aun en su brevedad, permitió la producción de dos escenas a partir de improvisaciones basadas en la asociación libre y la atención flotante. Los actores crearon dos escenas muy intensas, llenas de elementos para futuros desarrollos y con la posibilidad de muchas lecturas; a pesar de haber sido creadas por dos grupos diferentes durante la misma sesión, las escenas, también muy diferentes entre sí, dejaban ya vislumbrar un elemento de conexión a partir de un significante que, de haber durado más el taller, hubiera llevado a muchos interrogantes para desarrollar una matriz espectacular. Como es habitual en este tipo de abordaje, no hice ni permití que se hicieran comentarios sobre el sentido posible de lo producido, evitando así la rápida captura por los intereses socio-políticos de los integrantes que, en su angustia frente al sinsentido, hubieran promovido comprensiones demasiado apresuradas (Lacan alertó sobre la necesidad de evitar estas comprensiones) capaces de cerrar la creatividad más que abrirla y provocarla.

[94] Durante el Coloquio hubo una mesa muy estimulante sobre un proyecto ligado a la memoria, titulado "El puro lugar: documentar escénicamente la memoria de la violencia". Durante la presentación y el debate posterior yo imaginaba un trabajo que podría en cierto modo ser inverso al realizado por el grupo a cargo del proyecto y a la vez ejemplificar cómo sería trabajar en contexto de descubrimiento desde la praxis teatral: en vez de recurrir a bibliografía sobre la memoria para dar cuenta del proceso *ya realizado*, mi propuesta sería —siguiendo las sugerencias bachelardianas— partir, por ejemplo, de la lectura del breve ensayo "El block maravilloso", de Freud, comentado incluso por Derrida y otros, desafiando las tesis freudianas, llevando algunas afirmaciones a su extremo para vislumbrar desde ese no-saber abierto por el juego un espectáculo sobre la memoria. Es decir, partir de

Una vez más, la aspiración de la academia responde a esos principios filosóficos y epistemológicos relativos a los contextos de demostración y justificación, que parecen ser contraproducentes con aquello mismo de lo que se trata: la creatividad escénica. Y ésta sería una tercera impugnación de la praxis teatral a los estudios teatrales: *la incompatibilidad epistemológica que suponen sus protocolos curriculares*. No sorprende entonces que la academia quede capturada por una pedagogía basada en cierta concepción de la dialéctica entre teoría y práctica, como momentos separados e instancias de superación y/o integración, que no siempre convergen y que tampoco resultan productivas para disparar la creatividad artística. Como afirmamos antes, nunca es recomendable comenzar un montaje como ilustración/decoración de una idea, esto es, no resulta productivo en arte partir de lo que se conoce. Basta interrogar a cualquier estudiante o profesor de teatro en América Latina —cuyas escuelas de formación teatral, con algunas variaciones, tienen su currículum estructurado de este modo—[95] para comprobar

---

la teoría en vez de llegar a ella, para abordar lo no contemplado por la teoría, lo contemplado pero no explícito, contradecirla, etc., mostrando las faltas o ausencias, apuntando a sus posibles errores, y a partir de allí entonces redefinir los términos de nuestra primera lectura del contexto social, deconstruyendo los obstáculos epistemológicos que nos impiden abordar el fantasma fundamental del acontecimiento y del grupo que quiere abordarlo y escenificarlo.

[95] Además de mi contacto personal con muchas escuelas de teatro en América Latina y teatristas de las tres Américas, realizadas a raíz de los muchos años que me llevó el proyecto de *Arte y oficio del director teatral en América Latina* (6 volúmenes), puedo decir que a pesar de las diversas rúbricas usadas para los programas de estudio, casi todas las escuelas universitarias cubren más o menos un mismo diseño curricular, con cursos en formación corporal, vocal, danza, semiótica, historia del teatro (con algún curso específico para el teatro del país). Todas ellas agregan módulos más avanzados, orientados a la investigación, de aproximadamente dos años más a los usuales tres años de título intermedio de actor/actriz. Estos títulos intermedios suelen requerir un trabajo creativo en alguno de sus cursos finales. La investigación está mayormente entendida como producción de un trabajo monográfico, con demostración y justificación de hipótesis, manejo erudito de bibliografía, competencia multidisciplinaria en teorías del teatro y otras disciplinas filosóficas. En cierto modo hay una separación notoria entre, por un lado, los cursos de entrenamiento de destrezas (actorales, vocales, corporales), con algunas instancias creativas y algunos elementos básicos de historia del teatro, pero donde no se 'teoriza' (generando, desde ahí, la aversión típica del teatrista por la teoría); por otro lado, y solo para los que aspiren a estudios más avanzados, se requiere la escritura, lo cual dificulta mucho los procesos de graduación. Se busca también que se apliquen conceptos teóricos multidisciplinarios, siguiendo los protocolos de cualquier disciplina universitaria que, en su mayor parte, parecen limitarse a la estructura del método

los desajustes, malestares y decepciones generadas en unos y otros por este encuadre pedagógico. La queja más usual se instala en que los estudiantes tienen muchas dificultades al momento de detallar lo que investigan en las clases técnicas y los sinsabores que atraviesan cuando deben apelar a los estudios teatrales para justificar lo que han realizado, algo que suelen hacer *a posteriori* para completar sus estudios. Lo más común es el montaje de un proyecto a partir de inquietudes diversas promovidas por el contexto político-social, organizando el trabajo a partir de temas que, muchas veces, requieren de datos de diverso tipo; al acopio de esos datos (incluyendo, por ejemplo, la exploración de lugares alternativos, archivos, memorias, entrevistas) suelen llamarlo "investigación", de modo que habría que realizar también un trabajo más exhaustivo en la conceptualización de ese significante.

Al momento de los ensayos suele apelarse a las improvisaciones, aunque pocas veces hay una conceptualización puntual sobre muchos aspectos que se juegan en un montaje. Cuanto más, hay recuerdos de algunos autores frecuentados en otros cursos (Stanislavski, Barba, Grotowski, Artaud, Brecht, etc.; lamentablemente apelan muy pocas veces a maestros latinoamericanos o locales, salvo Boal), que guían la intuición artística durante el proceso creativo. En muchas oportunidades, el resultado espectacular o performativo llega a ser sorprendente y de gran calidad, pero en general nunca depende de un trabajo metodológico previo en el que la dialéctica entre teoría y práctica se haya presentado como una investigación coherente y, menos aún, escrita y meditada. Cuando hay que realizar esta tarea, cuando hay que fundamentar lo realizado desde los estudios teatrales, cuando hay que escribir el proceso, es justamente cuando se instala el ideologema de la aplicabilidad. Se justifica lo realizado como una aplicación de teorías que, concretamente, no se visualizaron durante el proceso creativo sino *a posteriori* y para satisfacer una exigencia institucional, más que como un trabajo capaz de disparar nuevas creaciones.

---

hipotético-deductivo, cuando no a inferencias inductivas a partir de observaciones de casos teatrales o performativos puntuales. Así, si se procede a hacer una selección azarosa, un sondeo en línea, se puede más o menos visualizar similitudes y diferencias (éstas, mayormente, responsables de los matices e idiosincrasias que caracterizan, sin duda, la producción regional o nacional).

La praxis teatral vs. los estudios teatrales

La descripción que hemos realizado, en su brevedad y probablemente en su injusticia, solo quiere oficiar como marco para situar la praxis teatral. El ámbito en el que la praxis teatral se posiciona y construye su conceptualización es el ensayo teatral (dentro o fuera de la academia, con o sin un texto como punto de partida); entendemos que en esta dimensión del ensayo se pone en juego no solo la creatividad, sino todos aquellos aspectos ligados a la pre- y post-producción del espectáculo. La verdad de la escena, como hemos planteado en otros ensayos,[96] depende de muchos factores, tanto artísticos como administrativos, financieros, jurídicos, etc. En el ensayo se disciernen cuestiones que involucran al montaje, pero también a todo el grupo, cualquiera sea su tipo de organización. Por eso en lo que sigue vamos a referirnos al teatrista, para no distinguir entre actor, director, dramaturgo, productor, artistas creativos (música, luz, etc.). Además, es ya un hecho de que las fronteras entre estos roles parecen estar en un proceso de evanescencia, en tanto suelen confluir en una misma persona, sea que realice todos los roles en un espectáculo, sea que asuma uno o dos en cada montaje. Por estas razones, la praxis teatral (del griego Πρᾶξις) —a diferencia del currículum académico— no opera por una dialéctica entre teoría y práctica (del griego πρακτικός, que luego en el latín tardío dio *practicus* en el sentido de 'activo, que actúa'), con la prevalencia que siempre ha operado en Occidente en cuanto a los binarios, donde uno de los polos comanda y el otro refleja y/o se somete. De modo tal que en la praxis teatral no hay espacio para aplicar nada: la 'aplicación' (de la teoría sobre la práctica o de la técnica sobre la teoría) es un ideologema que no tiene ningún rol en la praxis teatral. Para ser más brutales, podríamos incluso afirmar que la praxis teatral destruye o se desentiende de esa dialéctica, justamente porque, como su nombre lo indica, se trata de una *praxis*.

¿Qué es una praxis? Antes de proceder a responder esta pregunta, vale la pena realizar una diferenciación crucial: la praxis teatral, porque apunta a lo artístico, se orienta hacia la cuestión del deseo y del saber. Como ya mencionamos antes, entendemos aquí por '*saber*' el saber-no-sabido-del-inconsciente. Lo diferenciamos de la producción de *conocimiento*, en la medida en que éste es el producto de la razón y se sitúa a nivel de la conciencia,

---

[96] Ver "Una posible genealogía de lo político teatral: El régimen de verdad de la escena teatral."

con o sin pretensiones de objetividad. En este sentido, se podría decir que la academia, cuando se trata de las artes, no ha hecho un trabajo de ajuste entre creatividad y producción de conocimiento: no se pueden aplicar los mismos presupuestos epistemológicos a una licenciatura en economía que a una en teatro. Hay incompatibilidades que hay que desbrozar, porque el arte opera con el saber-hacer sobre el deseo y el goce, es decir, sobre lo no sabido.[97] El arte encuentra, no busca: ese encuentro con lo real es siempre un encuentro fallido; fallido obviamente para la conciencia, incapacitada a veces para apreciar su potencial o para revisar sus premisas epistemológicas (sus obstáculos); sin embargo, ese fallido es de riqueza extrema desde la perspectiva del inconsciente. Y como tal, el arte no pretende acertar porque, precisamente al apuntar a lo real, sabe que dicho real escapa siempre a lo simbólico. El arte inventa un significante para lo real, en cada caso y cada vez, como los innumerables cuadros de Picasso. El arte vive de muchas euforias, pero no la de la ciencia que cree en totalidades y universalidades; al arte no le interesa la objetividad sino la cuestión de la subjetividad o, mejor, del sentido gozado que hay en ella, porque allí precisamente se disciernen muchos aspectos textuales y contextuales relativos al inconsciente transindividual. Justamente porque el arte inventa un significante para ese real no significantizable, es por lo que se enlaza a la subjetividad de una época: "Mejor pues que renuncie quien no pueda unir a su horizonte la subjetividad de una época" (Lacan, *Escritos* 308). Y esa subjetividad epocal no ancla en la realidad, sino en lo real, a nivel del inconsciente, por eso trasciende al artista, porque en cuanto transindividual, lo real insiste en repetirse y, por ello, su obra, al inventar un significante a ese real, puede ir más allá del período histórico que le ha tocado vivir.

Regresemos a nuestra pregunta sobre qué es una praxis. Responderla supone ponerse del lado del arte, esto es, del deseo, del sujeto y del inconsciente, de modo que no es gratuito ni arbitrario que la praxis teatral

---

[97] Digamos que una obra de arte es un caso que puede ser leído por medio de un trabajo monográfico académico sobre ella por cuanto se trata de un material ya dado. En estos casos hablamos de 'lecturas', pero en la praxis teatral se trata de otra cosa, de un artefacto que se crea; la praxis teatral, vale la pena repetirlo una vez más, tiene que ver con la creatividad que instala un nuevo objeto significante en el mundo. La obra de arte solo admite interpretaciones, cuyo estatus epistemológico el psicoanálisis no dejó de explorar; la interpretación en este caso no responde a los mismos requisitos lógicos que una investigación de las ciencias naturales o sociales.

busque su fundamento conceptual en el psicoanálisis. Como lo plantea Jean Copjec y retoma Ernesto Laclau, "las categorías psicoanalíticas no son regionales, sino que pertenecen al campo de lo que podría denominarse una ontología general" (Laclau 147). Cuando Lacan se aboca a comenzar su *Seminario 11 Los conceptos fundamentales del psicoanálisis*, lo primero que hace es dar la definición de praxis:

> ¿Qué es una praxis? [...] Es el término más amplio para designar una acción concertada por el hombre, sea cual fuere, que le da la posibilidad de tratar lo real mediante lo simbólico. Que se tome con algo más o menos de imaginario no tiene aquí más que un valor secundario. (14)

Hay varios aspectos en esta respuesta de Lacan que exigen un comentario; sin embargo, es importante señalar que el *Seminario 11* se propone, en esos momentos de la enseñanza lacaniana, no sólo dar un cuadro general de los diez seminarios anteriores, no sólo es un intento –probablemente inspirado en Heidegger— de fundar la ontología del psicoanálisis, sino también superar los planteos anteriores más centrados en el registro imaginario (desde el estadio del espejo de 1936 hasta todo lo anterior al *Seminario 10* sobre La angustia). La respuesta lacaniana, como vemos, devalúa en esta etapa lo imaginario; tendremos que esperar a uno de los últimos seminarios, el 23, para recuperar la potencia de lo imaginario, de lo que allí denomina un "nuevo imaginario":

> Es preciso estrellarse, si puedo decir así, contra un nuevo imaginario que instaura el sentido [...] el sentido como tal, que hace poco definí mediante la copulación del lenguaje, puesto que asiento allí el inconsciente, con nuestro propio cuerpo. (*Seminario 23* 120)

Vamos a reapropiarnos en la praxis teatral de esta aproximación lacaniana. Nos resulta familiar que toda tarea teatral sea una "acción concertada", es decir, humana y acordada, concertada por ser justamente humana. Es una praxis regida por un pacto: hay una ley que se yergue frente a una *posibilidad* (no frente a un hecho): estamos en el campo del subjuntivo, de lo posible, de lo esperado, en fin, del deseo. Nunca se puede predecir ni calcular cuándo el inconsciente se abrirá por un instante para abrir la senda hacia lo no sabido, proceso que muchas veces no se recorre sin sufrimiento y que exige un "deseo decidido" para su continuación (Lacan, "Televisión", en *Otros escritos* 569). La referencia al modo subjuntivo toma relevancia si pensamos que, como lo sostiene Lacan a lo largo de toda su enseñanza y como lo vemos en la cita del *Seminario 23*, la definición del inconsciente en tanto estructurado como un lenguaje se mantiene. Es por el lenguaje (no solo verbal) que tratamos lo real, es pues por medio de lo simbólico, del Otro que nos preexiste como sujetos, que nos sujeta al orden social y cultural, que nos divide como sujetos, la razón por la que vamos a orientarnos hacia ese resto no capturable por el lenguaje y que constituirá el famoso objeto *a* lacaniano, el cual según su autor constituye su única invención. El lenguaje también permanece después de nuestra desaparición física, a veces –como en la fama medieval— por el significante del nombre propio. Lo real, pues, nunca es completamente significantizable y, como registro, va a ir tomando en la enseñanza lacaniana un rol cada vez más relevante, tal como su famoso nudo borromeo que anuda los tres anillos correspondientes a dichos registros.[98] Lo real y los diversos valores conceptuales que comenzará a tomar el famoso 'petit *a*', van a ir poniendo en primer plano la cuestión del cuerpo: cuerpo imaginario, cuerpo simbólico y cuerpo real, que no corresponden –como veremos más adelante— a lo que vulgarmente definimos como cuerpo desde la biología o incluso desde la física. Por eso la copulación entre lenguaje y cuerpo, que remite a la sexualidad (de la que Lacan se desprenderá al momento de construir las fórmulas de la sexuación), irá promoviendo en la praxis lacaniana conceptos tales como *lalengua* y el *sinthome*, que ya dan cuenta de un cambio de perspectiva respecto a los residuos de una ontología racionalista y occidental.

Así como el *Seminario 11* tuvo que construir la ontología del psicoanálisis a partir de cuatro conceptos fundamentales (inconsciente, transferencia, pulsión y repetición), la praxis teatral se verá requerida de ir conceptualizando lo que sucede en el ensayo, a fin de ir gradualmente despejando aquello que, en el futuro, pueda exigir una revisión para fundar su propia ontología. Y si el sentido es lo que se inventa para significantizar lo

---

[98] Lacan al final del su enseñanza agrega un cuarto lazo, el *sinthome*, para amarrar de alguna manera los tres registros que podrían hallarse desanudados, tal como ocurre en la psicosis y, particularmente, como lo analiza en James Joyce.

real, entonces la tarea no puede partir de él, de un sentido dado de antemano: en psicoanálisis lo retroactivo es una estrategia de trabajo con el significante. En efecto, a medida que se suman significantes a una cadena, el sentido va configurándose, contorneándose; se lo puede leer desde atrás hacia adelante, como cuando Lacan introduce el punto de almohadillado. Esta *instancia retroactiva* es una cuarta impugnación que la praxis teatral realiza a los estudios teatrales. Digamos que no estamos aquí pensando en el sentido según lo que el diccionario da para cada palabra de la cadena, sino aquel que el sujeto va produciendo a partir de significantes cualesquiera (metáfora y metonimia mediantes), que obviamente se dejan leer sobre el fondo de lo simbólico, pero a su vez se despegan de él para significar lo singular de ese sujeto o *hablanteser* [*parlêtre*]. En el ensayo teatral se pretende inventar significantes a lo real, y para ello hay que poner en tela de juicio –como nos sugería Bachelard— la realidad como una construcción imaginaria, individual y colectiva. El ensayo teatral debería estar atento al error, al olvido, a la equivocación, al chiste, porque en ellos el inconsciente se abre y, al hacerlo, elocuentemente apunta a un sujeto capturado por un real entendido como sinsentido, como un agujero que pugna además por repetirse y cuyo malestar no deja de insistir. No se trata, hay que decirlo una vez más, de una ilustración de un sentido o idea previa, sino de lo no sabido que emerge como un hallazgo fallido. Y es desde allí que el teatrista debe partir si realmente quiere desafiar su creatividad imaginando aquello que todavía no ha sido imaginado.

En síntesis, a partir de la praxis analítica, podemos afirmar que la "praxis teatral" es una designación apropiada para designar aquello que se hace/se-sabe-hacer en el ensayo; designa una acción concertada por los teatristas involucrados en el proyecto, y posibilita tratar lo real por medio de lo simbólico, inventando, imaginando un sentido a ese real imposible de significantizar; y esta tarea ancla en la copulación del lenguaje y el cuerpo, sin la cual no hay teatro o performance posibles.

Praxis teatral: algunas conceptualizaciones

Si bien no sabemos aún cómo determinar cuáles conceptos –como los cuatro analíticos— van a resultar fundamentales para la praxis teatral, mi trabajo de muchos años ha dado como resultado algunos que pueden ser operatorios para el trabajo del teatrista hasta nuevo aviso. No podremos aquí dar explicación expandida para cada uno de ellos, ya que los hemos tratado *in extenso* en otras publicaciones que daremos como referencia. Nos referiremos a términos que son usados en el habla cotidiana de los teatristas y que, a pesar de tener tonalidades diferentes en cada discurso en particular, parecen dar la ilusión de que hay comunicación cuando, en realidad, todos hablan de cosas diferentes. La mayoría de estos vocablos tienen una fuerte impronta empírica, lo que resulta en el espejismo de constituir aspectos observables y describibles; sin embargo, la falta de fundamentos para dichos términos no se hace esperar, si uno apura un poco la conversación con el teatrista. Esto no significa que los conceptos de la praxis teatral resulten más "científicos"; como en el psicoanálisis, estos conceptos se sostienen uno a otro en una arquitectura, en un sistema siempre temporal, revocable pero, en su misma precariedad, siempre están a la espera de que un acto o la singularidad de un sujeto —tal como ocurrió con los casos clínicos de Freud— los ponga en tela de juicio y nos obliguen a una reformulación. Es decir, no son conceptos científicos porque no pueden ser aplicados, no responden a una objetividad que podría resultar de su demostración o justificación. Son apenas indicadores, como los cuatro del psicoanálisis, para orientar la praxis, esto es, sobre la forma en que, aquí y ahora, pueden activarse para que el análisis permita desalienar al sujeto de su sumisión al deseo y al goce del Otro, en pro de su emancipación, entendida como un *sinthome*, esto es, como ese goce incurable frente al cual el sujeto debe decidir su responsabilidad.

1. *Teatralidad vs. espectáculo*. Tal vez sea "teatralidad" el vocablo que más abusos ha sufrido por parte de los teatristas. En la mayoría de los casos, se lo utiliza como sinónimo de espectacularidad o de puesta en escena, como una decoración del texto verbal. El teatro sería así el texto verbal, el texto dramático más la materialidad del montaje (actores, luces, colores, sonidos, texturas, etc.). Y esto parece presentarse con tal evidencia que nadie parece estar interesado en cuestionar demasiado; sin embargo, no se sabe qué operatividad podría tener dicho vocablo en tanto noción durante el ensayo. Por todo esto, y a partir de mi praxis teatral durante muchos años, habida cuenta de las dificultades y desafíos que se me presentaban en los ensayos, he tenido que hacer todos los esfuerzos posibles que estuvieron a mi alcance para pasar esa *noción* al estatus de un *concepto*. Al hacerlo, y como se irá viendo en este ensayo, se comienza a vislumbrar una arquitectura conceptual en

la que muchas nociones del discurso vulgar comienzan a funcionar diferentemente y en forma sistemática o estructural.

Para decirlo brevemente, siguiendo a Foucault y Lacan, hemos concebido la teatralidad como *política de la mirada*, es decir, en un encuadre agonístico, de lucha, que descalifica todo intento de promover cualquier tipo de convivialidad teatral. A partir de una aproximación de tipo fenomenológico, una vez aislados los elementos básicos, se fueron construyendo seis estructuras de teatralidad a las que bautizamos como: seducción, ceremonia, contra-rito, rito (con dos variantes, popular y despótica), teatro y fiesta. Cada una remite a una economía y una política libidinal (Silverman) específicas y también a una institucionalización del poder que le es inherente.[99]

2. *Espacio vs. lugar*. Usados como sinónimos, carecen de todo potencial de operatividad durante el ensayo. Un *lugar* es un observable, describible en términos de altura, ancho y largo; es mensurable y puede registrar variaciones diversas debido a la existencia de puertas y ventanas, pasillos, etc. Se puede 'mapear'. Sin embargo, aunque se habla de teatro 'alternativo' cuando se realiza en lugares que no son salas teatrales, lugares elegidos por el teatrista por razones diversas, no se visualiza hasta qué punto se puede caer en un espejismo. En efecto, más allá de la textura o del diseño de un lugar determinado, nada asegura que no se reproduzca allí la política de la mirada del teatro más tradicional. En una esquina de barrio se puede reproducir tal cual la dinámica perversa de la teatralidad del teatro, cuya culminación arquitectónica se da en el modelo de sala a la italiana. De modo que un lugar no es garantía de una teatralidad diferenciada. *Espacio*, en cambio, es un concepto que integra un discurso. En un mismo lugar se pueden construir espacios diversos, con políticas de la mirada también diversas en sus planteos estéticos y a nivel de estrategias de poder. De modo

---

[99] Para un expansión detallada, ver mi *Teatralidad y experiencia política en América Latina* y para un desarrollo más avanzado y puntual mi ensayo "Aproximación lacaniana a la teatralidad del teatro: desde la fase del espejo al modelo óptico. Notas para interrogar nuestras ideas cotidianas sobre el teatro y el realismo", incluido en este volumen.

que, a la inversa, en la sala a la italiana se puede subvertir sus códigos fundacionales. Un discurso es siempre contractual ('acción concertada'), se instala a partir del registro simbólico; impone sus reglas de juego a partir de lo permitido, pero deja abierta la posibilidad para la creatividad: como ocurre con toda ley, basta que prohíba para que se abra al deseo la posibilidad de la transgresión. La teatralidad del teatro, tal como fue construida desde los inicios de la Modernidad, no solo estableció protocolos perversos[100] de actuación y recepción, sino que además se fue solidificando y apuntalando con una estética realista y psicologista. Esa teatralidad del teatro –a partir del siglo XVI[101]— es la que podemos señalar como discurso del Amo en la praxis teatral. Se erigió como primer arrasamiento del sujeto del inconsciente, sobre todo en lo que respecta al público, ahora masificado, paralizado y silenciado en la oscuridad, en posición voyeurista, obligado a la contemplación pasiva y diversos procesos de identificación, incluso cuando se ha querido reformularla en términos de distanciamiento.[102]

El espacio, en tanto discurso, establece una convención; es, como todo discurso, una construcción de un lazo social, por ello la responsabilidad ética y política del teatrista se juega al momento de esta construcción. Consciente o no al momento de decidir la forma en que la escena se-da-a-ver, lo

---

[100] Usamos aquí el vocablo "perversión" tal como se registra en el discurso lacaniano: por un lado, como *père-versión*, es decir, una versión del padre, de la ley y, por otro lado, según la estructura freudiana de la perversión. Recordemos aquí que no hay en el psicoanálisis lacaniano categorías de enfermedad o normalidad, de modo que no debe leerse el término 'perversión' desde esa perspectiva médica o moral. En la estructura freudiana de la perversión se trata de una relación del sujeto del inconsciente con el objeto, inversa a la fórmula de la neurosis; cada estructura tiene o impone una cierta economía libidinal propia.

[101] La historia del teatro requiere de una exhaustiva revisión desde la praxis teatral, si acordamos que la teatralidad del teatro, como *una* entre las 6 estructuras de la teatralidad como política de la mirada, tiene una genealogía bien localizada en tiempo y lugar (genealogía de sangre, que ha marcado, como lo plantea Foucault, a los cuerpos con la historicidad). No podría hablarse de 'teatro griego', pensándolo desde la teatralidad del teatro, porque la política de la mirada en Grecia era completamente diferente a la impuesta por la Modernidad en la sala a la italiana.

[102] Ver en este libro mi ensayo "La praxis teatral y lo político: La demanda, el teatrista, el público".

cierto es que allí se juega su primera definición estético-política, que podrá o no ser coherente con aquello que quiere dar-a-ver y con el 'tema' elegido. La creatividad en el ensayo va a depender de cómo se opere con el concepto de espacio, más allá de los lugares elegidos para el espectáculo.

3. *Tiempo lógico vs. tiempo cronológico*. El tiempo-reloj, sin duda, tiene en el ensayo un rol determinante: en primer lugar, debe ser pactado con el elenco y, según las circunstancias histórico-sociales y de profesionalidad involucradas, puede extenderse, sea cuando en cierto momento las improvisaciones se muestran muy dinámicas y ricas, o bien cuando se pospone el estreno. Sin embargo, hay otro tiempo, que Lacan, en su ensayo "El tiempo lógico y el aserto de certidumbre anticipada. Un nuevo sofisma" (1945), va a explorar con detenimiento. La cuestión del tiempo ha sido y probablemente siga siendo una cuestión de constante revisión en el psicoanálisis; la famosa propuesta del "tiempo analítico", como duración variable de la sesión realizada por Lacan en relación a la duración fija impuesta por la IPA [International Psychoanalytical Association] fue causa de su expulsión de dicha asociación (excomunión, en términos de Lacan para criticar la dimensión eclesiástica que había tomado el psicoanálisis). Habría un tiempo lógico a tener en cuenta y la praxis teatral no debería descuidarlo. ¿Cuándo debe un ensayo o una improvisación detenerse? ¿Cuándo se ha producido la certeza anticipada de aquello que realmente es valioso para el proyecto? Lacan planteará allí el instante de la mirada, el tiempo para comprender y el momento de concluir, los cuales tienen un enorme potencial cuando se los trabaja en la praxis teatral.[103]

4. *Espectador vs. público*. Haciendo sistema con las cuestiones de la teatralidad, el espacio y el tiempo, el uso sinonímico de estos vocablos va a exigirnos una conceptualización. El público está compuesto por individuos o ciudadanos que se encuentran con sus diferencias de clase, raza, credo, sexo, género, orientación sexual, etc. en un

---

[103] Ver mi ensayo "Ensayando la lógica o la lógica del ensayo: Construcción de personaje y temporalidad de la certeza subjetiva".

acontecimiento teatral. Aunque el teatrista tenga un conocimiento estadístico o intuitivo del tipo de público que usualmente se congrega frente a sus propuestas, el público en sí mismo es numéricamente incalculable y a la vez medianamente predecible en su conformación (depende de factores tales como ubicación de la sala, precio de la entrada, medios de transporte, publicidad del espectáculo, reseñas críticas, etc.); dependerá de la trayectoria del teatrista y su grupo, de la permanencia en su comunidad, de sus logros y premios, del manejo de la promoción de sus espectáculos, etc. Si el teatrista trabaja para un público muy pautado, su tarea se facilita, pero es probable que su arte y su creatividad se debiliten. El teatro comercial es ejemplo elocuente de esto. Lo importante aquí es reservar el vocablo "espectador" como un concepto con operatividad en el ensayo, y que no hay que confundir con el público, que es un factor externo. El espectador, como construcción discursiva interna inherente a la puesta en escena es, además, un concepto que le permite al teatrista disparar su creatividad e imaginación. En trabajos sobre este concepto hemos usado también el constructo "máscara espectatorial", para completar la tarea artística del teatrista. En efecto, si el actor construye la máscara de su personaje, el teatrista a cargo del montaje también construye la máscara del espectador. Se da-a-ver una escena y no se lo hace de cualquier forma. Lacan hizo un trabajo muy puntual de las posibles relaciones entre el sujeto y el objeto. Partió de desconstruir la posibilidad de la intersubjetividad, esa relación sujeto a sujeto, que incluso sostiene la ilusión de convivio. El otro (a) en Lacan es especular; es el otro yo, el semejante, el prójimo, el enemigo. Es, pues, un objeto al que se inviste imaginariamente de amor y de agresividad. Si solo hay relación de un sujeto (dividido) a un objeto, a la vez como otro y como objeto causa del deseo, debemos preguntarnos por las variaciones posibles de esa fórmula que Lacan escribe $\$ \Diamond a$ para la neurosis, $a \Diamond \$$ para la perversión. A estas dos estructuras freudianas, Lacan agrega la psicosis. De modo que, a partir de estas tres modalidades, me fue posible conceptualizar tres máscaras espectatoriales (neurótica, con sus variaciones histérica y obsesiva; perversa, con sus variaciones exhibicionismo/voyeurismo, sadismo/masoquismo y fetichismo; y psicótica). Una misma escena producirá un sentido diferente si es dada-a-ver con una máscara neurótica, perversa o psicótica, en virtud de que cada una admite una dinámica libidinal y política particular. Aquí precisamente, al someter la escena a las variaciones de estas máscaras espectatoriales con sus respectivas economías libidinales, es donde se aprecia la confluencia entre praxis teatral y contexto de descubrimiento durante el ensayo, porque ambas operan disparando la creatividad hacia zonas no contempladas previamente. De modo que se instaura así otra responsabilidad ético-estético-política del teatrista, más allá de sus convicciones conscientes o de los temas elegidos para representar.[104] Y así como en el estructuralismo más ortodoxo se pudo diferenciar autor de narrador y ya nadie se confunde en eso, mi tarea consistió en recuperar el concepto –no tan desarrollado— de narratario, que no se confunde con el lector. Autor y lector son individuos mortales, ciudadanos que varían históricamente frente al texto; pero narrador y *narratario* ('lector implícito') son funciones, marcas en el texto que permanecen mientras ese texto exista, son producto de la creatividad del autor. Similarmente, el teatrista enmascara la escena con el espectador buscado, el espectador deseado por dicha escena, el espectador implícito en el deseo del teatrista. Cada miembro del público decidirá si entra o no en el juego que la máscara espectatorial le propone; se le brinda así la posibilidad de ejercer su libertad y responsabilidad frente a lo dado-a-ver.[105]

5.   *Real vs. realidad.* Ya hemos comentado esto. Lo real no se confunde con la realidad como ilusión o perspectiva imaginaria. "Lo real –dice Lacan—se diferencia de la realidad" (*Radiofonía...* 17); es el discurso el que "modela la realidad" (Lacan, *Ra-*

---

[104] No deja de ser paradojal que tantas obras que quieren denunciar las violencias que atraviesan nuestras sociedades actuales, recurran a su vez a la violencia de someter al público a la oscuridad, a la pasividad, a la parálisis de mantenerlo inmóvil en una butaca, y a su vez amordazándolo, obligándolo a permanecer en silencio.

[105] Ver mis ensayos "El director y su público: la puesta en escena y las estructuras espectatoriales" y "Praxis teatral y puesta en escena: la psicosis como máscara espectatorial en el ensayo teatral (1ra. y 2da. partes).

diofonía... 21). En psicoanálisis, cuando se habla de realidad, siempre se refiere a 'realidad psíquica'. La realidad, como no-yo, está siempre construida a la medida de cada yo. Cada miembro del grupo de teatristas, cada miembro del público, en su singularidad, aunque concuerden en algunas cosas, sostienen una perspectiva de la realidad condicionada por su realidad psíquica singular. Lo real, como ya lo hemos expuesto, es aquello que escapa a la conciencia, que escapa a lo simbólico, al Otro y que tiende a repetirse; es aquel vacío que no puede significantizarse, un resto de la operación por la cual la cría humana tiene que pagar, culpa mediante, por la hominización, para ingresar a lo humano, al lazo social, a la ley y la cultura. Para ello, la intervención del lenguaje lo ha dividido, dejando un residuo pulsional que siempre opera como tentación. Este residuo pulsional (*Trieb*, no instinto), que separa Naturaleza y Cultura, es el goce que quisiera recuperarse. El principio de placer en Freud, concebido como una descarga de tensiones, opera como freno al goce que, en tanto pulsional, está regido por la pulsión de muerte y el superyó. Cuando la pantalla ($\lozenge$) del fantasma ($\$\lozenge a$) que protege al sujeto del goce se astilla, se rompe, éste queda capturado por las pulsiones y la posibilidad de un *acting out* o un pasaje al acto, incluso suicida o criminal, es más que concreta. Sujetado por el Otro, marcado por el lenguaje con los significantes-amo que le impone la cultura (familia, escuela, tradiciones), el sujeto sufre por aquello a lo que tuvo que renunciar para ser parte del contrato social que lo protege; en efecto, si no tuviéramos prohibiciones, las establecidas por la ley, la sociedad humana no sería posible; sin embargo, toda prohibición supone un renunciamiento siempre al borde de la tentación de transgredir. Hay mandatos como "no matar", como la prohibición del incesto, que fundan la cultura, pero la autoridad de la ley o del Padre ('padre' en psicoanálisis no se refiere al biológico sino al que instala la prohibición, y puede obviamente estar encarnado en una mujer) puede debilitarse. Hoy hablamos de la caída de la función paterna, de la debilitación de la autoridad, de la inefectividad de la ley. Cuando esto sucede, lo real despliega sus poderes y las violencias se multiplican en progresión geométrica. Por eso la praxis teatral no se focaliza sobre la realidad, no se instala como espejo para que el teatrista la refleje o la represente, sino que apunta a lo real, porque es allí donde hay que intervenir para poderle inventar nuevos significantes capaces de desalienar al público, separarlo del goce del Otro a fin de que pueda, desde su singularidad y por debate democrático, reinventar la ley de acuerdo a los cambios históricos registrados en la cultura que afectan la vida cotidiana de su comunidad. Muchos teatristas ceden demasiado rápido y demasiado fácilmente a la realidad como imaginario, por eso los dramaturgos hablan de representar y reflejar, que son vocablos típicos de la verborragia nocional con la que discurren sobre su oficio.

6. *Sujeto vs. individuo.* De lo dicho anteriormente emerge con claridad la diferencia: la praxis teatral trabaja a partir del sujeto, como sujeto del inconsciente, sujeto sujetado al deseo del Otro (lenguaje, cultura), dividido por el lenguaje, alienado al registro simbólico. El sujeto es un vacío, la brecha que se abre en la medida en que, como Lacan lo definió, el significante —y el inconsciente está formado por significantes— es lo que representa al sujeto para otro significante ($\$ / S_1 \rightarrow S_2$). No importa cuántos individuos, seres biológicos con nombre y apellido formen el grupo teatral, allí sin duda, por cuando se trata de una acción concertada, opera *un* sujeto. El individuo, al que el discurso nocional puede también designar como persona, ego, yo, con una supuesta identidad, es un *moi*, tal como Lacan lo designa en su ensayo sobre el estadio del espejo: una imagen —registro imaginario— a la que el sujeto se aliena frente al Otro, que le anticipa incluso una ilusión de unidad (logos=conciencia=yo) con la que se vive y con la que mide, percibe, juzga, ataca al mundo (no-yo). Se distingue, pues, del sujeto: "[e]l sujeto va mucho más allá de lo que el individuo experimenta "subjetivamente", tan lejos exactamente como la verdad que puede alcanzar, y que acaso salga de esa boca que acabáis de cerrar ya" (*Escritos* 256). El registro simbólico captura, así, al sujeto con sus Ideales del yo y los imperativos superyoicos, por eso poca confianza puede depositarse en la percepción y la observación a cargo del yo —responsable por lo demás de los obstáculos epistemológicos—, poca objetividad puede derivarse de este yo cuya percepción está atravesada por esos determinantes. Si el descubri-

miento freudiano del inconsciente (ya no concebido como irracionalidad), tuvo y sigue teniendo impacto, es porque afecta precisamente los protocolos epistemológicos racionalistas sobre los que se construyó y construye la ciencia moderna. Aunque muchos vocablos y nociones (cuerpo, inconsciente, pulsión) ya pre-existían a la ruptura epistemológica realizada por Freud, lo que importa es que el psicoanálisis produce un giro, un cambio de problemática y, a partir de allí, esos vocablos comienzan a funcionar como conceptos que, a su vez, forman parte de una arquitectura teórica, esto es, de un sistema en el que se definen y mutuamente se apoyan. "Designamos a esa producción del cambio de problemática, irreductible a un simple artificio de lenguaje, con el nombre de ruptura epistemológica" (Braunstein et al. 113). Incluso, es probable que el *Seminario 11* de Lacan, ofrecido como una reconsideración de la terminología psicoanalítica para aislar los "cuatro conceptos fundamentales del inconsciente", pueda ser considerado como la fundación de una ontología, en el sentido de Heidegger, no sólo para el psicoanálisis, sino para cualquier otra disciplina relativa al Dasein y a los entes que no son el Dasein.[106] Por ello, cuando hablamos de sujeto, hablamos de un significante desconocido a partir de otro que ha tomado su lugar y lo representa; hablamos también de sus identificaciones a los Ideales del yo que le propone la cultura, y no tanto de 'identidad", como un constructo imaginario de tipo esencialista que estaría incluso a disposición de la conciencia y a disposición del yo. Resulta, pues, sumamente imprescindible durante el ensayo teatral distinguir más allá de los 'yoes' del grupo, el sujeto de ese grupo. Un proceso creativo, al partir del no saber inconsciente, pone en juego retroactivamente la construcción de ese sujeto. Recordemos, una vez más, que para Lacan el inconsciente no es fundador de hermenéuticas, particularmente a la manera de de-

---

[106] En *Ser y tiempo*, cuyo impacto puede registrarse en la enseñanza lacaniana, Heidegger plantea la necesidad de una ontología del Dasein que vaya más allá de la teología, la antropología, la biología y la psicología. La ontología del Dasein es el fundamento de esas disciplinas, razón por la cual éstas no podrían ni comprenderlo ni interpretarlo. Los fundamentos ontológicos del Dasein "nunca se dejan inferir hipotéticamente a partir del material empírico, sino que, por el contrario, ellos ya están siempre 'allí' en el momento mismo de *reunir* el material empírico" (59).

positaciones de símbolos culturales, esenciales, ahistóricos y universales, que estarían operando como arquetipos desde cierta profundidad psíquica de la cultura. Lacan define el inconsciente como parroquial, transindividual y no colectivo. "El inconsciente —escribe Lacan— es aquella parte del discurso concreto en cuanto transindividual que falta a la disposición del sujeto para reestrablecer la continuidad de su discurso consciente" (*Escritos* 251).

El inconsciente tampoco es lo oculto, escondido o sepultado; es lo reprimido, pero está patente, como cuando entramos a un teatro y ya nos esperan las butacas que, dado nuestro presupuesto y situación de clase, pudimos adquirir. La distribución de asientos en una sala, con privilegios para ver y escuchar muy especificados, ya es un inconsciente —discurso del Amo— que nos espera y nos posiciona frente al escenario; un inconsciente que es geo-histórico y no general ni universal. Lo mismo cuando entramos en un salón de clases y vamos directamente al lugar que el inconsciente en tanto discurso ya nos ha dispuesto de antemano: solo hay que verlo, está patente. Hay espacios congelados: uno para el disertante, para el profesor, como sujeto supuesto saber, y múltiples otros asientos para el sujeto supuesto aprender. Ya conocemos cómo Paulo Freire desconstruyó está concepción bancaria de la educación. Porque esa disposición discursiva —para la que desde cada lado se juega la relación sujeto/objeto en un campo agonístico lejos de cualquier idealización pacificante y convivial— naturaliza e invisibiliza la micro y macropolítica del poder. Los individuos pueden, además, formar masa, tal como Freud lo trató en *Psicología de masas y análisis del yo*, con consecuencias políticas y culturales tremendas, razón por la cual la izquierda lacaniana (Laclau, Žižek, Copjec, Alemán y muchos otros) se ha visto en la necesidad de retomar para repensar las estrategias de los movimientos colectivos en pro de su emancipación frente a las atroces imposiciones del capitalismo neoliberal.[107] Estas cuestiones no pueden estar lejos, ni mucho menos, de la praxis teatral tal como la vengo planteando

---

[107] Ver mi ensayo "La praxis teatral y lo político: La demanda, el teatrista, el público" y "Justicia, neoliberalismo y extimidad: A propósito de *Hambre*, de Merly Macías".

desde hace años frente a la concordia sospechosa de los estudios teatrales y performáticos basados en la noción de identidad, en las celebraciones conviviales y masificantes, en la autocomplacencia de la trasgresión y en la institucionalización de subjetividades, arrasando de ese modo y siempre al sujeto del inconsciente, al sujeto del deseo, a las singularidades de cada cual, imponiendo un "para todos", ya no tanto el de la función fálica, de la ley, sino un "para todos" superyoico, obsceno y atroz, cuya meta es liberar la dimensión pulsional de la cultura y orientar la vida por el camino de la necropolítica (Mbembe), esto es, llevar —con ayuda y complicidad de la ciencia y la tecnología— a la catástrofe de la humanidad (narcotráfico, terrorismo, fanatismos diversos, fascismos de toda clase, destrucción del medioambiente, etc.).

7.   *Cuerpo vs. organismo.* Tenemos aquí una sinonimia implícita: hay una tendencia a pensar el cuerpo fenomenológicamente como un organismo; de ahí que haya cierto entusiasmo por imaginar que la biología va a tener algo interesante que aportar al teatrista. Y es probable que lo haga, a pesar de que, a nivel del ensayo, a nivel de la praxis teatral el cuerpo con el que tenemos que vernos no es solo esa materialidad con dimensión anatomo-fisiológica, sino algo diferente. Las técnicas actorales están, sin duda, dirigidas a proveer destrezas y habilidades a nivel del organismo, pero su mayor impacto habría que explorarlo a nivel de los *cuerpos* del actor, dicho en plural, porque tenemos por lo menos tres: cuerpo imaginario, cuerpo simbólico y cuerpo real. Además, hay otro campo de intervención para la praxis teatral, cuando se sopesan las técnicas actorales desde una perspectiva histórica y política. En otros trabajos[108] hemos ya señalado la complicidad de las técnicas actorales con el capitalismo (por ejemplo, el método de las acciones físicas y el fordismo), en tanto están orientadas a definir una corporalidad capaz de responder económica y eficientemente a los requerimientos del mercado teatral. Queda mucho por hacer en la praxis teatral en este sentido, desbrozando la genealogía —en sentido foucaltiano— de propuestas como las de Grotowski,

---

[108] Ver mi ensayo "Los cuerpos del actor" y mi libro *Ensayo teatral, actuación y puesta en escena. Notas introductorias sobre psicoanálisis y praxis teatral en Stanislavski.*

Barba, Brook, por citar los maestros europeos más evocados por los directores latinoamericanos.

Y también queda mucho para desbrozar sobre el cuerpo en la praxis teatral. Lacan, siguiendo su postulado del inconsciente estructurado como un lenguaje, va a insistir en recordarnos que el hombre piensa "porque una estructura, la del lenguaje – la palabra lo implica – porque una estructura recorta su cuerpo, lo que nada tiene que ver con la anatomía. La prueba el histérico" (*Radiofonía...* 88). Es desde esta perspectiva que Lacan puede afirmar que el lenguaje, al marcar el organismo del viviente, lo cadaveriza (*corps/corpse*) (*Radiografía...* 19). El significante, como insistirá Jacques-Alain Miller, mortifica. De ahí que Lacan no se apoye en lo viviente para aproximarse al cuerpo, así como tampoco —desde el estadio del espejo— sostenga que la unidad de ese cuerpo sea del organismo *per se*, ya que dicha unidad es provista por la alienación a una imagen; y esa imagen supone nuevamente la presencia del Otro, que también es cuerpo, aunque incorporal, porque podemos hablar con Lacan del goce del Otro: "el lenguaje no es inmaterial. Es cuerpo sutil, pero es cuerpo" (*Escritos* 289). De ahí que podamos decir que no *somos* un cuerpo, sino que *tenemos* un cuerpo, y lo tenemos porque el Otro, el lenguaje nos lo provee. Lacan, debido a esto, podía sostener que la anatomía no era destino sino que el destino era el discurso del Otro. El sujeto está, pues, desligado del cuerpo, por eso hemos dicho que el significante que lo designa precede a su nacimiento y subsiste cuando ya no tiene cuerpo, se trata aquí de temporalidades diferentes. ¿Tendríamos que hacer mención aquí, aunque sea de paso, a las desapariciones de los cuerpos, por un lado, y a la lucha por hacerle justicia a la memoria de los significantes que los sujetaban, por otro, tal como vemos diariamente en nuestras sociedades actuales?

El cuerpo es un término usado por muchas disciplinas: la física, la medicina, la biología, la psicología, la antropología, incluso los estudios jurídicos. Carla Unsueta Nostas y María Elena Lora en un ensayo puntual, recopilan los usos del término 'cuerpo' en varias disciplinas, para enfocarse luego en la conceptualización psicoanalítica tal como se la puede reconstruir en los textos de Freud y de Lacan. Nos dicen:

El cuerpo se nos impone cotidianamente, ya que en él y por él sentimos, deseamos, obramos, gozamos y nos expresamos. Desde lo cotidiano se lo entiende como "sustancia" (parte material de un ser), como "volumen", "colección" (cuerpo jurídico), como "organismo" (cuerpo médico), como "representación mental" o "esquema corporal" (desde la psicología). Pero se nos impone tan cotidianamente que no nos ponemos a reflexionar sobre él. *¿Qué es un cuerpo? ¿De dónde viene? ¿Es un dato o es construido? ¿Por qué el cuerpo es sede de tantas afecciones (síntomas)?. ¿Es independiente o tiene relación con lo psíquico?* (7)

Las autoras nos recuerdan inmediatamente que, a diferencia de la medicina o la biología, el cuerpo en el psicoanálisis no es un organismo dado como un dato descriptible o un instrumento cuyos componentes pueden ser observados y clasificados, sino que está construido; y si bien el "esquema corporal" del que habla la psicología también es una construcción, en el psicoanálisis esa imagen corporal no remite a procesos madurativos sino a la incidencia del significante, del Otro, del lenguaje. No se nace con un cuerpo; se nace con un organismo. El cuerpo está, no obstante, previsto ya desde el significante del nombre que, desde antes, espera el advenimiento de la cría humana con el significante del nombre elegido por el Otro (padres, Estado, tradiciones, etc.). Fundamentalmente, como lo vemos en la última enseñanza lacaniana, el cuerpo es la sede del goce, hay cuerpo porque se goza y viceversa, hay goce porque hay cuerpo (Lacan, *Seminario 20* 14). O, como lo dice Lacan en *Radiofonía*, "no todo es carne" (19), hay cuerpo y carne. Estamos así en un concepto de cuerpo muy ligado a la dimensión pulsional. Por eso, en un párrafo que conviene citar aquí por razones de brevedad, las autoras resumen muy bien el triple estatus del cuerpo en el psicoanálisis:

El objeto teórico del psicoanálisis en el presente trabajo, el "cuerpo" se demarca del organismo biológico de la medicina y del esquema corporal de la psicología. Para el psicoanálisis el cuerpo desde el registro de lo real equivale al organismo biológico, el cual se construye como cuerpo a partir de la relación con el Otro del significante, que en un inicio por excelencia lo encarna la madre, relación que se establece no por la satisfacción de las necesidades vitales sino por la relación con el significante: horarios, sabores, ritmos, golpes, caricias, voces, miradas, olores, etc. Por esta incidencia del significante sobre el organismo, el cuerpo biológico deviene un cuerpo erógeno, es decir un cuerpo simbólico que se prestará como superficie topológica de inscripción a recibir la marca significante y hará síntoma. Pero además el organismo fragmentado encuentra su unidad en la imagen, que podemos hacer equivaler al "esquema corporal" que plantea la psicología, con la salvedad que para el psicoanálisis esta imagen es vacía. (12)

Cuando Lacan pone a la histérica como testigo, nos da la pauta de un cuerpo cuyo goce da, a su vez, cuenta del sujeto: es un cuerpo marcado por el significante, ya no un organismo, hay un mapa o imagen del cuerpo histérico desentendida de lo anatómico. Aquí el padecimiento no es una enfermedad, sino un síntoma, formación metafórica del inconsciente que no está a disposición del yo y de la conciencia. A diferencia de la enfermedad, el síntoma tiene un sentido reprimido que el psicoanálisis quiere recuperar por medio del lenguaje para levantar la represión y dar paso a la continuidad deseante del sujeto. En la medicina, la enfermedad no es parte del paciente mismo; el médico aísla la enfermedad y la separa del sujeto. Como nos dicen las autoras ya citadas: "Juan deja de ser Juan para convertirse en un absceso. El síntoma médico es orgánico, no es parte del sujeto, no es su parte, es una enfermedad para el paciente y para el médico también. No es el síntoma *del* sujeto, el tratamiento médico los separa y sus imperativos éticos son: buscar el beneficio del paciente restableciendo su salud y aliviando sus síntomas" (14, énfasis mío). En tanto goce, el síntoma remite al sujeto del inconsciente y el sufrimiento que le causa a dicho sujeto no necesariamente impone el imperativo de curación; muy por el contrario, hay un goce del síntoma: "Por el contrario desde el psicoanálisis la dimensión ética es aquella que se extiende en la dirección de goce, como satisfacción paradójica a la cual el sujeto se aferra aun cuando le causa sufrimiento" (Unsueta Nostas et al. 14). O, para ponerlo en palabras de Luis Varela: "los médicos conocen lo que es sano y lo que es enfermo, pero lo que no conocen los médicos... es si estar sano o enfermo es bueno o malo para el paciente" (75). Por eso el analista no focaliza su atención únicamente en el dolor sino en la forma en que el analizante lo relata porque, vía el significante y la asociación libre, el psicoanálisis apunta a la cuestión del sujeto y al saber no sabido del inconsciente –lo que lo diferencia de la psicología limitada al yo y a la conciencia— para alcanzar ese real del goce que, a pesar del sufrimiento, satisface al sujeto incluso en el dolor, más allá del principio del placer.

Las consecuencias de esta conceptualización psicoanalítica del cuerpo son múltiples y no podemos desarrollarlas aquí. Baste decir que si el cuerpo es una construcción ligada al deseo del Otro y si ese Otro hoy da cuenta de la crisis de la función de la ley, de la función paterna, entonces no es sin lógica que hoy sea muy difícil poseer un cuerpo y, por tal razón, los individuos recurran a múltiples violencias para hacerlo existir. Además, la ciencia con sus avances no deja de perturbar lo real, generando nuevos malestares en una sociedad cuya ley ha perdido eficacia y donde el superyó atroz y obsceno violentamente despliega toda la potencia del goce, arrasando al sujeto.

Tal vez haya que pensar el ensayo teatral desde esta dimensión, en la medida en que el teatrista, en cuanto actor, tiene que hacer existir el cuerpo del personaje, mortificar su/s propio/s cuerpo/s para permitirle advenir. Por eso es imprescindible retornar a esa genealogía de las técnicas, desde la perspectiva analítica y, sobre todo, desde la perspectiva foucaultiana. Si Lacan subraya el hecho de que "la técnica no puede ser comprendida, ni por consiguiente correctamente aplicada, si se desconocen los conceptos que la fundan" (*Escritos* 239), Foucault nos alerta sobre la importancia de explorar una genealogía de las técnicas: "Necesitamos conocer las condiciones históricas que motivan nuestra conceptualización" ("El Sujeto..." 4). No habría que desconocer –como lo plantea Colette Soler—que todas las técnicas del cuerpo "son técnicas del significante Amo, técnicas cuya esencia se basa en hacer marcar el paso" (1), esto es, se inscriben y funcionan como lo disciplinario *per se*. Recordemos que Foucault retoma la cuestión de la genealogía de Nietzsche: si la genealogía se encuentra "en la articulación del cuerpo y de la historia" ("Nietzsche" 15), se hace imprescindible desandar la historia de sangre y poder que yace olvidada en la aparente inocencia de una técnica. La genealogía, en tanto *emergencia* y *procedencia*, nos permite abordar las inscripciones en el cuerpo, como un tatuaje invisible, puesto que *emergencia* apunta al "punto de surgimiento" ("Nietzsche" 15) y la *procedencia*, en el sentido de una fuente, remite a una herencia concebida como "un conjunto de pliegues, de fisuras, de capas heterogéneas" ("Nietzsche" 13) que tornan inestable a esa herencia, que la fragmentan, la desunen. La técnica stanislavskiana, por ejemplo, no surge de la nada ni en cualquier momento, tiene una genealogía. Si el significante, al mortificar el cuerpo, tal como lo hace en la técnica, deja un resto de goce; si el Otro le ha extraído el goce que el sujeto quiere recuperar, ¿cómo se dimensiona en el ensayo teatral lo relativo al objeto *a* como plus-de goce? El goce no es utilitario como el placer: "El goce es lo que no sirve para nada" (Lacan, *Seminario 20* 11). ¿A qué cuestiones nos abren estas afirmaciones en la praxis teatral? ¿Hay una utilidad del teatro? ¿Vienen los estudiantes a estudiar teatro con algún sentido de utilidad, solo por placer? ¿Hacen los teatristas teatro –donde pocas veces recuperan la inversión— como plus-de-goce, como recuperación de un goce perdido, extraído de su cuerpo por la cultura? Una vez más: el ensayo teatral no se las ve con organismos, sino con cuerpos afectados por el significante, cadáveres de la cultura agitados por la posibilidad de recuperar un plus-de-goce o sacudidos por un superyó que les impone el ¡Goza!, como imperativo de goce (Lacan, *Seminario 20* 11). Hay aquí un campo a explorar, un campo de suma delicadeza y sutilidad que todavía el discurso cotidiano de los teatristas no registra.

Objetivos: Academia vs. praxis teatral

Manteniendo, por razones expositivas, el 'versus' de una oposición binaria de términos, oposición entre la que podrían debatirse múltiples matices, hay que seguir la enseñanza lacaniana en cuanto a siempre pensar en términos triádicos o cuaternarios. No descuidamos, como nos alerta Lacan, que usualmente "nuestra experiencia [analítica] polariza en una relación que no es entre dos sino en apariencia, pues todo planteo de su estructura en términos únicamente duales le es tan inadecuado en teoría como ruinoso para la técnica" (*Escritos* 257). Hay, pues, un Otro para la academia y sin duda también lo hay para la praxis teatral. Y este Otro está constituido por alguno de los cuatro discursos que Lacan construyó en cuatro fórmulas, con cuatro posiciones y cuatro elementos en rotación: discurso del Amo, discurso de la Universidad, discurso de la Histeria, discurso del Analista. Aunque no es éste el lugar de discernir estos discursos, los binarios numerados del 1 al 7 y expuestos anteriormente, oponiendo la praxis teatral al discurso cotidiano de los teatristas (incluido el de los estudios teatrales), dejan visualizar una pregunta básica: ¿qué tipo de teatro se quiere hacer? Y algunas preguntas derivadas: ¿Qué tipo de teatro se sabe hacer? ¿Qué tipo de teatro se favorece? La pregunta básica apunta a un deseo, el del Otro o el de los teatristas; el de aquellos teatristas que operan por oficio y experiencia y satisfacen las demandas de la academia y/o del público, y el de otros teatristas que se arriesgan con un 'deseo decidido' —como lo denominaba Lacan— a lo desconocido, toman el riesgo de la creatividad, apuestan al teatro como praxis emancipadora del sujeto, del deseo del sujeto (teatrista o público), para recuperar una singularidad aplastada por el "para todos" de la función fálica, del Otro, alejada de convivios ilusorios. El teatro como praxis emancipadora que desaliena al sujeto mortificado por los Ideales del yo y/o los imperativos de goce superyoicos, apunta a impedir que el sujeto del inconsciente sea capturado por los dispositivos de poder del capitalismo neoliberal, masificantes y además alentados por una necropolítica cuyo objetivo es la producción de nuda vida (Agamben), de in-empleados estructurales (Alemán), seres ya completamente descartados e irrecuperables por el sistema, impelidos a la animalidad, matables, anónimos e insacrificables. La praxis teatral apuesta por un teatro que, al empeñarse en inventarle un significante a lo real que duele, sin embargo no masifica, no adoctrina, no impone un sentido a la manera de dogma, sino que ofrece enigmas, desbroza narrativas con lógicas perimidas, invita a la interpretación desde la singularidad de cada cual como única alternativa para redefinir la democracia, impugnar las leyes ineficientes y excluyentes, desde la posibilidad de acción colectiva a partir de significantes vacíos o flotantes (Laclau) y de actos instituyentes.[109] Esto supone un debate profundo sobre la violencia y el cuerpo, porque hay violencias y violencias: está la del Estado y está la del pueblo (no de la masa, distinción provocativa de Ernesto Laclau). Ya Walter Benjamin había planteado la violencia como fundadora del derecho y la violencia de aquellos que el Estado estigmatiza como criminales porque su violencia "amenaza de fundar un nuevo derecho [...] el estado teme a esta violencia en su carácter de creadora de derecho" ("Para una crítica..." 6).

---

[109] Ver mis ensayos "La praxis teatral y lo político: La demanda, el teatrista, el público" y "Justicia, neoliberalismo y extimidad: A propósito de *Hambre*, de Merly Macías".

Desde este marco, me permito ahora enumerar la diferencia de objetivos entre la academia y la praxis teatral, a costa de ceder nuevamente a una polaridad brutal.

1. Si la praxis teatral apuesta a lo contingente, al deseo como no educable y no disciplinable, es porque el acontecimiento artístico, como en Picasso, no es un predecible o calculable; es un instante de apertura del inconsciente que hay que saber escuchar a tiempo y éticamente proceder a saber lo que allí se juega o se jugó. Siendo el inconsciente transindividual, no hay demasiado lugar para dudar de la relación entre lo que la praxis teatral hace y sabe hacer, y el contexto en el que trabaja y al que se dirige o con el que dialoga. Y si academia y praxis teatral no pueden eludir el discurso del Amo, como discurso del inconsciente, con el cual hay que vérselas, lo cierto es que, frente a esta contingencia, la academia –por sus exigencias institucionales— no tiene demasiadas chances de alojar la praxis teatral, porque sus protocolos le imponen la trasmisión de conocimientos, la validación de dichos conocimientos a partir de fuentes autorizadas por el discurso de la Universidad o del Amo. La academia se responsabiliza por las credenciales profesionales y por ello –más que sobre la creatividad y el talento, difíciles de evaluar— atiende al oficio concebido como aquello que ha sido ya validado, justificado, probado y que, fundamentalmente, es lo establecido y lo trasmisible, una rutina.

2. De este modo podemos ahora oponer el saber no sabido del inconsciente desde el que se dispara la praxis teatral al conocimiento proveído por el discurso de la Universidad. Frente a lo singular del arte y del artista, la academia requiere de lo general y universal. La praxis teatral, por su trabajo desde el inconsciente transindividual y por su apuesta a la singularidad y a la contingencia, permanece parroquial, esto es, muy ligada al aquí y ahora del teatrista, no apunta a lo general universalizable, no ofrece recetas y no valida oficios. Solo en la medida en que el teatrista sea capaz de inventarle un significante a lo real, podrá como sujeto sobrevivir a su cuerpo. Esto no significa que la praxis teatral se desentienda de los discursos disciplinarios académicos; como ya hemos expresado antes en este ensayo, está siempre abierta la posibilidad de poner

esos discursos académicos al comienzo del proceso creativo para confrontarlos y, mediante improvisación y otras técnicas actorales, desafiarlos en el ensayo como contexto de descubrimiento para la creación y para el espectáculo mismo.

La praxis teatral es, así, un acto performativo, que avanza caso por caso, como la praxis psicoanalítica. Cada concepto que elabora, queda siempre arriesgado por el caso por caso de cada puesta en escena. Como acto performativo (diseñado sobre el concepto de "acto analítico")[110], la praxis teatral asume una ética de las consecuencias. No hay una idea previa al hacer, una intención previa al acto a la manera kantiana, como usualmente exige la academia y aquellas instituciones que suelen financiar a los teatristas y que, obviamente, al imponer ciertas condiciones y exigencias, intervienen en la verdad de la escena y los avatares de la creatividad. La academia prefiere hablar de "experiencia": confía en la experiencia de sus maestros o profesores, porque la experiencia supone repetición, rutina, memoria, garantías de todo tipo. Pocas veces puede la academia alojar un acto performativo pleno, incluso por razones curriculares. La praxis teatral, al apostar al deseo y el goce inconscientes, al asumir la ética de las consecuencias –no la de la intención—, no tiene parámetros para adoctrinar: sería contraproducente intentar legislar sobre lo 'más o menos' artístico de una obra o sobre el bien o el mal de una comunidad desde la escena, intentando adaptarla o subsumirla mediante la manipulación del yo y de la conciencia. Por eso la praxis teatral ofrece enigmas y no paquetes de sentido, tales como esas versiones de 'lo ya sabido' listas (*ready made*) para el consumo.

En ese sentido, no hay fórmulas probadas para la praxis teatral, no hay posibilidad de *aplicar* nada. La academia exige aplicar lo sabido porque está regida por el discurso de la Universidad, que es una versión del discurso del Amo. La praxis teatral trabaja, en cambio, desde el discurso de la Histeria o del Analista, esto es, desde la duda que, formulada como demanda, desestabiliza al Otro, o desde colocarse en posición de sujeto supuesto saber para provocar la desubjetivación y emancipación del teatrista y de cada miembro del público respecto de su alienación a los mandatos del Otro (Padre, Familia, Estado, tradiciones), respectivamente. La academia, por su

---

[110] He desarrollado la cuestión del 'acto performativo' (sobre el concepto de acto analítico, siguiendo al Lacan del *Seminario 15*), tal como ocurre en mi praxis teatral, en "Pedagogía y deseo: Praxis teatral y creatividad en español en Estados Unidos".

parte, incluso cuando intenta cierto grado de crítica, termina en general produciendo e institucionalizando subjetividades: Jorge Alemán aboca por diferenciar la construcción de subjetividades, entendidas como "formas de 'coherencia' unificadas ideológicamente" (115) que contribuyen, a la postre, a una lógica de segregación. Desde esta perspectiva, la academia se nos aparece como una fábrica de subjetividades que capturan al sujeto en tanto se trata de nuevos actos institucionalizados producto de previos actos instituyentes y que ahora fungen como credenciales institucionalizadas: así, por ejemplo, hubo movilizaciones y luchas colectivas, actos instituyentes progresistas contra lo heteronormativo, pero pronto se institucionalizaron como subjetividades a costa de excluir la diferencia; y ahora queda entonces volver a iniciar nuevamente la movilización como acto instituyente en resguardo de los erotismos no heteronormativos que, además, rechazan ser absorbidos por instituciones normativizantes, como el matrimonio igualitario.[111] De lo contrario, hay –por ejemplo— que ser gay a la manera de la agenda instituida por la subjetividad y la política gay y, como ya había dicho Sartre en *El ser y nada* hablando del mozo homosexual, ahora que el Otro lo signa como tal, "[l]e exige, pues ser lo que es para no ser más lo que es" (111). Una vez más, la singularidad erótica de cada sujeto queda excluida. Como lo plantea Alemán, hay hoy un catálogo de subjetividades –conservadoras o progresistas— a partir de las cuales los sujetos tienen que definirse, procediendo a excluir aquello que constituye su singularidad. Estas subjetividades son discursivas y por ello operan como un elemento ya no tanto de identidad sino de identificación, como lo han sido desde los inicios de la Modernidad con sus instituciones policiales, disciplinarias y de control. Y es aquí cuando, en procura de la emancipación del sujeto y la afirmación de su diferencia, opera la praxis teatral.

Queda, pues, mucho camino por recorrer: en principio, explorar la posibilidad de establecer ciertos puentes entre la praxis teatral y la academia que podría alojarla. Este campo debería imaginar una pedagogía para la enseñanza de la praxis teatral, que nuevamente se vería necesitada de recurrir

---

[111] No obstante los beneficios otorgados a la comunidad gay por la subjetividad gay y el matrimonio igualitario, lo cierto es que al quedar el erotismo homosexual capturado por la institución matrimonial, ha quedado resguardada, entre otras cosas, la propiedad privada, razón por la cual, tarde o temprano, para impedir un debate radical, los sectores conservadores terminan cediendo a estas movilizaciones. Va de suyo que los 'malestares' del matrimonio heterosexual también se inscriben en el homosexual (infidelidades, divorcios, abuso doméstico, etc.).

al psicoanálisis para visualizar los marcos en que se podría imaginar o inventar sus procedimientos. En segundo lugar, como lo hemos planteado desde el principio de este ensayo, procede matizar la polarización a la que hemos recurrido para facilitar los argumentos, explorando e investigando matices según surjan de propuestas artísticas novedosas.

Aproximación psicoanalítica al ensayo teatral: algunas notas preliminares al concepto de «transferencia»

> Por supuesto, está en nuestra época la dramaturgia que debe permitir poner en su nivel el drama de aquél con quien tenemos que vérnosla en lo concerniente al deseo.
> Jacques Lacan, *Seminario 8*, 179[112]

> No se puede enseñar a actuar a nadie.
> K. Stanislavski, *Ética y disciplina* 90

> ...como si un sueño se fuera "develando" durante los ensayos.
> Eduardo Pavlovsky, *La ética del cuerpo* 127

¿Qué desea el director en el ensayo?, ¿cuánto incide la figura del director sobre el actor?, ¿hasta qué punto hay un placer en la dirección escénica?, ¿se puede hablar de un placer o de un goce del actor y del director?, ¿cómo se posiciona el actor respecto del director y del personaje que debe interpretar?, ¿quién es el director para el actor?, ¿qué teoría podría situar topológicamente las relaciones entre el director, el actor e incluso el personaje? No voy ni siquiera a intentar aquí responder estas preguntas. Si las enuncio es para que se vea lo desprovistos que estamos, en el campo de la formación actoral y directorial, de una teoría sobre la economía libidinal (y obviamente política) en el campo teatral.[113]

---

[112] No se cita por la publicación oficial realizada por Jacques Alain-Miller, sino por la traducción literal que circula en la Escuela Freudiana de Buenos Aires, sin fecha. Todas las páginas corresponden a la versión mecanografiada. Hay importantes variaciones entre una y otra versión. El lector puede cotejar las diferencias; a manera de ejemplo, la cita de nuestro epígrafe (clase del día 19 de abril de 1961), tomada de la versión mecanografiada aparece en la versión de Miller (atribuida a la clase del día 3 de mayo de 1961), en la página 306. Agradezco a la psicoanalista Marta Geréz-Ambertín el haberme facilitado el acceso a la traducción no publicada de los Seminarios 8 y 6.

[113] Raúl Serrano ha realizado un trabajo muy productivo al cotejar el método de las acciones físicas de Stanislavski con algunas tesis marxistas. Sin embargo, más

Este artículo[114] se origina, en primer lugar, en una «certeza», luego se proyecta sobre un «programa» de trabajo investigativo más amplio y, finalmente, se presenta aquí en un estado de «notas», es decir, un texto breve, muy preliminar, que apenas intenta fungir como una rápida comunicación.

La certeza: la formación actoral institucional en el mundo occidental se basa en el método Stanislavski, con múltiples variaciones o derivados. Este sistema o método, a pesar de plantearse como una búsqueda consciente de lo subconsciente y de basarse en «una psicología», no acusa recibo del descubrimiento freudiano, es decir, del descubrimiento del inconsciente y de la batería conceptual que de ello se derivó. Para Stanislavski, el inconsciente está asimilado a la espontaneidad y la conciencia a la precisión (*Ética y disciplina* 84), pero éstos no tienen ningún lugar realmente tópico, conceptual en su «sistema». La creación, para el maestro ruso, está del lado del inconsciente, concebido como intuición y diferenciado de los instintos; éstos obstaculizan la labor del actor y lo «llevan a la actuación artificiosa, superficial y a aquella exageración desagradable en la cual lo que cuenta más es el amor del actor para sí mismo y no para su papel» (Stanislavski, *Ética y disciplina* 112). Además, Stanislavski utiliza la noción de subconsciente, al que concibe como una voz que el actor debería escuchar (*Ética y disciplina* 113) y, por esta vía, se hace necesario un cotejo con el superyó freudiano. Como vemos, hay mucho que trabajar aquí; si mencionamos esta relación con el superyó, es sólo a manera de ejemplo para insinuar —entre tantas otras cuestiones— el desajuste que habría, en principio, entre esa formación actoral pre-freudiana y la producción cultural de los siglos XX y XXI, epistemológicamente marcados por el psicoanálisis. El "retorno a Freud" que luego inicia Lacan complejiza aún más esta situación. No hay duda del impacto del inconsciente freudiano en las estéticas de vanguardia como el dadaísmo o el surrealismo; también impactó la dramaturgia en diversas direcciones; sin embargo, el aparato teatral como tal, el registro simbólico de la teatralidad del teatro (*Teatralidad y experiencia política* 2018) quedó casi intacto. En consecuencia, la formación actoral también se estancó en ese limbo entre una dramaturgia realista-naturalista para la

---

allá de lo debatible de su perspectiva sobre «dos» Stanislavskis —y a pesar de mencionar a Freud apenas un par de veces en su libro— hay algunos puntos de contacto entre nuestra aproximación a la actuación y la suya, que merecerán una investigación por separado.

[114] La versión inicial y abreviada de este artículo fue leída en el XV Congreso Internacional de Teatro Iberoamericano y Argentino, organizado por el Grupo GETEA en Buenos Aires del 1 al 5 de agosto de 2006.

que había sido creada y una dramaturgia que exigía otros desafíos escénicos. Para suturar ese desajuste, se apeló a la danza, a las tradiciones orientales y populares y otras disciplinas, pero no se conmovió la teatralidad del teatro, que siguió imponiendo su formato y sus convenciones, su política de la mirada. Síntoma de esta situación son muchos espectáculos de calibrada destreza técnica corporal y vocal que, sin embargo, sufren la falta de un cuestionamiento a nivel de la dramaturgia que, obviamente, no va a surgir espontáneamente de esos talleres de formación limitados a las herramientas actorales.

El programa: El trabajo investigativo que he emprendido hace unos años trata de aproximar los conceptos psicoanalíticos freudo-lacanianos a la praxis teatral, más específicamente al trabajo del actor y del director. Por esta vía —empezando, obviamente, por un retorno a Stanislavski vía Lacan— intento retomar la intención del mismo maestro ruso, en el sentido de la necesidad de interrogarse sobre las «causas» que producen un resultado escénico y no sobre la consistencia del resultado mismo. Es un trabajo todavía en su etapa silvestre, lleno de analogías y homologías tal vez no siempre llevadas al extremo de su productividad o propiamente ajustadas al campo teatral. Por ahora yo hago mi juego siguiendo incluso el ejemplo de Lacan; como lo dice él mismo al principio de su *Seminario 10: La angustia*, «[t]omo lo que me conviene de allí donde lo encuentro, le moleste a quien le moleste» (20). Freud, Lacan y muchos psicoanalistas han tomado lo suyo no sólo de la literatura dramática (*Edipo, Antígona, Hamlet, Ifigenia, Don Juan,* obras de Claudel, Gemenet, Moliere, etc.), sino también mucho del vocabulario teatral (pasaje al acto, *acting out,* escena, otra escena, drama); de modo que no creo que resulte impropio que yo les regrese el gesto tomando algo de la enseñanza y del vocabulario del psicoanálisis. Hasta el momento llevo emprendida una exploración preliminar de la problemática del tiempo (silogismo del tiempo lógico y la certeza anticipada [Geirola, "Ensayando la lógica"]), del estatus del fantasma en el ensayo teatral (Geirola, "Argentina en Cádiz") y el estadio del espejo en relación a la teatralidad del teatro y el realismo (Geirola, "Algunas reflexiones"). En esos trabajos he intentado situarme en un espacio *nepantla,* es decir, en el espacio que se abre entre dos aproximaciones ya realizadas, una, al texto dramático y la otra a la puesta en escena. Este espacio *nepantla* es el del ensayo teatral, que compete fundamentalmente al teatrista y a sus saberes, los cuales no siempre son los mismos que involucran a estudiosos de la literatura, de la semiología, del teatro, de la crítica, de la filosofía, de la historia, etc. El ensayo teatral, como el amor para el Lacan del *Seminario 8,* es *metaxy,* es decir, está entre lo bello y lo verdadero, entre la *episteme* y la *doxa*, pero no es ni una ni otra (84). Como ocurría en tiempos de Stanislavski y de Freud, no es nuevo que toda teorización sobre un objeto específico requiera apelar a diversas disciplinas e instrumentar revisiones periódicas. Por múltiples razones que se irán haciendo visibles durante el proceso de nuestra investigación, yo he optado por apelar al psicoanálisis.

Las notas: Se presentan como prolegómenos teóricos, muchas veces planteados como analogía salvaje entre el psicoanálisis y la práctica teatral, orientados a conformar un primer borrador teórico capaz de promover la búsqueda de una «nueva técnica de formación y trabajo teatral basados en la producción del inconsciente», tal como lo descubre Freud y lo teoriza Jacques Lacan. Mi objetivo es fundamentalmente abordar la dinámica de lo que recientemente se está desarrollando en América Latina bajo la denominación de «dramaturgia de actor». Sin embargo, como se verá, aunque a veces pongo en paralelo la figura del director con la del analista y la del actor con la del analizante, no estoy proponiendo que el director o el actor deban funcionar como analista y analizante, respectivamente, ni tampoco que el ensayo teatral sea una terapia grupal o psicodramática. Como se verá, muchas veces trato de hacer jugar esas figuras de diverso modo para despejar así algunas cuestiones que, en el futuro, habrá que teorizar más cuidadosamente. Sin embargo, no tengo la inocencia de pensar que una teorización psicoanalítica del trabajo teatral redunde en un mejor producto artístico. Ninguna teoría puede garantizar eso, como ni siquiera el psicoanálisis —incluso en su dimensión clínica— lo podría garantizar: Lacan insiste siempre en que se trata de ir caso por caso; cada caso singular plantea nuevos interrogantes a la teoría. No hay que pensar, por lo tanto, la teoría como demostración y aplicación sino como contexto de descubrimiento. Una teoría no es un modelo y solo un modelo es aplicable. Mi aproximación psicoanalítica al hacer del teatrista no es nueva; aunque sin mayores desarrollos posteriores, ya había sido iniciada por Enrique Buenaventura en una temprana charla a los actores del Teatro Experimental de Cali en 1969 sobre «La elaboración de los sueños y la improvisación teatral», en la que intentaba teorizar el inconsciente dentro de la práctica teatral y, sin duda pionero, intentaba también articular los conceptos de significante, metáfora y metonimia tal como aparecen teorizados por Lacan. Intento, pues, retomar ese primer gesto del maestro colombiano y darle continuidad.

En este primer acercamiento al tema de la transferencia quiero esbozar algunos puntos que, como director e investigador teatral, me parecen imprescindibles para conceptualizar ese complejo vínculo que se establece entre director y actor (incluyendo tal vez el que ocurre también entre éstos y el personaje o el texto dramático). En este sentido, el concepto de transferencia, de amor de transferencia, tal como lo teoriza el psicoanálisis, permite abrir el juego de una serie de discusiones tendientes a repensar los aspectos más nucleares de la práctica teatral.

NOTA 1: TRANSFERENCIA Y AUTONOMÍA DE LA ACTUACIÓN

La transferencia permite explorar las relaciones del analizante con su analista y, obviamente, con la articulación de su deseo. En términos vulgares, se puede decir que el analizante verbaliza «lo que no sabe» frente a su analista por medio de la asociación libre pactada dentro del encuadre; sin embargo, a pesar de plantearse como amor —el amor de transferencia es un amor inventado por Freud—, la transferencia, incluso como amor al saber, al supuesto saber del analista, es una relación intersubjetiva en la que cifradamente —sin saberlo— el analizante «revive», repite un pasado, el suyo, frente al analista. Es una escena, sin duda, en la que ambos participantes resultan enmascarados. El analizante manifiesta afectos —amor u odio— muy fuertes en relación al analista, sin saber que repite una escena olvidada, reprimida, en la que esos afectos se dirigían hacia otros. Esta dimensión imaginaria de la transferencia, según Lacan, no debe ocultar su dimensión simbólica, justamente instaurada en la repetición de ciertos significantes fundamentales en la historia del analizante. Así, en el *Seminario 8*, Lacan postula que, para el analizante el objeto de su deseo aparece velado, ocultado, por y en el analista, concebido como *"ágalma"*. Un paso más, que Lacan dará ya en el *Seminario 11*, articula la trasferencia al supuesto saber del Otro. Por eso la transferencia está involucrada en el registro simbólico con este saber supuestamente localizado en el analista quien, sin duda, rehúsa el poder de utilizarlo, rehúsa generar o garantizar recetas adaptativas para el analizante. Sin entrar ahora en mayores detalles —ya que suponen un trabajo investigativo mayor que no puede desarrollarse aquí— la cuestión, a nivel del ensayo teatral, puede discernirse en la distinción entre un director que opera por sugestión, creyendo «saber» lo que es la realidad (como Stanislavski, que conduce al actor por asociaciones supuestamente «naturales» avaladas a nivel imaginario por un «como si» a veces muy engañoso y hasta extravagante) y otro director que juega el muerto, suspende su idea de la realidad y lleva al actor por otros senderos de descubrimiento. A lo sumo, en ciertos momentos, este último tipo de director operaría interpretando la transferencia, no para cerrar la construcción de la máscara de un personaje sino, por el contrario, para mantener abierto la dimensión deseante del ensayo.

Ahora bien, cuando el analizante hace silencio, cuando no logra verbalizar por causa de la represión, cuando el Otro no parece escucharlo, entonces tenemos el *acting out*, es decir, expresa con su cuerpo algo «reprimido» de su pasado, muchas veces independientemente de lo que verbaliza sobre el diván. El *acting out* es, en cierto modo, una puesta en escena, una conducta cuyo sentido está velado para el analizante: «El *acting out* es esencialmente algo, en la conducta del sujeto, que se muestra. El acento demostrativo de todo *acting out*, su orientación hacia el Otro debe ser destacado» (Miller, *La angustia lacaniana* 136). Sin duda, ese mostrar del *acting out* tiene también su dimensión de ocultamiento. El *acting out* pone en escena el objeto *a*, causa del deseo, pero justamente para desplazar lo real que motiva la angustia; como dice Jacques-Alain Miller en su lectura del *Seminario 10*, «Una vez que sube al escenario, [el sujeto] queda apresado en los engaños de la mostración, los engaños del significante, los engaños de la verdad, y lo real permanece en otra parte» (*La angustia lacaniana* 123). Esto parece ser muy similar a lo que vislumbra el director y actor argentino Ricardo Bartís cuando, en una entrevista que me dio, insiste sobre la autonomía de la actuación, es decir, lo «que la actuación narra independientemente de la obra» (Geirola, *Arte y oficio*, volumen Argentina et al. 128). En efecto, la asociación libre —como la improvisación— es una regla paradojal, en la medida en que permite el acceso a lo reprimido, a lo que no se sabe, pero a la vez produce un discurso 'descalificado', que no vale por sí mismo. La resistencia — promovida por la presencia del analista— opera allí interrumpiendo el proceso asociativo verbal. Así, cuando adviene el silencio, eso puede indicar que «algo» se relaciona con la figura del analista y con el «complejo patógeno» (Lacan, *Seminario 1* 69); entonces se pasa al acto. La pregunta se plantea respecto de la palabra: ¿qué la interrumpe? Según el *Seminario 1*, cuando «lo que es impulsado hacia la palabra no accedió a ella» (83), entonces el sujeto se engancha al otro transferencialmente. Es decir, comienza a actuar frente y sobre la figura del analista lo que no pudo ser revelado por la palabra, intenta —sin saberlo— hacerse escuchar en el Otro. ¿Qué consecuencia tiene esto en el campo de la actuación, en el trabajo de improvisación durante el ensayo? Es interesante comprobar hasta qué punto la teoría teatral y la formación actoral —ni hablar de la práctica de los teatristas—

se han desentendido de estas cuestiones, incluso en aquellos que fervorosamente dicen estar preocupados por un teatro de la memoria.

NOTA 2: IMPROVISACIÓN, ACTING OUT Y PASAJE AL ACTO

Lacan dice que «la transferencia es una *puesta en acto* de la realidad sexual del inconsciente» (Lacan, *Seminario 11* 152, el destacado es mío). Este «poner en acto» (a diferencia del «pasar al acto») es para Lacan verbalizar lo desconocido mediante la asociación libre en el espacio acotado del encuadre. Como el actor actúa y además habla —afortunadamente en el teatro latinoamericano, a diferencia del estadounidense, muchas veces actúa más de lo que habla— la improvisación sería, en cierto modo, más amplia que el «poner en acto» del que habla Lacan. La improvisación supone verbalizar, pero también involucrar al cuerpo aunque, en este caso, a diferencia del psicoanálisis, este registro corporal no necesariamente corresponde a un *acting out*. Eso no quiere decir que no haya *acting out* en el campo actoral. De modo que si llevamos estos conceptos psicoanalíticos al campo de la actuación, tendríamos dos momentos transferenciales; un primer momento en el que el actor «pone en acto» mediante la improvisación, es decir, verbaliza lo desconocido de la situación dramática frente a otro, sea al director o —como ocurre algunas veces en Stanislavski— un personaje; allí entraría ya en transferencia con el director o con el personaje. Habría un segundo momento en el que se produciría un «primer» *acting out*, es decir, en el que el actor de pronto interrumpe su proceso de asociación (verbal y corporal) y entra en un silencio más «espectacular», marcado por la resistencia. El *acting out*, en tanto esbozo de transferencia, a diferencia del «poner en acto», del verbalizar, puede —tanto en análisis como en el campo teatral— desbordar el encuadre de la sesión, del ensayo, como una transferencia «silvestre». Incluso habría un «segundo» *acting out* en el que queda atrapado por los significantes de la escena y así desplaza la angustia de lo real o lo real de la angustia.

Finalmente, tendríamos el pasaje al acto, es decir, el salir de escena, el de pasar de la escena al mundo, a lo real en sentido lacaniano, que no es precisamente a la realidad. Esto podría emerger en dos situaciones puntuales: una, al final de cada espectáculo, cuando el actor se retira de la escena y abandona su personaje, regresando a su propia relación con el goce; otra, cuando el actor es completamente «tragado por el papel», ya no actúa, no «representa» su personaje. Estamos, como puede apreciarse, en una dimensión muy diferente a la del psicodrama, en el que se «representan» roles de una situación conocida de antemano.

Ahora bien, si ese «momento en que el sujeto se interrumpe es, comúnmente, el momento más significativo de su aproximación a la verdad» (Lacan, *Seminario 1* 87), las primeras preguntas metodológicas que podríamos formular desde la perspectiva teatral respecto de esta transferencia—que Lacan sitúa en el plano imaginario y distingue de la transferencia simbólica—son: ¿qué debe hacer el director cuando aparece el silencio del actor?, ¿debe dejar que la improvisación fluya sin tomar en cuenta ese silencio?, ¿debe taponar ese silencio con un discurso comprensivo apelando a cualquier tipo de información cultural?, ¿debe partir de lo que comprende o de lo que no comprende? En fin, ¿cómo debe proceder a partir de ese silencio?, ¿cómo alcanzar esa transferencia simbólica en la que «algo sucede que cambia la naturaleza de los dos seres que están presentes» (Lacan, *Seminario 1* 170)? Una vez más la cuestión debería estar dirimida desde la interrogación sobre qué ensayamos en un ensayo y para quién ensayamos y dicha interrogación requiere de una teoría, no de un dogma ni de un modelo de entrenamiento. Hasta me animaría a ir más lejos: ¿qué amenaza el teorizar en el campo teatral? No me refiero a un uso ortopédico de la teoría, a un aplicacionismo mecánico, sino a la dimensión peligrosa que asume cuando nos disuelve las percepciones y convicciones más arraigadas de nuestra confortabilidad profesional. ¿Qué es lo que en los teatristas resiste a la teoría?

NOTA 3: ENSAYO TEATRAL, RESISTENCIA Y TROPIEZOS DE LA IMPROVISACIÓN

La cuestión de la transferencia, dice Lacan, se dirime como una «recuperación [delirante] del discurso en otro contexto, que le es propiamente contradictorio» (*Seminario 8* 57). Para el psicoanalista, como dice Jacques-Alain Miller, es esencial «lo que el paciente dice» (*Introducción al método* 38); pero no se puede descuidar y hasta toma una dimensión central, especialmente en el campo actoral, lo que el analizante/actor hace y la forma y el lugar desde los que, muchas veces —no sin dejar de ser un enigma para él mismo— habla de lo que hace. Si sumamos a esto la relación entre resistencia y transferencia, sobre las que Freud se explaya desde 1912 en «La dinámica de la transferencia», la dimensión del ensayo teatral y del trabajo del actor y del director hacen surgir preguntas cuya respuesta, sin duda, promoverá un cambio de paradigma en la forma en que hoy concebimos esa tarea. No se nos puede escapar, entonces, a los teatristas, estas cuestiones, si queremos teorizar sobre una práctica que todavía se desenvuelve precariamente a partir de unas pocas certezas técnicas, que tienen a veces veleidades de presentarse como métodos.

La transferencia preocupa a Freud en especial a partir de su fracaso en el caso Dora y es el punto de entrada a la discusión del registro imaginario en Lacan, tal como lo podemos leer en su *Seminario 1 Los escritos técnicos de Freud*; Lacan retomará el tema en el *Seminario 8*, dedicado a la transferencia y al final hará de ella uno de los cuatro conceptos fundamentales del psicoanálisis en su *Seminario 11*. Ciertamente no podremos aquí recorrer los avatares de la conceptualización lacaniana, pero al menos podemos dejar sentado que, en su trabajo teórico, hay un momento clave, marcado por el *Seminario 10*, en el que Lacan nos presenta el objeto *a* ya no como objeto del deseo sino como «causa» del deseo. Este viraje tendrá consecuencias impresionantes en la teoría y en la técnica, y abre sin duda muchas puertas a la investigación teatral.

La cuestión de la transferencia tiene una larga discusión en el psicoanálisis, a nivel teórico y a nivel técnico. Por una parte, pone en tela de juicio la posición del analizante y, sobre todo, la del analista. ¿Qué lugar ocupan analizante y analista en el encuadre y en el proceso analítico?, ¿se trata de una relación de dos o hay un tercero incluido? Por otra parte, la transferencia se cruza con las cuestiones relativas al fin del análisis (en nuestro ámbito, el difícil momento de la duración y el fin del ensayo) y a la conceptualización del análisis como tal. ¿Cómo y cuándo termina un análisis?, ¿cómo y cuándo termina un ensayo teatral?, ¿cuándo, cómo y por qué un director o un grupo saben que ya pueden estrenar?, ¿cuándo se sabe que una escena está terminada?, ¿en qué consiste un análisis?, ¿en qué consiste un ensayo teatral?, ¿cómo «se pasa» del ensayo al espectáculo frente al público?

Va de suyo que, si la transferencia supone la actuación del analizante de una situación reprimida que —sobre todo desde la perspectiva de Freud— fue vivida en la infancia, nos cruzamos, por un lado, con el tema del tiempo del análisis y de la memoria, por otro, con la consistencia misma de lo revivido en el encuadre de las cuatro paredes del consultorio o, para nosotros, del lugar del ensayo. Nos enfrentamos a un acontecimiento traumático ocurrido en el pasado y apartado de la conciencia que, en cierto momento del análisis, comienza a asomar, no tanto en lo que se dice, sino en lo que no se puede verbalizar, en esos momentos de interrupción de la asociación libre. Uno podría interrogarse, siguiendo estas nociones, por qué se traba una improvisación, por qué hay escenas que no se resuelven tan fácilmente. Las he denominado «escenas problemáticas» y les he preguntado a muchos directores latinoamericanos cómo las enfrentan, cómo las resuelven. Sin duda, algunos lo hacen dejando de lado por completo la escena, sacándola del espectáculo, bajo la consigna de que lo que no se puede resolver, mejor dejarlo. Otros, emulando el trabajo del analista, siguen ensayando otras escenas hasta que el proceso mismo del trabajo permite regresar a la escena problemática y arrojar alguna luz. Cuando un actor o grupo de actores de pronto hacen silencio, cuando el trabajo creativo se detiene, se atasca, cuando comienza a repetirse, ¿se trata allí de un obstáculo a nivel de lo reprimido, de lo rechazado o de lo suprimido?, ¿tiene esto que ver con el encuadre del ensayo, la figura del director, la turbulencia política y cultural del contexto, la lectura desviada de la obra? Ya para el Freud de *La interpretación de los sueños*, «*todo lo que destruye/suspende/altera/la continuación del trabajo*» analítico (Lacan, *Seminario 1* 59, subrayado del autor) es una resistencia. ¿Y cómo se trabaja con la resistencia?, ¿es que lo que interrumpe el trabajo teatral no es una resistencia?, ¿puede el silencio del director durante el ensayo también plantearse como una resistencia? Lacan lo formula sin vacilar: «¿Es la resistencia un fenómeno que sólo aparece en el análisis?» (*Seminario 1* 42).

La resistencia tiene que ver con «el carácter de inaccesibilidad del inconsciente» (Lacan, *Seminario 1* 43) y, en lo que a mí respecta —incluso en lo que el teatro significa para el psicoanálisis y para Lacan— el arte teatral constituye, en sí mismo, una escuela para el abordaje del inconsciente. ¿O acaso Freud no designó al inconsciente como «la otra escena»? Nadie parece hacerse estos cuestionamientos. Los teatristas trabajan y de pronto encuentran soluciones interesantes, pero eso no los salva de caminar a la deriva. Como vemos, en el campo teatral no hay más que soluciones caseras. No hay allí ninguna teoría, ni siquiera una técnica o una estrategia que pudiera abrirnos a interrogantes fundamentales sobre el trabajo del actor y del director. Los actores acuden a formarse en talleres de todo tipo y ese eclecticismo es notorio, especialmente cuando el trabajo corporal y vocal no se desarrolla conjuntamente con una perspectiva teórica, dramatúrgica y estética. Sin duda, es cierto que una teoría no garantizará jamás nada en el orden creativo, artístico y menos aún en el analítico. Los teatristas— muchos de ellos lo dicen con todas las letras— se desentienden de la teoría a la que perciben en su carácter abstracto y dogmático y, por ende, como enfrentada a la creatividad y hasta con efectos paralizantes o limitantes. ¿Ocurre lo mismo en el psicoanálisis?

Desde el *Seminario 1* Lacan no se cansa de decirnos que «[e]l análisis es una experiencia de lo particular» (40). Si cada analizante, si cada análisis es un particular, si cada obra o propuesta teatral es también un particular, ¿para qué necesitamos una teoría? Los analistas —a diferencia de los teatristas— saben que no pueden involucrarse profesionalmente en la estupidez de esta pregunta. Si la teoría es la dimensión fundamental desde donde «algo» de la técnica y «algo» de la efectividad del tratamiento psicoanalítico tienen algún asidero y toman algún sentido, ¿por qué no ocurriría lo mismo con el trabajo teatral? La teoría es, pues, lo que diferencia, incluso ideológicamente, a un tratamiento de corte lacaniano, de otro tratamiento basado en la psicología del yo. Y esa diferencia no se puede desestimar. ¿Cuáles serán las diferencias en el campo teatral cuando se tra-baja desde distintas posiciones teóricas?, ¿qué convicciones teóricas subyacen al método o sistema stanislavskiano?

Un analista, aunque trabaja con un saber provisto por la experiencia, tiene sin embargo un cierto saber técnico que, sin duda, remite —lo sepa o no— a una teoría. No hay técnica ni metodología que no emerja de una teoría, explícita o no. ¿Es necesario insistir en lo desprovisto que estamos los teatristas en este aspecto? Mi certeza es que, aún en lo salvaje de mi abordaje, el psicoanálisis puede comenzar a ayudarnos a pensar en estos problemas. Hagamos algunas preguntas: Cuando el actor improvisa, cuando el actor incluso se autosugestiona revolviendo el viejo arcón de su memoria emotiva —en la que muchas veces no puede encontrar lo que busca más que a costa de un autoengaño— ¿en qué tiempo está trabajando?, ¿en el de sus propios recuerdos del pasado que alimentan la ilusión de conectarse con el tiempo y vida del personaje?, ¿en el tiempo en el que se sitúa la narración?, ¿en el tiempo del autor?, ¿en el tiempo presente de su propia vivencia?, ¿en el tiempo que el director ha decidido montar la obra?, ¿incluso en el tiempo cronológico del ensayo? Mis largos años en el teatro, mis extensas lecturas acerca del hacer teatral y mis largas conversaciones con maestros indiscutidos a nivel de la investigación y la dirección teatral, no han podido detectar ni siquiera un atisbo de curiosidad por estas cuestiones y, menos aún, detectar la necesidad de formularlas a fin de contar con una base teórica para poder no solo resolver desde ella situaciones difíciles sino, más importante aún, dejar que el itinerario teórico nos abra a nuevas cuestiones teatrales que todavía ni hemos vislumbrado.

Sin duda, el analista tiene que resolver estas cuestiones a partir de hacerse una cierta concepción del tratamiento analítico: ¿qué tiene que hacer frente al analizante?, ¿a dónde debe conducirlo? ¿Por qué estas preguntas no serían igualmente formulables para el trabajo del actor y del director? Si dichas preguntas son problemáticas para el psicoanalista, no lo son menos para nosotros en el teatro: ¿o acaso solo ensayamos para poner un texto en escena?, ¿qué buscamos en concreto en un ensayo? Aunque el psicoanálisis, como el trabajo teatral, es siempre—ya lo dijimos—una experiencia de lo particular, eso no significa que lo singular de un sujeto, de un analizante, no remita recursivamente a un replanteo completo de la teoría y de la técnica a los fines del análisis. Cada uno de los análisis fallidos de Freud le hizo modificar su perspectiva.

NOTA 4: LOS TEATRISTAS, LA TEORÍA Y LA INVESTIGACIÓN TEATRAL

La aversión de los teatristas a la teoría no siempre fue tal. Algunas de las preguntas que he formulado se hicieron, como todos sabemos, durante las décadas del 60 y 70, no sólo en América Latina sino en muchas otras latitudes. Enrique Buenaventura, Santiago García, Augusto Boal, para nombrar los más paradigmáticos, intentaron responderlas a su manera desde el psicoanálisis, la antropología y la lingüística estructural, la semiótica. Surgieron a partir de estos maestros y sus particulares modos de plantearse la cuestión teatral un manojo de métodos y estrategias, como la creación colectiva o las técnicas del teatro del oprimido, que definieron al teatro de nuestra región y sirvieron para que otras comunidades del globo comenzaran a expresarse teatralmente. Sus propuestas tenían una base dramatúrgica precisa apoyada en los discursos de la revolución y la libe-ración de los años 70. Sin embargo, muy pronto los teatristas se desentendieron de continuar con estas investigaciones. ¿Quién retomó el trabajo de 1969 de Buenaventura sobre su lectura del texto dramático y la puesta en escena a partir de la interpretación de los sueños en Freud y la importancia del significante (metáfora y metonimia de por medio) en Lacan?, ¿quién dio continuidad, incluso para oponerse, a las investigaciones de Santiago García sobre «el acto de habla en el teatro» o a las de Enrique Buenaventura sobre «el enunciado verbal y la puesta en escena»? Las propuestas de Augusto Boal corrieron con más suerte gracias a la insistencia, perseverancia y transformación de Boal mismo. Los teatristas, al ser entrevistados o en foros o festivales, dicen investigar, pero no se llega a saber bien qué es lo que investigan. Lo hagan o no, lo deplorable es que no escriben sobre sus investigaciones y probablemente no puedan hacerlo, porque lo que ellos practican son ejercicios provenientes de diversas aproximaciones a la formación vocal y corporal del actor o, con un poco más sofisticación, a ciertas técnicas de algún maestro reconocido que se apoyan en tradiciones teatrales de otras latitudes.

La mentada caída de las utopías revolucionarias parece haber arrastrado consigo la curiosidad de los teatristas por elevarse al campo de la teoría teatral implicada en esas estrategias y tácticas de trabajo; es probable que cierto desencanto con el marxismo y el fracaso de los movimientos revolucionarios hayan dejado un panorama de escepticismo respecto al hacer teórico. Lo cierto es que en las décadas posteriores, dicha curiosidad y afán de saber parecen haberse ocultado, desviado o entretenido por otros senderos que abrieron las compuertas para canibalizar, no sin eclecticismo, propuestas múltiples promovidas por los gurúes de turno. La excusa constante que escuchamos siempre entre los teatristas es que no vale la pena intelectualizar en el campo teatral, que eso frena la creatividad. La vieja figura del dramaturgista se yergue como espectro y su falta se hace sentir en muchos espectáculos teatrales contemporáneos. Lo que tendríamos que remarcar aquí es lo que Lacan les invita a hacer a sus oyentes ya desde el *Seminario 1*: «les ruego a cada uno de ustedes que, en el interior de su propia investigación de la verdad renuncien radicalmente —aunque sólo fuese a título provisional para ver qué se gana dejándola de lado— a utilizar una oposición como la de afectivo e intelectual» (399). Y esto lo recomienda en julio de 1954.

NOTA 5: EL PSICOANÁLISIS Y LA DRAMATURGIA DE ACTOR

No por casualidad el psicoanálisis incide, sin embargo, en lo que se ha denominado «dramaturgia de actor», «teatro de la intensidad o de la multiplicidad» o «poéticas actorales», tal como se han venido desarrollando, por ejemplo, en Argentina a partir de Eduardo Pavlovsky, él mismo psicoanalista que desde los años 70 viene involucrando su práctica profesional clínica (Pavlovsky es psicoanalista) y teatral a partir del psicodrama. No es tampoco casualidad que —implícita o explícitamente y con variado acento— algunos teatristas (ya no simples teatreros) de nuestra América (Rafael Spregelburd, Daniel Veronese en Argentina, Mariana Percovich en Uruguay, Victoria Valencia en Colombia, Ana Harcha en Chile) vengan explorando desde hace unos pocos años —sabiéndolo o no— caminos abiertos por la particular vía de trabajo dramatúrgico con base psicoanalítica. En este sentido, la figura de Pavlovsky es iluminante.

Para ser breves y a costa de ser injustos, se puede describir la propuesta de Eduardo Pavlovsky (a la que he dedicado otros ensayos (Geirola, "Argentina en Cádiz") de la siguiente manera: en un momento determinado (fechable incluso retroactivamente) surge en la pantalla mental lo que Pavlovsky denomina, tomando la palabra de Julio Cortázar, el coágulo (Pavlovsky, *La ética del cuerpo* 103). Este «coagulo» puede ser un gesto, una palabra, una frase, una imagen; en general este coágulo es enigmático, críptico, incluso para Pavlovsky mismo. Lacan de alguna manera lo define como «[e]l centro de gravedad del sujeto [en tanto] síntesis presente del pasado que llamamos historia» (*Seminario 1* 63). Este coágulo es seguido por la escritura de un texto breve, muchas veces sin personajes identificables. Dicho pretexto se ofrece a un director y un grupo de actores (generalmente conocidos y en los que se confía plenamente) para iniciar el proceso de ensayos. En estos ensayos Pavlovsky se posiciona no tanto como autor sino como actor, de modo que se ofrece a los avatares, muchas veces crueles, de la creatividad e imaginación del grupo sobre su propio «coagulo». Es más, una vez perfilados algunos personajes, el mismo Pavlovsky —trayendo a colación su experiencia psicodramática— los va asumiendo uno por uno, mientras los otros actores van intercambiándose también sus roles e identidades escénicas. El juego de la improvisación, como todos sabemos, abre caminos insospechados; la relación de cada actor con un cierto personaje o una determinada situación movilizan contenidos que jamás se hubieran visualizado desde la perspectiva monológica de un autor dramático. Se multiplican las voces, los sentidos, se descubren nuevas intensidades (libidinales en sentido freudiano y/o deleuziano) que estaban reprimidas o que habían sido rechazadas o suprimidas y que el coágulo, como el nódulo patógeno freudiano, hacía precariamente emerger de una historia que era particular de Pavlovsky pero no necesariamente personal.

Lo biográfico, como puntúa Ricardo Bartís, no es personal (175-182). Así, para decirlo rápido, Pavlovsky no se interesa tanto por «representar» a los dictadores, como lo hacen muchos dramaturgos, incluso de su misma generación, sino de atravesar en sí mismo los fantasmas del dictador;

incluso más, como en *Potestad*, él se ofrece a explorar las fantasías del torturador desde su propio cuerpo, atravesando dolorosamente —e invitando al público a hacer lo mismo— la fantasía horrenda, siniestra, que significa la complicidad civil con la dictadura, ese nódulo patógeno que yace en cada uno de los espectadores, lo sepan o no. Después de cada ensayo, Pavlovsky re-escribe el texto inicial y lo que hoy leemos como obra de su autoría es el producto de un proceso donde múltiples voces trabajaron —con todos los riesgos— esa zona escamoteada al saber no sólo de Pavlvosky (una vez más no se trata de psicoadrama), sino de una comunidad de artistas que converge en un proceso investigativo teatral que los concierne a todos, porque concierne a la historia de un sujeto (no de un yo, no de Pavlovsky en tanto ego) y de una nación o una coyuntura histórica determinada.

Este proceso no es equivalente —no es epistemológicamente equivalente— a la creación colectiva y no puedo explayarme aquí sobre eso. Baste decir que no se trata de hacer un texto o espectáculo para expresar ficcionalmente lo que "ya se sabe" a nivel de la ideología; no se trata tampoco de correr los velos nebulosos de la ideología para dejar emerger la verdad oculta ni de trabajar sobre lo conocido para elaborar un texto o espectáculo cuya anécdota iluminaría al público, supuestamente miope frente al horror político de su contexto y de su coyuntura histórica. El trabajo actoral que se desarrolla en la dramaturgia de actor es como un trabajo analítico en el que hay que desbrozar el fantasma del que emerge el coágulo (lo desconocido) y llegar dolorosamente a una puesta en escena que, no sin cierta vacilación, he denominado «fantasía civil». Se trata de articular a nivel del lenguaje (verbal y no verbal) el deseo (del que el sujeto nada quiere saber) frente a lo siniestro, es decir, frente a lo familiar. Sin duda, la cuestión de la angustia y, por ende, de lo real, va a surgir aquí, tanto durante el ensayo para los teatristas como durante el espectáculo para el público. La cuestión del objeto *a* como causa del deseo y la función del fantasma en la angustia deberían convocar toda nuestra atención artística. Porque si la ficción, en virtud del significante y lo simbólico, es lo que engaña, la angustia, como plantea Lacan en su *Seminario 10*, es lo que no engaña. Demás está decir que, a los efectos de nuestro planteo, la invitación a teorizar sobre la dinámica aquí involucrada y puntualizar lo que el psicoanálisis permite visualizar y puede aportar a una experiencia de este tipo es a todas luces una exigencia.

NOTA 6: TRANSFERENCIA, FICCIÓN, REPETICIÓN Y GOCE

Volvamos a la cuestión de la transferencia. Dijimos que se trata de la presencia en acto del pasado. Este acontecimiento tiene y no tiene que ver con la memoria, esa capacidad tan evocada, tan poco confiable—como nos advierte Freud—y tan poco interrogada. Es memoria suprimida, reprimida, desconocida para el analizante pero, a la vez, fuertemente «emotiva». La transferencia, enfatiza Lacan, «en último término, es el automatismo de repetición» (*Seminario 8* 121), pero tiene, a su vez, un factor creativo. Aunque manejable por la interpretación, aunque «permeable a la acción de la palabra» (*Seminario 8* 122), la transferencia, «por más interpretada que sea, guarda en sí misma una especie de límite irreductible» (*Seminario 8* 123). La transferencia es «fuente de ficción» (*Seminario 8* 123), pero no entendida como simulación o representación; consecuentemente, «el sujeto, en la transferencia, fabrica, construye algo» (*Seminario 8* 123). Demás está decir que no toda repetición involucra la transferencia. Las preguntas aquí son variadas y complejas: ¿por qué se repite, qué repeticiones son válidas a los efectos transferenciales y analíticos, cuál es el estatus de esta ficción y para quién se finge? Durante el ensayo, ¿qué pasado se repite en la improvisación, qué lugar tiene la ficción promovida por dicha improvisación y para quién se la crea?, ¿qué perfil del espectador se tiene como referencia en una improvisación?, ¿qué relaciones tiene ese pasado desconocido con el presente y la actualidad del ensayo?, ¿qué réditos nos darían las respuestas a estas preguntas para teorizar sobre la cuestión del público? Después de la conceptualización lacaniana, ya no podemos afirmar con tanta seguridad que el actor improvisa para un director, que el actor sólo improvisa para alcanzar la identidad o psicología de un personaje o la significación de una situación tal como aparecen en un texto dramático.

La figura del director deviene problemática porque deberíamos saber en qué lugar se pone respecto del actor. Aunque Lacan va a desarrollar más largamente la relación entre amor y transferencia en el *Seminario 8*, ya anticipa algunos comentarios en el *Seminario 1*. Freud no vacila en llamar amor a la transferencia. «La transferencia es el amor» (Lacan, *Seminario 1* 142). El amor de transferencia abre un espectro de múltiples cuestiones metodológicas. Menciono al menos un ejemplo y dejo al lector con el trabajo de ponerle un nombre. En su charla sobre el amor, Miller especula sobre la posibilidad de imaginar que el psicoanálisis no sólo introdujo un nuevo amor, sino tal vez un nuevo goce. Muchas veces, el alargamiento del tratamiento, como el alargamiento del ensayo, podría pensarse como un amarramiento del analista/teatrista a un cierto goce, a un goce puro de la palabra. En efecto, así como, según Lacan, «habría una homología entre la posición perversa y la posición del analista» (Miller, *Introducción al método* 155), podríamos imaginar también esta misma homología en el campo actoral, cuando el director se hace instrumento del goce del Otro, en tanto su presencia «es necesaria para obtener ese goce» (Miller, *Introducción al método* 155). Ni qué decir de lo que puede ocurrirle a los actores frente a este tipo de director perverso, seductor y con gran poder de sugestión, casi hipnótico. Sin duda, el analista/director[115] debe trabajar desde una ética. Tiene, pues, que evitar ocupar esa posición perversa, rechazando tanto el goce masoquista como el sádico, algo que, todos sabemos, no ha sido ni es una práctica muy ejemplar en la actividad teatral. ¿Qué otras posiciones podría ocupar?, ¿qué posiciones ha desbrozado el psicoanálisis? Se nos abre aquí un enorme trabajo investigativo si se involucran tanto las estructuras clínicas (neurosis, perversión, psicosis) como los cuatros discursos (del amo, de la universidad, de la histérica y del analista).

NOTA 7: EL ÁGALMA Y EL DESEO DEL DIRECTOR: LA METÁFORA DEL AMOR

Como vemos, el psicoanálisis conmociona nuestras familiares nociones teatrales y eso moviliza una resistencia. En la actuación trans-ferencial, el analizante, sin saberlo, actúa en el presente frente al analista —considerado ahora como otro/Otro— un personaje del pasado que no reconoce en este presente, pero que remite a alguna figura del pasado, a «[u]n malestar, una marca» en su historia. Asimismo, el analista se le aparece al analizante como un sujeto supuesto saber, como portando un saber, un secreto o un objeto que dicho analizante desea. La transferencia comienza a hacer sentir sus efectos cuando el analista aparece como envoltura del objeto del deseo del analizante, cuando el analista se instaura como *ágalma*, es decir, como escondiendo un objeto precioso, un saber precioso para el analizante, dentro del cofre —a veces no tan bello o valioso— de su cuerpo. Por eso, es importante trabajar en el ensayo esta función de velo, el famoso

---

[115] Obsérvese que evito muy cuidadosamente la inversa: director/analista, que podría escucharse o leerse como «director analista» y que, por el momento, no intento suscribir.

i(a) lacaniano, que el director estaría sosteniendo. ¿Cuál sería el objeto velado en el caso del director teatral?, ¿cuál sería ese secreto?, ¿cuál ese saber?, ¿qué supuestamente sabe un director y hasta qué punto ese saber opera durante el ensayo?, ¿es un saber relativo a la obra, al autor, a la época, o bien un saber ligado a su deseo, a su lugar como director, a su relación con el actor?

Lacan nos dice en su *Seminario 8* que en esa «célula analítica, incluso mullida [que] no es nada menos que un lecho de amor» (7) se va a instalar la transferencia. ¿Es el ensayo también un lecho de amor o, en su ambivalencia, igualmente de odio?, ¿qué tipo de transferencia se puede pensar en el ensayo? La respuesta a estas preguntas hay que situarlas y perseguirlas a lo largo de todo el *Seminario 8*.

Sin embargo, antes de ingresar en dicho *Seminario* sobre La Transferencia, no resulta descaminado retomar algunos comentarios de Lacan del *Seminario 1*, aunque más no fuese para retornar a una lectura de Stanislavski. Los voy a detallar muy parcial y aceleradamente, dejándole al teatrista (actor, director, iluminador, vestuarista, escenógrafo, maquillador, etc.) la tarea de cotejarlos en el campo del ensayo y de su propia lectura:

La transferencia y el tema del tiempo. Ya he dicho algo sobre eso. No es algo que esté muy explorado, por ejemplo, a partir de la propuesta de Stanislavski, por mencionar la más frecuente. ¿Busca un análisis hacer «revivir» al analizante el pasado? No, precisamente. Lacan nos advierte que Freud fue muy cauto al respecto. No es reviviendo el pasado (en caso de que eso fuera posible) que avanza un tratamiento psicoanalítico: «que el sujeto [dice Lacan siguiendo a Freud] reviva, rememore, en el sentido intuitivo de la palabra, los acontecimientos formadores de su existencia, no es en sí tan importante. Lo que cuenta es lo que reconstruye de ellos» (Lacan, *Seminario 1* 28), ya que «el acento cae cada vez más sobre la faceta de reconstrucción que sobre la faceta de reviviscencia en el sentido que suele llamarse ‹afectivo›» (Lacan, *Seminario* 1 28, el destacado es del autor). Éste es un punto muy problemático que hay también que discutir en el psicodrama. Los teatristas tendemos, como muchos terapeutas no lacanianos, a engolosinarnos rápida y completamente cuando la improvisación o la actuación del analizante o el actor, respectivamente, se nos aparece como habiendo alcanzado un sentimiento «auténtico». Como dice Lacan, no hay nada más tramposo, pueril que este entusiasmo: «El más mínimo sentimiento peculiar

[—incluso extraño—] que el sujeto acuse en el texto de la sesión, es calificado como un éxito sensacional» (*Seminario 1* 95). Lacan insiste en que «la reconstitución completa de la historia del sujeto es el elemento esencial, constitutivo, estructural, del progreso analítico» (26). El acento no está puesto en recordar sino —como lo vimos en la dramaturgia de Pavlovsky— en «reescribir la historia» (29). Y esa reescritura, justamente por la mediación del analista y gracias a la transferencia, es siempre multivocal e involucra un tiempo socializado.

Transferencia e historia. Sin embargo, aunque Freud estudia cada uno de sus casos (los famosos cinco casos) en su singularidad, Lacan subraya que «el interés, la esencia, el fundamento, la dimensión propia del análisis es la reintegración por parte del sujeto de su historia hasta sus últimos límites sensibles, es decir, *hasta una dimensión que supera ampliamente los límites individuales*» (*Seminario 1* 26, el destacado es mío). La técnica analítica tiene que conquistar, nos dice, esos puntos (que Freud explora exhaustivamente hasta fecharlos) en el que se produjeron ciertas «situaciones de la historia», no del pasado del sujeto. Para Lacan «La historia no es el pasado. La historia es el pasado historizado en el presente» (*Seminario 1* 27), justamente porque ha sido vivido en el pasado. Ruego al lector explorar esta diferencia por sí mismo. Si no quiere hacerlo a partir de Lacan, la puede tomar de Walter Benjamin. Es por esta vía que el coágulo llega a conformarse, por medio de la elaboración analítica, en fantasía civil, incluso en fantasía civil de la nación.

Transferencia e inconsciente. Es siguiendo este mismo itinerario que la elaboración analítica, al enfrentar lo reprimido, rechazado o suprimido de la conciencia del sujeto, requiere de un aparato teórico muy ajustado para abordar el sujeto, que no es el yo. El yo, dice Lacan, es el síntoma del sujeto, «un síntoma privilegiado en el interior del sujeto. Es el síntoma humano por excelencia, la enfermedad mental del hombre» (*Seminario 1* 32). Se trata, pues, no de revivir el pasado ni tampoco de reconstruirlo arqueológicamente bajo una ilusión de objetividad (como ocurre en la creación colectiva, por ejemplo), sino de restituírselo al sujeto tal como él lo «actúa» en la actualidad de la sesión, de la transferencia, es decir, tal como el actor lo elabora a partir del presente del ensayo y, en parte, del presente de su contexto histórico. Hay que situar aquí la dimensión del fantasma, porque lo recordado no es siempre «fiel» respecto de lo vivido. Dejo al lector como tarea puntuar esto —en sus similitudes y diferencias— con los textos stanislavskianos, especialmente en cuanto al estatus de la lectura del texto dramático y el trabajo actoral en la construcción del personaje, la problemática del yo y el estadio del espejo, etc. Se llevará muchas sorpresas. Todos podremos beneficiarnos de retornar a Stanislavski y a Meyerhold desde Lacan.

Transferencia y lenguaje. Ni el tratamiento analítico, ni el amor, ni tampoco el teatro, mal que le pese a nuestro querido maestro Boal (el «Teatro, como o amor, faz-se a dois» dice en *O Amigo Oculto*), se hace entre dos. Hay siempre por lo menos tres. Lacan va a introducirnos a la dimensión del Otro, del lenguaje, del registro simbólico, sin lo cual no hay manera de situar lo imaginario respecto de lo real. El sujeto está capturado en el lenguaje, pero por eso mismo Lacan privilegia el lenguaje como vía de acceso al sujeto, es decir, al no saber del yo. Esto nos lleva de nuevo al tema del fantasma, esa escena que dramatiza el deseo del sujeto y con cuyo guión (consciente o inconsciente) el sujeto se protege de lo real, de la castración, de la angustia, de la falta en el Otro. No me parece que siga siendo interesante que, mediante el pase mágico del «como si» stanislavskiano, sigamos adaptando el yo del actor al «supuesto» yo del personaje o al yo del director, es decir, cargando, incluso—si se me permite usar una palabra tan compleja en psicoanálisis —«proyectando» sobre los personajes— de Shakespeare o Chejov, por nombrar dos eminentes—con supuestas vivencias de un actor que «no sabe» teóricamente cómo vérselas con la cuestión del fantasma, del suyo, en el presente del ensayo y de la improvisación y que, además, no sabe cómo vérselas con el fantasma del texto, el fantasma que es el texto. ¿Qué lugar ocupa «el personaje» o el texto dramático en los textos stanislavskianos en relación a los tres registros lacanianos de lo imaginario, lo simbólico y lo real? Otra vez invito a trabajar los textos del maestro ruso. Sin ir tan lejos, para quien quiera ahorrarse la lectura de Stanislavski, hay una pregunta siempre presente en todo teatrista que no puede dejarlo tranquilo y que tiene que ver con el fantasma: ¿qué quiere el director/el autor/el personaje de mí?, ¿qué me quiere el «otro»?, ¿tengo que adaptar mi actuación —como la adaptación del yo del paciente al yo del analista en las terapias de la *ego psychology* o las de *two bodies' psychology*— a la medida de lo que cree el director?, ¿quién o qué garantiza que yo o él estemos en lo correcto? No se trata sólo de una ética teatral, como resulta claro, sino también de una política del ensayo. Confío que en función de esto se me entienda bien: no estoy postulando que haya que analizarse o convertir el ensayo en una sesión;

simplemente estoy apelando a cuestiones teóricas que me parece merecen no «mayor» atención, sino atención a secas, si queremos pensar una dramaturgia y una formación actoral para el futuro.

Transferencia y verdad. Que el psicoanálisis sea una ciencia de lo particular, puede escandalizar a muchos y créame el lector, no seremos nosotros, los teatristas, los primeros en escandalizarnos desde que Freud inaugura la ciencia del sujeto, es decir, del inconsciente. Baste esto para indicar que en la reconstitución de la historia tal como el sujeto la verbaliza y la actúa no se trata de hacer arqueología o investigación policial. Como con el trauma, «su dimensión fantasmática es infinitamente más importante que su dimensión de acontecimiento» (Lacan, *Seminario 1* 61), es decir, no se trata de llegar a lo que «objetivamente» ocurrió, sino a la verdad del sujeto en lo que ocurrió. Esta verdad es lo particular, para lo cual es necesario una teoría que funde una técnica y, por ende, una ética analítica capaz de trabajar para develarla. La verdad no se ofrece, no se entrega fácilmente. Freud nos enseñó que la verdad emerge en el acto fallido, en el sueño, en el síntoma. La asociación libre es una técnica eficiente para promover la posibilidad de la equivocación, pues de eso se trata, de cómo «la verdad caza al error por el cuello de la equivocación» (Lacan, *Seminario 1* 386). En ese discurso liberado gracias al pacto entre analizante y analista, Lacan sostiene que el sujeto siempre habla y lo hace no

> sólo con el verbo, sino con todas sus restantes manifestaciones. Con su propio cuerpo el sujeto emite una palabra que, como tal, es palabra de verdad, una palabra que él ni siquiera sabe que emite como significante. Porque siempre [—enfatiza Lacan— el sujeto] dice más de lo que quiere decir, siempre dice más de lo que sabe que dice (*Seminario 1* 387).

Toda la cuestión de la resistencia y, por ende, de su relación con la transferencia aparece justamente porque la verdad —siempre en la dimensión de la ficción— se manifiesta en formas residuales, parasitarias, laterales, marginales. Freud la buscó en los sueños, los lapsus, el chiste, el olvido del nombre, la agudeza, es decir, en lo que no está a disposición de la conciencia.

NOTA 8: EL AMOR Y EL AMOR DE TRANSFERENCIA

Pasemos al *Seminario 8*. Lacan va a ir abordando las cuestiones del amor y de la transferencia, esta vez mediante la lectura de *El banquete* platónico. Casi como un director teatral tradicional, Lacan lee *El banquete* a fin de desbrozar las aproximaciones al amor, pero también las aproximaciones de todo tipo que ha tenido el concepto de transferencia (y el descalificado de contratransferencia) en la bibliografía psicoanalítica. Ya en el *Seminario 1* había tocado la cuestión del amor y del amor de transferencia y allí había sostenido, siguiendo a Freud, que «[l]a estructura de ese fenómeno artificial que es la transferencia y la del fenómeno espontáneo que llamamos amor y, muy precisamente, amor-pasión, son en el plano psíquico equivalentes» (*Seminario 1* 142). El amor de transferencia abre la puerta a lo central del *Seminario 1*, que es la función de lo imaginario y, obviamente, su relación con lo simbólico y lo real. Para nuestros intereses teatrales, estos desarrollos teóricos, ligados a la relación narcisista, al yo ideal y al Ideal del yo, a la mirada, a la función y campo de la palabra, al estadio del espejo, etc., son fundamentales para trabajar múltiples aspectos ligados a la teatralidad del teatro —y la política de la mirada que le es inherente— y, por eso, merecen un tratamiento por separado.

En el *Seminario 8*, Lacan va a interrogar, a diferencia de los que ponían el acento sobre el paciente, el lugar del analista y su deseo. Para él, *El banquete* platónico da testimonio de la primera transferencia analítica, la que ocurre entre Alcibíades y Sócrates. En ella se produce la metáfora del amor cuando el amado se transforma en el amante, en deseante. Sócrates, que no se admite como amado, se ausenta, justamente, en ese punto en el que Alcibíades, «el hombre del deseo», podría colmar su falta. Sócrates rehúsa ser amado porque no hay en él nada amable, se propone como un ser vacío. Además, sabe que todo lo que Alcibíades dice de él, lo dice en realidad por Agatón. Se realiza aquí, según Lacan, la primera interpretación analítica que da cuenta de la transferencia.[116]

¿Cómo imaginar el amor de transferencia desde la actuación? La posición del amor, según la tradición freudiana, es muy precaria; está siem-

---

[116] El director no debería admitirse como amado, si es que quiere que el actor se transforme en un ser deseante. Queda, sin embargo, por descubrirse qué o quién sería el Agatón (¿el personaje?) en el campo teatral durante el ensayo.

pre amenazada, está en una «posición clandestina» (*Seminario 8* 8). A diferencia de otros amores, el amor de transferencia se realiza en el espacio acotado del consultorio, en el que no se discierne tan fácilmente el territorio de lo privado y de lo público. El hecho de que esa posición del amor se encuentre protegida en un consultorio es sumamente paradojal. ¿Qué rol tienen el analizante y el analista en este encuadre?, ¿cuál es el deseo del analista en la transferencia? Pasadas a nuestro campo teatral, se nos impone volver a formular nuestras preguntas: ¿qué rol juega el deseo del director en el ensayo?, ¿qué quiere el actor del director o del personaje?, ¿qué lugar ocupa el director para el actor? (*Seminario 8* 207). Si, a pesar de ciertas diferencias, la analogía entre tratamiento/consultorio y ensayo/estudio no es completa, su proximidad conceptual es productiva. Stanislavski —a la manera de un psicólogo laboral que busca la mayor productividad y eficiencia del obrero dentro de la fábrica— plantea la necesidad para el actor—también bastante paradojal— de crear un «círculo de soledad pública» por medio de la concentración y la atención, dejando afuera «das circunstancias dadas» de la vida privada (*Ética y disciplina* 88).

El director debería justamente calibrar a quién se dirige el actor en la improvisación —sabe que él no tiene el objeto buscado ni lo encarna— y, sobre todo, como Sócrates, debe inducir al Actor a ocuparse de sí mismo, de su propia perfección o, mejor, de su propia falta (o la del personaje). En este sentido, el ensayo podría finalizar allí donde el «actor» atraviesa «un» fantasma fundamental y, consecuentemente, cambia su posición subjetiva, se posiciona diferentemente respecto del fantasma y, a partir de ello, invita al público a alterar su modo de goce. Así, al admitir su castración, también admite que el director no puede, en tanto otro, operar allí como garantía de su trabajo en tanto el gran Otro tampoco garantiza nada puesto que también padece la tachadura, tiene una falta. El director, pues, puede estar o no estar, pero el Otro está siempre allí. Muchos directores admiten que su trabajo termina con el estreno, cuando el actor ya está sobre el escenario y frente al público, es decir, cuando el actor —si se trata de un verdadero artista— se ha autorizado a sí mismo.

No se nos escapan los efectos de esta estrategia en la dimensión del poder. Para entrar en la transferencia, el amor, dice Lacan, no debe postularse como intersubjetivo, de sujeto a sujeto, sino que, por el contrario, maniobra la conversión del otro sujeto como objeto. El «actor» fracasaría si su objetivo fuera hacer caer o degradar al «otro» como «petit *a*», como si ese «otro» fuera el objeto de su deseo, es decir, fracasaría si pensara que el *ágalma* del director está encubriendo al gran Otro como objeto de su deseo. Esto lleva a la cuestión de la disparidad subjetiva implicada en el amor de transferencia. Pasada esta cuestión a nuestro campo teatral, la pregunta sería: ¿Dónde está el Otro durante el ensayo?

NOTA 9: EL «ACTUAR BIEN» Y EL «BIEN» DE LA CIUDAD

El *Seminario 8* viene después del *Seminario* sobre la Ética, de modo que al enfocar la transferencia Lacan profundiza sus discusiones previas sobre la ética. El analista, nos dice, no está en ese encuadre para alcanzar el bien del analizante, sino para que éste lo ame. ¿Se trata entonces de alentar el coqueteo o la seducción? ¿Se trata de ponerse en una tarea docente amatoria? ¿Supone entonces que debe saber «antes» lo que es amar y lo que es el amor? Sócrates decía que eso era lo único que sabía, por eso hay que explorar *El banquete*. Pero, como lo recuerda Lacan justamente al comienzo del *Seminario 8*, no se trata de una relación de dos. En esta lectura del *Simposio* platónico, en esta «atmósfera de escena» (*Seminario 8* 92), en esta «asamblea de viejos putos» (*Seminario 8* 92), al referirse a la forma en que Alcibíades se sitúa entre Sócrates y Agatón, Lacan sostiene que «hay que ser tres, y no sólo dos para amar» (91). La transferencia supone una «disparidad subjetiva» (*Seminario 8* 1), que no es simplemente una disimetría entre los sujetos, sino que se sitúa en la dimensión de la «imparidad subjetiva», de lo que ella contiene de impar» (*Seminario 8*: 1). En este sentido, para el amor, donde parece haber dos, hay por lo menos tres.

Lacan, como un «director experimentado» (*Seminario 8* 95), enfatizará la entrada de Alcibíades; en efecto, éste irrumpe como una verdadera acción que conmociona esa escena bastante estática donde se ha planteado el elogio del amor por medio de una sucesión de discursos a los que Lacan dedicará su atención uno por uno. Alcibíades, entonces, entra y cambia las reglas del juego: del elogio del amor pactado por los presentes, se pasa al elogio del otro, de alguna manera—me arriesgo a decirlo—se pasa en este diálogo platónico de un poner en acto (discursos sobre el amor, verbalización) a un *acting out* de la transferencia (Alcibíades «actúa» frente a Sócrates lo que no puede discursear sobre el amor).

Veamos estas cuestiones en nuestro hacer teatral. Nuestra analogía nos llevaría a interrogarnos si en el ensayo—que, esperamos, se desarrolla también indiscutiblemente en la dimensión de una ética, como soñaba Stanislavski—donde privilegiamos el actuar, estamos orientados también por el «actuar bien» (*Seminario 8* 2). Como lo dice el maestro ruso, no sin cierto idealismo, y quizás en un sentido muy diferente a Freud, «cada persona se esfuerza por alcanzar lo que es bueno en la vida. Esta es su intención en lo más profundo de su alma pero siempre hay algo que lo obstaculiza en ese esfuerzo» (Stanislavski, *Ética y disciplina* 48). La frase, no obstante, permanece para los teatristas bastante ambigua. Obviamente, buscamos el «actuar bien», pero no en el sentido del «bien» del «actor». En el tiempo doble —cronológico y lógico— en que emerge el amor de transferencia, la búsqueda del bien llevará a la realización del deseo que es «la emergencia a la realidad del deseo como tal» (*Seminario 8* 45) ¿De qué bien se trata, de qué deseo?, ¿qué relaciones hay entre el bien para el sujeto y el bien colectivo?, ¿será en el sentido del Bien de la ciudad?

Pero aquí la frase toma resonancias que nos abren a cuestiones muy difíciles de discernir. ¿Qué entendemos por «actuar bien», en el sentido de realizar una actuación adecuada?, ¿adecuada respecto a qué?, ¿adecuada a la realidad?, ¿qué realidad?, ¿qué estatus tiene la realidad en nuestro campo teatral? Muchas escuelas y métodos han sido discutidos en función de lo que puedan proveer sobre el «actuar bien». ¿Sobre qué bases evaluar la ideología de estas escuelas y métodos?, ¿quién garantiza que el «actuar bien» en Stanislaviski es mejor o peor que el «actuar bien» en Brecht? Como en la pieza de Bartís, la metonimia de nuestras preguntas parece que va «de mal en peor» respecto a la formación actoral clásica. Parece que estamos necesitados de una interrogación radical en nuestro campo —así como Bartís en su obra *De mal en peor* hace una interrogación radical al pasado nacional argentino fundando una nueva mirada— y esa interrogación puede ser formulada con las palabras de Lacan: «Uno debe preguntarse por qué medios operar honestamente con los deseos» (*Seminario 8* 2).

Y no se trata de promover la confesión del analizante, del actor. El psicoanálisis, como dice Lacan, no está —mal que le pese a Foucault— en la dimensión de la confesión, sino en la de la asociación libre y la transferencia. Tampoco se trata, como lo plantea Erixímaco en *El banquete*, de lo acordado en relación a lo desacordado, «de la función de la anomalía en relación a lo normal» (*Seminario 8* 48), tal como leemos muchas veces en los textos de Stanislavski, en donde funciona un cierto *a priori* mental sobre lo que el personaje o rol deben ser, donde un cierto «modelo» o «modelo de una identidad» estaría en algún lugar (la realidad, el texto), que habría que observar para ajustar o controlar la representación alcanzando cierta supuesta armonía.

En general, nos advierte Lacan, en la transferencia uno se encuentra más bien con el colapso del deseo, más que con su realización. La práctica del ensayo, la práctica del actor debería estar orientada justamente hacia este encuadre en donde se puede colapsar el deseo. Y esto ¿qué quiere decir? Obviamente, no es hacer psicología, llevar al deseo hacia su dimensión—si es que existiera—«salubre», «normal» de acuerdo a las leyes de la ciudad.[117] No se trata de abordar o preservar—como dice Lacan—la «gesta heroica del deseo» (*Seminario 8* 2). El director —tal vez el actor, como en Beckett— no está para garantizar una buena actuación, sino que, «poseído por el deseo de todos los deseos, el más fuerte» (*Seminario 8* 131), es decir, el deseo de muerte, se pone también a actuar, a jugar el muerto: «debe haber algo capaz de jugar el muerto en este pequeño otro que está en él» (*Seminario 8* 132). No se trata de conformar una máscara afilando la puntería sobre referentes imaginarios de una supuesta realidad o identidad. No se trata de que el director se proponga como garantizando un supuesto saber teatral ni que haga oficiar su supuesta experiencia en el proceso del ensayo. Lacan nos advierte que, en cuanto al analista, «el hecho de que sepa alguna cosa sobre las vías y los caminos del análisis, no es suficiente, quiéralo o no, para colocarle en ese lugar [de analista]» (*Seminario 8* 207).

NOTA 10: EL QUE ACTÚA ES EL DIRECTOR

Miller, retomando al Lacan del *Seminario 1*, insiste sobre la diferencia entre la ignorancia pura, el no-saber, y la ignorancia docta, que es «la ignorancia de alguien que sabe cosas, pero que voluntariamente ignora hasta cierto punto su saber para dar lugar a lo nuevo que va a ocurrir» (*Introducción al método* 33). En este sentido, «la función operativa de la ignorancia» del analista, es la misma que la de la transferencia, la misma que la de la constitución del Sujeto supuesto Saber» (Miller, *Introducción al método* 33). Lo mismo podríamos glosar para el director e incluso, siguiendo el comentario de Lacan en la clase del 21 de enero de 1959 de su *Seminario 6* sobre el deseo. Más que apuntar a cierta simulación, como hace Miller, Lacan prefiere plantear esta ignorancia docta como un cierto efecto del contexto analítico; «está constituida [—nos dice Lacan—] por el hecho de estar en análisis», es decir, por el encuadre mismo —sea el análisis o el ensayo teatral— de saber que

---

[117] Merecería un ensayo discutir el estatus de lo «normal» en la propuesta stanislavskiana.

allí, tanto el analista como el analizante, tanto el director como el actor, están viéndoselas con el significante «en tanto es significante de algo en mi inconsciente, que es significante del Otro». Para el analista, también el analizante tiene un supuesto saber.

Su posición como director —y también la que corresponde al actor— es diferente «antes y después» del ensayo, en tanto su saber es aquí suspendido para permitir la emergencia de lo nuevo en la improvisación como pulsación del inconsciente (equivocación, chiste, lapsus, olvido, etc.). Su rol durante el ensayo parece ser —desde esta perspectiva psicoanalítica que intento aquí proponer— «esperar» a que el «actor» lo coloque en transferencia como portador del objeto de su deseo, esto es, el director, como el analista, no está allí para «comprender» al actor o al analizante, ni para responder o satisfacer su demanda, pues «de lo que se trata en el análisis no es otra cosa que sacar a luz la manifestación del deseo del sujeto» (*Seminario 8* 139) a fin de reconstruir —como vimos antes— la historia.

Por eso, si adoptamos esta perspectiva psicoanalítica respecto a la actuación, tenemos que admitir que el eje de la acción se desplaza del actor al director, ya que, nos dice Lacan;

> [s]i hay un lugar en que el término acción […] pueda ser reinterrogado de una manera que quizá sea decisiva, por paradójica que parezca esta afirmación, es en el nivel de aquél de quien se podría creer que es el que más se abstiene al respecto, a saber, el analista" (*Seminario 8* 210).

Se trata de una acción como tentativa de responder al inconsciente, a lo reprimido, donde «el sujeto como tal se disuelve, se eclipsa y desaparece. Es una acción a propósito de la cual no hay nada decible» (*Seminario 8* 211). ¿Será que, en la dramaturgia de actor, el «teatrista» es justamente el que adviene a este lugar del analista —tal como lo plantea Lacan— en la medida en que juega muchas veces el muerto con cada rol —actor-director-dramaturgo? ¿en qué posición deja al espectador este jugar el muerto del teatrista? Esta es una diferencia fundamental, no solamente con la dramaturgia de autor, sino también con la creación colectiva y con el intercambio de roles en la improvisación, tal como Pavlovsky, por ejemplo, lo planteaba en su etapa inicial con el psicodrama.

¿Habrá momentos, durante el ensayo, en que el director oriente a su actor, no ya en cuanto a su deseo, no ya en la dimensión del placer, sino, en cambio, por los desfiladeros del goce o que el director cometa esta «contraindicación» (*Seminario 8* 136) de poner su propio objeto parcial, su *ágalma*, en el actor? Es probable. Ya hicimos mención a la posición perversa del analista. Sin embargo, el director, como el analista, no puede tomar el camino del holocausto del sujeto; su función es aproximar al actor a ese momento en que comienza la construcción de la ficción, a poner en palabras—más allá de ese quedarse sin palabras frente la incomprensión social, frente al *acting out* inicial de entrada en el ensayo a causa de la sordera del Otro—la verdad del sujeto. Es por medio de la mediación del director y de la transferencia, que el actor puede articular su deseo frente al otro, es decir, es la transferencia la que retorna dialécticamente a la ciudad, mediante el espectáculo producto del ensayo, al Actor y su práctica, pero sobre todo, retorna también al público ese resto no-nominable que llamamos objeto *a*.

Si en la perspectiva lacaniana, la belleza es «da última barrera antes de este acceso a la cosa última, a la cosa mortal» (*Seminario 8* 3), se nos impone la pregunta de hasta qué punto debe realizarse el ensayo teatral en una dimensión trágica, orientando el trabajo teatral hacia el goce. ¿Debe llegar el trabajo del ensayo hasta el atravesamiento de la barrera de la belleza y el bien y conducir al actor hasta la «cosa» (*Das Ding*), debe el director promover el «pasaje al acto» del actor?, ¿o sólo detenerse en ese punto en que, ensayo y transferencia de por medio, el actor atraviesa su selva de fantasmas hasta dejar caer el objeto *a* del fantasma civil y, frente a la falta, retomar o invitar al público a retomar la cadena metonímica del deseo?

Muchas cuestiones se abren aquí que no podemos tratar en este ensayo. El *Seminario 10* de la angustia es sumamente sugerente para discutir aspectos ligados a la teatralidad del teatro, al realismo y, sobre todo, al trabajo del actor. Por ejemplo, frente al objeto *a* del fantasma, el actor podría continuar trabajando en el ensayo —como dijimos antes— en una dimensión trágica y —director perverso mediante— hacer un pasaje al acto, dejarse caer de la escena al mundo, entendido como «el lugar donde lo real se precipita» (Miller, *La angustia lacaniana* 129), desentendiéndose del otro; en consecuencia, no querer ya saber nada del otro a fin de reunirse con el objeto de su goce y dejar así al sujeto fuera de escena (Miller, *La angustia lacaniana* 123), tal como lo plantea *Función velorio*, del peruano Aldo Mishayiro, obra en la que un director perverso contrata actores dispuestos «realmente» a morir en escena prometiéndoles a cada uno alcanzar su propio goce.

Esta dimensión trágica del ensayo es más habitual de lo que imaginamos. El director argentino Ricardo Bartís también se refiere al «suicidio» del actor en su libro *Cancha con niebla* (25), lo que significa que se concibe el trabajo actoral ya no solamente en relación a desnudarse, a sacarse las máscaras ya asumidas imaginariamente en la «escena» del otro —aunque no lo sepamos— a atravesar la selva fantasmática para enfrentar el objeto *a*, sino como un trabajo entre las dos muertes de la que habla Lacan en el *Seminario 7* a propósito de *Antígona*. El ensayo teatral estaría así orientado hacia la «cosa última» (*Das Ding*), lo cual nos plantea innumerables cuestiones imposibles de tratar en este ensayo. Sin embargo, por más sacrificial que imaginemos la tarea del actor, es evidente que el pasaje al acto invalidaría la tarea actoral y teatral completamente, porque, como lo dice Miller, el pasaje al acto saca al actor precisamente de la escena para arrojarlo más allá del Otro, en lo real (*La angustia lacaniana* 123). El actor viene de la ciudad y, ensayo de por medio, retorna a la ciudad vía el espectáculo, vía una ficción que cambia la posición del sujeto frente al fantasma, frente a la fantasía civil, alterando así su modo de goce. El director y la transferencia son el pivote de este proceso.

NOTA 11: EL TRABAJO CON LO REPRIMIDO Y EL FANTASMA: PASO, PASAJE, PASE

Este planteo sobre las dos muertes surge de la aproximación psicoanalítica al teatro: lo edípico de Edipo y de Antígona configuran justamente ese pasaje, ese trabajo con lo reprimido, lo no reconocido, «lo que no se sabe», con el atravesamiento de la máscara que provee la ciudad, el Estado, para abordar la otredad más radical: la del deseo. Es el mismo trabajo del actor durante el ensayo. Pero una vez vislumbrada la «cosa», el deseo mismo se reposiciona hacia la construcción de una máscara bella que dialectiza con la ley de la ciudad y procura su transformación. Frente al gobernante, que apelaría al Eros para «servirse de él por el bien» (*Seminario 8*: 4), el actor, sirviéndose también de Eros, cuestiona el bien propuesto por el gobernante y la ciudad. El actor es el que lleva a los otros al asombro (*Seminario 8* 5).

Vislumbrar la «cosa» es como el paso intermedio, porque el fin del actor es construir la belleza —«la dimensión trágica de la belleza» dice Lacan (*Seminario 8*:20)— necesaria para dejar que los otros puedan a través de ella recuperar lo trágico que la civilización ocultaría por medio no tanto de la diversión sino del entretenimiento (o, para decirlo en su idioma original, por medio del *entertainment*). El actor media con su cuerpo para llevar al público hasta la pantalla fantasmática que hace de soporte del objeto *a*—lo que antes denominamos "el fantasma o la fantasía civil"—pero ya no para exhibir o exponer, mucho menos para nombrar dicho objeto, cosa por lo demás imposible. El Actor (ya en posición de analista) tampoco intenta sugestionar al público para dejarlo fascinado, sino, por el contrario, lo conduce hasta ese punto de la ficción donde la verdad hace su mueca; digamos que el actor deja al público a las puertas de dicho objeto *a* como «causa» de su deseo, y para eso construye, a diferencia del analista, un dispositivo bello—como el fenómeno de borde que Lacan menciona justamente para definir la «escena», «aquella ventana que se abre, marcando el límite del mundo ilusorio del reconocimiento» (*Escritos* 121) —en el que, anamórficamente o no, fetichísticamente o no, según su filiación ideológica— coloca al otro en situación de reiniciar su propio trabajo sobre su deseo, sobre su falta.

NOTA 12: EL ENSAYO TEATRAL: DESNUDEZ E INTIMIDAD

Aquí retornamos a la transferencia. Si en el encuadre analítico el analizante procede a respetar la regla de hablar lo 'no civilizado' mediante la asociación libre, en el ensayo el actor procede a respetar las reglas de la improvisación e involucra en ella su cuerpo y su decir, o bien su cuerpo que es su decir o su decir como cuerpo. No se trata de 'prestarle' el cuerpo al personaje, no se trata de enmascarar, sino de desenmascarar, de desnudar (Bartís, 115-123). En el ensayo se parte de cuerpos en afección, en sufrimiento—atravesados por fantasmas civiles, no necesariamente inconscientes—para ir en forma progresiva explorando sus intensidades micropolíticas y para liberar las voces diversas que lo habitan, que no están unificadas (o lo están con mucha precariedad, como lo demuestra cualquier improvisación genuina y no dogmatizada); voces que no saben lo que dicen, que malamente resisten a los discursos hegemónicos.

Al director, como al psicoanalista, el actor o el analizante le vienen a demandar «da ciencia de lo que se tiene de más íntimo» (*Seminario 8* 44). Se insinúa así la cuestión medular respecto a la transferencia. Ya no tanto cuál es el deseo del analizante, del actor, sino dónde situar el deseo del analista, del director. No se trata, pues, de «cómo se prepara el actor», sino articular la pregunta «concerniente a eso que debe ser obtenido de alguien para que pueda ser un analista» (*Seminario 8* 71), a saber, cómo un autor, un actor o un director pueden devenir un teatrista, es decir, «un artista vinculado a diferentes roles de la actividad escénica, a la par dramaturgo y director» (Dubatti, *El teatro sabe* 180). Aparece así la cuestión del pase —de analizante a analista, ¿de actor a director?, ¿de individuo a teatrista?— y la cuestión de la travesía del fantasma fundamental. Es este pase el que define al teatrista en la dramaturgia de actor.

El analizante/actor desea lo que no tiene, lo que «no es él mismo, eso de lo cual él está faltante, eso que le falta esencialmente» (*Seminario 8*: 79). El actor puede confundirse fácilmente en esta selva de imágenes: puede querer identificarse a un ideal de actor o de actuación, incluso a otros actores; puede querer identificarse —como lo sostienen ciertas aproximaciones a la formación actoral— a la supuesta identidad de un personaje (extraño malabarismo del Sistema de Stanislavski). Como en el amor, podemos identificarnos con el otro amado, o bien con el objeto del amor, o incluso con el objeto del deseo del otro (*Seminario 8*: 102). El sujeto se debate en este «pluralismo de estos niveles de identificación que llamamos el ideal del yo, yo ideal, que llamaremos, también identificado, yo deseante» (*Seminario 8*: 102). El director (o a veces el personaje) se le puede aparecer al actor como el soporte de su deseo, de su deseo de actor, en cuanto el director se posiciona como sujeto supuesto saber; el director o el personaje como *ágalma*, es decir, alguien que guarda en su interior un objeto precioso que no coincide con su apariencia física, algo que puede funcionar como trampa, encanto, objeto mágico y, finalmente, como objeto parcial —no transitivo, objeto único entre todos los demás, no equivalente a los otros objetos, objeto del fantasma— es decir, un objeto con «acento fetiche» (*Seminario 8*: 98); el director o el personaje además pueden incluso estar allí como Otro en tanto "suma de un montón de objetos parciales. Lo que para nada es lo mismo que un objeto total (*Seminario 8* 100)). Lo mismo podría decirse para el actor en tanto *ágalma* en su relación al público: el actor tendría un saber secreto, incluso un talento escondido, en cierto modo, objeto del deseo del público, base de su fanatismo.

Para abordar este objeto del deseo —que es inconsciente y que está más allá del objeto de una ciencia, de una episteme— el director sólo cuenta —como lo vislumbra Buenaventura— con un saber que se articula sobre la ley del significante. Como ya mencionamos, el director, como el analista, puede tener cierta capacitación y cierto saber. De hecho los tienen, pero no se puede confundir esto con la posición de director que éste asume en el proceso del ensayo teatral. Tarea compleja, si se quiere, porque involucra la cadena inconsciente del actor respecto del personaje y del director respecto del actor, ambas articuladas por la transferencia. Para llevar a cabo esta tarea desde la perspectiva psicoanalítica, el director, una vez más, como el psicoanalista, debe abstenerse o «ausentarse de todo ideal de analista» (*Seminario 8*: 243) o de todo ideal de director. En este sentido, el director,

> no puede dar más que un signo, pues el signo que hay que dar es el signo de la falta de significante; es el único que no se soporta, porque provoca angustia. Sin embargo —agrega Lacan— es el único que hace acceder al otro a lo que es la naturaleza del inconsciente (*Seminario 8*: 159).

No la memoria del espectáculo, sino los espectáculos posteriores, serán el archivo que da cuenta de esas transformaciones dramatúrgicas. Como sucede con la interpretación psicoanalítica, en la cual más allá del acuerdo o desacuerdo del analizante respecto de la interpretación, lo que la confirma es un sueño, un lapsus, un olvido posterior, lo mismo ocurre con la dimensión de verdad de un espectáculo, en la medida en que más allá del éxito o fracaso de público, es el espectáculo siguiente el que confirma de una transformación en el discurso teatral. Por eso el ensayo teatral es una instancia especial que merece mayor atención teórica.

NOTA 13: DE LOS FANTSAMAS Y DEL IDEAL

¿Qué hacer con los fantasmas del director?, ¿qué rol juegan los fantasmas del director en un ensayo que se realiza bajo el descubrimiento freudiano del inconsciente? Su proyecto de puesta en escena está hablando de posibles síntomas sociales, políticos y culturales —todos aquéllos de los que el director quiera quejarse o alabar con su montaje o durante las entrevistas. Pero lo que va a incidir en el ensayo es la dimensión fantasmática de su propuesta, ésa de la cual, probablemente, él no sepa nada o, incluso, de la que no quiera hablar. Lacan lo dice en términos contundentes y hasta brutales: «suponiendo que hubiera un fantasma fundamental, ¿si la castración es eso que debe ser aceptado en último término del análisis, cuál debe ser el rol de su cicatriz, de la castración en el eros del analista?» (*Seminario 8*: 71). El analista/director podrá sostenerse en esta posición socrática: ser átopos, «un caso inclasificable, insituable» (*Seminario 8*: 70), como el amor, que «no está jamás en su lugar, lo que está siempre fuera de las casillas» (*Seminario 8*:

73), aunque no obstante deberá ir más lejos. El mismo Stanislavski reconoce la potencia del amor al arte en su método, como una base ética y epistémica, aunque advierte del peligro de cuando,

> en la relación del director respecto al elenco y sus subordinados, se deja entrever una relación sentimental hacia algún integrante del elenco. Ante todas las tentaciones de la vida teatral —nos dice— el amado o amada rápidamente se transforma en estrella y dueña del teatro (*Ética y disciplina* 75).

Más allá del pragmatismo, el rol del director, según lo concibe el maestro ruso —muy diferente al que esbozamos aquí a partir de la analogía con el analista— parece estar más en consonancia con ciertos rasgos de la sociedad panóptica en el control del proceso de producción: «El director sólo debe dar una orientación general a la obra y al trabajo, y regular la armonía de toda la creación; él debe orientar el ensayo y mantener su disciplina» (Stanislavski, *Ética y disciplina* 76).

El analista deberá, en tal caso, inspirarse en la enseñanza socrática que atañe a la transferencia, es decir, donde «el eromenós, el amado, se transforma en erotomenós, el interrogado» (*Seminario 8* 79), movimiento por el que se introduce «la función de la falta» (*Seminario 8* 79). El director se situaría así frente al actor, frente a la falta del actor. Como pregunta Diotima en *El banquete*, la cuestión es saber «qué le falta a aquél que ama», es decir, en nuestra analogía, qué le falta al actor, qué le falta a aquél que actúa. Para el actor, como para Alcibíades, «aquél que experimenta el deseo» (*Seminario 8* 79), el objeto de su deseo, lo que le falta, no está a su disposición, no está presente. Según Diotima, la respuesta debe buscarse por el lado de la poiesis, de la creación: la falta está en relación al amor a lo bello, como velo del deseo de muerte (*Seminario 8* 88). El malabarismo de Diotima, que intenta introducir el idealismo platónico, es convertir esta concepción de lo bello en tanto pasaje o transición particular, colocándola como meta, como la búsqueda de la belleza «ideal» con la que el sujeto, el actor, debería identificarse. Lacan denuncia este fraude: no se trata de ninguna Belleza ideal. Y esto no se contradice con el hecho de que el Actor deba elaborar su ficción y que el director debe elaborar su puesta en escena, su puesta en mentira de la verdad «estéticamente». La belleza —no ideal, sino históricamente pactada: al fin y al cabo se trata de lo simbólico, de la batería significante— es no obstante lo que permite retornar a lo civilizatorio [dialéctica] y, por medio de una negociación con los otros y el otro, logra avanzar algo de lo no reconocido transformando la cultura.

Pedagogía y deseo: Praxis teatral y creatividad en español en Estados Unidos

> No se puede jugar a medias; si se juega, se juega a fondo. Para jugar, hay que apasionarse, para apasionarse hay que salir del mundo de lo concreto; salir del mundo de lo concreto es incursionar en el mundo de la locura del mundo. De la locura hay que aprender a entrar y salir; sin meterse en la locura no hay creatividad. Sin creatividad uno se burocratiza, se torna un hombre concreto, repite palabras de otros.
>
> *Eduardo "Tato" Pavlovsky*[118]

> Habits are the forms of our first happiness and our first horror that have congealed and become deformed to the point of being unrecognizable.
>
> *Walter Benjamin (Selected Writing 120)*

Pedagogía y deseo: ¿pedagogía del deseo o deseo de pedagogía?

Este ensayo pretende dar cuenta, aun en su brevedad, de la conformación de una pedagogía de la praxis teatral, después de más de 20 años promoviendo el teatro en español en las universidades y colleges de Estados Unidos.[119] En este trabajo voy a centrarme en el *Workshop in Latin American*

---

[118] Citado en "Recuperemos el juego con nuestros hijos", artículo sin firma de la revista *Psicología positiva* 21 (Junio 2010).
https://regalosdemisamigospoetas.blogspot.com/2013/06/recuperemos-el-juego-con-nuestros-hijos.html

[119] Whittier College es un Liberal Arts College. En Estados Unidos se denominan *colleges* a las instituciones universitarias que tienen un número de estudiantes menor (entre 1200 y 3000) que las universidades privadas o estatales (más de 20.000). Whittier College tiene una población estudiantil de alrededor de 1400 estudiantes y otorga el diploma de Bachellor of Arts y Bachellor of Science. Se ofrece una sola Maestría en Educación. Las Universidades son las que ofrecen doctorados y, más que a la enseñanza, se abocan a la investigación. Los estudiantes se gradúan en cuatro años, una vez completadas las 120 unidades/créditos requeridos para graduarse (cada curso vale, usualmente, 3 o 4 unidades); en sus primeros

Performance Experience que ofrezco desde hace diecisiete años en los semestres de primavera.[120] Para comenzar, resulta necesario aclarar desde el comienzo un par de cosas: pedagogía y deseo son, desde el punto de vista psicoanalítico, si no opuestos, al menos problemáticos. Por un lado, tenemos la pedagogía exigida por las instituciones académicas y, por el otro, el deseo, que implica a los sujetos involucrados en la enseñanza y el aprendizaje. Como lo recuerda Lacan ("La dificultad de vivir"), Freud había ya planteado tres tareas imposibles: gobernar, educar y psicoanalizar. El deseo es, en principio, ineducable. ¿Cómo entender el título de este ensayo? Sin duda, hay allí una tensión difícil de resolver. Pedagogía no puede significar otra cosa, como nos lo dice Jacques-Alain Miller, que sujetar al niño "al discurso del Amo por el sesgo del saber, es decir, por medio del pedagogo" (*Política lacaniana* 20). Y si 'pedagogo' "es el nombre del esclavo encargado de conducir a los niños" (*Política lacaniana* 20), entonces los niños, los estudiantes resultan ser "los esclavos del esclavo" (*Política lacaniana* 21). Si se piensa en una pedagogía del deseo, entonces, se imagina una tarea por la cual hacemos del niño un sujeto sujetado. Más que enseñar, domesticamos, adaptamos al sujeto a las normas vigentes sin cuestionarlas, esclavos de ellas nosotros mismos como pedagogos, aplastando la singularidad de cada uno de nuestros estudiantes y hasta la nuestra propia.

---

dos años tienen que tomar varios cursos de todas las áreas (Humanidades, Ciencias Sociales, Ciencias Naturales y Exactas); en los dos restantes eligen su *Major* o *Minor* [especialización o sub-especialización]; muchos de ellos se gradúan con dos *Majors* o con un *Major* y uno o dos *Minors*. Algunos estudiantes pasan a programas graduados en universidades para obtener su Maestría (unos dos años más) y algunos llegan hasta el doctorado (el número de años depende de la disciplina, entre 2 y 4 años más después de la Maestría).

[120] He realizado otro tipo de experiencias parecidas en Argentina y luego en Estados Unidos, pero con un encuadre diferente: por ejemplo, en los seis años como director invitado a producir un espectáculo en español en el Pasadena City College, los estudiantes que acudieron a la convocatoria lo hicieron porque tenían interés en hacer teatro (muchos no pudieron testimoniar de un deseo decidido y dejaron de asistir, pero otros permanecieron varios años); nos reuníamos tres horas cada miércoles durante unos seis meses. Si bien algunos aspectos técnicos fueron similares a lo que desarrollo en Whittier College, mi posición no pudo ser la planteada por el discurso del Analista o incluso por el discurso de la Histérica – "hacer enigmas", como caracteriza Lacan a este discurso (*Otros escritos* 322)— ya que había en el grupo otros profesores involucrados y la discusión por el sentido y la prisa por interpretar, por concluir en sentido lacaniano, aparecían a cada momento, lo cual bloqueaba toda posibilidad de trabajar la transferencia y realizar un acto analítico.

Usualmente, alienar al sujeto a los Ideales del yo de la cultura es una tarea a cargo del Estado, la familia, las escuelas y las universidades. Si propusiéramos esto en nuestro *Workshop in Latin American Performance Experience* en particular y en la praxis teatral en general, este ensayo sería lo más anti-psicoanalítico que se pudiera imaginar, puesto que la propuesta que llevamos a cabo, por el contrario, trata de desamarrar al sujeto del goce del Otro, de ese Otro que le ha impuesto los significantes de la cultura, que lo ha mortificado para hacerlo un sujeto socializado, capaz de entrar en el contrato social renunciando a sus pulsiones, empezando por incesto, parricidio y el mandato de "no matarás", todos indispensables como sostén indispensable de la existencia comunitaria humana. Obviamente, no apuntamos a afectar esos significantes tan básicos; sin embargo, es importante separar, desalienar al sujeto de algunos otros Ideales del yo menos constituyentes o estructurales al contrato social como, por ejemplo, el significante de la vergüenza frente a la menstruación[121] o frente a una orientación sexual no reproductiva impuesto por el orden patriarcal. O, para poner ejemplos más típicos de la vida universitaria, acatar el Ideal (usualmente impuesto por los padres) de que una especialización en Negocios (*business*) —a diferencia de apoyar una vocación artística— les garantizará felicidad, trabajo, futuro. Emancipar al sujeto de Ideales de ese tipo constituye el objetivo político de la praxis teatral que, en nuestro caso, afecta a los estudiantes y también al público que asiste a nuestras producciones del Workshop.[122]

---

[121] Es muy elocuente una nota publicada por *Página 12* bajo el título "Ninguna regla, todas las reglas", del 24 de agosto 2018.

[122] A nivel de la técnica actoral, ya Stanislavski había propuesto aquello que denominó "segunda naturaleza", la cual en cierto modo consiste en modificar los hábitos que trae el actor, a los que está acostumbrado (caminar, hablar, moverse, etc.), es decir, a los que está *alienado*, y *separarlo* de ellos para sustituirlos por nuevos significantes. Sin embargo, sería exagerado afirmar que se trata de una dimensión política de su técnica, en el sentido que hoy se habla de "política lacaniana"; en efecto, aunque el actor se emancipa de los hábitos que trae de su sociedad y cultura, Stanislavski procura inocularle otros que no provienen del trabajo del actor con su propio goce, sino de Ideales de yo de Stanislavski y su perspectiva teatral. Seguimos, pues, sometiendo al actor al Discurso del Amo o del Maestro. Usualmente esto ocurre en cualquier tipo de taller de formación actoral con cualquier maestro que ocupa el lugar del Amo, pretendiendo sostener ciertos ideales estéticos o políticos. Para un tratamiento más extenso de la cuestión lacaniana de la alienación y la separación, ver mi libro *Dramaturgia de frontera/ dramaturgias del crimen*.

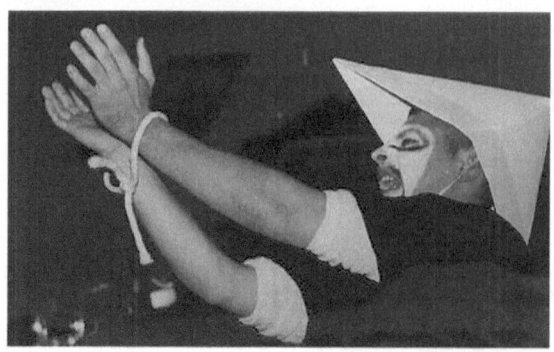

El Gigante Amapolas (1841), de Juan Bautista Alberdi. (2001)

Llevadas las cosas al punto extremo, visto que trabajamos a nivel universitario, solo produciríamos aprendices de amo, sujetos impotentes que solo pueden repetir el saber del profesor, ese esclavo que a su vez responde y repite el S_1, en el discurso del Amo.[123] En este marco, aunque algunas instituciones incentivan la creatividad del estudiante, lo cierto es que hay un encuadre conflictivo para desarrollarla, debido a las imposiciones académicas y administrativas que regulan la enseñanza. Periódicamente se invita a los profesores a revisar su filosofía de la educación y actualizarse con las nuevas metodologías de aprendizaje, para promover novedosas habilidades y destrezas entre los estudiantes. Y a pesar de la buena voluntad de los profesores en este sentido, su deseo o demanda de nuevas y más efectivas aproximaciones pedagógicas y/o didácticas, los protocolos de la institución –incluso bajo la forma del Discurso de la Universidad— suelen constituir un obstáculo insalvable. Por eso, si nos planteamos la cuestión desde el deseo y/o demanda del profesor, resulta indispensable interrogarlos desde el psicoanálisis. Así, nos iríamos acercando al psicoanálisis si, en vez de una pedagogía del deseo, intentáramos explorar nuestro deseo de pedagogía; por ese camino, sin embargo, tampoco llegaríamos muy lejos, porque como el psicoanálisis no puede educar el deseo, arribaríamos nuevamente a la dimensión de una pedagogía imposible. Esta dimensión imposible, no obstante, resulta salvable si partimos de no posicionarnos como

---

[123] Para una aproximación más detallada a las fórmulas de los cuatro discursos lacanianos y la fórmula del denominado discurso capitalista (aunque no sea estrictamente un discurso en tanto no hace lazo social), y su posible lectura desde la praxis teatral, ver mi ensayo "Los cuatro discursos lacanianos y las dramaturgias".

"profesor" sino como "enseñante", así como lo enfatiza Lacan cuando afirma: "Lo que debo acentuar bien es que, por ofrecerse a la enseñanza, el discurso psicoanalítico lleva al psicoanalista a la posición de psicoanalizante, es decir, a no producir nada que se pueda dominar; a pesar de la apariencia, sino a título de síntoma" (*Otros escritos* 325). Bastaría reemplazar en la cita de Lacan el vocablo "psicoanálisis" y "psicoanalizante" por "praxis teatral" y "enseñante", para orientarnos mejor en nuestro saber-hacer en lo teatral. En consecuencia, soy yo el que estoy en proceso de aprender; aprendo de los estudiantes, para quienes, en el mejor de los casos, resulto un sujeto supuesto saber. Suponen en mí el saber que los va a conducir durante el proceso del semestre y quien va a interpretar los signos que ellos promuevan en las improvisaciones como si fueran de una verdad oculta que yo lue-go (les) develaría o revelaría. Para ellos se trata, entonces, de un auto de fe en la garantía que yo o mi saber les estarían brindando como encuadre del proyecto. Para mí, se trata de un acto falso porque justamente yo no soy (y *sé* que no soy) ese sujeto supuesto saber, lo cual me saca de la posición profesoral (y me coloca en una posición crítica respecto de la academia en tanto discurso de la Universidad).

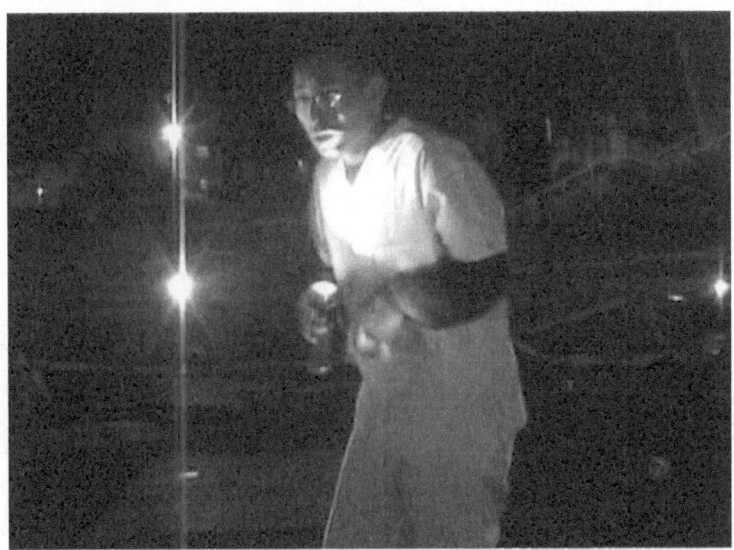

Iluminaciones, 2008.

En ciertos momentos, mi posición sumerge a los estudiantes en la angustia a medida que perciben que yo no sostengo la función de garante de lo que están produciendo y que, como hizo Lacan en la clausura del congreso de la Escuela Freudiana de París en 1970, cuya temática era precisamente la enseñanza, me atengo "a escuchar; guardando un silencio que me fue provechoso" (317). Es que, si no toda enseñanza enseña, mi perocupación en este *Workshop in Latin American Performance Experience* (a diferencia del resto de mis colegas) no es la producción de *conocimiento* sino el *saber*; un saber que, para el psicoanálisis, es siempre el del inconsciente. Como les dice Lacan a los congresistas, "[q]ue algo sea para ustedes, porque así se lo expresa: una enseñanza no significa que ella les haya enseñado nada, que de ella resulte un saber" (*Otros escritos* 317). La pedagogía, entonces, parece asistir al profesor que orienta su enseñanza hacia la producción de conocimiento; pero mi enseñanza en este Workshop no apunta a lo mismo. Hay, según Lacan, poca evidencia de la relación *antagónica* entre enseñanza y saber (*Otros escritos* 322) y hasta postula que la enseñanza muchas veces podría ser un *obstáculo* al saber (*Otros escritos* 318). En todo caso, frente a esta dupla, me inclino, en lo posible debido al marco institucional, por el saber que "viene al lugar que designamos como el de la verdad" (*Otros escritos* 322). Mi posición (¿pedagógica?) se resuelve entonces como un giro que hace de mí un enseñante interesado en el deseo y la verdad, frente a los estudiantes posicionados como un sujeto supuesto saber. Esta "subversión" pedagógica, si se quiere, va a contrapelo del tipo de requerimientos exigidos por la institución.

Transferencia y sujeto supuesto saber

Se entiende, entonces, a partir de lo dicho, que al comienzo del semestre, para dar inicio al proceso, yo cometa una falta ética —estructural— al brindarles a los estudiantes un semblante "profesoral" de garantía. Sin embargo, esa máscara, semblante o "falta ética", es necesaria para instalar la transferencia que, más adelante, pueda ser disuelta. Mi tarea a lo largo del proceso de trabajo, además de ofrecer el semblante del sujeto supuesto saber —semblante de profesor capaz de trasmitir *conocimiento*, pero no concernido respecto del *saber*, como saber inconsciente—, es permitir la instalación de la transferencia para dirigirse —como en el psicoanálisis— a un final, el del performance, el de la *acción* performativa por el lado de los estudiantes y el del *acto* performativo de mi lado. Imprescindible subrayarlo:

del lado de los estudiantes y del mío propio, "es de la división del sujeto de lo que se trata" (Lacan, *Otros escritos* 319), punto crucial si procuramos inventar un objeto artístico. Durante el trabajo, muchas veces me preguntan: "¿qué estamos diciendo con este espectáculo? ¿A dónde vamos con todo esto? ¿Qué le parece de qué se trata esto? ¿Está bien lo que estamos haciendo?" Cuando aparece la pregunta por el sentido, inmediatamente el debate se orienta hacia la cuestión de la racionalidad, la coherencia, la finalidad; se impone entonces la figura de la "comprensión" (¿comprendemos esto que estamos haciendo? ¿Lo comprenderá el público?), y allí el proceso se traba: Lacan siempre postuló los peligros de comprender, y de comprender demasiado rápido;[124] el analista debe guardarse de hacerlo, porque entonces deja de lado el postulado lacaniano de que la comunicación es un malentendido y, por esa vía, se obstaculiza el proceso analítico.[125] La comprensión de alguna manera está comandada por la identificación y puede tomar dos caminos ilusorios: (a) eso que los estudiantes plantean en su improvisación es lo que yo pienso, por tanto admito la escena; (b) eso que ellos hacen es porque comprenden lo que yo digo, por eso también acepto la escena. Incluso podríamos agregar una tercera: (c) eso que ellos están proponiendo es lo que están sufriendo, lo que sufre su comunidad, etc. Me identifico con ese dolor del síntoma, lo comprendo y entonces suscribo la escena. Y tal vez cabría pensar en una cuarta posi-

---

[124] En su famoso "El tiempo lógico y el aserto de certidumbre anticipada. Un nuevo sofisma", Lacan plantea el "instante de ver", el "tiempo para comprender" y el "momento para concluir", de modo que no se superponen, como parece indicarlo el consejo de que el analista no se apresure a comprender a partir del momento de ver y lo cierre como si se tratara de un momento para concluir. Ver mi trabajo "Ensayando la lógica o la lógica del ensayo: Construcción de personaje y temporalidad de la certeza subjetiva".

[125] De pronto, significantes aparentemente anodinos, o partículas gramaticales como, por ejemplo, los pronombres posesivos, pueden pasar desapercibidos en la cadena verbalizada por el analizante: *mi* hermano, *este* hermano que vive lejos, *ese* hermano que me tocó en suerte, *aquel* hermano que me envía regalos, etc. Usualmente creemos comprender esos adjetivos demostrativos, casi diría que se invisibilizan en el habla cotidiana, pero en análisis comunican otra cosa de lo que supuestamente deberían comunicar. Una puntuación consistiría en preguntar qué quiere decir el analizante con mi/este/ese/aquel en relación al hermano. Planteando el punto de almohadillado retrospectivamente sobre el discurso, el analizante procederá, inmediatamente, después de la sorpresa, a justificar su uso, pero allí la puntuación siguiente del analista sería: "vamos a dar por cerrada la sesión de hoy" y dejar que el analizante analice lo que allí irrumpió. Este tipo de marcaciones es la que suelo hacer durante las improvisaciones.

bilidad a ser evitada que no ha escapado a Lacan: la de ceder eufóricamente a lo que los estudiantes quieran hacer de mí, sea una madre completa, un compañero más, un partidario de sus propias creencias, etc. (*Seminario 11* 165).[126] ¿Qué hago con lo que me descoloca o los descoloca? ¿Qué hacer cuando algo del horror de lo real emerge, incluso bajo la forma del chiste? ¿Descartar aquello extraño que pone en tela de juicio el sentido? Si procedemos de ese modo, perdemos el rumbo porque estamos admitiendo lo conocido: ya nos conformamos, nos entendemos, nos comprendemos, y perdimos la posibilidad de apuntar a lo Real de ese síntoma, que escapa a la confortabilidad de la identificación imaginaria. Para evitar esto, en estos casos, yo les devuelvo las preguntas para que me enseñen la respuesta o bien hago pequeños señalamientos, puntuaciones para incrementar los equívocos, las ambigüedades que fisuren el saber que ellos traen (inconscientemente) o el que adquieren en la academia. Como lo plantea Lacan, "el decir ambiguo por no ser sino material del decir, da lo supremo del inconsciente en su esencia más pura" (*Otros escritos* 376). Trato de intervenir sin autorizar, sin aprobar o desaprobar nada, sin capturar el sentido o etiquetarlo porque mi preocupación es abrir el juego para que se desplieguen los fantasmas, para que emerjan las inconsistencias y, de ese modo, ir aproximándonos a la verdad, a lo reprimido, esto es, en lo posible, lograr rozar algo de la verdad de lo real (no de la realidad como constructo imaginario).[127]

Me cuido de que emerja mi condición de sujeto deseante, deseante de sentido, apurando la comprensión allí donde, desde la perspectiva analítica, no debería comprenderse tan a la ligera. Hago el muerto, juego el muerto. Si me atuviera a la producción de sentido durante las improvisaciones, si las sofocara con la comprensión a partir de discursos académicos cualesquiera (feminismo, queer, etc.), los llevaría a realizar *mi* espectáculo, no el de ellos, cancelándose así el objetivo del Workshop.

---

[126] Esta euforia producto de "lo que el analista se propone que su paciente haga de él" (1987, 165), se registra demasiadas veces en la relación entre actores y director, actores y maestro y, como puede apreciarse, más bien obstaculiza que favorece un verdadero proceso creativo.

[127] Recordemos que en Freud y en el psicoanálisis, cuando se habla de "realidad", se refieren a la "realidad psíquica", no a lo que supuestamente observamos a nuestro alrededor.

Sueño. Improvisación. Teatro

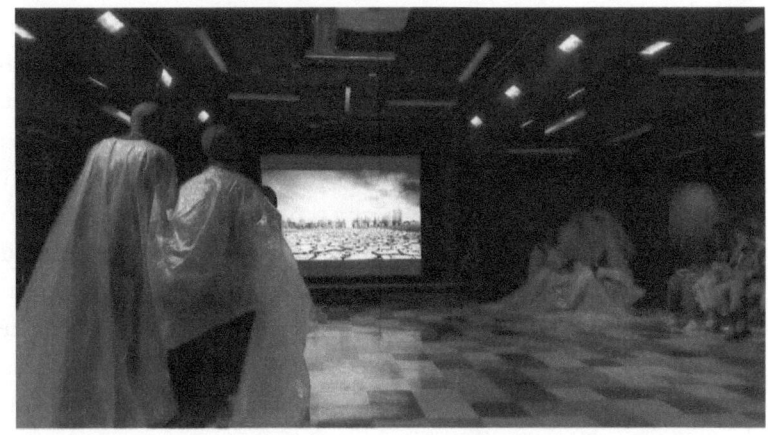

Tremors, 2015.

Mi narcisismo se resguarda, en todo caso, en la institución en la que realizo la tarea, para la cual es valioso contar con una experiencia performativa en español a partir de la propia creatividad de los estudiantes y a cargo de los mismos. Es mediante el "análisis de la trasferencia" que se va eliminando ese sujeto supuesto saber. Si yo respondiera a la demanda de sentido, comenzarían los debates infinitos que nos mantendrían amarrados a significantes que no son los de ellos, sino los míos, como suele ocurrir en los cursos corrientes, en las puestas de los Departamentos de Teatro y en otras muchas instancias de la producción teatral a nivel global. Si me importa en este Workshop el acto performativo (a la manera del acto analítico) es porque "nunca tan bien logrado como cuando es *fallido*" (Lacan, *Otros escritos* 359) y porque al final el *de-ser*, esa destitución subjetiva de los estudiantes/actores, me ha tocado, me ha golpeado incluso, al punto que esa "verdad" que constituye el performance, eso "incurable" que allí se presenta (*sinthome*), a la que no opongo resistencia (recordemos que la resistencia, para Lacan, se ubica del lado del analista[128]), me pone en situación de

---

[128] Desde la perspectiva freudiana la resistencia es la fuerza que el paciente opone a la presión del analista por ir más rápido, una especie de inercia que habría que liquidar durante las sesiones. Lacan, en su *Seminario 2*, comienza recordando estos planteos; agrega luego que la resistencia es una suposición que el analista hace de lo que le pasa al paciente y que, en ese sentido, puede funcionar siempre y cuando se recuerde que no compete al analizante, sino que se trata de una hipótesis planteada por el analista para orientar su trabajo. Sin embargo, Lacan concluye que "[r]esistencia hay una sola: la resistencia del analista. El analista resiste cuando no

admitirla durante la elaboración del libreto en las vacaciones de primavera y, a la vez, me incita a proseguir en el semestre siguiente y trabajarla posteriormente en mi escritura. Es decir, aunque la propuesta de los estudiantes escape a mis parámetros ideológicos, tengo que admitirla como un real que me interpela, interpela el tipo de educación que están recibiendo en mi institución o una cultura que escapa a mi competencia. Tanto Freud como Lacan parten de concebir la relación entre analizante y analista como un juego de ajedrez; esto supone que uno y otro se establece como contrincante. Nuestro concepto de la teatralidad también está concebido en términos agonistas, no conviviales. Desde aquí, se puede hacer una diferenciación entre fracaso y derrota en la praxis teatral, tal como de alguna manera se ha planteado en el psicoanálisis. En efecto, derrota sería abandonar completamente el proyecto; fracaso, en cambio, asumir ese real que ha emergido y me interroga, cuestiona mi narcisismo, al cual le dedicaré el tiempo necesario en mi investigación, escritura o futuro montaje para abordarlo. De modo que esta resistencia es el hueso duro de lo real para roer posteriormente, sea en mi investigación y escritura, sea en otro montaje. Una vez más, la praxis teatral no funciona como aplicabilidad de una teoría totalizada o totaizante, sino como un constante hacerse y rehacerse a partir del saber no sabido del inconsciente.

Al final del proceso, los estudiantes quedarán solos en la escena, con su propia destitución subjetiva; el sujeto supuesto saber cae, ya *saben* que no puede asistirlos ni garantizarles nada, ahora se percatan de que nunca pudo. "Estarán solos frente al público", les digo, y eso que "(re)-presentan" es de ustedes, les pertenece, no es mío. Es de lo que deben responsa-bilizarse. Yo, incluso como director, no estoy ya en ese juego, he dejado de ser, soy apenas un resto, un desecho, a lo sumo resguardado en la cabina o en los márgenes del espacio escénico.[129]

---

comprende lo que tiene delante. [...] Es él quien está en estado de inercia y de resistencia. Por el contrario, de lo que se trata es de enseñarle al sujeto a nombrar, a articular, a permitir la existencia de ese deseo que, literalmente, está más acá de la existencia, y por eso insiste. Si el deseo no osa decir su nombre, es porque el sujeto todavía no ha hecho surgir ese nombre. [...] Pero no se trata de reconocer algo que estaría allí, totalmente dado, listo para ser coaptado. Al nombrarlo, el sujeto *crea*, hace surgir, una nueva presencia en el mundo" (1988, 341-342, el subrayado es mío).

[129] La discusión sobre una dramaturgia de actor o una dramaturgia de director debería iniciarse a partir de estas cuestiones abiertas por el psicoanálisis y, sin duda, incorporadas a la praxis teatral.

Sueño. Improvisación. Teatro

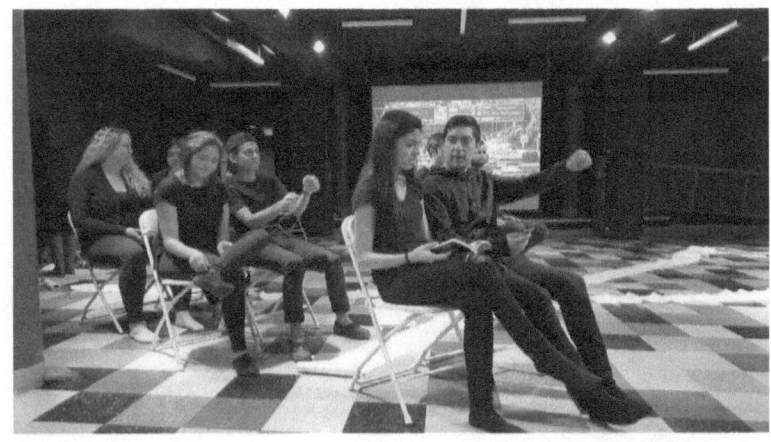

Tremors, 2015.

Como lo dice Lacan en su *Seminario 15*, "el analista es el que llega al término del análisis a soportar el no ser más nada que ese resto, ese resto de la cosa sabida que se llama el objeto (a)" (clase 5). Los estudiantes *actúan* aquello que han producido y yo quedo excluído en función de mi acto performativo, "lo que me salva de la ense-ñanza" (Lacan, *Otros escritos* 323). En lo posible intento, dentro del encuadre institucional en el que trabajamos, que ese sujeto supuesto saber quede eli-minado para dar lugar, dar emergencia, al objeto *a*, causa del deseo. Si para Freud el análisis es interminable, para Lacan había un final definido como la asunción subjetiva de la castración, de la falta en el Otro y del sinthome, lo incurable del modo de goce del sujeto. Y eso adviene en el Workshop porque, a como dé lugar, hay que presentar el espectáculo que dejará ver esa falta, como falta de sentido, a veces (1) como lo incompleto o como falta de linealidad de lo narrado, (2) como falta de saber de la institución y de la cultura respecto a lo tratado, (3) como falta de saber del "profesor", que no puede dar cuenta de lo que está pasando y al que ya no vale demandarle el saber; también (4) como falta de saber del estudiante que, frente a las demandas del público, apenas puede apoyarse en su cuerpo para dar cuenta de lo que está haciendo y diciendo y, finalmente, (5) como falta de saber del público que también es convocado a dar sentido y no a consumirlo, ya que el espectáculo más bien abre antes que cierra las posibilidades de interpretación.

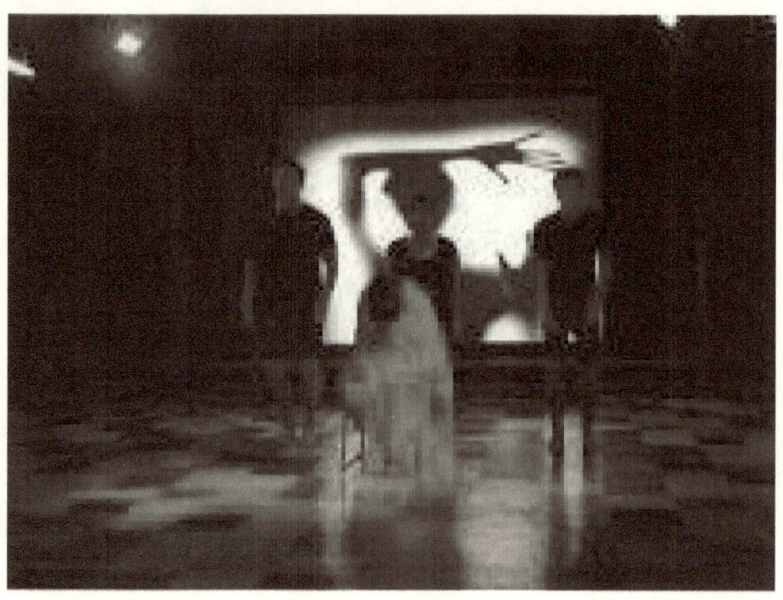

Tic Tac, 2015.

El espectáculo final es ofrecido como la punta del iceberg, un resto visible de una dimensión enorme y sumergida cuya exploración queda a cargo de cada sujeto. Digamos que, tanto para los estudiantes como para la institución y para el público, la castración del Otro significa la caída del sujeto supuesto saber y, con ello, la apertura del deseo hacia la producción de nuevos significantes-amo (S_1) que significantizarán, no ya el goce del Otro, sino el propio, del que hay ahora que responsabilizarse. Esos S_1 del espectáculo hablan del goce del grupo ese semestre, es su sinthome, el modo de goce que los singulariza. Lacan nos dice que "el sinthome […] es lo que hay de singular en cada sujeto" (*Seminario 23* 165). Dicho sinthome deviene síntoma para el público y por eso solicita, no una comprensión que empaquete el sentido y lo encorsete, sino una lectura (S_2) como pluralidad de posibilidades. Ese sinthome que es el espectáculo constituye de ese modo la puerta posible para promover no un consumo de significados, sino una invitación al público a cuestionar su propia alienación a significantes-amo impuestos por el Otro de la cultura. La falta de un sentido empaquetado, ya digerido, comprensible, no responde ni a una incapacidad expresiva del elenco ni a una veleidad pasajera de responder a lo postdramático. Por el contrario, esa ambigüedad u opacidad del sentido es el objetivo del Workshop y lo es tanto para cada integrante del grupo, como para el coordinador o director y obviamente también para el público. Sea durante las improvisaciones para el actor o con el espectáculo para el público, se procura desestabilizar las certezas, impedir la comprensión (usualmente buscada como totalizante); la idea es sacar al actor y al público de su zona de confort (incluso cuando ancla en lo doliente del síntoma) vivenciada como una euforia de creer que lo ha entendido/consumido todo. El teatro como arte debe invitarlo a asumir un riesgo que no se quede en la simple queja del "no entendí nada", tan obturante como el "entendí todo". Más que tapar los agujeros de lo real con significados, el teatro debe ser capaz de orientarlo hacia una emancipación subjetiva como trabajo sobre su propio decir y su propio goce, explorando sus propios "agujeros", muchos ya taponados con los significantes-amo de la cultura, la nación, la familia, la educación, etc. El teatro es el ámbito vital, por más efímero que sea, de cuerpos presentes, no conviviales ni apuntando a un convivio, sino justamente a lo contrario: orientado a producir la diferencia que singulariza a cada sujeto, a cada miembro del público.[130] El teatro permite así ese momento inicial de emancipación subjetiva en la medida en que la interpretación a la que apela ya no es la académica, soportada por y en los conocimientos de turno, sino una instancia no garantizada pero con un potencial posible de desamarrar también a la comunidad, a esa parroquia que sostiene, como quería Lacan, el inconsciente transindividual, no colectivo.[131] Sin embargo, el espectáculo en particular y la praxis teatral que lo sostiene en general, no apuntan a la producción de hegemonía; lo político de la propuesta yace en desalienar al sujeto respecto de los Ideales del yo propuestos por el Otro, a fin de alcanzar la singularidad de cada miembro

---

[130] Ver el capítulo "La praxis teatral y lo político: la demanda, el teatrista, el público".

[131] Recordemos que Lacan propone al inconsciente como transindividual, incluso al final de su enseñanza habla de un inconsciente individual. Lo que nos importa es que el inconsciente *no es* colectivo, es decir, no es ni atemporal, ni constituido por arquetipos o símbolos eternos, universales. Al contrario, el inconsciente es parroquial, solo hace sentido para una comunidad determinada en una geografía y un momento histórico preciso, como lo demuestra el chiste. El inconsciente en tanto transindividual cambia, se transforma constantemente. El psicoanálisis *no es* una hermenéutica: "Ni del lado de la naturaleza, de su esplendor o de su maldad, ni del lado del destino, el psicoanálisis hace de la interpretación una hermenéutica, un conocimiento de alguna manera iluminador o transformante" (2012 c, 372).

del elenco y del público, pero lo ofrecido no pretende universalidad ni tampoco subsumir las diferencias a un significante-amo impuesto desde la escena con fines de adoctrinamiento de la plebe o la postulación de significantes vacíos para la lucha política (Laclau) posterior. El arte, y el teatro en particular, lo político que lo caracteriza, no se confunde con la política, cuya acción se realizará más allá del espectáculo, al organizar las demandas en una lógica de las equivalencias alrededor de un significante vacío; tal como lo entendemos aquí desde la praxis teatral con base psicoanalítica, el teatro —a diferencia de la creación colectiva de los 70 particularmente en América Latina— debe éticamente detenerse ante esa frontera, no ceder a la captura del sinsentido por parte de ningún Otro (partido político, organizaciones o instituciones cualesquiera, etc.): es así que podrá resguardar su eficiencia y eficacia políticas.

Pedagogía vs. praxis teatral

Si todavía insistiéramos en imaginar una pedagogía como un arsenal técnico enseñable o, en todo caso, trasmisible, como la técnica psicoanalítica, sería una pedagogía no orientada a producir ese "pedagogical theater in the form of 'legal proceedings'" como lo describía Walter Benjamin (*Selected Writing* 40) a partir de lo que había visto en Rusia durante la Revolución, ni tampoco orientada a un teatro político, de tipo doctrinario, como el que caracterizó al teatro latinoamericano de los 70s, un teatro de la izquierda o de lo que Benjamin llama "left-wing bourgeois position" (*Selected Writing* 214), con "its irremediable coupling of idealistic morality with political practice" (*Selected Writing* 214). Si seguimos a Benjamin, lector puntual de Freud,[132] cuando ya en 1927 anunciaba aquello que hoy parece ser el gran lema de la izquierda lacaniana, a saber, que "the forces of command and domination really become femenine, this will bring about

---

[132] A lo largo de sus *Selected Writings*, que hemos tomado como base para este trabajo, particularmente los ensayos escritos entre 1927 y 1934, se observa cómo Benjamin está al tanto del psicoanálisis y las publicaciones de Freud, desde *La interpretación de los sueños* hasta la lectura freudiana de las *Memorias* del Presidente Schreber (Benjamin 124). No solo los temas freudianos le son afines a Benjamin (sueños, grafología, telepatía, infancia, astrología, memoria, arte y literatura), sino también las preocupaciones filosóficas, artísticas y políticas derivadas de la teorización freudiana del inconsciente y otros conceptos derivados. Sin duda, Benjamin siempre coteja, mide, elucubra formas de poner en correlación su lectura del psicoanálisis y su lectura de Marx.

change in those forces, in the age, and even in the Feminine itself" (48),[133] podemos acordar con él que esta praxis teatral que me concierne, apunta a un teatro en el que cuenta no la ilustración de una idea o la propagación de un mensaje, sino lo que Pavlovsky, en su propuesta deleuziana de un teatro de la multiplicidad o de intensidad, y siguiendo a Julio Cortázar, denominaba "el coágulo" (*La ética del cuerpo* 103) y que, en cierto modo, no es otro que ese "political enigma" (*Selected Writing* 48) que proponía Benjamin.

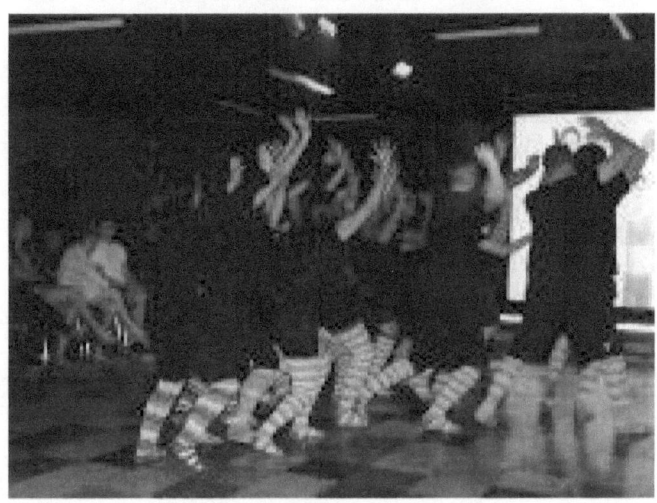

Tic Tac, 2015.

Trabajar en la producción de espectáculos *en español* fuera de los Departamentos de Teatro en Estados Unidos es un desafío y dentro de los Departamentos de Teatro casi una imposibilidad. Los estudiantes relacionados con el Departamento de Lengua y Literatura no son actores ni tienen mayor preparación en actuación y el tiempo de un semestre es una restricción ineludible a nivel institucional. Sin embargo, es posible desarrollar una praxis teatral basada en el psicoanálisis lacaniano (completamente alejado de las propuestas psicologistas como las de Lee Strasberg), y orientada a que los estudiantes desplieguen todo su potencial creativo en la producción de espectáculos experimentales, generados por ellos mismos.

---

[133] Se puede ver las consecuencias de esta aproximación benjaminiana en el famoso "Becoming a Woman" (e incluso "becoming a child") de Deleuze y Guattari y, obviamente, también en la última enseñanza lacaniana respecto a La Mujer.

Obviamente, no consideramos al psicoanálisis como una terapia ni tampoco apuntamos a un trabajo analítico con el personaje; en este sentido, admitimos con Benjamin (en su conversación con Gide) que "Psychology [is] the cause of the decline of theater. The psychological drama [is] the death of the theater" (*Selected Writing* 93). Como veremos, el psicoanálisis está extremadamente involucrado en las aproximaciones vanguardistas (dadaísmo, surrealismo) y por eso tanto en Benjamin, como en Gide o en Artaud, se adivina este rechazo de lo psicológico y del carácter mortificante del lenguaje, que Lacan denomina, siguiendo a Deleuze, "corp(se)ificación" (*Otros escritos* 325), jugando con el inglés *corpse*: cadáver.[134] El psicoanálisis en tanto praxis (clínica o no) se orienta a tratar lo real por medio de lo simbólico (*Seminario 11* 14) intentando así, ya no dejar de lado lo imaginario, sino propulsarlo a partir de la invención una vez emancipado el sujeto de los corsés impuestos por la cultura, la industrialización y la tecnología; es en este sentido que se puede admitir que el psicoanálisis no cura, sino que apunta a lo incurable del sinthome y, en cierto modo, aunque muy precariamente, nuestra praxis teatral también apunta a ello.

Abocamos por una praxis con base en el psicoanálisis, esto es, una praxis orientada no al estudio y análisis del texto dramático o del texto espectacular, típica de la aproximación literaria, sino al trabajo durante los ensayos y la producción de un espectáculo, lo cual requiere de conceptos precisos que orienten la actividad del coordinador/director; *dichos conceptos no necesitan ser comunicados a los estudiantes*.[135] Esta praxis teatral se orienta hacia la cuestión del deseo, obviamente inconsciente, y ha permitido con los años conformar un encuadre –por "pedagógico" que se quiera— cuya técnica es capaz de llevar a los estudiantes no tanto a lo que ya saben o quieren, sino a lo que desean, es decir, a lo que no saben.

---

[134] Sin duda, la primera reunión de los estudiantes, al iniciarse el semestre, tanto en sus cuerpos como en su conducta y hasta en sus comentarios, permite comprobar hasta qué punto estamos mortificados por la cultura; por eso el Workshop, más allá de su objetivo artístico, y tal vez por ello mismo, se dirige a revitalizar(los/-nos), a emancipar cierta dimensión pulsional alienada desde la infancia a los Ideales del yo impuestos por el Otro. En este sentido, el entrenamiento corporal se hace ineludible

[135] En Whittier College también ofrezco cada dos años un curso llamado *Latin American Theater*, en el que trabajamos sobre textos dramáticos y espectaculares desde una perspectiva literaria, cultural y socio-histórica, típica de los estudios teatrales.

La premisa fundamental, elaborada después de muchos años de trabajo, es impedir comenzar el proceso creativo a partir de una idea. Ilustrar una idea previa en el teatro, particularmente con estudiantes no actores (e incluso con actores profesionales), es certificado de fracaso artístico. Después de mis muchos intentos, llegué a la conclusión que no era posible, en este marco institucional, ensayar una obra de texto o afrontar personajes de cierta profundidad realista y psicológica. Si uno quiere alcanzar cierto grado de dignidad, particularmente con este tipo de estudiantes, debe renunciar a trabajar sobre un texto previo y también a pretender alcanzar un nivel profesional. Es importante que aquello que el grupo sea capaz de producir sea orgánico con sus capacidades de presentación. La propuesta de mi *Workshop in Latin American Performance Experience* en Whittier College[136] (como puede notarse, no figura la palabra 'teatro'), está orientada a la elaboración de un espectáculo producto del despliegue de la creatividad de los estudiantes, pero no a la perfección técnica actoral, imposible de lograr, aunque el entrenamiento corporal (no vocal) en dicho workshop sea intenso y permanente durante todo el semestre. La palabra "performance" en el nombre del curso apunta a tener la libertad de hacer teatro, performance, instalación o cualquier otro tipo de aproximación experimental audiovisual.

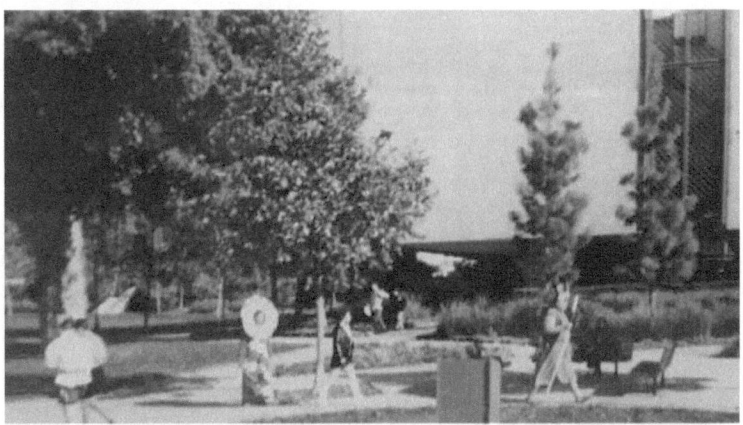

La conquista de México, de Luis Valdez, 1997.

---

[136] Hasta donde sé, no hay un curso-taller de esta índole, al menos en todo el sur de California.

Los estudiantes que se registran en mis clases no suelen asistir al teatro; cuando lo hacen, generalmente optan por espectáculos ofrecidos en el *mainstream* (particularmente musicales, comedia americana o *sitcom* televisivo). Su imaginario teatral se reduce a un escenario estereotípico: un living con sofá, el infaltable teléfono y, usualmente, una familia disfuncional o un grupo de amigos. Si se los pone a improvisar a partir de este imaginario, obtenemos escenas producto de la mímesis con la televisión y el cine, completamente previsibles. Por tal razón, mi tarea inicial es desamarrarlos de ese esquema o, para decirlo en la forma deleuziana que complacería a Pavlovsky, mi tarea consiste en desterritorializar molecularmente (no a nivel molar) su cuerpo, particularmente a nivel del trabajo corporal:[137] les propongo un objetivo experimental que tardan en visualizar porque en Estados Unidos —con el peso de Broadway, el teatro comercial de cada ciudad y el ofrecido por las universidades— es bastante improbable ver un espectáculo teatral experimental. Mi propuesta se pone, pues, del lado del "devenir", no del lado de criticar subjetividades activas sociales ni tampoco del lado de proponer nuevas subjetividades. Y esto incluso afecta la consistencia misma del curso como tal, completamente diferente y en parte aleja-do de los protocolos académicos (molares) del resto del currículum. Como lo plantean Deleuze y Guattari:

> Devenir es un rizoma, no es un árbol clasificatorio ni genealógico. Devenir no es ciertamente imitar, ni identificarse; tampoco es regresar-progresar; tampoco es corresponder, instaurar relaciones correspondientes; tampoco es producir, producir una filiación, producir por filiación. Devenir es un verbo que tiene toda su consistencia; no se puede reducir, y no nos conduce a "parecer", ni "ser", ni "equivaler", ni "producir". (245)

Con el andar del proceso van entendiendo mi propuesta y al terminar el curso se dan cuenta de que hay otras posibilidades creativas, incluso más divertidas; además, les queda la experiencia de haberse expuesto a

---

[137] Como este trabajo es siempre precario y en cierto modo queda incompleto, abierto, ya que el semestre es excesivamente breve, no se corre el peligro de re-territorializar el cuerpo, tarea que algún estudiante, probablemente si su especialización (*Major*) es el teatro, corre el peligro de realizar, comodificándolo y reificándolo como "actor" ("molar") en el mercado laboral-profesional.

vivir cada una de las instancias de un proceso de producción teatral: entrenamiento corporal, improvisación, producción de un texto y una puesta en escena, promoción, elaboración de escenografía, etc., que a la postre los capacita para apreciar diferentemente otro espectáculo teatral.

Mi aproximación es comenzar con un entrenamiento corporal[138] que proviene de la danza contemporánea, el yoga y otros ejercicios que ido compilando durante años en el campo teatral. Se podría decir que la lista de ejercicios que implemento tiene ya un cierto nivel técnico, entendiendo por tal un número de ejercicios muy pautados para responder con rapidez a las limitaciones que impone un semestre de trece o catorce semanas (con dos reuniones de hora y media cada una, en las que hay que crear el texto y montarlo), y también pautados para disolver, en lo posible, las barreras de raza, género y cultura, ya que Whittier College es una de las instituciones de mayor diversidad (de estudiantes, profesores y administrativos) del país.

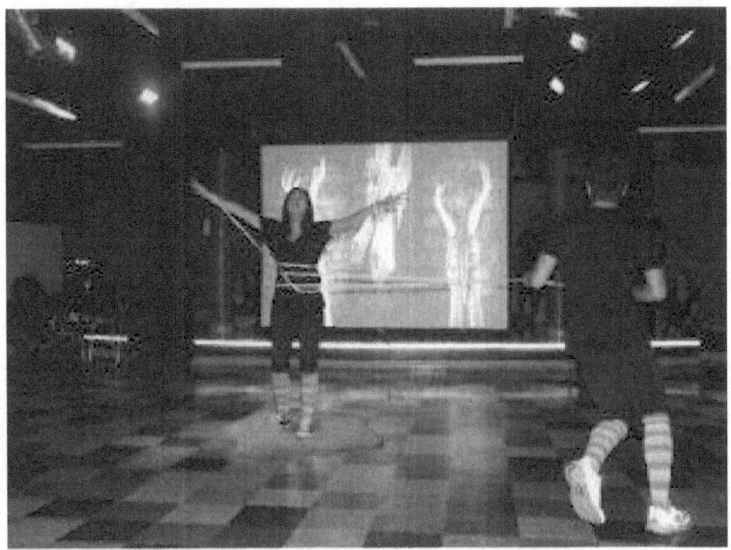

Tic Tac, 2015.

---

[138] Como lo plantea Anupa Batra, desde la perspectiva de Deleuze, el cambio debe realizarse a nivel del cuerpo, porque el cuerpo es donde el deseo está congelado (4). Y este cambio debe realizarse a nivel molecular y en forma experimental, no molar, ya que un cambio, concebido como elección voluntarista a nivel molar —como podría ser el de la creación colectiva de los 70s—, incluso por medio de la parodia o la ironía, "is not a real change" (Batra 4).

El objetivo del curso entonces puede acotarse a producir un texto novedoso y una puesta experimental poco frecuentada por los estudiantes a fin de darles, además de un saber sobre los problemas inherentes a lo teatral desde la intimidad misma del trabajo (sin teorizar), un cierto placer por la actividad teatral y un cierto goce relativo a aquello que, finalmente, ancla en el núcleo sintomático del cual el texto y el espectáculo son productos.

Praxis teatral: lo experimental imprescindible

Es importante explorar las resonancias del término "experimental" en este contexto de creatividad. En primer lugar, es trabajar sin preocuparse por lograr resultado alguno: "In experimenting—dice Batra siguiendo a Deleuze—one does not strive for a particular result. The outcome remains unknown until it actually occurs" (Batra 4).[139] Y eso que ocurre es justamente lo inesperado y, por ello, está en la dimensión del acontecimiento. En un sentido más estrictamente performativo, se trata de poner en juego las convenciones teatrales que traen los estudiantes y el público. Suelo montar estos proyectos en espacios no ligados a lo teatral (la discoteca, el jardín, algún otro lugar del campus). Generalmente, no hay ni tablado ni sillas, de modo que el público se enfrenta desde el principio a dichas convenciones cuando no sabe dónde ubicarse o dónde ocurrirá la escena; es ésta una manera de poner en juego el cuerpo del público. Se apunta a ir contra las convenciones aristotélicas, no solo por veleidades de ceder a la moda posdramática, sino porque a nivel del inconsciente y respecto al deseo, nos atenemos a aquello que irrumpe en la linealidad del tiempo cronológico: "In terms of linear time, transformation or change always appears as accident or chance" (Batra 4). Además, incluso si lo aristotélico estuviera en el horizonte de un proyecto, por la determinación que impone el marco institucional, resultaría casi imposible conformar una

---

[139] Por esta razón, mi propuesta es mantener en lo posible cierto nomadismo, para evitar que los estudiantes quieran plantearse un objetivo específico como, por ejemplo, trabajar sobre el rol de la mujer en la sociedad actual o "representar" un tema de actualidad (tal como me propusieron un semestre sobre los asesinatos de mujeres en Ciudad Juárez, México). Para ver un relato detallado del proceso que resultó en *Las mujeres de Juárez del Mundo* (2006), ver mi libro *Dramaturgia de Frontera/Dramaturgias del crimen*, págs. 65-70.

fábula de desarrollo lógico (inicio, nudo, desenlace), con un conflicto de cierta complejidad, que usualmente nos llevaría a tener que enfrentar la mayor barrera: la construcción desde la actuación de un personaje realista-psicológico, para la cual los estudiantes —como ya indicamos— ni están preparados ni podrían hacerlo en la limitación de un semestre.[140]

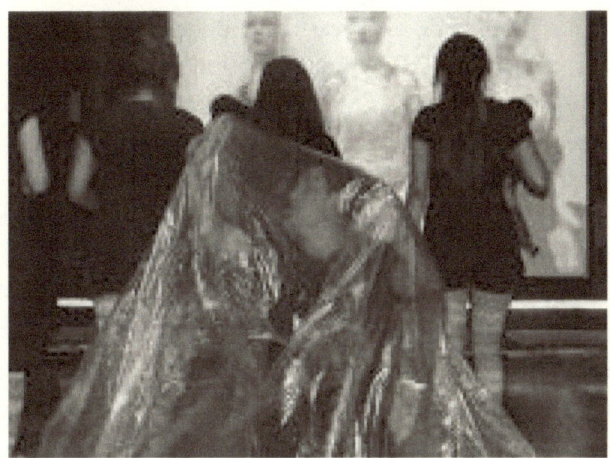

Tic Tac, 2015.

---

[140] En el 2015 intenté realizar una adaptación de *Antígona* de Sófocles a la frontera norte de México. Tuvimos que trabajar minuciosamente el mito de Edipo para establecer la genealogía y la nacionalidad de los personajes; insertamos las tradiciones indígenas de la zona de Sonora, a la Santa de Cabora y hasta la historia de Joaquín Murrieta. Trabajamos con un marco amplio dado por el *Pedro Páramo* de Juan Rulfo. El coro de la tragedia estaba a cargo de las muertas de Juárez. La musicalización se realizó con enormes timbales en la capilla de Whittier College. Se usó el inglés, el español y el spanglish, de acuerdo a la escena y a su ubicación, en México o Los Angeles. El resultado fue un texto realmente estupendo, pero no hubo posibilidad de presentarlo en su totalidad. Se mostraron al público algunas escenas y se leía el argumento de las escenas faltantes. Los estudiantes hicieron un trabajo muy bueno durante las improvisaciones, porque conocían como nadie el habla de los migrantes y, a pesar de todos los esfuerzos, fue casi imposible trabajar al detalle cada personaje. Ese texto queda todavía pendiente de una revisión y una publicación. El trabajo, salvo las improvisaciones, estuvo muy alejado de la descripción que hago en este capítulo; tuvimos que realizar muchas lecturas y análisis literario, lo cual hizo que, aunque la pieza tenía todos los elementos ligados a la cultura viva de mis estudiantes, difícilmente se llegó a captar un real mítico, como hubiera correspondido, no tanto de la obra de Sófocles, como el real de la circunstancia actual del montaje.

Lo experimental aquí da como resultado un texto y un espectáculo construido como una serie de escenas combinadas, aparentemente sin conexión, pero que –como dijimos más arriba— ponen al público (y al estudiante) en cierta incomodidad respecto al sentido. Generalmente no doy lugar a discutir el sentido de lo que estamos haciendo durante los ensayos: en tal caso, es un debate que pospongo hasta después de estre-nado el espectáculo y concluido el proceso. El público, por su parte, tam-bién tiene que arriesgarse a "hacer" sentido. La primera reacción es, ob-viamente, el "no entendí nada";[141] pero si uno conversa y espera, pronto cada estudiante y cada miembro del público empieza a "dar" sentido, unien-do aquello que le parece que converge, que apunta a algo; la diferencia con el teatro tradicional es que, al no haber una narrativa lógica, al faltar personajes y enfrentarse solamente a "actantes", no hay clausura del sen-tido, no hay justicia poética, no hay certeza respecto de lo visto y oído. Al evitarse la clausura ya empaquetada del teatro tradicional, se invita a in-terpretar poniendo en riesgo al sujeto mismo. Lo curioso es que, cuando se escuchan estas interpretaciones, muchas veces prodigiosas, los mismos ha-cedores del espectáculo nos sentimos sorprendidos porque jamás hubiéramos sido capaces de imaginarlas. Por eso Benjamin no va descaminado cuando, al meditar sobre lo infantil (cuyas consecuencias veremos más adelante) sos-tiene que "in a performance children stand on the stage and instruct and teach the attentive educators" precisamente porque –como no le escapó a Lacan— un educador o director aprende "in the course of this wild liberation of the child's imagination" (Benjamin 205). Al ofrecer el espect-táculo como "secret signal", tanto los estudiantes como el público deben proceder a una interpretación que no está culturalmente ni contextualizada

---

[141] Al día siguiente de estrenado el espectáculo *Iluminaciones* (2008), una especie de circo negro realizado en uno de los jardines de Whittier College, a oscuras, un estudiante anglo, no relacionado con nuestro Departamento de Lenguas y Literaturas, me miró raudamente al pasar por mi oficina; retrocedió y me preguntó en inglés: "¿Es Ud. el profesor a cargo del espectáculo de anoche?" Le confirmé que precisamente era yo. Con cierta timidez, pero también con un dejo de audacia, el estudiante agregó: "Lo siento. La verdad es que no entendí nada". Como yo estaba ya llegando tarde a mi clase, le dije que lo sentía mucho, pero nada podía hacer por él. Retomó su caminata y, después de unos pasos, regresó para decirme: "¿Sabe una cosa? No entendí nada, pero me gustaría ver más de eso". Hasta el día de hoy es la crítica y el halago más profundo que he recibido en mi carrera: yo había sido capaz de haber despertado su deseo de ver y sobre todo de saber.

ni con-trolada: no hay autor, no hay historia ni crítica previa, no hay protocolos de competencia artística que garanticen la supuesta "ver-dad" de una lectura, esto es, que pongan en situación de temor por arriesgar su propia perspectiva. Benjamin es categórico al afirmar, antes de Derrida y Deleuze, que:

> For what is truly revolutionary is not the propaganda of ideas, which leads here and there to impracticable actions and vanishes in the puff of smoke upon the first sober reflection at the theater exit. What is truly revolutionary is the *secret signal of what is to come* that speaks from the gesture of the child. (*Selected Writing* 206).

Como lo expresamos antes, hay un punto –no podría no haberlo— de convergencia de las escenas, una hebra sutil que las encadena y atraviesa, y que apunta al goce, sea del síntoma o del sinthome. Desde la perspectiva psicoanalítica el síntoma es aquello que remite a un placer/ goce reprimido y traumático que, al obstaculizar y limitar la continuidad deseante del sujeto, puede –interpretación analítica mediante— ser levantado para emancipar al sujeto de aquello que le duele. Lacan hablaba de la travesía del fantasma como un final de análisis capaz de brindar una desposición subjetiva y, desde allí, otras opciones para el sujeto, acompañada de cierta decepción respecto a su plus de gozar. La regla de oro para trabajar el síntoma, en tanto forma parte de la lógica del significante, es la asociación libre (que, paradójicamente, no es tan libre como se supone). El sinthome, en cambio, tal como aparece en la última enseñanza lacaniana, es aquello que no puede transformarse; causa de la repetición, constituye lo incurable. Se llega a él a lo largo de un trabajo con la palabra al patentar la relación del sujeto con dicho goce, entendido en su dimensión pulsional, y frente al cual solo cabe saber-hacer, "saber arreglárselas" con él. Por ello, cada espectáculo habla de la singularidad del grupo en ese semestre particular. Sin ningún tipo de instrucción psicoanalítica a los estudiantes, mi Workshop está enmarcado por estos conceptos y aquellos que, también analíticos, apoyan mi orien-tación durante el proceso: por ejemplo, conceptos como identificación, Ideal del yo, superyó, transferencia, etc. son básicos para no perderse en la maraña de sentidos que emerge de las improvisaciones y, sobre todo, para conformar el hilo de Ariadna en ese laberinto al momento de construir el libreto del espectáculo. Como lo plantea Walter Benjamin, probablemente con Brecht en mente:

> Improvisation is central, because in the final analysis a performance is nothing but an improvised synthesis of all of them [gestures in the different forms of expression]. Improvisation predominates; it is framework from which signals [no solo inconscientes sino 'a signal from another world in which the child lives and commands'], the signifying gestures, emerge. [...] childhood achievement is always aimed not at the 'eternity' of the products but at the 'moment' of the gesture. The theater is the art form of the child because it is ephemeral. (*Selected Writing* 204)

Praxis teatral: de los discursos y los pactos

¿De dónde partir? ¿Cuál es la clave técnica, si quiere denominársela así, de este encuadre en nuestra praxis teatral? Como tal, dicho encuadre está orientado –como en psicoanálisis— a la producción de *saber*, no de *conocimiento* (que es completamente secundario). En psicoanálisis el saber es justamente del inconsciente y no está al servicio (consciente) del yo. Sin pretender explayarnos aquí sobre los famosos cuatro discursos lacanianos,[142] baste decir que el discurso del Amo, con el que Lacan instituyó al inconsciente, tiene como reverso el discurso del Analista. Entre ellos, están el discurso de la Universidad y el de la Histérica. Todo sujeto adviene como tal respecto del lenguaje que opera por mortificar su dimensión vital, pulsional, a fin de permitir a la cría humana ser parte de un contrato social por acatamiento a la ley (cuna del deseo, que prohíbe pero que también invita a la transgresión) y al registro simbólico de la cultura. Frente a estas imposiciones, particularmente la del Ideal del yo y las regulaciones del superyó a nivel moral (o, en el peor de los casos, del superyó como figura obscena y atroz que impele al goce capaz de tomar dimensiones letales), se instaura, por un lado, el discurso de la Histérica, que constantemente cuestiona al Otro del registro simbólico, duda de él, exige garantías que el Otro no le puede proveer y, por otro, el discurso del Analista que suspende

---

[142] Ver mi ensayo "Los cuatro discursos lacanianos y las dramaturgias".

todo saber y, colocado éste como sujeto supuesto saber, deja emerger el famoso objeto *a* lacaniano, es decir, el objeto causa del deseo, ligado al goce, a lo real (no a la realidad) y a la repetición. El discurso de la Universidad, por su parte, es una versión del discurso del Amo o se apoya en dicho discurso. Al proponer una praxis teatral dentro de una institución educativa este discurso no es fácilmente evitable aunque, en la medida de lo posible, trato de impedir aproximaciones doctrinarias, no importa lo justificadas o apoyadas que estén en la bibliografía académica.

Como dije al comienzo, mi propuesta trata de no instaurarse como ilustración de una idea. Y, además, trata de evitar lo personal (aunque sea político, tal como nos enseñó el feminismo): siguiendo a Eduardo Pavlovsky y a Ricardo Bartís, me importa más lo biográfico, que no remite a la experiencia vital de cada estudiante, sino al sujeto de ese inconsciente transindividual que sitúa el trabajo teatral en el aquí y ahora de nuestra circunstancia de creatividad (Bartís 175-182).

Los estudiantes, antes de registrarse para tomar el curso, pasan por una entrevista previa conmigo, en la cual les dejo en claro las cláusulas (simbólicas) del contrato que nos regirá a todos los involucrados durante el semestre; este contrato es el resultado de la praxis teatral misma y se ha ido ajustando progresivamente a partir de cada experiencia. Fundamentalmente, le explico al estudiante que se trata de un 'curso' que no puede seguir las pautas académicas típicas de otras disciplinas. Esta entrevista no es un casting. Su fundamento hay que buscarlo en saber hasta qué punto el estudiante viene con una demanda efectiva de participar de un acontecimiento teatral.[143] Lacan se refiere a este punto precisamente al decir, en su Conferencia en Ginebra sobre el síntoma, del 4 de octubre de 1975, que el analizante "es la persona que viene verdaderamente a formar una de-manda de análisis, la que trabaja. A condición de que ustedes no la hayan puesto inmediatamente sobre el diván, en cuyo caso el asunto está arruinado. Es indispensable que esta demanda haya verdaderamente tomado forma antes de que ustedes la hagan acostar" (8). Trasladando esto a nuestro lenguaje, sería completamente improcedente poner al estudiante a impro-visar y subirlo a un escenario si no hay demanda de ello. Y aunque el estu-diante

---

[143] Algunos estudiantes quieren tomar el curso simplemente porque se ha hecho popular, porque corre la voz que es divertido, que no hay que leer y escribir, etc. La entrevista apunta justamente a detectar si hay verdadera demanda de experiencia teatral detrás de los velos de la necesidad de agregar una clase más a su lista.

no tenga esta demanda en claro, la entrevista al menos pone a prueba si tiene un "deseo decidido" por participar de la experiencia. Y hay algo más relativo a la entrevista previa: apunta a responsabilizar al estudiante si transgrede lo pactado y, de esta forma, se evita el potencial fracaso de todo el curso, producido por un desconocimiento de la actividad a desarrollar, ausencia a clase o cualquier otro tipo de rechazo de la dinámica teatral.[144] La nota final depende fundamentalmente de la asistencia: a dos ausencias, el estudiante desaprueba el curso aunque, si lo desea, puede seguir siendo parte del proyecto. Alerto al estudiante de que no habrá excusas generadas en el fallecimiento de algún familiar o algún evento deportivo, familiar o laboral (boda, campeonato, cumpleaños, rutina laboral, etc.). También remarco ciertos aspectos a tener en cuenta para la evaluación final: solidaridad, esfuerzo, participación, respeto, flexibilidad, responsabilidad, colaboración y buena predisposición. Fijo con mucha an-telación, antes de comenzar el semestre, las fechas de las dos presentaciones y la de los ensayos generales previos al estreno, a fin de que tomen las precauciones necesarias (con sus empleadores, otros profesores, parientes, entrenadores deportivos, etc.). El curso termina dos semanas antes del final del semestre, y las clases de esas dos semanas se acumulan como ensayos generales antes del estreno. El estudiante, una vez producido el estreno, queda liberado para dedicarse a los otros cursos y exámenes finales, sin que estas otras obligaciones académicas hagan conflicto con los imperativos de nuestro proyecto de montaje.

Le explico, además, en qué va a consistir el trabajo: entrenamiento corporal intenso e improvisación. Con el tiempo he reducido a quince el número de estudiantes admitidos, tratando de balancear entre varones y mujeres.[145] Esta entrevista previa fija, pues, el encuadre, tal como ocurre en

---

[144] Como en el psicoanálisis, los fracasos y las derrotas de los primeros semestres en que implementé este Workshop me permitieron ir ajustando la dirección del encuadre y los procedimientos relativos a la praxis teatral específica de este curso. Solo basta recordar cómo Freud, a partir de los fracasos en sus famosos casos, como el de Dora, reconsidera la totalidad de la conceptualización psicoanalítica hasta ese momento. Es típico de toda praxis realizar esta reconsideración de sus conceptos cuando se ha topado con un límite en la experiencia, cuando ésta da cuenta de un real que ha sobrepasado dicha concep-tualización. Lacan hace algo similar a lo largo de su enseñanza.

[145] Con el tiempo, el Workshop se hizo excesivamente popular entre los estudiantes, como un curso para el *Major in Spanish* en el que no hay que leer y escribir, sin percatarse de que el esfuerzo demandado por el workshop supera aquellas tareas

la praxis psicoanalítica. Siguiendo a Lacan, necesito estar seguro de que el estudiante, más allá de tomar el curso por requerimientos académicos, tenga un "deseo decidido" (*Otros escritos* 569) para emprender este viaje creativo que va a involucrar su deseo y con él ciertos riesgos, en la medida en que el sujeto nada quiere saber de su deseo, obviamente inconsciente.

Acudo al primer encuentro con los estudiantes sin propuesta alguna. Al inicio solo comunico lo que he denominado el "axioma", porque, en principio, como corresponde a un axioma, epistemológicamente no tiene ni necesita justificación. Usualmente es un dato respecto a la locación donde efectuaremos el espectáculo (por ejemplo, en los jardines y a oscuras total), o bien es un significante (por ejemplo, luz). Se parte entonces de aquello que Lacan enfatizaba al decir que "no hay ninguna acción que no se presente con una punta significante de entrada y antes que nada" (*Seminario 15*, clase 5). Con los años, ese axioma surge como un interrogante que queda como resto del espectáculo del semestre anterior y, en tanto tal, suele impactar mi trabajo teórico-conceptual posterior.[146]

En las dos primeras reuniones nos centramos en el trabajo corporal. Paulatinamente mis ejer-cicios van abriendo paso a las improvisaciones. Los estudiantes tienen plena libertad de jugar con lo que quieran a partir del axioma. Mi posición se reduce a esperar como un analista y también como un aprendiz, puesto que, como lo dice Benjamin, "the learner sooner or later succeeds in taking possession of what may be of use to him, integrating it as a technique into his own work" (*Selected Writing* 95).

---

y que tanto la escritura como la letra, tanto en papel como en la escena, es inevitable. He llegado a tener hasta más de treinta estudiantes, lo cual hizo casi imposible la tarea. Fue entonces que decidí reducir el número a quince participantes, seleccionados por medio de una entrevista previa al momento de registrar las clases de su próximo semestre. Solo puede inscribirse el estudiante que obtenga mi permiso firmado.

[146] Varios años después de estrenado *Iluminaciones*, y a consecuencia de contar con la visita de Leonor Jurado Laspina, artista ecuatoriana dedicada a la fotografía que quiso integrarse al grupo, retomé cuestiones pendientes y propuse el significante "luz" como axioma (en momentos tan crepusculares como los que estábamos viviendo, particularmente en ese momento inmediatamente posterior a las elec-ciones con el triunfo de Donald Trump), lo cual culminó en un espectáculo titulado *Viaje a las fronteras de las sombras* (2017). Una bitácora de *Iluminaciones* puede leerse en mi ensayo "Más allá de la teatralidad del teatro: lo imaginario, lo simbólico y lo real. Un ejercicio de la praxis teatral".

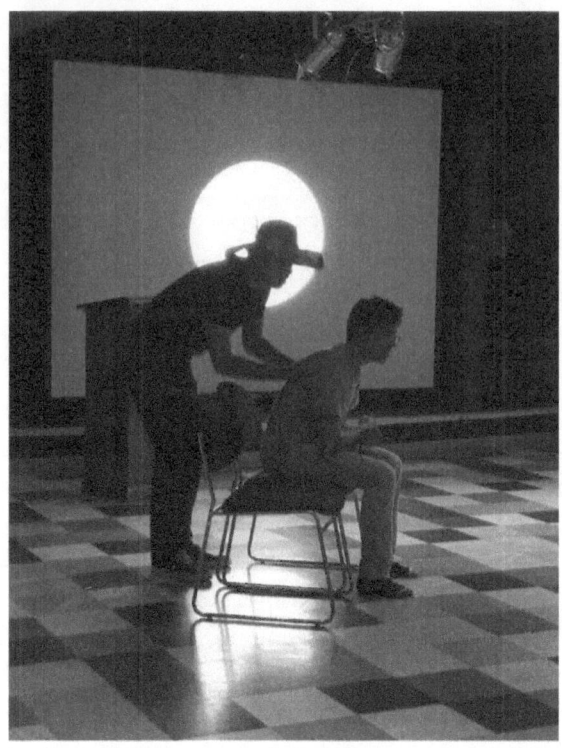

Pobrecitos, 2018.

¿Esperar qué? La irrupción del inconsciente, esa sorpresa, *tyche*,[147] como la designa Lacan en su *Seminario 11* (62), pero cuya intermitencia ya

---

[147] Donald Freed, un director teatral que, pionero a su manera, ya empezó a entrever la necesidad de una lectura que pusiera a Freud y Stanislavski en cotejo, estaba dirigiendo *Hamlet* en Los Ángeles allá por los años 60. En el ensayo, se trabajaba intensamente hasta que, de pronto, algo irrumpió: el actor que hacía de Hamlet, al aparecer el espectro de su padre, no pudo contener la risa. Freed se dio cuenta de que algo de lo real se estaba jugando en este momento. Pudo haberse reído con el actor y el resto del elenco, pero prefirió tomar en serio esa sorpresa. Usualmente, nadie se reiría frente a un espectro. Podemos especular sobre las causas de esa risa: un elemento de vestuario, una defensa del actor frente a lo desconocido o alguna relación con su propia historia, etc. Lo cierto es que esa carcajada exigía una relectura de la pieza: reírse del espectro del padre era síntoma de un real que hoy podemos de alguna manera entender, cuando hablamos de la caída de la función paterna, de su autoridad, de la ley, en la sociedad neoliberal actual y que ya clamaba por ser significantizada en los *sixties*. La risa del actor vehiculizaba ese contexto cuyo real todavía no tenía palabras, solamente se mani-festaba como una rebeldía juvenil. El sinsentido de esa risa debía, pues, tomarse en serio y obligaba a

había sido subrayada por Benjamin (66), cuando veía en el surrealismo la posibilidad de evadir la precedencia del contenido sobre la forma, esto es, esperar hasta que algo del enigma emerja, sin impo-ner una narrativa a una idea pre-existente, a manera de ilustración. Benjamin señala, precisamente, que es en esta aproximación en la que se observa el ejercicio de la libertad artística: mientras el artista "diletante", fascinado con la idea o mensaje que quiere trasmitir mediante un montaje formal *ad hoc*, termina cayendo en estereo-tipos que limitan su libertad, el artista "profesional", en cambio, se libera al admitir la intermitencia del inconsciente:

> We realize that the dilettante sticks much closer to the stereotypes of writing and painting than the professional artist, because he is able to grasp them or see through them. We realize that such a dilettante is necessarily unfree, because in certain matters freedom springs exclusively from know-ledge[148] and practice. It is the artist who possesses this free-dom. But he is exposed to a threat of quite a different kind. The fortunate constellation and the evidence of imagination that are to be found in these deepest levels manifest them-selves only *intermittently*. (*Selected Writing* 66, el subrayado es mío)

Sin duda, tanto Benjamin como Lacan siguen al Freud de *Psicopato-logía de la vida cotidiana*, siendo allí lo importante la *aparición del sinsentido*, sea en un equívoco, en un olvido, en un chiste u otra formación del incons-ciente. Por eso, particularmente me interesa evitar los estereotipos fijados por el Ideal del yo cultural o teatral—que son los que inmediatamente emergen en la improvisación de los estudiantes —y que responden tam-bién al inconsciente pero como *automaton* (Lacan, *Seminario 11* 62) esto es, para decirlo apresuradamente, surgen de la dimensión mecánica de la repe-tición y que podemos entender aquí como la forma en que el sentido común dispara automáticamente nuestras opiniones. Por eso espero la puerta regia

---

una relectura completa del texto shakespearano para un montaje que, como siempre y obviamente, debía hablarle a un público y a un contexto cultural preciso.

[148] En inglés se ha traducido *saber* y *conocimiento* por la palabra "*knowledge*"; lee-mos en esta cita de Benjamin dicho vocablo como "saber" (*savoir* en francés).

que abre una equivocación, una llegada tarde, un chiste, cualquier exabrupto para incentivar la creatividad a partir de allí.

Tengo dispuestos ejercicios corporales que permiten trabajar, sin que los estudiantes lo perciban, la asociación libre analítica; están diseñados para impedir todo tipo de justificación personal o ideológica y contribuir al azar en la irrupción de los significantes. Generalmente implemento estos ejercicios después de intenso trabajo corporal. Una vez conformada una lista "loca" de significantes, les solicito improvisaciones sobre un número limitado de ellos, combinados también caprichosamente. Muchas veces la escena propuesta por un grupo pasa a ser considerada y representada por otro, lo cual, siguiendo algunas técnicas del psicodrama, permite enriquecer la improvisación y a su vez le deja en claro al estudiante que ese rol no le pertenece y que, al momento de la puesta en escena, puede quedar a cargo de otro compañero. Ahora bien, si los aproximo al juego con los significantes y con ciertos objetos o materiales es por varios motivos: el primero, porque apelo, por medio del juego, a lo infantil, como vía para acercarlos a recuperar lo que Lacan denominó "lalengua"[149] y Benjamin, antes que Artaud, llamó "primitive sounds" (*Selected Writing* 104); en segundo lugar, porque "playing is always liberating" (Benjamin, *Selected Writing* 100), en la medida en que los estudiantes pueden—dentro del encuadre precario de un curso y de una institución—evitar la amenaza represiva de la realidad adulta, producto de la función mortificante del lenguaje y la cultura y, finalmente, porque –como lo plantea Benjamin—los niños "belong to the nation and the class they come from" (*Selected Writing* 116) y por ello el juego o los juguetes dejan vislumbrar "a silent signifying dialogue between them and the nation" (*Selected Writing* 116). Hay una correlación entre el juego y esa "obscure urge to repeat things" (Benjamin, *Selected Writing* 120): "for a child—escribe Benjamin—repetition is the soul of play" (120). Consecuentemente, no sorprende que por este camino los espectáculos a los que arribamos recuperen "the grotesque, cruel, grim side of children's life" (Benjamin, *Selected Writing* 101) y expongan a su manera ese factor "des-

---

[149] Para Lacan, "lalengua'" no es el lenguaje, y así como el inconsciente no es colectivo ni está formado por arquetipos o símbolos capaces de figurar en diccionario, de igual modo no hay manera de contar con un diccionario de lalengua. El *parlêtre*, esto es, el hablanteser, la cría humana mortificada por el lenguaje, por el Otro, por lo simbólico, está ligado a la función de la *lalengua* en tanto próxima al cuerpo, a lo pulsional, a lo real y al goce de hablar singular del sujeto; es así constitutiva del inconsciente real.

potic and dehumanized" (Benjamin, *Selected Writing* 101) que es propio del sueño, de los niños, de los visionarios y de los "mentally disturbed" (Benjamin, *Selected Writing* 104).

Mi función como coordinador de los ejercicios y los materiales se guía por no intervenir ni prejuzgar, en la medida de lo posible, la irrupción de lo insolente, lo irreverente de la infancia, siempre remotos respecto a las imposiciones sufridas por una sociedad disciplinaria. Por "significantes" entiendo no sólo lo verbal, sino lo gestual o incluso el trabajo juguetón con objetos. Estas improvisaciones comienzan a remitir a ese "coágulo", como lo llamaba Eduardo Pavlovsky, en tanto sinsentido de ese real sorpresivo que, sin embargo, nos afecta y nos duele, pero que no podemos integrar en la conciencia. Es así que se va tramando el espectáculo. Recordemos que *lo real* en Lacan es lo que no puede ser significantizado y se diferencia de *la realidad* en que ésta es un imaginario o un constructo fantasmático producto de varios factores, no todos inconscientes, particularmente los provistos por el discurso del Amo y de la Unversidad. En lo posible, intento que los estudiantes no queden alienados a estas imposiciones de lo simbólico, por eso suelo alertarlos y alentarlos cuando los invito a que, en nuestro trabajo, se den licencia para transgredir y ser incluso políticamente incorrectos.

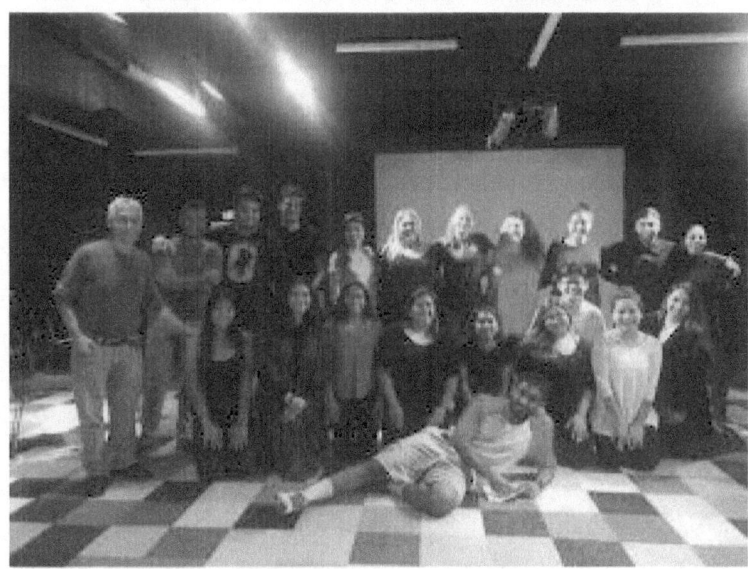

Elenco de *Pobrecitos*, 2018.

En cuanto a las improvisaciones, no admito explicaciones de lo que quisieron decir: deben mostrar lo que han elaborado o debatido en su grupo de trabajo. Los otros grupos ofician de resonancia: miran la escena, la comentan, la debaten o la recrean, pero solo por medio de otra escena, de otra improvisación. Como tarea de cada clase, los estudiantes deben enviarme por correo electrónico la escena escrita (incluso si carece de diálogo). Voy archivando esas escenas y también mis notas (suelo perma-necer en silencio durante y después de las improvisaciones) para elaborar el guion durante la semana de vacaciones de primavera (*springbreak*). A manera de *feedback*, la *construcción* del libreto está a mi cargo y es allí donde tengo que evitar la resistencia al sinthome que me interpela desde el lado de los estu-diantes. Al regreso de las vacaciones, el proceso de ensayo se realiza de ma-nera convencional, con la diferencia que, si bien partimos de un texto, dicho texto ha sido elaborado por ellos mismos y lo conocen mejor que nadie. La función directorial, sin embargo, no se cumple sobre criterios de autoridad, sino sobre un pacto de confianza, en el que ya los estudiantes admiten las marcaciones actorales –que no se hacen durante la etapa previa— como parte de una responsabilidad artística: es el momento de hacer lo mejor para que el montaje se realice dignamente frente al público.

Mis criterios para la construcción del libreto son fundamentalmente técnicos: por ejemplo, que un estudiante no tenga demasiado texto (verbal o no verbal) o no esté en dos escenas sucesivas. Agrego las didascalias, construyo secuencias para establecer un ritmo escénico y/o para alcanzar cierta progresión hacia un climax final, a veces contundente, otras melancólico, pero siempre abierto, nunca clausurando el sentido. También intento limitar en lo posible la escenografía, que trato que sea completamente elemental y funcional (un par de sillas que pueden transformarse en muchas cosas), de igual modo que con la utilería. Usualmente, el vestuario se resuelve a la manera meyerholdiana, esto es, todos tienen un uniforme básico al que pueden agregar algún elemento cuando necesitan caracterizar su acción. Durante esos ensayos voy aprovechando los recursos de luz y sonido que me brinde la locación, o me las arreglo con elementos básicos, tales como linternas. En la medida de lo posible trato de reducir al mínimo el uso de la tecnología, como proyecciones o computadoras. Cuando es posible, prefiero la música en vivo realizada por estudiantes del Departamento de Música o solicito la colaboración de un técnico estudiantil para el manejo de la cabina de luz y sonido. Cuando surge la eventualidad de contar con un artista en residencia, lo invito a integrarse al proyecto, pero involucrado con el grupo, no como observador. Intento que el montaje asuma una dimensión despojada y económica, para que el público se en-foque en lo que importa: el trabajo realizado por los estudiantes y la signi-ficación del espectáculo. Durante esas últimas semanas (generalmente dos o tres) en que hacemos el montaje, también se diseña el póster y se procede a la promo-ción. Las funciones son solamente dos y con entrada libre y gratuita. En el caso de que no se haya llegado a un nivel óptimo de ela-boración del mon-taje (lo cual ha ocurrido en alguna oportunidad), prefiero presentar el trabajo como un *work in progress*. Algunas escenas se representan y otras se leen, o bien admito que el estudiante actúe con el libreto en su mano. Y no se debe entender esto como una insuficiencia o fracaso de la praxis teatral. Incluso cuando un estudiante deja de asistir o alguien del pú-blico se retira en mitad del espectáculo, tampoco estamos necesariamente frente a un fracaso de la praxis teatral, el cual sería realmente tal si y solo si el estudiante o el miembro del público no quisieran tener nunca más nada que ver con el teatro como tal. Lo importante es proveer al público con un producto artísticamente digno que, a pesar de no pretender ser profesional, no deje dudas sobre la honestidad del trabajo, lo que Foucault llamaría la parresia o el coraje de la verdad de los estu-diantes.[150]

El momento de mayor impacto entre los estudiantes participantes es cuando, en la primera clase después de las vacaciones, proveo el libreto, el cual se lee completo, mientras se asignan los roles. Es allí donde perciben agudamente cómo el resultado del juego, de las improvisaciones, de la lo-cura que se permitieron, ha tomado una dimensión inesperada, no pensada, que los sorprende y los inspira durante el tiempo del montaje. Como lo plantea Jacques-Alain Miller, el psicoanálisis no responde a la ética kantiana de la intención sino a la hegeliana de las consecuencias: "Juzgar el acto por sus consecuencias, que el estatuto del acto depende de sus conse-cuencias, es para mí un principio de la política lacaniana" (*Política lacaniana* 97). Y si bien el acto tiene un origen, sus consecuencias se pueden apre-hender retro-activamente: se comienza el trabajo, sin buscar nada, sino esperando el ha-llazgo; y se concluye con un espectáculo que, como consecuencia, da cuenta

---

[150] Para Foucault, "la *parresia* es cierta actividad verbal en la cual el que habla mantiene una relación peculiar con la verdad a partir de la franqueza, cierta relación consigo mismo a partir del peligro, cierta relación con la ley a partir de la libertad y el deber y cierta relación con los otros a partir de la crítica, crítica de sí o crítica de los otros" (85). He trabajado este tema en extenso en relación a la praxis teatral en mi libro *Dramaturgia de frontera/ Dramaturgias del crimen*.

de un saber no sabido en el origen, pero captado ahora retroactivamente. En efecto, durante la primera parte del semestre donde, mediante los ejercicios, van desplegando su creatividad, no tienen manera de visualizar panorámicamente el espectáculo, su tema o su profundidad. Es al momento de la lectura del texto cuando se enfrentan a lo no sabido: situaciones inventadas para realizar un ejercicio, de pronto toman una dimensión inesperada, incluso siniestra. Y esa dimensión es la de un goce que está, si se sabe mirar y escuchar, en relación directa con el contexto socio-político del momento, no importa cuál sea el tema aparente del espectáculo.

A manera de cierre

La praxis teatral que funda la base de mi Workshop se propone como objetivo promover la creatividad fuera de los marcos académicos empecinados en producir un conocimiento; como lo mencionamos al principio, nuestra aproximación apunta a producir un saber, saber sobre el deseo y el goce inconscientes, saber difícil de poner en palabras. Que el estudiante extraiga de esta experiencia un conocimiento sobre el hacer teatral es completamente secundario. Y este objetivo apunta tanto a los estudiantes como al público. El espectáculo en sí, una vez más, no ha sido la finalidad; el Workshop tiene un objetivo que no pasa por la calidad ni completitud del espectáculo, sino por el proceso que llevó a él. Aunque los estudiantes no siempre verbalicen su apreciación o su nuevo posicionamiento o destitución subjetiva (a veces lo hacen en las evaluaciones anónimas que completan una vez terminado el curso), lo cierto es que sus cuerpos hablan de otra manera, se relacionan con otros como no lo hacían antes y, fundamentalmente, incluso cuando el sentido del espectáculo pueda ser oscuro y hasta depresivo, ellos registran y se llevan un entusiasmo por la tarea cumplida, tal vez hasta ganas de ir o dedicarse al teatro, no importa si a dicha tarea se le adiciona cierto duelo o matiz depresivo por algo perdido y cierto estupor frente a ese "real" incurable al que han accedido, aunque precariamente, durante el semestre.

Si, como hemos visto, apelamos al juego y a la infancia, ambos reprimidos en los estudiantes y en el público, es precisamente para evitar el infantilismo de pensar que tanto estudiantes como público requieran ser educados. Educar es, como lo vio Freud, uno de los imposibles del psicoanálisis y eso lo enfatiza Benjamin cuando —alejándose a su manera de los postulados de la revolución bolchevique, escribe que "[t]he masses do no wish to be 'instructed' [because] their education is a series of catastrophes"

(136).[151] Si el conocimiento académico es entendido como una trasmisión de datos ofrecidos como evidencia de una investigación, el teatro escapa a estas determinaciones científicas e institucionales del discurso de la Universidad por cuanto aspira a ofrecer más "a visión than an experience" (Benjamin 159), algo que puede fácilmente observarse como limitación fatal de los Departamentos de Teatro. Como arte, el teatro apunta a desalienar al sujeto, desamarrarlo y hasta emanciparlo de las imposiciones de la cultura, del goce del Otro, para alcanzar el enigma de su propio goce y ponerlo a disposición del público, hacerlo social y políticamente responsable de las eventualidades de la repetición. Para concluir con pa-labras de Benjamin, a propósito de Meyerhold:

> *Art* is hard. It does not want one thing "to follow logically from another, it wants much to come from little" [...] it allows us a glimpse of what is happening in the machinery of passion behind the scenes, and shows us the simple cogwheels at work: the loneliness, fear, hatred, love, or defiance that underpins every action. And these forces should be understood not as "psychological motives" propelling the actors but as forces that find expression in their destiny (*Selected Writing* 159)

---

[151] En su ensayo titulado "Goethe" (1926-1928), Benjamin se preocupa por la forma en que comienza a diseñarse un discurso estético que atañe a la cuestión de la "revolutionary freedom" y de "the problem of the state" (*Selected Writing* 169). Aborda cómo Goethe, alrededor de 1788, tiene una visión oscura de los movimientos revolucionarios, agravada por "his basic anarchistic attitud" (*Selected Writing* 169). Lo que nos interesa, en el contexto de este ensayo, es considerar cómo Benjamin se aproxima al "ideal of the *Appenticeship* (education)" ligado a "the social milieu of the hero (the world of actors)" (179), porque, de contar aquí con el espacio suficiente para extendernos, podría llevarnos a especular una razón más para evitar en mi Workshop esta concepción educativa: en una sociedad, como la estadounidense, basada en un individualismo apoyado en el Ideal de héroe (sea bajo la máscara del líder político, del activista, del maestro, del deportista, del empresario exitoso o simplemente del trabajador que ha logrado por sus propios medios sobrevivir y ser ejemplo comunitario, realizar su "American dream"), la propuesta de una praxis teatral intenta en lo posible recuperar al prójimo, al otro, estableciendo cadenas de solidaridad y agencia en la que ya no sería posible ni de-seable la acción salvadora y hasta redentora de un ser excepcional, de un héroe al que corresponderían, como supone la burguesía –particularmente con un teatro concebido como "instrument of sensation" (Benjamin, *Selected Writing* 202)—ejecutar las ac-ciones que, despóticamente o no, afectan a las mayorías (seducidas y manipuladas) a las cuales se les atribuye un mero rol subalterno y pasivo.

La praxis teatral y lo político: La demanda, el teatrista, el público

Introducción

La praxis teatral, dirigida a conceptualizar el saber-hacer del teatrista durante el proceso de montaje, es la disciplina involucrada en la creatividad artística. Por ello, la cuestión de tratar lo real mediante lo simbólico a fin de inventar un imaginario capaz de significantizar ese real —sufrido como malestar en la cultura— no puede estar alejada, debido a estas coincidencias, del psicoanálisis. Y el psicoanálisis debe ser entendido aquí, tal como Lacan lo planteara en la famosa Proposición del 9 de octubre de 1967 (en adelante "P67"), como una "experiencia original" (264) que, debido al descubrimiento freudiano del inconsciente, ha replanteado —si no subvertido— todos los protocolos ligados al saber y al conocimiento, a la posición del sujeto más allá del yo cartesiano y de la conciencia; por eso, tal como lo dice en ese mismo texto, "esta experiencia es esencial para aislarlo de la terapéutica" (P67 264). De alguna manera ya venía Lacan enfatizando esta cuestión desde 1958 cuando, en "La dirección de la cura y los principios de su poder" (en adelante, "LD"), aunque todavía mantiene el término "cura", ya advertía que "[d]ecir que la doctrina freudiana es una psicología es un equívoco grosero" ("LD" 593). De modo que no hay aquí ningún planteo ligado a psicoanalizar a los teatristas y, mucho menos, curarlos, porque si hay algo que Lacan ya estableció para el psicoanálisis al final de su enseñanza, en el *Seminario 23 El sinthome*, es que se trata de un abordaje a lo incurable del sujeto, que él designó como el *sinthome*, su singularidad, su modo de gozar, con el que tiene que *saber arreglárselas/saber-hacer* responsablemente, lo cual supone un acto[152] con base en la ética.

En tanto el teatro supone *situaciones convenidas* entre actores, entre actor y director, entre escena y público, sus lazos con el psicoanálisis no parecen ser forzados. Menos aun cuando ya Freud designaba al inconsciente como "la otra escena". Y si bien, como en el caso analítico, nos encontramos aquí con "el mantenimiento de una situación convenida[153] entre *dos*

---

[152] La cuestión tan debatida en el psicoanálisis de acto analítico, me llevó a repensarlo desde la praxis teatral como acto performativo. Ver "Pedagogía y deseo: La creatividad teatral en español en la universidad estadounidense".

[153] En el *Seminario 11* Lacan define la praxis: "¿Qué es una praxis? [...] Es el término más amplio para designar una acción concertada por el hombre, sea cual fuere, que le da la posibilidad de tratar lo real mediante lo simbólico. Que se tope

partenaires" ("P67" 267), no se puede descuidar ese "constituyente *ternario* que es el significante introducido en el discurso que en él se instaura, el que tiene nombre: el sujeto supuesto saber" ("P67" 267, mi énfasis). El teatrista –particularmente cuando oficia de director del proyecto— no se involucra como persona, sino que asume la *posición* de sujeto supuesto saber en dicha situación; saber supuesto, por lo demás, del que él no sabe nada ("P67" 267). La consecuencia es relevante: el psicoanálisis es una praxis y como tal tiene un nivel teórico, pero no opera por una dialéctica entre teoría por un lado y práctica por el otro, que supondría un encuadre científico basado en la *aplicabilidad*, la demostración y la justificación a nivel metodológico. No es por aplicación de la teoría que se aborda la clínica, porque el analista, frente a un caso, debe colocarse en la posición de no-saber. Porque se trata de una praxis, "la tarea no consiste tanto en comparar sistemas de ideas en cuanto ideas, sino explorar sus dimensiones performativas" (Laclau 28). Precisamente porque el psicoanálisis es una praxis que explora lo performativo en muchos niveles (incluida, por supuesto, la transferencia),[154] es la más cercana a nuestros propósitos en el trabajo teatral. La praxis teatral, como el psicoanálisis, avanza y retrocede *caso por caso*, porque frente a un montaje hay que recordar "la insistencia de Freud en recomendarnos abordar cada caso nuevo como si no hubiéramos adquirido nada de sus primeros desciframientos" ("P67" 267). Y, como subraya Lacan en la misma Proposición, esto "no autoriza en modo alguno al psicoanalista a contentarse con saber que no sabe nada, porque lo que está en juego es lo que él tiene que saber", a saber, cómo opera la lógica del significante y de los discursos,[155] esto es, cómo "se articulan en cadena de letras tan rigurosas que, a condición de no faltar ninguna, lo no sabido se ordena como el marco del saber" ("P67" 268).

El proceso de montaje teatral debería llevar, como en análisis, a esa destitución subjetiva en la que, vía el trabajo analítico con la trasferencia,

---

con algo más o algo menos de imaginario no tiene aquí más que un valor secundario" (14). Importa enfatizar el uso del término "concertada"; en la P67 usa "convenida", porque el carácter contractual es fundamento del lazo que permitirá la realización de esa praxis. Para un comentario sobre este punto crucial de la praxis teatral, ver mi "Pedagogía y deseo".

[154] Ver el libro de Gabriela Abad *Escenas y escenarios en la transferencia*.

[155] Referencia a los famosos cuatro discursos (del Amo, de la Universidad, de la Histeria, del Analista). Ver mi ensayo "Los cuatro discursos lacanianos y las dramaturgias".

adviene ese resto –el espectáculo—, ese semblante del objeto *a* causa del deseo, "como un determinante de su división [que] lo hace caer de su fantasma y lo destituye como sujeto" ("P67" 270). Jacques-Alain Miller, considerando el final del análisis, tal como el espectáculo es para el teatrista el final de su proceso creativo, señala que tuvo en Lacan dos momentos: el primero, ligado a la metáfora paterna, cuando el analizando alcanzaba la "desidentificación fálica" (*Política lacaniana* 46); el segundo, más avanzada su enseñanza, se planteó con "la caída del objeto *a*" (*Política lacaniana* 47). Ambas van a operar en la praxis teatral aunque, como en el psicoanálisis, también la segunda tendrá prevalencia. Ambas operan con mecanismos distintos y tienen consecuencias también diferentes, particularmente respecto de la autoridad. En efecto, en la desidentificación fálica, no obstante, el sujeto instituye un Otro; en la caída del objeto *a*, en cambio, hay "una perspectiva destituyente del sujeto y además del sujeto supuesto saber" (Miller, *Política lacaniana* 47-48), esto es, el Otro se presenta como barrado, con una falta, no es garantía de nada, es apenas la "ilusión necesaria del sujeto supuesto saber que se desvanece al final del análisis y revela hasta qué punto no es esencial (Miller, *Política lacaniana* 47); precisamente, muestra a la autoridad "desvanecida bajo los aspectos del sujeto supuesto saber" (Miller, *Política lacaniana* 47). El teatrista, entonces, tal como ocurre para el analista, se autoriza a partir de allí por sí mismo.

Siguiendo esta perspectiva psicoanalítica, podemos decir que el teatrista, cuando está en función de la dirección del espectáculo o el proyecto de puesta en escena y precisamente porque dirige el proceso, interviene en él "menos por lo que dice y hace que por lo que es" ("LD" 561). Y lo que es, se define por su posición, la de sujeto supuesto saber que, al final, será un semblante que cae, dejando al grupo, sus actores, frente al objeto *a* de su deseo. En este sentido, su función se focaliza en el manejo de la transferencia, porque es en ella donde se produce "el desdoblamiento que sufre allí mi persona" ("LD" 562). Al hacer el muerto, su silencio resulta productivo para revertirle al actor las fantasías que éste deja emerger durante las improvisaciones. Si se puede hablar aquí de una "política" –vocablo usado por Lacan—, ésta consiste en que el director "haría mejor en situarse por su carencia de ser que por su ser" ("LD" 563).[156] Se resguarda así de imponer su idea de la realidad, si entiende que no son los actores los que resisten, sino él; en todo caso, éstos se defienden del deseo del director.

Lo mismo ocurre con el actor: si hay en él resistencia, es porque se opone a la sugestión impuesta por el director: y esa resistencia "cuando se opone a la sugestión, no es sino deseo de mantener su deseo" ("LD" 605). Por su parte, "el analista es aquel que resiste la demanda, no como suele decirse para frustrar al sujeto, sino para que reaparezcan los significantes en que su frustración está retenida" ("LD" 589). Y esa frustración tiene que ver con demandas antiguas, con insatisfacciones no de las necesidades, sino de la demanda misma, como demanda de presencia del Otro, como demanda de amor, del don. Es allí donde podemos constatar que el deseo "es lo que se manifiesta en el intervalo que cava la demanda más acá de ella misma, en la medida en que el sujeto, al articular la cadena significante, trae a la luz la carencia de ser con el llamado a recibir el complemento del Otro, si el Otro, lugar de la palabra —"el otro escenario" ["LD" 598]—es también el lugar de esa carencia" ("LD" 597). El Otro no puede colmar la falta del sujeto, esto es, su deseo, porque no tiene con qué hacerlo, "puesto que a él también le falta el ser" ("LD" 597).

Vana y peligrosa resulta, entonces, la estrategia de un director que se proponga frente a su elenco —como lamentablemente es la norma— en posición de tenerlo todo, de ser completo, el saber incluido, para dárselo a sus actores. No lograría otra cosa que muñecos gesticulando por imitación su propia veleidad, réplicas de sí mismo, situación que, no hace falta insistir, va más allá de toda ética analítica, en la que el analista no puede posicionarse como sabiendo algo respecto al bien y al mal, al supuesto bien *del y para* el sujeto (sus actores, el público), las ya mencionadas buenas intenciones de la moral kantiana. Cuando esto ocurre, estamos indudablemente frente a un dispositivo autoritario, incluso cuando la comedia se matiza con afectos paternales; en esta situación el director, por mediación del lenguaje, "sostiene en cuanto sujeto" a su semejante, sin percibir hasta qué punto está considerándose a sí mismo "como el tramoyista, o incluso como el director de escena de toda la captura imaginaria de la cual *por lo demás* él no sería más

---

[156] Como veremos más adelante, esta perspectiva tomará múltiples consecuencias en cuanto a los liderazgos al momento de los activismos políticos, como diferenciadas de las verticalidades partidistas y de los encuadres fascistas.

que un títere vivo" ("LD" 606, cita modificada)[157]. A pesar de su buena voluntad e intenciones, no deja de ejercer ese "principio maligno" que es el poder, "el poder de hacer el bien, ningún poder tiene otro fin, y por eso el poder no tiene fin" ("LD" 609), pero al intentarlo, el director iría mal encaminado, porque, en primer lugar, nadie puede saber cuál es el bien para otro sujeto y, en segundo lugar, porque la cuestión del arte no es el poder sino la verdad, la verdad del deseo, es decir, en la dimensión del inconsciente. Ya lo había planteado Walter Benjamin cuando, en su "Truth and Truths", afirmaba que "Works of art are the proper site of truths" (*Selected Writings* 278), lo cual a su vez nos manifiesta por qué, desde sus inicios, el psicoanálisis no dudó en atravesar la puerta regia del teatro (*Edipo Rey*), la literatura y el arte en general. Y este atravesamiento, poco tiene que ver con ese adjetivo tan insidioso y erróneo que se le ha adjuntado al psicoanálisis, cuando se habla de un psicoanálisis "aplicado", siendo que es de esa inmersión en el arte como residencia de la verdad la que funda su conceptualización y no a la inversa.

Acto: izquierda lacaniana y política lacaniana

Ya hemos esbozado la relación del director con sus actores. Correponde ahora interrogarnos sobre cuál es, pues, desde esta perspectiva de la praxis teatral y el psicoanálisis, la posición del teatrista respecto al público, a ese Otro para el cual trabaja. ¿Deberá mantener esta posición de esclavo que trabaja para el goce del Otro, o bien hacer trabajar al Amo? ¿Ambas? Así como Lacan planteó que el analizante no resiste, que el que resiste es el analista ("no hay otra resistencia al análisis sino la del analista mismo" ["LD" 568]), nosotros podríamos llevar la cuestión a la dimensión en la que el teatro toma sentido: se monta un espectáculo, se trabaja para un público.[158] Parafraseando a Lacan, podríamos decir entonces, negando algunas

---

[157] La versión española traduce "autrement" como "en caso contrario", lo cual crea confusión sobre el párrafo: «Qu'il soutient en tant que sujet », veut dire que le langage lui permet de se considérer comme le machiniste, voire le metteur en scène de toute la capture imaginaire dont il ne serait autrement que la marionnette vivante" (29).

[158] En otros trabajos hemos distinguido conceptualmente, en el marco de la praxis teatral, la diferencia entre espectador y público. El espectador es una máscara espectatorial construida por el teatrista durante el montaje. Ver mis ensayos "El director y su público: la puesta en escena y las estructuras espectatoriales"; "Praxis

afirmaciones de la filosofía del teatro, que *el público no expecta*; el único que expecta es el teatrista. El público, en su heterogeneidad, proviene de diversos sectores sociales, con problemáticas diversas; lo que los convoca no es una celebración comunitaria frente a un escenario en el que contemplaría la producción de *poíesis* realizada por los artistas; los trae al teatro una serie de demandas insatisfechas que pueden o no entrar en relaciones equivalenciales (Laclau) para promover un acto también performativo. Y para eso la mayor parte de las veces paga –como el analizante— la admisión, amén de los otros gastos que supone el acercarse al lugar de la representación.[159]

En los años recientes ha comenzado a diseñarse una extensión, para algunos indebida, del psicoanálisis hacia el campo de lo social, en la medida, fundamentalmente, en que debe responder a los nuevos síntomas que aparecen en la sociedad capitalista, globalizada y neoliberal. A esta aproximación a lo social, se la ha denominado "izquierda lacaniana" y supone un trabajo minucioso a partir de conceptos psicoanalíticos, mayormente en su versión lacaniana, para trabajar la cuestión de la emancipación del sujeto de la alienación a la que lo somete la sociedad consumista contemporánea. Pensadores de la talla de Ernesto Laclau, Slavoz Žižek, Jean Copjec, Judith Butler, Jorge Alemán, Nora Merlin, entre otros, han comenzado a pensar las formas en que ancla la alienación subjetiva en la actualidad, más allá de la ya trabajada conceptualmente por Marx en *El Capital* como relativa a la mercancía. Se trata de nuevos horizontes de pensamiento que intentan desafiar las celebraciones sobre el fin de la historia y de las ideologías, del capitalismo como culminación insuperable de la Historia; en sus diferencias, estos trabajos de izquierda lacaniana, no obstante, se esfuerzan para dar una alternativa al duelo y la melancolía en estos tiempos crepusculares,[160] una vez comprobada la caída de la función paterna, de la ley y la autoridad, y de las derrotas de la izquierda política en todas sus variantes. A pesar del matiz emancipador que tienen algunas propuestas sociales, lo que está en juego es el sujeto mismo, en la medida en que dichas propuestas no dejan de imponer subjetividades pre-formadas a las que el sujeto debería subsumir su ser

---

teatral y puesta en escena: la psicosis como máscara espectatorial en el ensayo teatral (1ª y 2ª partes)".

[159] En los rituales y ceremonias se paga también, pero con la culpa sacrificial. Este aspecto convivial lo dejaremos para comentar en otra oportunidad.

[160] Para un desarrollo mayor de este tema ver mi ensayo "El bifurcado camino de la melancolía: la civilización del espectáculo y el futuro del teatro latinoamericano".

a costa de perder su propia singularidad. Y esto lo había previsto ya Sartre cuando, en *El ser y la nada*, a propósito del mesero homosexual, expresa que el Otro "[l]e exige, pues ser lo que es para no ser más lo que es" (111). Al asumir la identidad gay, tal como la ha fijado el movimiento y se la ha apropiado el mercado de consumo, se elimina la singularidad de la homosexualidad del mesero, no necesariamente contemplada por la subjetividad institucionalizada. Esa singularidad constituye precisamente lo inapropiable por el capitalismo neoliberal, como veremos más adelante.

Ahora bien, una izquierda lacaniana tiene, si se quiere, como marco más general, una política lacaniana. Y ésta es también importante para la praxis teatral, porque se instala en el acto analítico, que para nosotros teatristas bien podría denominarse acto performativo. El acto analítico es el que "abre a la metonimia de la cadena significante, desestabiliza el narcisismo del *Plateo un acto*" (Miller, *Política lacaniana* 97); se resguarda fundamentalmente la cadena metonímica por la que se desplaza el deseo y, precisamente por ese desplazamiento, el narcisismo pierde los apoyos que le darían, como quien dice, la imaginaria solidez y prepotencia de un "hice este espectáculo". Más que de un acto, como lo dice Jacques-Alain Miller recordando a Sartre, se trata de un gesto. Lo importante respecto al acto analítico es que se abre al futuro, se mide por sus consecuencias. "Juzgar el acto por sus consecuencias, que el estatuto del acto depende de sus consecuencias, es para mí un principio de la política lacaniana" (Miller, *Política lacaniana* 97). En ese sentido, Miller subraya que se trata de "un principio hegeliano" y no kantiano. En efecto, desde la perspectiva kantiana habría una intención recta, una buena voluntad que orientaría al acto desde antes de su realización y, como ocurre generalmente cuando se quiere legislar sobre el bien para un sujeto, se termina en catástrofes, en particular al capturarlo, vía sugestión, imitación e identificación, por los Ideales del yo, sean los de la cultura, los del analista o del teatrista. Al plantear el acto analítico a partir de las consecuencias, se retoman las críticas hegelianas a la visión moral kantiana. Y como de buenas intenciones está lleno el infierno, el psicoanálisis sabe que hay una intencionalidad inconsciente que solo puede ser recuperada, si puede decirse así, *retroactivamente* según los derroteros de la metonimia de la cadena significante. No hay, pues, una idea, una intención, una voluntad *previa* a la obra, basada en el *conocimiento* del artista; hay un encuentro con lo real desde el cual hay que actuar, actuar desde el *no-saber*, y cuyas consecuencias se verán *a posteriori*. Retomando a Benjamin, "[k]nowledge and truth are never identical; there is no true knowledge and no known truth. Nevertheless, certain pieces of knowledge are indispensable for an account of the truth" (*Selected Writings* 279); lo que nos recuerda aquello de Lacan de que la verdad se instala por el significante en su mediodecir. Si hay metonimia, hay deseo, con lo cual hay Otro. El acto performativo del teatrista —como el acto analítico del analista— tiene efectos, consecuencias en ese Otro; toma "en cuenta la reacción del Otro, lo que dice y lo que va a hacer" (Miller, *Política lacaniana* 98). Es decir, no es el público —como quiere Dubatti (*Introducción* 37)—, sino el teatrista quien expecta.

Teatro, público, demanda

Ernesto Laclau, en su libro *La razón populista*, va a intentar dar una definición positiva del populismo, como instancia espontánea y temporaria en la que se articulan sectores diversos de la sociedad a partir de poner en relación equivalencial sus demandas insatisfechas, incluso a costa de renunciar a ciertas particularidades. Su tesis consiste en probar que "el populismo es la vía real para comprender algo relativo a la constitución ontológica de lo político como tal" (91). Su libro comienza con algo que nos importa a quienes estamos en la praxis teatral: *la diferencia entre masa y pueblo*, que viene debatiéndose en la sociología desde Le Bon hasta Freud, y después. Como sabemos, la masa es concebida como un grupo de individuos que, por medio de la sugestión, la imitación y la identificación a un líder, más la identificación de sus yoes entre ellos, puede alcanzar altos grados de violencia y constituirse como una amenaza a los regímenes "democráticos". Freud va a enfocarse particularmente en este tema en su *Psicología de masas y análisis del yo*, publicado en 1921, cuando ya percibía la inminencia de una amenaza totalitaria nazi-fascista que, todavía, carecía de esa designación. Laclau, por lo tanto, trata de rescatar el término 'populismo' dándole un sentido positivo, casi de la misma manera a como la teoría *queer* tomó ese vocablo peyorativo para autodesignarse, mediante un trabajo de resemantización del término.

No sería éste el lugar de puntualizar detalladamente el libro de Laclau. Baste decir que subraya la peligrosidad de abordar los movimientos radicales de protesta y demandas sociales a partir de mecanismos basados en la sugestión, la imitación y la identificación, con los que se había caracterizado al populismo. Sin duda, cada uno de esos términos tiene que ser leído en el campo político, aunque obviamente procede, en forma ya bastante elaborada, del ensayo freudiano. La cuestión política de la propuesta de Laclau, para decirlo rápidamente y a costa de cierta injusticia, apunta a la necesidad de ofrecer una conceptualización optimista a las diversas demandas sostenidas por grupos también diversos en la sociedad actual, una vez asumido el hecho de que, a pesar de Marx, la revolución y el cambio no vendrán por un desarrollo inmanente al capitalismo por medio de la lucha de clases o por acción del proletariado.

Al comienzo mismo de su libro, Laclau establece las *demandas* como la unidad del grupo (9). Los grupos feministas, en toda la variedad de sus reclamos, los grupos LGBTQ, los sectores que reclaman derechos humanos diversos y justicia por los genocidios, los grupos ecologistas, los pobres, etc., surgen a partir de insatisfacciones desemejantes que, de no conseguir cierto tipo de convergencia, quedan incapacitados para enfrentar al Estado u otras instituciones, esto es, a los que deberían satisfacer las demandas particulares de cada sector. Frente a esto, Laclau realiza un exhaustivo trabajo conceptual para investigar cómo esas demandas particulares, que denomina "democráticas", y que son particulares y diferenciales, en ciertos momentos admiten articularse en una cadena de relaciones equivalenciales a fin de potenciar su poder político para efectuar el reclamo.[161]

En lo que a la praxis teatral respecta, por el momento nos interesa enfatizar la cuestión de la demanda, que Laclau toma como unidad mínima conceptual para construir su proyecto.[162] En un momento determinado múltiples demandas procedentes de grupos con insatisfacciones diversas se ponen en equivalencia, es decir, admiten la posibilidad de que "una diferencia, sin dejar de ser *particular*, asuma la representación de una totalidad inconmensurable" (Laclau 95). Es decir, una de las particularidades de ese

---

[161] Las recientes marchas para reclamar la legalización del aborto en Argentina, con sus pañuelos verdes que se internacionalizaron, son un ejemplo concreto de un momento populista, en la medida en que los integrantes de esas movilizaciones provienen de sectores sociales diversos (clase, edad, raza, nivel educativo, sexo), carecen de líderes nominados, renuncian a sus particularidades sectoriales y aúnan su demanda con el significante del pañuelo verde, significante vacío, que pone a dichas demandas en una relación equivalencial, dejando por el momento de lado otros reclamos ya más puntuales de cada grupo (desempleo, marginación, falta de acceso a la educación, desamparos jurídicos, salarios diferencias para las mujeres, etc.). Se trata de un momento contingente, un *acto* instituyente que no puede predecirse "científicamente", como no puede predecirse un sueño o un lapsus.

[162] Dejaré para otra oportunidad discutir más a fondo cómo Laclau entiende la demanda, a veces a partir de Lacan y otras en forma un poco más general.

grupo de demandas diversas asume la representación, si se quiere, la universalidad para dar lugar a la construcción de hegemonía, esto es, la instalación de una frontera que discierne el antagonismo entre quienes demandan y aquellos que deberían responder a esas demandas. Ahora bien, esa representación 'universal' de la particularidad de la demanda, esa "identidad hegemónica pasa a ser algo del orden del significante vacío" (Laclau 95). Es un significante vacío porque representa múltiples demandas sin conservar la relación significante/significado avalada por el diccionario o por la cultura. Ese significante, esa demanda convertida en significante, es una pura negatividad (Laclau 125); lo único que las une es ese significante vacío que 'representa' no la particularidad específica de cada demanda, sino "el hecho de que todas ellas [las demandas] permanecen insatisfechas" (125).[163] Cuando hay fronteras equivalenciales alternativas, es decir, proyectos hegemónicos rivales, cada uno con su significante, entonces Laclau lo califica de 'significante flotante':

> Como podemos ver, las categorías de significantes "vacíos" y "flotantes" son estructuralmente diferentes. La primera tiene que ver con la construcción de una identidad popular una vez que la presencia de una frontera estable se da por sentado; la segunda intenta aprehender conceptualmente la lógica de los desplazamientos de esa frontera. En la práctica, sin embargo, la distancia entre ambas no es tan grande. (167)

Resulta importante –y lo será para nuestra praxis teatral—retener la importancia de la *heterogeneidad* de las demandas como instancia indispensable para el populismo; Laclau asimila esta heterogeneidad a lo real lacaniano (139), es decir, aquello doloroso, ese exceso de goce que no tiene significante que lo represente y que, como veremos, también lo remite a ese horizonte en que la demanda apunta a una satisfacción mítica, plena y total.

Estamos, como puede verse, en un momento de la lucha por los reclamos en la que, espontáneamente –si podemos decirlo así— los diversos sectores insatisfechos se organizan a partir de un significante vacío que

---

[163] En un momento este significante puede ser el nombre de una individualidad, el nombre de un líder (Laclau 130), pero no es él quien precede a la relación equivalencial.

los representa a todos, aunque se trate de *una* de las particularidades, quedando las demás momentáneamente subsumidas en ese significante. Laclau propone denominar 'pueblo' y 'populismo" a este momento en que emerge "una articulación equivalencial de demandas" (99). No es una movilización programada por un líder y dinamizada por la sugestión y la identificación, sino que es un momento –contingente, imprevisible, inapropiable— en que los sectores insatisfechos asumen un rol de sujeto, de agente en la construcción de hegemonía para luchar por sus reclamos. Obviamente, esta cuestión se complica cuando pasamos a trabajar a partir de un ejemplo concreto de contexto. Aunque "la equivalencia *no intenta* eliminar las diferencias" (Laclau 105), aunque este significante vacío se instala operativamente como "totalización populista" (Laclau 107), lo común es que, una vez pasado ese momento *instituyente* (como lo denomina Jorge Alemán), adviene lo *instituido* en el que las particularidades no tenidas en cuenta antes exigen su representación, reiniciando el proceso: "la emancipación siempre recomienza" (Alemán 138), para lo cual hay que apresurarse a *desidentificarse*, no intentar repetir, retomar lo realizado desde una nueva perspectiva. Lo mismo ocurre para el teatrista: cada montaje –incluso con el mismo elenco— es un recomenzar para el que no ayuda demasiado la repetición de lo ya realizado, salvo si se lo considera desde una nueva perspectiva.

Ahora bien, la positividad de ese significante vacío se aprecia en cuanto permite articular una subjetividad popular frente al enemigo, construido y definido en *cada caso histórico particular* –diferencia clave con el proletariado de Marx. Si al institucionalizarse la demanda se disuelve la frontera *política* establecida en el antagonismo,[164] "si esta última desaparece, el 'pueblo' como actor histórico se desintegra" (Laclau 117). Veamos cómo el mismo Laclau sintetiza su propuesta:

---

[164] Toda nuestra praxis teatral se construye sobre la dimensión agonística, desde nuestro concepto de teatralidad, hasta nuestra conceptualización de la "frontera" en *Dramaturgia de frontera/ dramaturgias del crimen*. Para usar aquí las palabras de Laclau, más que una definición geopolítica de frontera, resulta mejor conceptualizarla desde el psicoanálisis como esa instancia narcisista en que "el otro excluido es la condición de mi propia identidad, la persistencia de esta última requiere también la presencia de un otro antagónico" (Laclau 176-177). Para un desarrollo más extenso, ver nuestro libro ya mencionado, en el que, como Laclau, nos alejamos de una definición esencialista de la identidad, incluso favoreciendo en nuestro análisis la cuestión de las identificaciones, porque ponen en juego las categorías lacanianas de alienación y separación respecto de los mandatos sociales, del Ideal del yo, algo que Laclau solo trabaja lateralmente en *La razón populista*.

> Todo nuestro enfoque sobre el populismo, como hemos visto, gira en torno a las siguientes tesis: (1) el surgimiento del pueblo requiere del pasaje –vía equivalencias— de demandas aisladas, heterogéneas, a una demanda 'global' que implica la formación de fronteras políticas y la construcción discursiva del poder como fuerza antagónica; (2) sin embargo, como este paisaje no se sigue de un mero análisis de las demandas heterogéneas como tales –no hay una transición lógica, dialéctica o semiótica de un nivel a otro— debe intervenir *algo cualitativamente nuevo*. […] Este momento cualitativamente diferenciado es lo que hemos denominado "investidura radical". (142, mi énfasis)

Podemos trasladar esta cita al campo de la praxis teatral: un grupo de teatristas se reúne para montar un espectáculo. Tienen necesidades no satisfechas: laborales, artísticas, políticas. Vienen de sectores diversos, con formaciones y experiencias teatrales variadas. Cada uno tiene expectativas diferentes respecto a lo que se quiere hacer. Alguien tiene que asumir la dirección del proceso en algún momento y eso requiere consenso, salvo que ya se haya resuelto de antemano desde la producción o bien desde el prestigio de alguno de esos teatristas. Hay, pues, una heterogeneidad de demandas aisladas que es necesario poner en relación equivalencial para que el proyecto pueda ponerse a funcionar y llevarse a cabo. Sin embargo, esa demanda que asume la equivalencia instala antagonismos, la formación de una frontera entre quien dirige y quien produce, entre quien dirige y los actores, entre quien dirige o el grupo y los técnicos, etc. La riqueza del proceso emerge justamente de estos antagonismos y la forma en que van construyendo hegemonía. El director, los actores, el productor o alguna agencia externa de pronto logran dirimir el significante vacío que permite un acto performativo instituyente y permite o fertiliza la dinámica artístico-política del proyecto. No obstante, como plantea Laclau, aparece un elemento "cualitativamente nuevo".

Ese aspecto cualitativamente nuevo es el afecto, "es decir, el goce" (Laclau 148). Vamos a volver a esta cuestión de la "investidura radical", de raigambre freudiana. Por ahora, baste decir que ese significante vacío representa la cadena equivalencial en la medida en que está investido (sobreinvestido) de afecto. Observemos de paso cómo Laclau trae a la teoría política esta cuestión del afecto/goce, que había quedado de lado en las aproximaciones racionalistas; cómo incorpora el goce como una *contingencia* y no derivado de una lógica –dialéctica o no— según postulan los marxistas. La cuestión del afecto en tanto goce[165] ha sido siempre un punto de malestar en el campo teatral: El valor de esa contingencia, su conceptualización, ha sido un punto crucial en los debates psicoanalíticos actuales: Lacan trabaja esta categoría de la contingencia en varios sentidos. Podemos retener para nuestra praxis teatral, la necesidad de salirse de los determinantes de la coherencia[166] y de la determinación simbólica (Laclau también discutirá por ello la validez actual de la categoría marxista de "determinación en última instancia de la economía"). Se positiviza, en cambio, la cuestión del azar, el encuentro azaroso con lo real, con el goce, esto es, a nivel del cuerpo, que, ya en el *Seminario 24* –después de su trabajo con James Joyce en el *Seminario 23*—Lacan llega a revalorizar el carácter *imaginario* de ese significante que hay que *inventarle* a lo real, y que ya no se instala como 'verbal', sino precisamente como imagen. Las consecuencias de esta invención no se hacen esperar en relación a la creatividad que podría propiciar la praxis teatral.

A partir de trabajos de Jean Copjec, Laclau no puede dejar de lado la cuestión pulsional que involucra el cuerpo y la aspiración mítica (en el sentido de que habría ocurrido en la relación madre/hijo y que, en términos

---

[165] Hay que hacer aquí una aclaración para trabajar en el futuro: para Lacan, la angustia es un afecto; la angustia no engaña porque no es sin objeto. Digamos que hay allí un objeto que angustia al sujeto y promueve sus inhibiciones, resistencias y defensas. Muchas técnicas actorales han enfrentado este problema. En cuanto al goce, aunque Laclau lo plantea como un afecto, hay que tratarlo más extensivamente, porque está ligado a lo real, a la pulsión de muerte, a la repetición. Hay un núcleo de goce en el síntoma, que muchas veces es la zona de confort, la zona conocida del sujeto a pesar de su queja y el malestar que le provoca, razón por la cual no quiere renunciar a dicho goce para enfrentar lo desconocido. Hay también un sentido gozado del fantasma que habría que atravesar, enfrentando vicisitudes diversas. Hay, finalmente, un sinthome, un modo de goce incurable del sujeto con el que tiene que saber-arreglárselas. Si el síntoma puede 'levantarse' por medio de la interpretación para abrir la cadena metonímica del deseo bloqueada por él, el sinthome no es removible. Todas estas cuestiones aparecen durante cualquier ensayo teatral y nos queda la tarea de revisar los aportes de maestros como Stanislavski, Grotowski, Barba, etc. desde estas cuestiones psicoanalíticas.

[166] Podemos leer esto desde las imposiciones aristotélicas a la dramaturgia, por ejemplo, o la 'naturalización' de la política de la mirada en la teatralidad del teatro, con o sin el edificio de la sala a la italiana. Para un desarrollo más detallado ver mi ensayo "Una posible genealogía de lo político teatral: El régimen de verdad de la escena teatral".

políticos, Laclau asimila a esa demanda mítica de "la sociedad completamente reconciliada" [152]) de las demandas en su aspiración a una satisfacción plena y completa, original, que obviamente resulta siempre insatisfecha. Define así lo que entiende por 'investidura radical': "el hacer de un objeto la encarnación de una plenitud mítica" (148). Habría un objeto parcial, objeto de deseo, objeto *a* en la perspectiva lacaniana que, a pesar de su parcialidad, "asume la representación de una totalidad mítica" (Laclau 149). Por eso Laclau califica de 'idénticas' la lógica del objeto *a* y la lógica hegemónica (148-149).

Estudios teatrales vs. praxis teatral: masa vs. pueblo

Resulta indispensable establecer aquí una diferenciación en las perspectivas de la filosofía del teatro, tal como la ha planteado Jorge Dubatti, y la de la praxis teatral. La filosofía del teatro o los estudios teatrales se orientan por el camino de la ciencia y la producción del conocimiento, lo cual es válido porque el intento apunta a dar una base conceptual a los estudios teatrales, tal como se ejercen en la academia. Mucho más difícil, desde el punto de vista de la academia, es alojar a la praxis teatral.[167] Dubatti nos plantea que

> en la teatrología argentina y mundial hoy están en plena vigencia, con mayor o menor desarrollo, las construcciones científicas de la semiótica (teatral y/o literaria), la lingüística, la poética, la antropología teatral, la sociología teatral, la etnoescenología, el psicoanálisis *aplicado* al teatro, la hermenéutica, la filosofía del teatro, los estudios económicos *aplicados* al teatro, entre otras.
>
> Cada una de estas disciplinas realiza construcciones científicas diversas del teatro. (27, mi énfasis)

Ya hemos hecho mención a la improcedencia de hablar de un psicoanálisis *aplicado*. También es debatible que el psicoanálisis, al menos hoy,

---

[167] Abordamos el tema de la enseñanza de la praxis teatral –tan problemática como la enseñanza del psicoanálisis y su turbulenta historia respecto de la Escuela y las instituciones— en "Pedagogía y deseo: la creatividad teatral en español en la universidad estadounidense". También se puede leer mi libro *Praxis teatral. Saberes y enseñanza. Reflexiones a partir del teatro argentino reciente.*

pueda sostenerse desde una perspectiva científica. Sin duda, constituyó el anhelo de Freud y del primer Lacan; sin embargo, a lo largo de su enseñanza, Lacan fue cuestionando la ciencia y el sujeto de la ciencia hasta el punto de arribar a la conclusión de que el psicoanálisis ni era ciencia ni religión; en todo caso, debería estar alineado con el arte; el psicoanálisis, después de todo, como el arte mismo —como nos recordaba Benjamin—, es una praxis, donde lo que prima es la cuestión de la verdad, del saber-hacer con sus avatares técnicos y conceptuales. Al enfocarse en la singularidad del sujeto, al trabajar en el caso por caso, la batería conceptual del psicoanálisis, aun en su abstracción, no habilita ningún tipo de generalización ni universalización típica del *conocimiento*; al orientarse hacia el *saber* inconsciente, está siempre confrontada a cada caso, se va transformando (Freud hizo cambios a su teoría varias veces a partir del fracaso de varios de sus casos). El psicoanálisis es una disciplina que, como el arte, opera solo en lo que Gastón Bachelard— quien, esperanzado en un "psicoanálisis del conocimiento objetivo"— denominaba "contexto de descubrimiento" y, a diferencia de la psicología, que sí es ciencia y trabaja sobre el sujeto cartesiano, carece de un contexto de demostración y justificación. Bachelard captó, a su manera, las travesuras del inconsciente en su famoso concepto de "obstáculo epistemológico". Lo cierto resulta en que es imposible hacer encuestas, por ejemplo, desde la perspectiva psicoanalítica. De modo que el psicoanálisis ni siquiera opera por formulación de hipótesis; solo se atiene al encuentro con lo real, siempre inesperado, sorpresivo; al hallazgo, siempre fallido, del objeto del deseo. Otra razón para descalificar el adjetivo 'aplicado' atribuido al psicoanálisis.

La praxis teatral, por el contrario, al instalarse a nivel de la creatividad y trabajar a partir del acto no se lleva bien con los estudios teatrales. En la medida en que el acto performativo —como el analítico—se juzga por sus consecuencias, como se desconoce retroactivamente que haya sido realmente un acto, hace cortocircuito con las demandas pedagógicas institucionales, académicas. Un acto no es un planificable en su origen, no está del lado de las intenciones conscientes; surge de una contingencia y puede resultar fallido, circunstancia que la mayoría de las veces lo torna logrado justamente por ser fallido; por eso se lo juzga por la ética de las consecuencias. "Es necesario—escribe Miller—esperar para saber si lo fue" (*Política lacaniana* 96). Parte de un no-saber, del sinsentido de lo real, suspende todo conocimiento y apunta al deseo: "La política lacaniana es una cierta política de la insistencia, la insistencia de hacer salir el deseo oculto tras las buenas razones y la buena intención" (Miller, *Política lacaniana* 104), razón por la cual a veces hay que confrontar lo políticamente incorrecto. Solo si al final del proceso de trabajo abre la cadena metonímica del deseo, podemos considerarlo un acto: "juzgar el acto por sus consecuencias es abrirlo al futuro" (Miller, *Política lacaniana* 96). Apuntando al deseo (que "es siempre asunto de horizonte" [Miller, *Política lacaniana* 106]), la praxis teatral solo puede orientarse por la praxis psicoanalítica, no interesada en el conocimiento como un universal generalizable, sino en la contingencia y el saber relativo a la singularidad de un sujeto, esto es, lo no universalizable ni generalizable, y esto es lo que hace inmanejable, indisciplinable, incontrolable la praxis teatral para la academia. El acto es siempre un recomienzo desde cero, no tiene rutina, no tiene memoria (Miller, *Política lacaniana* 72). La academia tiene demandas a las que la praxis teatral no (siempre) puede responder. Esta cuestión no es ajena a los avatares de la institucionalización del psicoanálisis. Miller hace referencia a "nuestra imposibilidad del acto en la Escuela" (*Política lacaniana* 79) y entonces muestra los dos lados de la incompatibilidad: "*Hay Escuela y hay psicoanálisis*" (74, énfasis de Miller). Hasta cierto modo, la escuela o la academia, orientada a brindar y garantizar ciertos protocolos de profesionalización, hacen olvidar el acto, no le ofrece un lugar institucional; a cambio, deja espacio para la experiencia, marcada por la rutina opuesta a lo vivo del acto. "El acto analítico, –plantea Miller— lo que tiene de decisivo, de vivo, se olvida en la rutina de la experiencia" (*Política lacaniana* 71). Así, mientras la academia inviste con certificaciones de grado o post-grado al estudiante de teatro, no puede sin embargo extender esa certificación a la praxis teatral basada en el acto, difícil de evaluar artísticamente. El diploma autoriza profesionalmente al estudiante; en cambio la praxis teatral basada en el acto performativo, si se quiere el riesgo del acto, su contingencia, solo puede llevar al teatrista a autorizarse a sí mismo. El teatrista deviene un solitario, que no cede en su deseo y cuya praxis no tiene garantías en ningún Otro institucional porque la institución está, precisamente por ser institución, incapacitada de alojar lo instituyente propio del acto performativo. Como vemos, Lacan y los analistas tuvieron y tienen que enfrentar muchos problemas en relación a la enseñanza y la validación del analista, al punto que el mismo Lacan terminó cerrando su propia Escuela.

¿Cómo regular y a partir de qué parámetros la consistencia artística de un acto performativo? La academia impone validarlo a través del conocimiento, pero la praxis teatral opera sobre lo inconsciente y el saber inconsciente, sobre el deseo, para el cual, como vimos, no hay ciencia posible debido a su singularidad radical. Los estudiantes de teatro se ven, entonces, en la encrucijada de tener que dar cuenta de un proceso por medio de bibliografías diversas, pero prestigiadas por el discurso de la Universidad que, en la mayoría de los casos, ni estuvieron desde el inicio del acto performativo ni pueden dar cuenta de él. Hay un "sentimiento de fracaso [que] se capta cada vez que se percibe que el respeto de las formas triunfa sobre el real en juego" (Miller, *Política lacaniana* 36). Se establece así un doble conflicto entre praxis teatral y academia, ya que se genera una brecha entre la praxis y su fundamentación teórica, conceptual que, al no provenir de ella, obliga a *aplicar* a veces maquinal y forzadamente estudios de otras disciplinas para dar cuenta de un acto performativo con la justificación de que toda profesionalización debe estar acorde a los parámetros de la institución. Surgen así trabajos valiosos, a veces, para los estudios del teatro, pero poco redituables para el teatrista cuando enfrenta un proceso creativo. Es por ello que, desde la praxis teatral, involucrada en la política lacaniana, la noción de convivio, por ejemplo y tal como veremos más adelante, más bien obstruye el trabajo del teatrista que lo potencia, en el sentido de que pondría al teatrista en cierta dirección de satisfacer una demanda del público o una demanda del contexto académico y cultural.

La praxis teatral, con su base en la teatralidad concebida en una dimensión agonística, esto es, como política de la mirada, se inscribe a partir del conflicto (que usualmente compete al saber inconsciente y al poder), no de las convergencias y afinidades conviviales. Se enfoca en los antagonismos, no en las conciliaciones; se trata, como puede verse, de una diferencia política relevante. Si nos vemos obligados a cuestionar el convivio desde la praxis teatral, es precisamente para marcar la diferencia respecto a las "epistemologías" teatrales y la filosofía del teatro y el objetivo del teatrista en su trabajo. Como el teatro no es sin el público, la cuestión se nos plantea, desde los temas de este ensayo, en relación a que el convivio se inclina hacia una dimensión de homogeneidad, mientras que la praxis teatral se interesa en la heterogeneidad, tal como Laclau la correlaciona con lo real lacaniano. Para decirlo sucintamente, el convivio tiende a conceptualizar el público como *masa*, mientras que la praxis teatral apunta a la formación de '*pueblo*' en el sentido de Laclau, como disparador de construcción de hegemonías a partir de demandas singulares insatisfechas puestas en relación equivalencial por medio de un significante vacío o flotante.

En efecto, el convivio, como lo ha elaborado Jorge Dubatti, nos parece tomar sus credenciales genealógicas en la noción de *masa* tal como es descripta desde el libro de Gustave Le Bon (1841-1931), The Crowd, publicado en 1895, que llega hasta Freud y más tarde hasta los debates actuales como la aproximación de Ernesto Laclau. No es éste el lugar para cotejar exhaustivamente convivio y masa. Basta anotar un par de citas para proceder en el futuro a un trabajo más pormenorizado. Solo pretendemos aquí anotar algunas cuestiones de la noción de convivio desde la perspectiva de las disciplinas científicas en contraste con la praxis teatral, en la medida en que nos parecen relevantes al tema específico de este ensayo. Por ejemplo, Le Bon subraya *la influencia y el poder* que ejercen las palabras que, al desatarse el significante del significado, promueven imágenes que evocan un sentido independiente de su significado habitual (Le Bon 60). Esas imágenes son vagas, grandiosas, oscuras y misteriosas (Le Bon 60), porque, de alguna manera, satisfacen mítica y globalmente demandas diversas. Este poder de las palabras y las imágenes –"magical power" como lo denomina Le Bon (60), cercano al de *poíesis* dubattiana— se define como capaz de formar una multitud por medio de la sugestión, la imitación y la identificación. Cuando calificamos de "celebratoria" a esta operación de sugestión, es para indicar que ese poder mágico pareciera contener la solución de todos los problemas, promoviendo una satisfacción masiva y plena de dichas multitudes. Las palabras e imágenes sintetizan "the most diverse unconscious aspirations and the hope of their realization" (60). Le Bon, además, subraya el hecho de que "The masses have never thirsted after truth" (64); por el contrario, deifican la ilusión y, por ende, el error (64). Por otra parte, esas ilusiones se expanden a la manera de una infección que las afecta corporalmente: "Ideas, sentiments, emotions, and beliefs possess in crowds a contagious power as intense as that of microbes" (Le Bon 73).

El componente de supremacía racial y el de superioridad de género no dejan de filtrarse en esta sociología, desde Le Bon en adelante: la masa responde y se somete celebratoriamente al líder, un ser superior, desde una dimensión animal marcada por el instinto: "Crowds instinctively recognise in men of energy and conviction the masters they are always in need of" (Le Bon 112). Al ser capturado por las palabras y las imágenes, el hombre se masifica al descender varios escalones en su nivel de civilización, comportándose como un bárbaro cuya violencia amenaza el orden social. Citemos este párrafo de Le Bon, ya famoso:

> Moreover, by the mere fact that he forms part of an organised crowd, a man descends several rungs in the ladder of civilisation. Isolated, he may be a cultivated individual; in a crowd, he is a barbarian — that is, a creature acting by instinct. He possesses the spontaneity, the violence, the ferocity, and also the enthusiasm and heroism of primitive beings, whom he further tends to resemble by the facility with which he allows himself to be impressed by words and images — which would be entirely without action on each of the isolated individuals composing the crowd — and to be induced to commit acts contrary to his most obvious interests and his best-known habits. An individual in a crowd is a grain of sand amid other grains of sand, which the wind stirs up at will. (19)[168]

Hay un pasaje siempre al acecho desde individuo "cultivado" a un nivel inferior instintivo, animal, salvaje. Instinto, autoridad, sugestión, imitación, identificación comienzan a ser las nociones al uso de la sociología desde Taine, Tarde, McDougall hasta Freud. Todas ellas están al servicio de una construcción de subjetividad de tipo homogéneo e indiferenciado necesario para la formación de la masa. La cuestión pulsional como afectación del cuerpo no se hace esperar. Hay, pues, una presencia corporal física de esos integrantes de la multitud quienes, al hacerse masa, constituyen un peligro para la sociedad, el cual requiere de un estudio científico para apuntalar el control disciplinario del Estado. Como vemos, algunas de estas no-

---

[168] "Además, por el mero hecho de que forma parte de una multitud organizada, un hombre desciende varios peldaños en la escala de la civilización. Aislado, él puede ser un individuo cultivado; en una multitud, él es un bárbaro, es decir, una criatura que actúa por instinto. Él posee la espontaneidad, la violencia, la ferocidad y también el entusiasmo y el heroísmo de los seres primitivos, a quienes además tiende a parecerse por la facilidad con la que se deja impresionar por palabras e imágenes—las que carecerían completamente de acción en cada uno de los individuos aislados que componen la multitud— y ser inducido a cometer actos contrarios a sus intereses más obvios y sus hábitos más conocidos. Un individuo en una multitud es un grano de arena entre otros granos de arena, que el viento agita a voluntad" (mi traducción).

ciones (sugestión, imitación, identificación) no están lejanas de nuestro vocabulario teatral corriente, incorporadas asistemáticamente a técnicas actorales y metodologías teatrales diversas. Gabriel Tarde ya discierne el contraste entre las multitudes y los públicos y eso está pendiente de una revisión en nuestra praxis teatral porque, como el convivio, multitudes y públicos se orientan hacia una "lógica de la homogenización" (Laclau 68).

Acto y sujeto versus subjetividad y experiencia

Pues bien, acerquemos ahora a este breve cotejo, algunas afirmaciones de Dubatti en su libro *Introducción a los estudios teatrales*:

> Al menos dos tipos de definición expresan la especificidad del teatro: una definición lógico-genética, como acontecimiento triádico, y una definición pragmática, como zona de experiencia y construcción de subjetividad. Según la redefinición lógico-genética, el teatro es la expectación de *poíesis* corporal en convivio; según la definición pragmática, el teatro es la fundación de una peculiar zona de experiencia y subjetividad en la que intervienen convivio-*poíesis*-expectación. (34)

Retengamos de esta cita, en principio, tres cuestiones: la zona de *experiencia*, la construcción de subjetividad y la presencia de lo corporal: el teatro como acontecimiento y experiencia que afecta los cuerpos construye subjetividades. Ya hemos hecho mención a la experiencia, como base de la profesionalización y como opuesta al acto performativo. Una experiencia es, como dice el diccionario de la RAE, una memoria de haber sentido, conocido o presenciado algo, una "práctica prolongada que proporciona conocimiento o habilidad para hacer algo". Está, pues, del lado de la rutina y del oficio, exactamente como opuesta al acto, siempre nuevo, incierto y desafiante del conocimiento, porque se origina en el no-saber y solo se juzga por sus consecuencias.

Nos dice Dubatti:

> Llamamos convivio o acontecimiento convivial a la reunión, de cuerpo presente, sin intermediación tecnológica, de artis-

tas, técnicos y espectadores en una encrucijada territorial cronotópica (unidad de tiempo y espacio) cotidiana (una sala, la calle, un bar, una casa, etcétera, en el tiempo presente). (35)

La definición no es conceptual; es una mera descripción empírica y observacional que, como hemos visto a lo largo de este libro, falla porque la percepción y la observación no pueden ser objetivas debido al filtrado del lenguaje; el acontecimiento convivial resulta así ser la masa homogénea en la que ya no se discierne el sujeto en su singularidad y en su heterogeneidad micropolítica. Además, no se plantea el saber sobre el deseo de un sujeto particular, sino que se pluraliza en la medida en que el teatro fabrica subjetividades que intervienen en la vida cotidiana. Notamos también un proceso de transformación –de tipo ontológico, ya no de descenso en la escala civilizatoria— que pasa del individuo común al de miembro del público, al entrar en contacto presencial con la *poíesis*, las palabras y las imágenes.

No somos los mismos en reunión puesto que establecemos vínculos y afectaciones conviviales, incluso no percibidos o conscientizados. En el teatro se vive con los otros: se establecen vínculos compartidos y vínculos vicarios que multiplican la afectación grupal. (35)

La referencia a Le Bon es aquí patente: identificación por todas partes. Lo que la praxis teatral, como disciplina en constante formación, podría objetar aquí es la cuestión de la construcción de subjetividades. Jorge Alemán, precisamente en su libro *Horizontes neoliberales en la subjetividad*, investiga cómo la sociedad capitalista neoliberal ofrece repertorios de subjetividades que excluyen, borran al sujeto del inconsciente. Ya mencionamos el ejemplo sartriano. Por su parte, Walter Benjamin, yendo un poco más lejos que la tesis de Weber, planteaba en 1921 al capitalismo como un parásito del Cristianismo en las sociedades occidentales, pero además ya anunciaba su carácter destructivo, destructivo del sujeto, sin duda: "Capitalism is entirely without precedent, in that is a religion which offers not the reform of existence but its complete destruction" ("Capitalism as Religion" 289). Es importante remarcar este aspecto, porque hace al núcleo mismo de la diferencia entre estudios teatrales y praxis teatral con fundamentos psicoanalíticos. Tenemos que detenernos un momento siquiera en ello porque constituyen el punto de convergencia problemático en el psicoanálisis, en la praxis teatral y en la academia.

Jorge Alemán plantea la necesidad de "diferenciar al sujeto de la subjetividad", porque se trata de "una diferencia política clave" (109). Es una diferencia, según Alemán, que divide aguas: por el lado del inconsciente, es decir, del psicoanálisis, tenemos el sujeto (dividido); por el lado de la filosofía, tenemos plenitud de consciencia yoica o cartesiana (incluso con matices fenomenológicos) que remiten a las subjetividades y, por esa vía, a la negación del sujeto. Según este autor, tendríamos al menos tres izquierdas: una izquierda clásica, de corte marxista, para la que habría un sujeto histórico capaz de llevar a cabo la revolución y superar el capitalismo. Se trata de una "versión teleológica de la historia" (Alemán 110) que las derrotas de la izquierda desde mediados del siglo XX ya demostraron con su ineficacia, precisamente por sus encuadres verticalistas y sus vanguardias lúcidas ancladas en el discurso del Amo. Luego, apareció una izquierda postmoderna, "que pensó las relaciones de poder como aquellas relaciones históricas construidas por distintas formas de poder" (Alemán 109). Como lo abordó Foucaul, aparecen así las subjetividades (feminista, gay, queer, terrorista, inmigrante, narcotraficante, etc.), como "efecto de las relaciones de poder construidas [esto es] históricamente, generada[s] por dispositivos, producida[s] por tecnologías" (Alemán 109-110). Finalmente, tendríamos la izquierda lacaniana cuyo punto de partida es el sujeto del inconsciente, la subversión del sujeto cartesiano o el *parlêtre*. En ella no se trata de describir subjetividades y menos aún de proponerlas para que los sujetos se reconozcan en ellas, se sometan a ellas, se identifiquen *en y con* ellas, sino de promover la emancipación del sujeto de su alienación al goce del Otro (incluso el encapsulado en esas subjetividades institucionalizadas surgidas de movimientos reivindicatorios de las diferencias); la izquierda lacaniana apunta a la singularidad del sujeto, a aquello que Alemán denomina "lo inapropiable" (Alemán 115) para el Neoliberalismo y que, por su carácter inconsciente, configuraría una brecha, una ruptura capaz de obstaculizar el poder circular y continuo de la reproducción capitalista neoliberal. Para Alemán se trata de la tarea política fundamental que hoy habría que explorar: para construir hegemonía frente a ese Otro enemigo que no satisface las demandas populares, hay que investigar el lugar del sujeto, definirlo, pues "el hecho político contemporáneo pasa por definir qué es el sujeto, que ya no se puede hacer política solo definiendo leyes objetivas de lo social, o comportamientos de las distintas clases" (Alemán 124).

La producción de subjetividad, más allá de las iniciales intenciones de la izquierda postmoderna, fue capturada por el discurso capitalista, particularmente en su versión neoliberal; su propósito es "fabricar subjetividades" (Alemán 111), darlas como *'ready made'*, hacerlas sostener por el discurso de la Universidad, darles curso de circulación social como Ideales con la consecuencia ineludible de promover progresivamente la destrucción del sujeto y, por ende, deteriorar el lazo social, destruyendo los semblantes que lo sostienen. ¿Qué significa esto? Significa que el sujeto dividido, dividido por el lenguaje como fundamento del contrato social y como operador de la falta que es el deseo, queda a merced del goce obsceno del superyó-mercado, condenado a producir ya no solamente mercancías sino "plus de goce", y atravesado por la pulsión de muerte. Ya no se trata, para Alemán, del empleado que produce plusvalía, sino del "in-empleado" que produce plus de goce, un excedente de goce originado en su situación de precariedad y de exclusión del sistema, que ya "no tiene lugar ni tendrá lugar en el Otro" (Alemán 112), con la consecuencia de verse necesitado, a causa de la "acumulación de desposesión" (Alemán 130), de aceptar cualquier tipo de reclutamiento letal por el narcotráfico, el terrorismo, la burocracia. El egoísmo del individualismo capitalista se torna ahora, en la etapa neoliberal, contra el individuo mismo: interesado a tal punto en "el mal de los otros", llega al extremo del goce mortífero cuando "es capaz de hacerse un daño que lo extinga con tal de que los otros se perjudiquen para siempre" (Alemán 113). Como vemos, el lazo social queda arrasado por estas subjetividades sin sujeto dividido, sin deseo; sin freno de ley alguna, estas subjetividades comienzan a moverse maquinalmente y quedan capturadas por el superyó que impone gozar, que deja al sujeto desamparado frente a lo pulsional con base en lo corporal. Al no haber, entonces, un exterior al discurso capitalista, se van deshaciendo las oposiciones civilización-barbarie, democracia-terrorismo (Alemán 115). Por eso mismo, si el psicoanálisis y la praxis teatral tienen todavía un campo de intervención, es justamente porque apuntan al sujeto, al inconsciente, como instancia de lo inapropiable por el sistema.

En una nota publicada en *Página 12* titulada "Transexualismo y biopolítica", Nora Merlin retoma estas cuestiones denunciando la complicidad entre la ciencia y el neoliberalismo y, además, poniendo el acento en los peligros inherentes a las subjetividades cuando éstas han sido institucionalizadas, como por ejemplo, la ley de identidad de género promulgada en Argentina en 2012. Si esta ley constituye, sin duda, un paso enorme en el reconocimiento de la libertad del sujeto para ajustar su cuerpo biológico a su autopercepción de género, también es riesgoso que, debido a la cobertura dada por el Estado para realizar los tratamientos hormonales y las cirugías de cambio de sexo, muchos individuos queden capturados por ello y procedan ciega y apresuradamente a realizar un cambio irreversible. A este avance democrático y progresista, no obstante, hay que saber dosificarlo a partir de trabajar la responsabilidad del sujeto y las instancias de su saber inconsciente, cosa que solo el psicoanálisis puede hacer precisamente porque es, como señala Merlin, la única disciplina que tiene en su haber conceptos como inconsciente, pulsión y goce. Hay, pues, que estar alerta de la complicidad de la ciencia con el mercado médico y farmacéutico inescrupuloso del neoliberalismo. Escribe Merlin: "La articulación entre ciencia y neoliberalismo, fundamentada en una ideología empresarial y colonialista, estimula creencias tales como "sos el dueño, el gestor de tu vida y de tu cuerpo" y construye una libertad ilimitada que rechaza la imposibilidad y encubre el sometimiento del cuerpo y la sexualidad a la picadora de carne de la ciencia como dispositivo de mercado". Las subjetividades ya institucionalizadas (gay, queer, lesbian, inmigrante, etc.), como conquistas de las respectivas comunidades, no dejan de sumarse a este arrasamiento del sujeto en tanto se ofrecen como ideales de esa "picadora de carne". Es en esta línea que la praxis social invita a trabajar por un teatro que apunte a la singularidad del sujeto del inconsciente y, por ello, haga lo imposible para mantenerse del lado de la heterogeneidad. Particularmente cuando, en el mercado teatral, también hay "ideales de actor" ofrecidos como subjetividades *ready made*. ¿Acaso no debería un actor cuestionarse responsablemente por qué se identifica con un maestro, con una técnica o un ideal de actor promovido por el mercado teatral neoliberal? Como dice Merlin al final de su artículo —retomando la idea política de Jorge Alemán de hacer desde el psicoanálisis lo indispensable para recuperar lo inapropiable del sujeto a fin de que el capitalismo no logre consumar el "crimen perfecto"—, "[m]antener la hipótesis de un sujeto no basado en identificaciones homogeneizantes resulta indispensable. Si el poder en nombre de la salud mental y el *furor curandis* se apropian y domestican lo inapropiable, el crimen perfecto se consumará".

Regresando a la reflexión de Dubatti, podemos ver cómo, a su manera, aborda esta cuestión de plusvalía capitalista:

> Dentro del convivio y a partir de una necesaria división del trabajo, se producen los otros dos subacontecimientos, correlativamente: un sector de los asistentes al convivio comienza a producir *poíesis* con su cuerpo a través de acciones físicas y físico-verbales, en interacción con luces, sonidos, objetos, etcétera; mientras, otro sector comienza a expectar esa producción de *poíesis*. Se trata respectivamente del acontecimiento *poiético* y del acontecimiento de expectación. (37)

Esta división del trabajo, sin embargo, de acuerdo a este banquete convivial, no oculta tres aspectos ya señalados por Le Bon para la masa: el "poder mágico", su carácter contagioso y la afectación corporal. "Llamamos *poíesis* —escribe Dubatti— al nuevo ente que se produce, y es, en el acontecimiento a partir de la acción corporal" (38). Si por un lado pareciera enfatizar el aspecto pulsional desde la acción corporal—que ya insinúa un plus de goce—por el otro aplasta la cuestión del sujeto y del inconsciente cuando afirma que "[e]l acontecimiento de expectación implica *la consciencia*, al menos relativa o intuitiva, de la naturaleza otra del ente poético" (39, mi énfasis). Para evitar el efecto directo de construcción de masa, se recurre al yo, a la conciencia, capaz de discernir entre ficción y "realidad" mediante la instalación de una distancia ontológica que, por otra parte, no se sabría de dónde o bajo qué circunstancias estructurales podría ocurrir ese 'salto': "No hay expectación sin distancia ontológica, sin consciencia del salto ontológico o entidad otra de la *poíesis*" (39). Y agrega: "la función primaria de la expectación —observar la *poíesis* con distancia ontológica, con consciencia de separación entre el arte y la vida— para que el trabajo del espectador se realice" (41).

La praxis teatral pregunta: ¿desde qué punto el público podría separarse?[169] ¿Qué agencia podría asistirlo para esa operación? ¿Cómo se las

---

[169] Para un desarrollo más detallado de los conceptos lacanianos de alienación-separación, ver mi *Dramaturgia de frontera/ dramaturgias del crimen*.

arreglaría el público para distinguir arte y vida, ficción y realidad, si convenimos en que la construcción de realidad es imaginaria, a nivel social y también individual, lo que –como se ve—complejiza el planteo en la medida en que habría múltiples versiones sectoriales y particulares de esa 'realidad' ilusoria? El carácter de sugestión, identificatorio, contagioso, no se hace esperar: "La expectación no se limita a la contemplación de la *poíesis*, sino que además la multiplica y contribuye a construirla" (42). Y, en consecuencia, la homogeneidad buscada se celebra en ese convivio entre artistas y público, sin diferenciación y sin mayor perspectiva de construcción de hegemonía en el sentido de Laclau, en la medida en que disuelve los antagonismos: "El teatro es un lugar para vivir —de acuerdo al concepto de convivio y cultura viviente—, la *poíesis* no sólo se mira u observa sino que se vive. Expectación, por lo tanto, debe ser considerada como sinónimo de vivir-con, percibir y dejarse afectar en todas las esferas de las capacidades humanas por el ente poético en convivio con los otros (artistas, técnicos, espectadores)" (42). Sin embargo, de pronto, como entre bambalinas, se percibe la presencia de un Otro, sin el cual la relación diádica entre escena y público caería, por decir lo menos, en el embotamiento narcótico típico de la masa: "La distancia ontológica respecto del ente poético es un saber adquirido históricamente: el espectador va tomando consciencia de la naturaleza del ente poético a partir de su frecuentación y su contacto con el teatro. Por su naturaleza dialógica y de encuentro con el otro, el teatro exige compañía, amigabilidad, disponibilidad" (42). No se sabe aquí porqué caminos deductivos Dubatti llega a la conclusión de que "el teatro exige compañía, amigabilidad, disponibilidad" a partir de las premisas que él mismo ha puesto a su silogismo. Tomar conciencia del ente poético (incluso si eso se produce) no implica celebración conciliatoria convivial; podría haber una contingencia de violencia y desacuerdos, antagonismos impredecibles. Vemos, pues, que la apelación al registro simbólico de las convenciones es a lo que Dubatti recurre para resguardar su convivio de las consecuencias poco conviviales causadas por ese poder contaminante y ese plus de goce incitados por las palabras e imágenes de la *poíesis*.

Frente a este panorama, resulta evidente la dirección opuesta que toma la praxis teatral: en primer lugar, porque apunta al sujeto, al inconsciente, para explorar esa dimensión de lo inapropiable, la cual, obviamente, nada tiene que ver con representar la realidad sino inventarle significantes a eso Real que constituye el malestar en la cultura; en segundo lugar, porque apunta al deseo, en tanto *singular*, para desactivar la captura del sujeto del goce letal promovido por el capitalismo neoliberal y la captura del sujeto por las subjetividades fabricadas. La praxis teatral, basada en la concepción lacaniana de que toda comunicación es un malentendido, se preocupa no por la homogeneidad del público en convivio, sino por la heterogeneidad de demandas particulares de cada miembro de ese público para invitarlo, a través de espectáculos enigmáticos (pero no crípticos ni con mensajes empaquetados) a interpretar y hacer sentido, abriendo la posibilidad de establecer relaciones equivalenciales capaces de construir, más allá del teatro, hegemonía promotora de actos instituyentes en el contexto social. La praxis teatral pone a trabajar al Amo, al público. No alienta comunión, sino debate, polémica, en el sentido etimológico de la palabra como 'arte de la guerra' del cual, como aprendimos en Clausewitz, la política es su versión en tiempos pacíficos. El arte tiene la función ineludible de experimentar con invenciones para lo real que puedan, a la postre, contribuir a demarcar fronteras para que jueguen los antagonismos. Pluralizar, más que converger o coincidir. No es trabajo político de la praxis teatral propender a consolidar mensajes doctrinarios, porque al partir del no-saber, parte de la misma dimensión en la que el público debate sus insatisfacciones; porque al carecer de una verdad, evita toda dimensión autoritaria, incluso bajo las mejores intenciones y los velos de lo sugestivo. Enfrenta, pues, las subjetividades circulantes para abordar la forma en que destruyen el sujeto y lo hace a riesgo de una inmersión en aquellas zonas de lo políticamente incorrecto: como lo plantea Miller, "[l]a política lacaniana es una cierta política de la insistencia, la insistencia en hacer salir al deseo oculto tras las buenas razones y la buena intención" (104). Y ello es así porque, interesada en el saber inconsciente, "que no es desconocimiento ni ignorancia, es un saber en reserva que en cualquier momento puede aparecer en cualquiera y dar paso a una verdad política" (Alemán 139), dicha política lacaniana no se apoya en los conocimientos ya adquiridos, salvo temporariamente para desafiarlos, cuestionarlos y, a veces, desestabilizarlos.

El saber-hacer del teatrista

Con este instrumental conceptual podemos aproximarnos a cuestiones que competen al trabajo del teatrista. Todo espectáculo se organiza a partir de demandas, sean las de los teatristas, sean las del público. Y esto equivale a decir que responden a insatisfacciones diversas cuyo origen hay que plantear desde la perspectiva mítica y desde la perspectiva de la heterogeneidad, ambas íntimamente conectadas a ese malestar en la cultura, a ese real y goce que carece de palabras y que, por ser inconsciente, escapa a nuestra dimensión yoica, nuestra conciencia. No se trata, como vemos, de trabajar sobre *ideas* que circulan en el campo social (feminismo, reclamos por derechos humanos, por la legalidad del aborto, por la esclavitud contemporánea, por la destrucción del medio ambiente, por los horrores de las diásporas migratorias en el capitalismo neoliberal, etc.) y que el teatro debería *ilustrar* para permitir una toma de conciencia cuyo resultado más optimista sería la construcción de hegemonía de esos sectores insatisfechos. Para un teatrista interesado en lo artístico, la tarea, como es de suponer, es mucho más compleja, porque él o ella nada saben de ese real; solo conoce la información circulante, experimenta los mismos horrores que su comunidad en su propio cuerpo o responde a demandas institucionales progresistas. Un teatro de arte no es un teatro promocional de una agenda política o cultural; entendemos aquí al teatro de arte como el que no se interesa en ilustrar/decorar ideas sobre el escenario, sino en abordar, desde el cuerpo mismo del teatrista, lo real de ese goce que también lo marca y del que nada sabe. Es decir, en primer lugar, trabajar la consistencia de su propia demanda.[170] Aunque podemos tener un conocimiento más o menos detallado de las tendencias teatrales más favorecidas por el público, nunca podemos precisar puntualmente cuál es el real que finalmente ancla en la demanda de *cada uno* de los miembros de ese público. No olvidemos, además, que la demanda hace puente con el deseo —de los teatristas, del público—del que, por ser inconsciente, nada sabemos. ¿Cómo abordar el trabajo del teatrista, desde su inicial impulso de creatividad, de selección de materiales, de trabajo con el grupo, de su propuesta de teatralidad, etc.?

---

[170] En *Dramaturgia de frontera/ dramaturgias del crimen* relato el proceso de trabajo en *Las mujeres de Juárez del mundo*. Allí los estudiantes/actores vinieron con una demanda precisa, trabajar sobre este tema tan siniestro y que tanto los afectaba. Desde mi posición analítica, me negué a satisfacer esa demanda de trabajar sobre ese "tema". Les propuse una dinámica diferente en la que, paulatinamente durante los ensayos, ese 'siniestro' era parte de sus propios cuerpos y por eso trabajamos a partir de ese real. Impedí, de ese modo, hacer lo que gran parte de la dramaturgia sobre las mujeres de Juárez han hecho: *ilustrar* escénicamente lo que *supuestamente* sabían.

Si las categorías que hemos considerado pueden ayudar aquí, al menos sabemos que múltiples factores van a converger desde los inicios mismos del trabajo. Vamos a atenernos en este ensayo en la cuestión de la demanda y el rol 'político' del teatro (no de *la* política y menos de la política del teatro). Por lo pronto, aspiramos a un espectáculo capaz de aportar, desde el no sentido, desde lo ambiguo o el equívoco, desde la contingencia, la posibilidad de que, por un lado, el grupo teatral y, por otro, el público, conformen cadenas equivalenciales alrededor de significantes vacíos o significantes flotantes capaces de poner esas demandas democráticas, diferenciales, en una relación de equivalencia. Así, aunque apuntemos a brindar un significante vacío o flotante que dispare la construcción hegemónica, nuestro espectáculo debe circunscribirse a ser ese *acontecimiento instituyente* y no pretender convertirse inmediatamente en lo instituido.[171] Al instituirse, se produce inevitablemente el pasaje a la posibilidad de una acción hegemónica, que debería ser el límite, la frontera frente a los que el teatro de arte (no todo el teatro) debe detenerse. Esa posibilidad de movilización instaurada como antagonismo frente a un otro ubicado del otro lado de la frontera (Estado, instituciones diversas, líderes) es algo que puede resultar como efecto de un espectáculo, pero el acto instituyente teatral no debería como tal cancelar su potencial creativo convirtiéndose en apéndice o representante de los procesos de reclamo a los que, obviamente, puede acompañar. En todo caso, esa tarea queda para otras agencias comunitarias en su lucha por la hegemonía y la satisfacción de sus necesidades.

El público asiste por una demanda y hasta paga para ser satisfecho. ¿Deberíamos satisfacer esa demanda? ¿Podemos satisfacerla realmente? El teatro comercial sabe cómo satisfacer esas demandas, aunque a veces pueda fallar. Muchas veces el teatro comercial, como ligado al consumo, genera artificialmente una demanda que, luego, satisface y el público, por lo tanto, alcanza la plenitud mítica de su felicidad, como cuando un analista no lacaniano declara "curado" a su paciente porque ahora se ha adaptado correctamente a los mandatos sociales, al goce del Otro o a la imagen de su analista. ¿Procederá el teatro de arte de la misma manera? Dejemos de lado las

---

[171] Los grupos teatrales que, a veces convocados alrededor de la figura de un maestro, se han instalado como lo instituido, corren el peligro de limitar su potencial creativo y crítico al convertir su dinámica artística en algo ortodoxo incapaz de deconstruirse y avanzar hacia nuevos desafíos artísticos.

veleidades narcisistas, que nunca faltan, a veces bajo la forma de pretensiones rupturistas o vanguardistas, de exhibicionismo puro, para las cuales el grado de incomprensión del público satisface la demanda de identidad del teatrista construida sobre la mera transgresión. El teatro comercial y el teatro rupturista ofician como dos polos contrapuestos respecto a la forma en que se posicionan frente a la demanda del público. De maneras diversas, cada uno trabaja desde la sugestión y propone identificaciones.

Ahora bien, como cada miembro de ese público tiene una demanda singular, el efecto político del teatro debería residir precisamente en poder articular ese significante vacío o flotante que las pone en equivalencia para iniciar un proceso de lucha. El teatro de arte no debería proponerse, con o sin Brecht, adoctrinar ocupando el discurso del Amo o el discurso de la Universidad, a la manera de quien tiene *la* verdad y la propone (o impone) para generar identificaciones, conciliaciones, adhesiones o sometimientos; ese tipo de subjetividades producto de identificaciones a Ideales del yo propuestos por un teatro en posición de Amo, generan masa (convivio) y no pueblo, en el sentido que le da Laclau en *La razón populista*. En todo caso, el teatro de arte debería mantenerse en un trabajo con lo real para hacer emerger un significante tal que pueda permitir poner en una misma línea de equivalencia las demandas singulares temporariamente. Cada miembro del público resignará algo de su demanda en beneficio de una relación equivalencial que permita, ya fuera del espectáculo, la movilización y el reclamo. Y esto no es un convivio, una celebración; es una estrategia política precisa, con antagonismos específicos sin los cuales no hay pueblo.

Como vimos, desde esta perspectiva, el teatro no puede convertirse en una excusa para ilustrar ideas; tiene que mantenerse en la posición histérica de un constante dudar y cuestionar al Otro (del poder) o bien mantenerse éticamente en la posición del analista que suspende su saber y no legisla sobre el bien del otro. Obviamente, el teatro comercial y el llamado teatro político (como ocurrió con la creación colectiva de los 70s), proponen significantes-amo que operan como Ideales del yo y hablan desde el lugar de una verdad que no necesariamente es la del público; genera debate, incluso distanciamiento crítico, en todo caso, pero no genera un espacio para que se constituyan contingentemente cadenas equivalenciales; por el contrario, si estas cadenas se instalan, lo hace por sugestión e identificación, esto es, por coerción autoritaria desde el escenario. De modo que la consistencia del espectáculo, tal como la entiende la praxis teatral, no puede ser coherente, con mensaje transparente, sino por el contrario ambiguo, enigmático, impreciso respecto a la relación significante/significado, equívoco, para que la comunidad *interprete* por sí misma cómo proceder a partir de ellos, cómo organizar una demanda popular a partir de un significante vacío o flotante que le resulte específico para sus reclamos.

No es al teatro al que se le hacen reclamos por el aborto, por la violencia doméstica, por la pobreza, por el abuso a los derechos humanos, es al Otro, sea el Estado o los representantes democráticos que supuestamente deberían ocuparse de esas agendas. Pero el teatro, no obstante, puede afrontar esas demandas proveyendo al público la posibilidad de articular ese significante vacío o flotante necesario para la movilización política, para la construcción de hegemonía... fuera del teatro y a partir de aquello real, de aquel goce que constituye lo inapropiable. En síntesis, el teatro debe darle al público la posibilidad, no de identificarse con lo sostenido en la escena, sino de *inventar* ese significante flotante o vacío para actuar en consecuencia. Es, pues, invitarlo a ser un sujeto como agente creativo.

A manera de conclusión temporaria

El concepto psicoanalítico de "sobreinvestimiento" nos resulta aquí útil en la medida en que nos permite distinguir al menos dos tipos de trabajo en el campo de la praxis teatral. Es innegable que el público, frente a un espectáculo enigmático —diferente a un espectáculo críptico, que obtura toda posibilidad de interpretación— se ve necesitado de interpretarlo, de trabajar su propio discurso frente a lo dado-a-ver. Es un espectáculo que lo saca de la zona de confort típica del ofrecimiento del teatro comercial, o de la zona de goce absoluto del teatro vanguardísticamente radical, ambos culturalmente necesarios. De dicho espectáculo, como vimos, puede resultar un significante vacío o flotante que pone en cadena equivalencial una serie de demandas insatisfechas, sin promover identificaciones a un significante preciso, sobreinvestido por el teatrista, tal como ocurre con el llamado teatro político. Lo político de esta nueva perspectiva teatral, sea el teatro de la intensidad o de la multiplicidad o cualquier otra manifestación que se elabore a partir del no saber, del sinsentido, de lo Real, reside en su capacidad de dinamizar al público, hacerlo trabajar y no meramente darle servido una supuesta solución social a sus problemas. Por eso mismo, es poco probable que este tipo de propuesta pueda apelar a los recursos "aristotélicos", ya que la trayectoria edípica que los funda (secuencia comienzo-nudo-desenlace, catástrofe, justicia poética, piedad y temor, etc.) resulta difícil (aunque no imposible) para disparar instancias de interpretación más emancipadas. Recordemos aquí que el trabajo con la demanda supone dos cosas: por una parte, un trabajo con la resistencia del público, que es siempre resistencia al deseo del analista –el teatrista en nuestro caso— que quiere imponerle ciertos significantes; por la otra, que la resistencia mayor está del lado del teatrista.

Ya vimos el fracaso de este tipo de experiencias teatrales coercitivas en el siglo XX. Un teatro comercial o político parte de ideas, las ilustra con una fábula, propone un significante-amo que daría solución a los males sociales y pretende la aceptación consensual, convivial del público convertido en masa y que contemplativamente *expecta*, por identificación al escenario y a la propuesta que le ha sido presentada. Es una forma celebratoria que, como se vio en los estudios sobre la formación de masa desde Le Bon hasta Freud, procede por identificación al líder (la escena o el maestro) y la identificación de los yoes de cada cual entre sí en la masa. Justamente el efecto que se produce es la dependencia y la obediencia a esa idea, pero no la promoción de un significante vacío o flotante capaz de construcción de hegemonía. El líder, se supone, es capaz de iluminar cuál es el bien para la comunidad e instaura, ineludiblemente, un aparato de disciplina y control (que, históricamente, como sabemos, no ha ahorrado violencias de todo tipo) para asegurarse de ser capaz de satisfacer las demandas a nivel total y global, algo obviamente imposible. Sin duda, hay un momento de celebración cuando esto ocurre, en la medida en que pareciera fundarse un instante de reconciliación de las diferencias comunitarias, encarnada en la figura del líder y la plenitud de la satisfacción mítica; es un instante de pacificación y plenitud que solo puede mantenerse por el recurso a la violencia (represión, control, censura, persecución, etc.). No abre un espacio de debate comunitario para que la comunidad se posicione, errada o no, como *agente* de su propio destino.[172]

Así, si el teatrista parte de sobreinvestir con una catexis suplementaria un significante específico (feminista, postcolonial, subalterno, queer,

---

[172] En mi libro *Dramaturgia de frontera/ dramaturgias del crimen*, hago mención a los levantamientos iniciados por las mujeres en la meseta Purépecha del Estado de Michoacán de Ocampo, en que el grupo indígena predominante, desde el 15 de abril de 2011, establece el Autogobierno del Municipio de Cherán (55-56); ejemplo alentador de cómo se evitó la formación de masa y se construyó hegemonía.

etc.) ya catectizado en lo social, consolidando su relación significante/significando, no puede evitar ocupar la posición de Amo (o el deseo de serlo), legislando lo que es lo mejor para el público y pretendiendo adhesiones críticas o espontáneas que, a su vez, lo confirmen en su poder. Al proceder de esta manera, no abre el camino a las interpretaciones o el debate, sino que espera conciliación y acatamiento. La frontera de los antagonismos que, según Laclau, es indispensable para la emergencia del 'pueblo', no surge en estos casos del trabajo del público en relación a la propuesta enigmática de la escena, sino que es ya impuesta por la posición misma del teatrista y su espectáculo. Si el teatrista, en cambio, desamarra el significante del significado, lo vacía, lo torna flotante, se abstiene de proponer, para sí mismo y para el público, un espectáculo dado-a-consumir, *con* un mensaje, *como* un mensaje, tal como ocurre en el teatro 'tradicional'; abre el debate sin legislar, dejando al público confrontar sus diferencias y discernir la posibilidad de un punto de equivalencia en algún significante que proceda de su propia deliberación y que le permita, fuera del teatro, construir hegemonía mediante la demarcación de una frontera no impuesta por otro, sino por su propia polémica.

Cuando planteamos que el teatrista se abstenga de proponer significantes-amo, para sí mismo y para el público (salvo cuando ya sea 'su' público, como algo institucionalizado, para el que solo vale reafirmar posiciones más que desestabilizarlas), no queremos insinuar que deba ponerse en un afuera de l social. Lo que planteamos es la posibilidad de que el teatrista se ponga fuera de la conciencia, de la suya, fuera del mercado, y permita un trabajo con lo inconsciente, para precisamente aportar una significantización a lo Real, aquello del malestar en la cultura que no tiene aún verbalización y que, obviamente, no la tendrá *nunca* completamente. Estamos así no en el campo del discurso del Amo con su pretensión de verdad única, universal, ilusoriamente completa, total o totalitaria, sino en el del semblante de la verdad, en el mediodecir de la verdad sobre el goce y lo real. El teatrista, por lo tanto, tiene como tarea sobreinvestir no aquello que sabe, no aquello que está en el dominio del yo y de la conciencia, sino confrontarse con el enigma, el sinsentido porque éste, sin dudas, es el que está operando a nivel inconsciente. Y si el inconsciente, tal como Lacan lo planteara, no es colectivo sino transindividual, si el inconsciente es el discurso del Amo con el que tenemos que vérnosla (Miller 98), si "el acto es transindividual" (Miller 98), si es particular para una comunidad, histórico, no universal, no atemporal, entonces es factible que, en algunos casos, el espectáculo producto de ese trabajo *pueda* hacer puente con aquello que también afecta a la comunidad donde dicho trabajo se efectúa y para la cual se efectúa.

Partir de una idea, por más políticamente correcta que se la quiera, es en general la partida de defunción anticipada para un teatro de arte (no, obviamente, para un teatro en posición de Amo). Supone legislar anticipadamente sobre el deseo de los demás; vender, incluso, un producto porque se supone que responde a una demanda. Lacan nos advirtió que el analista *no debe responder a la demanda.* Toda demanda es demanda de amor, es decir, que una vez satisfecha una necesidad, puede quedar activa la demanda (incluso por el reconocimiento). Aquello que queda como residuo es el deseo, indestructible por lo demás, del que nada se puede saber y menos por anticipado. Responder a la demanda significa que el teatrista está en posición de dar lo que al otro le falta. Pero como la falta del otro se registra a nivel de su deseo, y nadie tiene ese objeto perdido y singular para ese sujeto, resulta que, si el teatrista lo intenta, incluso bajo la forma de proponerse como Ideal del yo a imitar por el público, lo único que produce es una réplica de sí mismo, basada además en supuestos valores asumidos como benéficos para el otro. Otra vez masa, otra vez convivio, falta de antagonismo, celebración, sumisión. Queda, en esta operación, completamente aplastada la singularidad del sujeto.

Lo mismo podríamos plantearnos a partir de la praxis teatral respecto al espectáculo y, por una vía indirecta, a la aproximación crítica y académica. En efecto, el llamado teatro político, con o sin distanciamiento crítico, lleva la crítica solo al campo de las adhesiones, proponiéndose como capaz de iluminar al público en aquello en que éste estaría completamente engañado o confundido. Es decir, responde a la demanda. En el caso de la academia, además, se responde a demandas institucionales que garantizarían la estabilidad laboral y obviamente la circulación de un conocimiento consolidado por múltiples factores de poder y reconocimientos. Un círculo vicioso similar ocurre con el teatro: sabemos cómo asiste a este tipo de espectáculos gente que se identifica con una propuesta y el teatrista entonces no puede más que satisfacerlo, como en cualquier otro teatro comercial. Y lo mismo –demás está decirlo— ocurre en el teatro off o alternativo. Elabora un producto para esa demanda sobre valores que supuestamente son los idóneos para ese público y que, por espectáculos anteriores, ese público acató por identificación. Se instala un circuito que cancela la creatividad o la subsume en meras variaciones formales, sin apuntar a cuestionar la consistencia de esos valores que supuestamente 'valen'. No produce separación de los Ideales, sino alienación a los mismos. Recordemos que la emancipación nunca termina. Ese teatro no brinda la posibilidad del debate para promover la construcción de hegemonía, sino que masifica, ofreciendo un repertorio de recetas, estereotipos, repertorio de subjetividades ya *ready made*, bibliografías prestigiadas, sean éstas basadas incluso en las mejores intenciones o las mejores lecturas del feminismo, de los estudios subalternos o postcoloniales, de la teoría queer, etc. Por esto mismo, es importante moverse al campo del deseo sin pretender satisfacer la demanda, ya que al hacerlo, al menos nos queda la certeza de estar trabajando a nivel de un inconsciente que, siendo transindividual, nos involucra con el público, con las incertidumbres y malestares de la comunidad. Y para trabajar a partir del deseo, hay que hacerlo a partir de aquello que está fuera del sentido, de lo simbólico, de ese famoso "coágulo" del que hablaba Eduardo Pavlovsky (103).

ADENDA

ADENDA

> lo que se ama en el objeto es lo que le falta – sólo se da lo que no se tiene.
>
> Jacques Lacan, *Seminario 4* 153

> Para ver lo que no puede ser visto, es preciso verlo detrás de un velo, es decir, que se ha de poner un velo delante de la inexistencia de lo que se trata de ver.
>
> Jacques Lacan, *Seminario 4* 358

A los fines didácticos requeridos por varios cursos y talleres dictados en diversas universidades, he diseñado un mapa de la sala a la italiana para proyectar allí el estadio del espejo y el modelo del ramillete invertido. Sin duda alguna, la política de la mirada de la teatralidad del teatro (como una de las *seis* estructuras de la teatralidad), corresponde a lo que Lacan denominará "estructura perversa", lo cual es consistente con el surgimiento de esta teatralidad desde el Renacimiento europeo junto al capitalismo. He desarrollado estos aspectos en otros trabajos.

La teatralidad del teatro no está alejada del fetichismo, tal como Lacan lo trabaja en el *Seminario 4*. No se trata de actos perversos como aquellos que van en contra de la moral, sino de una estructura (freudiana o clínica) con cierta posición del sujeto y del objeto, la cual permanece como estructura perversa aun cuando no se realicen actos perversos; Lacan señala que podemos encontrar rasgos perversos en la neurosis, sin que el neurótico sea un perverso. En esta estructura perversa el sujeto deniega la castración, fundamentalmente –como ocurre con el fetiche— de la falta de falo en la Madre; conviene recordar la famosa frase acuñada por Octave Mannoni: "Ya lo sé [que no tiene falo], pero aun así…". El fetiche es el sustituto simbólico y por eso ocupa ese lugar del objeto faltante en la Madre. En la perversión el sujeto se identifica a nivel imaginario con ese objeto que él/ella cree que es el deseo de la Madre. Lacan habla del triángulo madre-niño-falo como instancia pre-edípica; la intervención del Padre tendrá lugar en un momento lógico posterior. Lo que nos importa a los teatristas es la función de velo que este objeto perverso asume en el fetichismo, en el travestismo, el exhibicionismo y la homosexualidad. Se pregunta Lacan:

> ¿Qué puede materializar para nosotros, de la forma más neta, esta relación de interposición por la cual *aquello a lo que se apunta está más allá de lo que se presenta*, sino una de las imágenes verdaderamente más fundamentales de la relación humana en el mundo, el velo, la cortina? [...] Puede decirse incluso que al estar presente la cortina, *lo que se encuentra más allá como falta tiende a realizarse como imagen*. Sobre el velo se dibuja la imagen. [...] La cortina cobra todo su valor, su ser y su consistencia, precisamente porque sobre ella se proyecta y se imagina la ausencia. (*Seminario 4* 157, énfasis mío)

Esta cita espera una lectura expandida en la praxis teatral, en la medida en que nos lleva a preguntas muy puntuales sobre la dramaturgia, la narratividad y la puesta en escena como 'imagen' de aquello que falta y que no es especularizable por el espejo cóncavo.

Fetichismo, travestismo y exhibicionismo son aspectos estrechamente ligados al teatro, la actuación y, por lo tanto, merecerán en el futuro un tratamiento más amplio en la praxis teatral. Es concebible que la cuestión del performance sea una vuelta de tuerca sobre dichos conceptos y sobre la teatralidad del teatro como tal. "La ambigüedad de la relación con el fetiche—dice Lacan y podemos llevarlos a la praxis teatral, tanto para el teatrista como para el público—es permanente y se manifiesta sin cesar [...] Esta vivencia manifiestamente ambigua, *ilusión sostenida y adorada*, se vive al mismo tiempo en un frágil equilibrio siempre a merced de que el telón se derrumbe o se alce" (*Seminario 4* 158, énfasis mío). Lacan nos recuerda aquí que Freud, al referirse a la denegación, no deja de referirla a un decorado (*Seminario 4* 158). Y si la estructura perversa en cuanto al fetiche se instala por medio de "la metonimia, la alusión y el mensaje entre líneas", la cuestión de la narración escénica, como velo, opera como un recuerdo pantalla que interrumpe la historia, como esa detención de la película en un punto clave que "se toma prestado especialmente de la dimensión histórica" (*Seminario 4* 159). Pareciera haber un antes del inicio mismo de la narratividad escénica que paradójicamente comienza o despliega su continuación, en adelante velada, "su continuación ausente" (*Seminario 4* 159), a partir de la represión previa al inicio del espectáculo.

El perverso, en relación a lo pulsional, ocupa el lugar del objeto del goce del Otro, es el gran obediente, instrumento del Otro, el que no pregunta. No busca su placer sino el del Otro, y por eso trabaja para el Otro. Esta afirmación nos abriría las puertas a una revisión del actor en varias técnicas actorales y particularmente en la de Grotowski. El rol de la mirada (la del Otro) juega en esta estructura perversa un papel crucial, tanto para el exhibicionismo como para el voyeurismo, muy enfatizados por la teatralidad del teatro.

He aquí el gráfico en el que se proyecta gran parte de lo expresado más arriba y sobre todo lo elaborado en el capítulo "Aproximación lacaniana a la teatralidad del teatro":

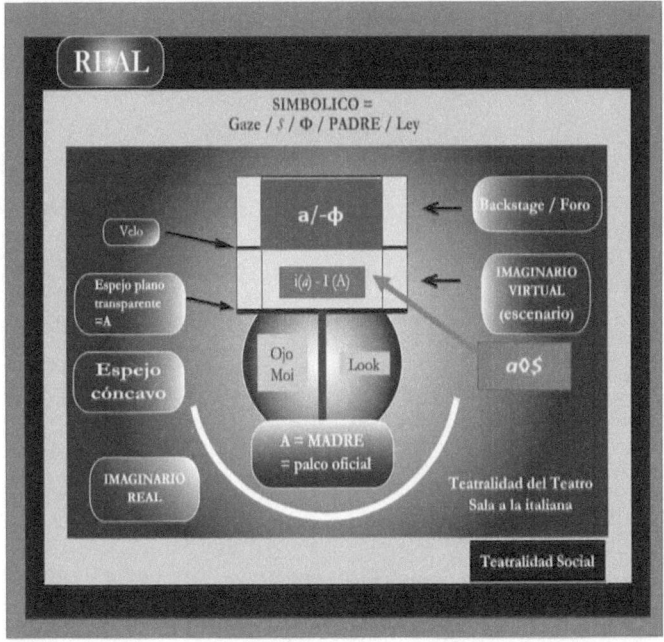

He pergeñado este gráfico en el que trato de visualizar todo este aparato conceptual lacaniano; me pareció útil apelar a la traducción inglesa de 'mirada', término que en francés y castellano es usado tanto para referirse a la visión (*look*) como a la mirada del Otro (*gaze*). Asimismo, he colocado la función del velo en el foro y no como telón en proscenio, justamente porque lo que está velado es el objeto *a* y el falo de la Madre (φ).

BIBLIOGRAFIA

Abad, Gabriela. *Escena y escenarios en la transferencia*. Buenos Aires/Los Ángeles: Argus-*a* Artes y Humanidades/Arts & Humanities, 2016.

Agamben, Giorgio. *Homo sacer. El poder soberano y la nuda vida*. Valencia: Pre-Textos, 2006.

Alemán, Jorge. *Horizontes neoliberales en la subjetividad*. Buenos Aires: Grama Ediciones, 2016.

Bachelard, Gastón. *La formación del espíritu científico. Contribución a un psicoanálisis del conocimiento objetivo*. México: Siglo XXI Editores, 2000.

Bárcenas, Ramón. "Contexto de descubrimiento y contexto de justificación: un problema filosófico en la investigación científica". *Acta Universitaria* 12.2 (Agosto 2002): 48-57. http://www.redalyc.org/html/416/41600206/

Bartís, Ricardo. *Cancha con niebla*. Buenos Aires: Atuel, 2003.

Batra, Anupa. "Women and Becoming-Woman: Deleuze and Feminism". http://www.academia.edu/2025415/_Women_and_Becoming-Woman_Deleuze_and_Feminism_

Benjamin, Walter. *Selected Writings*. Vol. 1 1913-1926. Cambridge, MA & London: The Belknap Press of Hardvard UP, 1996.

---. *Selected Writings*. Vol. 2 1927-1934. Cambridge, MA, and London: The Belknap Press of Harvard UP, 1999.

---. "Truth and Thruths / Knowledge and Elements of Knowledges". En *Selected Writings*. Vol. 1 1913-1926. Cambridge, MA & London: The Belknap Press of Hardvard UP, 1996. 278-279.

---. "Capitalism as Religion". En *Selected Writings*. Vol. 1 1913-1926. Cambridge, MA & London: The Belknap Press of Hardvard UP, 1996. 287-291.

---. "Para una crítica de la violencia". https://www.ddooss.org/articulos/textos/walter_benjamin.pdf

---. "Theses on the Philosophy of History", en *Illuminations. Essays and Reflexions*. New York: Schocken Books, 1968. 253-267

Boal, Augusto. *O amigo oculto*. 2003.
    <file:///C:/Users/Gustavo/AppData/Local/Temp/Temp1_dla108.zip/108.%20O%20Amigo%20Oculto.htm>

Boileau, Nicolás. *El arte poética*. Valencia: Joseph y Tomas de Orga, 1787.

Borges, Jorge Luis. "Borges y yo". En *Obras completas I*. Barcelona: RBA, 2005. 808

---. "Las ruinas circulares". En *Obras completas I*. Barcelona: RBA, 2005.

Braunstein, N.A., Pasternac M., Benedito G., Saal F. *Psicología: Ideología y Ciencia*. 11ª edición. México: Siglo XXI, 1985.

Buenaventura, Enrique. (2005). "La elaboración de los Sueños y la Improvisación Teatral". En Enrique Buenaventura y Jacqueline Vidal, *Esquema General del Método de Trabajo Colectivo del Teatro Experimental de Cali y otros ensayos*. Maracaibo: Universidad de Zulia, 2005. 55-65

Deleuze, Gilles y Félix Guattari. *Mil mesetas. Capitalismo y esquizofrenia*. Valencia, Pre-textos, 2015.

Dubatti, Jorge. *Introducción a los estudios teatrales*. México: Libros de Godot, 2011.

---. *El teatro sabe. La relación escena/conocimiento en once ensayos de Teatro Comparado*. Buenos Aires: Atuel, 2005.

Foucault, Michel. *Discurso y verdad. Conferencias sobre el coraje de decirlo todo*. Buenos Aires, Siglo XXI Editores, 2017.

---. "Nietzsche, la Genealogía, la Historia". En *Microfísica del poder*. Madrid: La piqueta, 1979. 7-29

---. "El Sujeto y el poder". *Revista Mexicana de Sociología* 50.3 (Jul-Sept. 1988): 3-20

---.*¿Qué es un autor?* Elseminario.com.ar, 2005.http://23118.psi.uba.ar/academica/carrerasdegrado/musicoterapia/informacion_adicional/311_escuelas_psicologicas/docs/Foucault_Que_autor.pdf

Freed, Donald. *Freud and Stanislavski*. New Directions in the Performing Arts. New York: Vantage Press, 1964.

Freud, Sigmund. *Obras completas*. Buenos Aires: Amorrortu Editores.

Geirola, Gustavo. "Justicia, neoliberalismo y extimidad: A propósito de *Hambre*, de Merly Macías". Argus-a VIII.32 (Junio 2019). http://www.argus-a.com.ar/archivos-dinamicas/1382-1.pdf

Dramaturgia de frontera/Dramaturgias del crimen. A propósito de los teatristas del norte de México. Buenos Aires-Los Ángeles, Argus-*a* Artes y Humanidades/Arts & Humanities, 2018.

---. *Arte y oficio del director teatral en América Latina* (6 volúmenes). Buenos Aires/Los Angeles: Argus-*a* Artes y Humanidades /Arts & Humanities.

---. *Teatralidad y experiencia política en América Latina*. (2000). 2da. Edición. Buenos Aires/Los Angeles: Argus-*a* Artes y Humanidades /Arts & Humanities, 2018.

---. "Una posible genealogía de lo político teatral: El régimen de verdad de la escena teatral." *Revista Artescena* (Chile) 3 (Mayo 2017): 13-41. http://www.artescena.cl/una-posible-genealogia-de-lo-politico-teatral-el-regimen-de-verdad-de-la-escena-teatral/

---."Una posible genealogía de lo político teatral: El régimen de verdad de la escena teatral." *Revista Artescena* (Chile) 3 (Mayo 2017): 13-41. http://www.artescena.cl/una-posible-genealogia-de-lo-politico-teatral-el-regimen-de-verdad-de-la-escena-teatral/

---. *Praxis teatral. Saberes y enseñanza. Reflexiones a partir del teatro argentino reciente.* Buenos Aires/Los Ángeles: Argus-*a* Artes y Humanidades/Arts & Humanities, 2017.

---. "El bifurcado camino de la melancolía: la civilización del espectáculo y el futuro del teatro latinoamericano". Encinas, Percy, ed. *Puesta en Escena y otros problemas del teatro.* Lima: Escuela Nacional Superior de Arte Dramático, 2017. 81-118.

---. "Praxis teatral y puesta en escena: la psicosis como máscara espectatorial en el ensayo teatral (2ª parte)". *Telondefondo Revista de teoría y crítica teatral* 9.18 (2013). http://www.telondefondo.org/numero18/articulo/487/praxis-teatral-y-puesta-en-escena-la-psicosis-como-mascara-espectatorial-en-el-ensayo-teatral-2-parte-.html

---. "Praxis teatral y puesta en escena: la psicosis como máscara espectatorial en el ensayo teatral (1ª parte)". *Telondefondo Revista de teoría y crítica teatral* 9.17 (2013). http://www.telondefondo.org/numeros-anteriores/numero17/articulo/464/praxis-teatral-y-puesta-en-escena-la-psicosis-como-mascara-espectatorial-en-el-ensayo-teatral-1-parte.html

---. *Ensayo teatral, actuación y puesta en escena. Notas introductorias sobre psicoanálisis y praxis teatral en Stanislavski.* Buenos Aires/Los Angeles: Argus-*a* Artes y Humanidades, 2013. http://www.argus-a.com.ar/ebook/360:ensayo-teatral-actuacion-y-puesta-en-escena.html

---."El director y su público: la puesta en escena y las estructuras espectatoriales." *Telondefondo* Revista de teoría y crítica teatral 8.15 (2012). http://telondefondo.org/numero15/articulo/403/el-director-y-su-publico-la-puesta-en-escena-y-las-estructuras-espectatoriales.html

---. "Los cuatro discursos lacanianos y las dramaturgias." Argus-*a* I.2 (Diciembre 2011/Enero 2012). http://www.argus-a.com.ar/ensayos-essays/195:los-cuatro-discursos-lacanianos-y-la-dramaturgia.html

---. "El director y su público: la puesta en escena y las estructuras espectatoriales." *Telondefondo Revista de teoría y crítica teatral* 8.15 (2012). http://telondefondo.org/numero15/articulo/403/el-director-y-su-publico-la-puesta-en-escena-y-las-estructuras-espectatoriales.html

---. "Los cuatro discursos lacanianos y las dramaturgias". Argus-*a* Artes y Humanidades/Arts & Humanities 1.2, 2011, http://www.argus-a.com.ar/archivos-dinamicas/los-cuatro-discursos-lacanianos-y-la-dramaturgia.pdf.

---. "Más allá de la teatralidad del teatro: lo imaginario, lo simbólico y lo real. Un ejercicio de la praxis teatral." *Revista Contraluz* 2.II, 2010, pp. 5-17.

---. "Aproximación lacaniana a la teatralidad del teatro: desde la fase del espejo al modelo óptico. Notas para interrogar nuestras ideas cotidianas sobre el teatro y el realismo." Pellettieri, Osvaldo, ed. *En torno a la convención y la novedad.* Buenos Aires: Galerna/Fundación Roberto Arlt, 2009. 33-52.

---. "Algunas reflexiones psicoanalíticas preliminares sobre la teatralidad del teatro, la ilusión teatral y el realismo: El estadio del espejo lacaniano"; en: Tossi, Mauricio (Comp.) *La Quila. Cuadernos de historia del teatro, nº 1.* Facultad de Filosofía y Letras, Universidad Nacional de Tucumán. 2009.

---. "Argentina en Cádiz: El psicoanálisis, la nueva dramaturgia y las poéticas actorales". En Beatriz Rizk y Luis Ramos-García, eds. *Panorama de las artes escénicas ibérico y latinoamericanas: Homenaje al Festival Iberoamericano de Cádiz.* Minneapolis-Cádiz: University of Minnesota and Patronato de FIT de Cádiz, 2007. 55-82

---. "Notas sobre el ensayo teatral: El concepto de transferencia y el deseo del director". *Ateatro* 13 (2007): 14-25.

---. "Ensayando la lógica o la lógica del ensayo: Construcción de personaje y temporalidad de la certeza subjetiva." *Teatro XXI* 12.23 (2006): 35-48.

---. y Lola Proaño-Gómez, eds. *¡Todo a pulmón! Entrevista a diez teatristas argentinos.* Buenos Aires/Los Angeles: Argus-*a* Artes y Humanidades /Arts & Humanities, 2017.

Heidegger, Martin. *Ser y tiempo.* Traducción, prólogo y notas de Jorge Eduardo Rivera Edición digital de: http://www.philosophia.cl

Lacan, Jacques. *Otros escritos.* Buenos Aires, Paidós, 2012.

---. "Alocución sobre la enseñanza promulgada para la clausura del Con-greso de la Escuela Freudiana de París". *Otros escritos.* Buenos Aires, Paidós, 2012 a, pp. 317-325.

---. "Proposición del 9 de octubre de 1967 sobre el analista de la Escuela". En *Otros escritos.* Buenos Aires: Paidós, 2012. 261-277.

---. "La equivocación del sujeto supuesto saber". *Otros escritos.* Buenos Aires, Paidós, 2012 b, pp. 349-360.

Sueño. Improvisación. Teatro

---. "Del psicoanálisis en sus relaciones con la realidad". *Otros escritos*. Buenos Aires, Paidós, 2012 c, pp. 371-380.

---. *Seminario 18 De un discurso que no fuera del semblante*. Buenos Aires: Paidós, 2009.

---. *Escritos I y II*. Buenos Aires: Siglo XXI, 2007.

---. *Seminario 10. La angustia*. Buenos Aires: Paidós, 2006.

---. *Seminario 23 El sinthome*. Buenos Aires, Paidós, 2006.

---. *Seminario 6. El deseo* (mimeografiado), sin fecha.

---. *Seminario 8. La Transferencia* (mimeografiado), sin fecha.

---. *Seminario 8. La Transferencia*. Buenos Aires: Paidós, 2003.

---. *La familia*. Buenos Aires: Argonauta, 2003.

---. *Seminario 15. El acto analítico*. Acheronta. Revista de Psicoanálisis y Cultura. Biblioteca J. Lacan, www.psicoanalisis.org/lacan/seminario15.htm.

---. *Escritos*. Buenos Aires: Siglo XXI Editores, 2002.

---. *Seminario 5 Las formaciones del inconsciente*. Buenos Aires: Paidós, 1999.

---. *Seminario 4 La relación de objeto*. Buenos Aires: Paidós, 1996.

---. *Seminario 2 El yo en la Teoría de Freud y en la Técnica Psicoanalítica*. Buenos Aires, Paidós, 1988.

---. *Seminario 11. Los cuatro conceptos fundamentales del psicoanálisis*. Buenos Aires, Paidós, 1987.

---. *Seminario 21. Los incautos no yerran. (Los nombres del padre)*. http://www.bibliopsi.org/docs/lacan/26%20Seminario%2021.pdf

---. *Seminario 20 Aun*. Barcelona: Paidós, 1985.

---. *Seminario 3 Las psicosis*. Buenos Aires: Paidós, 1984.

---.*Seminario 1. Los escritos técnicos de Freud*. Buenos Aires: Paidós, 1981.

---. *Radiofonía & Televisión*. Barcelona: Editorial Anagrama, 1977.

---. "La dificultad de vivir. Entrevista. *Revista Panorama*, Diciembre 1974, https://redaprenderycambiar.com.ar/la-dificultad-de-vivir-jacques-lacan/.

---. "Conferencia de Ginebra sobre el síntoma". https://lacanterafreudiana.com.ar/2.5.1.25%20%20%20%20CONFERENCIA%20EN%20GINEBRA%20SOBRE%20EL%20SINTOMA,%201975.pdf.

---. "La dirección de la cura y los principios de su poder". En *Escritos* 2. Buenos Aires: Siglo XXI Editores, 2002. 559-615. Versión francesa en http://ecole-lacanienne.net/wp-content/uploads/2016/04/1958-07-10.pdf

---. *Seminario 24 L'insú…*, inédito, clase del 16/11/76.

Harari, Roberto. *El seminario "La angustia" de Lacan: una introducción*. Buenos Aires: Amorrortu, 2007.

Laclau, Ernesto. *La razón populista*. Buenos Aires: Fondo de Cultural Económica, 2014.

Le Bon, Gustave. *The Crowd. A Study of the Popular Mind*. Kitchener: Batoche Books,2001.https://socialsciences.mcmaster.ca/econ/ugcm/3ll3/lebon/Crowds.pdf

Li Fraini, Mariana. "Guardianes del dormir". http://www.jornadaseol.com/026/index.php?file=sinteticamente/guardianes-del-dormir.html

Merlin, Nora. "Transexualismo y biopolítica". *Página 12* Psicología 18 julio 2019. https://www.pagina12.com.ar/206886-transexualismo-y-biopolitica

Mbembe, Achille. *Necropolítica*. Barcelona: Editorial Melusina, 2011.

Miguelez, Luis Vicente. "Como Freud frente al Moises". *Página 12*, Suplemento Psicología, 28 marzo 2019. https://www.pagina12.com.ar/183730-como-freud-frente-al-moises

Miller, Jacques-Alain. "Ninguna regla, todas las reglas". *Página 12*. Suplemento LAS12. 24 agosto 2018. https://www.pagina12.com.ar/137032-ninguna-regla-todas-las-reglas

---. *Política lacaniana*. Ciudad Autónoma de Buenos Aires, Colección Diva, 2017.

---. *Los miedos de los niños*. Buenos Aires, Paidós, 2017.

---. *Un esfuerzo de poesía*. Buenos Aires: Paidós, 2016.

---. *La angustia lacaniana*. Buenos Aires: Paidós, 2007.

---. *Introducción al método psicoanalítico*. Buenos Aires: Paidós, 2005.

Millot, Catherine. "Improvisación, deseo de muerte, sueño y despertar", publicado en la revista L'Âne No. 3, en 1981.
http://elpsicoanalistalector.blogspot.com/2008/06/jacques-lacan-improvisacin-deseo-de.html

Pavlovsky, Eduardo. "Recuperemos el juego con nuestros hijos". *Psicología positiva* 21, Junio 2010. https://regalosdemisamigospoetas.blogspot.com/2013/06/recuperemos-el-juego-con-nuestros-hijos.html.

---. *La ética del cuerpo. Nuevas conversaciones*. Buenos Aires, Atuel, 2001.

Sartre, Jean Paul. *El ser y la nada*. Buenos Aires: Losada, 1966.

Serrano, Raúl. *Nuevas tesis sobre Stanislavski. Fundamentos para una teoría pedagógica*. Buenos Aires: Atuel, 2004.

Silverman, Kaja. *Male Subjectivity at the Margins*. New York: Routledge, 1992.

Soler, Colette. "El cuerpo en la enseñanza de Jacques Lacan". https://agapepsicoanalitico.files.wordpress.com/2013/07/colettesoler-elcuerpoenlaensenanzadejacqueslacan.pdf

Soto, Ivanna. "Daniel Veronese y la tentación de provocar rechazo". *Clarín*, Revista Ñ, 12 julio 2019. https://www.clarin.com/revista-enie/escenarios/daniel-veronese-tentacion-provocar-rechazo_0_wFBj0fWLC.html

Stanislavski, Constantin. *Mi vida en el arte*. Buenos Aires: Rafael Cerdeño Editor, 2007.

---. *Preparación del actor*. Buenos Aires: Quetzal, 2007.

---. *Ética y disciplina. Método de las acciones físicas*. México: Escenología, 1994.

Varela, Luis et al. "Una conversación sobre el coraje". *Estrategias. Psicoanálisis y Salud Mental* 5.6 (2018): 74-77.https://revistas.unlp.edu.ar/Estrategias/issue/view/428/N%C3%BAmero

Unzueta Nostas, Carla y María Elena Lora. "El estatuto del cuerpo en psicoanálisis". *Revista Ajayu* I.1 (2002): 1-19. https://www.ucb.edu.bo/publicaciones/ajayu/v1n1/v1n1a09.pdf

Yaccar, María Daniela. "Toto Castiñeira presenta Orillera. Identidad y temática de género". *Página 12*, Cultura y espectáculos, 28 junio 2019. https://www.pagina12.com.ar/203066-identidad-y-tematica-de-genero

---. "El río en mí, de Francisco Lumerman, en su espacio-escuela Moscú. El teatro no tiene por qué dar lecciones". *Página 12*, Cultura y espectáculos, 2 junio 2019. https://www.pagina12.com.ar/197698-el-teatro-no-tiene-por-que-dar-lecciones

Žižek, Slavoj. *Mirando al sesgo. Una introducción a Jacques Lacan a través de la cultura popular*. Buenos Aires: Editorial Paidós, 2000.

Agradecimientos

Como es habitual, al expresar los agradecimientos uno corre el riesgo del olvido de alguien, lo cual obliga de antemano a pedir las disculpas del caso. Quiero agradecer a Osvaldo Pellettieri quien en vida siempre tuvo la amabilidad de publicar mis trabajos en su revista o en algún libro. Lo recuerdo con mucho respeto. Uno de los ensayos incluidos en este libro fue publicado por Pellettieri en el 2009. También debo expresar mi agradecimiento a aquellos que me invitaron a participar de conferencias o dictar talleres-seminarios: mil gracias, pues, para Antonio Prieto, de la Universidad Veracruzana, Xalapa, y a Karina Mauro, de la Universidad de las Artes, Buenos Aires. Ellos me dieron la oportunidad de participar en charlas magistrales o sesiones de congreso que me obligaron a reflexionar sobre muchos aspectos de la praxis teatral. Dos de los ensayos incluidos en esta publicación son extensiones de mi participación en un congreso internacional en Xalapa y otro de Salamanca, ambos en 2018. Karina ya ha publicado mi contribución en su libro producto del congreso, y Antonio está en vías de hacerlo en el suyo sobre el congreso en Xalapa.

La primera parte de este libro es el fruto de muchas lecturas y reflexiones realizadas durante las largas estadías hospitalarias a causa de varias intervenciones quirúrgicas que he tenido que enfrentar desde mediados de diciembre de 2018 hasta el presente. Por tal razón, no puedo dejar de agradecer el cariño y la profesionalidad de médicos, enfermeras y fisioterapeutas del Presbyterian Intercommunity Hospital de Whittier College, California. Gracias a ese entorno y el apoyo que me brindaron, pude mantener mi ánimo en alto para enfrentar esta difícil circunstancia que me ha tocado vivir.

Otro agradecimiento indispensable es para Rafael Smit, quien no solo es mi asistente terapéutico en casa, sino además quien me ha ayudado mucho en cuestiones ligadas a la computación y el diseño para que este libro pudiera publicarse.

Debo agradecer el apoyo incondicional de mis amigos quienes, junto a muchos de mis estudiantes, siempre me han brindando su cariño y se han empecinado en darme energía y entusiasmo para atravesar de la mejor manera este período difícil.

Finalmente, por la larga relación de amistad que nos une, mis agradecimientos a Mabel Cepeda, quien desde Buenos Aires es siempre luz y apoyo para todo lo personal y profesional que me sucede en este mundo. Juntos llevamos a cabo diariamente intercambios para apoyarnos como amigos y también para llevar adelante ese proyecto llamado Argus-*a* Artes y Humanidades / Arts & Humanities, que ya lleva varios años de permanencia y productividad, lo cual nos enorgullece a diario.

Otras publicaciones de Argus-*a*:

Jorge Rosas Godoy y Edith Cerca Osses
Condición posthistórica o Manifestación poliexpresiva.
Una perturbación sensible

Karina Mauro (compiladora)
Artes y producción de conocimientos.
Experiencias de integración de las artes en la universidad

Jorge Poveda
La parergonalidad en el teatro.
Deconstrucción del arte de la escena como coeficiente de sus múltiples encuadramientos

Alicia Montes y María Cristina Ares (compiladoras)
Política y estética de los cuerpos.
Distribución de lo sensible en la literatura y las artes visuales

Gustavo Geirola
El espacio regional del mundo de Hugo Foguet

Domingo Adame y Nicolás Núñez
Transteatro: Entre, a través y más allá del Teatro

Yaima Redonet Sánchez
Un día en el solar, expresión de la cubanidad de Alberto Alonso

Gustavo Geirola
Dramaturgia de frontera/Dramaturgias del crimen.
A propósito de los teatristas del norte de México

Virgen Gutiérrez
Mujeres de entre mares. Entrevistas

Ileana Baeza Lope
Sara García: ícono cinematográfico nacional mexicano, abuela y lesbiana

Gustavo Geirola
Teatralidad y experiencia política en América Latina (1957-1977)

Domingo Adame
Más allá de la gesticulación. Ensayos sobre teatro y cultura en México

Alicia Montes y María Cristina Ares (compiladoras)
Cuerpos presentes. Figuraciones de la muerte, la enfermedad, la anomalía y el sacrificio.

Lola Proaño Gómez y Lorena Verzero / Compiladoras y editoras
Perspectivas políticas de la escena latinoamericana. Diálogos en tiempo presente

Gustavo Geirola
Praxis teatral. Saberes y enseñanza. Reflexiones a partir del teatro argentino reciente

Alicia Montes
De los cuerpos travestis a los cuerpos zombis. La carne como figura de la historia

Lola Proaño - Gustavo Geirola
¡Todo a Pulmón! Entrevistas a diez teatristas argentinos

Germán Pitta Bonilla
La nación y sus narrativas corporales. Fluctuaciones del cuerpo femenino en la novela sentimental uruguaya del siglo XIX (1880-1907)

Robert Simon
To A Nação, with Love: The Politics of Language through Angolan Poetry

Jorge Rosas Godoy
Poliexpresión o la des-integración de las formas en/desde La nueva novela *de Juan Luis Martínez*

María Elena Elmiger
DUELO: Íntimo. Privado. Público

María Fernández-Lamarque
Espacios posmodernos en la literature latinoamericana contemporánea: Distopías y heterotopíaa

Gabriela Abad
Escena y escenarios en la transferencia

Sueño. Improvisación. Teatro

Carlos María Alsina
De Stanislavski a Brecht: las acciones físicas. Teoría y práctica de procedimientos actorales de construcción teatral

Áqis Núcleo de Pesquisas Sobre Processos de Criação Artística Florianópolis
Falas sobre o coletivo. Entrevistas sobre teatro de grupo

Áqis Núcleo de Pesquisas Sobre Processos de Criação Artística Florianópolis
Teatro e experiências do real (Quatro Estudos)

Gustavo Geirola
El oriente deseado. Aproximación lacaniana a Rubén Darío.

Gustavo Geirola
Arte y oficio del director teatral en América Latina. Tomo I México - Perú

Gustavo Geirola
Arte y oficio del director teatral en América Latina. Tomo II. Argentina – Chile – Paragua – Uruguay

Gustavo Geirola
Arte y oficio del director teatral en América Latina. Tomo III Colombia y Venezuela

Gustavo Geirola
Arte y oficio del director teatral en América Latina. Tomo IV Bolivia - Brasil - Ecuador

Gustavo Geirola
Arte y oficio del director teatral en América Latina. Tomo V. Centroamérica – Estados Unidos

Gustavo Geirola
Arte y oficio del director teatral en América Latina. Tomo VI Cuba- Puerto Rico - República Dominicana

Gustavo Geirola
Ensayo teatral, actuación y puesta en escena.
Notas introductorias sobre psicoanálisis
y praxis teatral en Stanislavski

Argus-*a*
Artes y Humanidades / Arts and Humanities
Los Ángeles – Buenos Aires
2019

www.ingramcontent.com/pod-product-compliance
Lightning Source LLC
Chambersburg PA
CBHW020627220526
45464CB00001B/48